U0943408

中国政法大学出版社

2012·北京

目录
Contents

引　子

远在地球另一端

(1)

小时候有一次赶上搬家，时间紧任务重，我被安排整理故纸堆。记得当时一边整理一边看，在一本泛黄的小册子上发现一行红字：“亚非拉人民团结起来！”当时的我年纪虽小，好歹也知道“亚”和“非”，可这个“拉”是哪里呢？

搬完家之后，缠着大人买了张世界地图贴到墙上，可无论横看竖看，还是没有找到那个“拉”。

直到上了中学学世界地理，才知道“拉”指的是拉丁美洲。

严格来说，这个“拉丁美洲”不是个地理名词，而是个政治名词，它泛指除了美国、加拿大还有格陵兰之外的整个美洲。由于这些地方原来基本上是西班牙、葡萄牙和法国的殖民地，所以这片地方的官方语言基本上就是西班牙语、葡萄牙语以及法语，而这些语言都属于印欧语系的拉丁语族，这片地方就此得名。

图 0.1　拉丁美洲

资料来源：中文维基百科

图中黑色的部分是狭义的拉丁美洲（以西班牙语、葡萄牙语和法语为官方语言的美洲，以英语或荷兰语为官方语言的地区被标为灰色）。

提到拉丁美洲，大家的感觉是什么呢？

首先，拉丁美洲很远。远到什么程度呢？如果有条件的话，您可以去找一个橡皮做的玩具地球仪（注意千万别偷工减料，拿个气球地球仪来充数），然后用一根长针，从中国这边插进去，穿过玩具地球仪的球心，如果您插得准的话，那针尖穿出地球仪的地方，多半是阿根廷或者智利。

其实这就是地理学上的一个名词，叫“对蹠点”（英文 antipodes，以下的拉丁字母注释，除另有标明的之外，均为西班牙文），地球上两个对蹠点之间的距离，相当于地球周长的一半——大约两万公里。而咱们中国东部地区的对蹠点，就在拉丁美洲南部。

对蹠点是个很有意思的概念，互为对蹠点的两个地方，时差为 12 小时，季节也完全相反。这就是说，当咱们这里艳阳高照日当午的时候，那边正是深更半夜；当咱们这里数九寒天下大雪的时候，拉美南边正是大汗淋漓的夏天。总之，这两端就是地球上最远的距离。

其次，拉丁美洲很富。这主要指的是拉美的土地富饶，比如说吧，玻利维亚有个地方叫波托西，这地方现在不出名，历史上却是大大的有名。最鼎盛的时期，波托西一座矿山的白银产量相当于世界总产量的一半。从 1545 年到 17 世纪末，波托西总共出产白银一万六千吨以上，日后还不断增产，一直到 1825 年。西班牙人夸口说，从波托西出产的白银，能铺设一条从波托西到马德里，横跨大西洋的银桥。

现在的拉美尽管白银产量不高了，但是别的重要资源还是不计其数，来自中美洲的香蕉、哥伦比亚和巴西的咖啡之类的农产品就不说了，智利的铜矿大家都听说过吧？此外，如今每年中国都要进行的铁矿石进口谈判，最大的谈判对手就是巴西的淡水河谷公司（CVRD）。

（2）

再次，拉丁美洲很穷。这主要指的是拉美的贫富差距大，富人很富，但是老百姓很穷。别看每年公布 GDP 数据的时候，拉丁美洲但凡像样一点的国家，人均 GDP 都有个几千美元，比中国高好几倍，但凡事就怕个平均，那几千美元可是个人均数据。

2009 年，巴西的里约热内卢拿到了 2016 年夏季奥运会的主办权。包括一些奥委会成员在内的很多人最担心的问题，就是这个城市的贫富差距——里约热内卢有世界上最美丽的城市海滩景色，可也有世界上最大的城市贫民窟。富人们在海滩上歌舞升平的时候，隔着十几公里的山坡上，警察正在贫民窟里和贩毒分子进行枪战。

中国搞经济的都知道一句话：“防止中国经济拉美化”。这里说的“经济拉美化”，一是像拉美那样靠卖资源过日子，二就是贫富差距过大。

谈到拉美，还有一个印象就是，拉丁美洲很乱。别看拉丁美洲远离欧亚，跟世界大战不沾边，感觉像个世外桃源似的。可是翻开拉美历史，人家关起门来打得可热闹呢！从拉美独立战争开始，什么西斯普拉廷战争、三国同盟战争、美洲太平洋战争，还有美国几次入侵中美洲小国，还有数不清的内战叛乱，等等，反正光靠十个手指是数不过来的。

1994 年，我从电视上看到一条新闻，墨西哥恰帕斯州（Chiapas）爆发萨帕塔（Zapatista）农民起义。老天啊！我曾经以为农民起义这种事情在十九世纪末就绝迹了，没想到都快二十一世纪了，拉丁美洲还有这种“古董”运动呢！

最后，拉美人民很热情、很乐观，看看每年巴西的狂欢节就知道了。别看巴西老百姓成天吃了上顿没下顿的，但是狂欢节游行的时候，桑巴舞扭得那叫个带劲！再看看阿根廷，每次马球比赛的时候，就是全城的节日，连球王马拉多纳也挤在普通看台上跟着别人一起大呼小叫。至于解放者杯或者美洲杯那样重大的足球比赛，那就差不多是全国放假，普天同庆了。

总之，这就是我们眼中的拉丁美洲，有些矛盾、有些神秘，更多的是陌生、是浮光掠影。而我现在要做的，就是充当一个业余导游，用自己并不深刻的笔触，带领大家前往世界的另一端，泛泛地游览拉丁美洲五百年的历史之河。

是为引子。

第一篇

并不新的新大陆

——古代美洲（1492年以前）

一、从柯尔维斯到奥尔梅克

（3）

原来欧洲人总管美洲叫“新大陆”，现在不怎么敢这么叫了，怕被说成“欧洲中心论”。

对于欧洲人来说，美洲当然是新大陆——1492 年之前没有欧洲人到过这地方；但是对于在美洲土生土长几千年的土著人来说，就完全不是这么回事了。

这本书是写拉美历史的，但是，为了把事情的前因后果写清楚，还是有必要费些笔墨来写写欧洲人到来之前的美洲。

根据现在学术界的一般观点，现在世界各地肤色不同，语言不同的六十多亿人有个共同的祖先，就是大约五万年前生活在东非高原上的一批原始人，其中最著名的是一个小个子女人，被起了个英文名字叫露西（Lucy），欧美的人类学家把这个露西称做“全人类的老祖母”。

后来，露西的后代为了探索大自然，在认识世界的同时改造世界——其实更直接的原因是找口吃的——逐渐繁衍开来，大约三万年前来到了东亚。

听说咱们中国人的老祖先竟然是非洲来的，我国的考古学家和人类学家当然很不爽，大家千方百计地证明，什么元谋人啊、蓝田人啊才是中国人的老祖先，但是据说那些化石和中国人的遗传特征都对不上号。也就是说，非洲移民把中国的土著给灭了，然后就成了咱们的祖先。这听上去很有些“辱华”的嫌疑，但很不幸的是，它很可能是真的。

不管这些老祖宗究竟是哪来的吧，反正他们的脚步没有停在咱们这里。他们继续往东走，走到太平洋边上过不去了，就拐个弯往北走。当时的世界正处在最近一次冰河时代，很多水都冻成冰块了，所以海洋没有现在这么大，很多地方都是干的，比如西伯利亚东边的白令海峡。

于是这些人就继续往东走，雄赳赳气昂昂，跨过白令海峡，追逐猛犸象，就这样来到了阿拉斯加。然后继续南下，花了一千年的工夫，一直到把足迹刻印在了南美洲的土地上。

根据考证，原始人过白令海的时间最早不会早于三万五千年前，最晚不晚于一万两千年前。因为再早一些，原始人还没到西伯利亚；再晚一些，冰河时代结束，白令海峡波涛汹涌就过不去了。

从阿拉斯加到南美中部，直线距离超过一万两千公里，如果算上曲曲折折的来回兜圈子，这段路程的长度起码还要翻一倍。

乍看上去好像不可思议，美洲原始人任何交通工具都没有，住得估计更差，一千年的工夫怎么能走这么远呢？

其实原因很简单——做道简单的算术题，用一千年去除一万两千公里，每年不过就迁移了十二公里。要知道，原始人谋生的手段一是采集野果、二是狩猎野兽，也就是说，他们每天的工作就是满世界溜达。在原始时代，为了吃口饱饭，可能一天就要溜达这么远，更何况一年呢！

（4）

可能有人要问了，说得像真的似的，有什么证据吗？

当然有证据，最主要的就是克洛维斯（Clovis）遗迹。1936 年到 1938 年，一些考古学家在美国新墨西哥州的克洛维斯附近发现了一些原始人的手工制品，就把它命名为克洛维斯遗迹。

这些遗迹中最典型的是石头做的枪尖，上面还开了两道槽（估计是放血用的）。由于在美洲猛犸象的遗骸附近也发现了类似的石头枪尖，所以考古学家们猜测当时的美洲原始人已经能狩猎猛犸象了。

大家可以想象一下，原始人成群结队地操着石头枪去扎皮糙肉厚、俩仨人高的猛犸象的情景——在那艰苦的原始社会，混口饭吃多不容易啊！

后来，考古学家在北美和南美的很多地方都发现了类似的带两道血槽的石头枪尖，经过放射性碳年代测定，确认这些遗迹的年代从北向南逐渐递减，其中南美洲北端的克洛维斯遗迹比北美洲最北边的类似遗迹要晚大约一千年。于是，人们由此得出了上面那个“原始美洲人从北美登陆，然后逐渐南下，走了一千年到达南美”的结论。

可是，最近几十年，考古学家在美洲发现了更多的原始人遗迹，比较出名的包括美国弗吉尼亚州的仙人掌山（Cactus Hill），俄勒冈州的夏湖（Summer Lake），南卡罗来纳州的塔波（Topper）、宾夕法尼亚州的麦道克夫特（Meadowcroft）等等。在这些地方发现的遗迹与克洛维斯遗迹几乎完全不一样，也没有发现代表性的“克洛维斯牌”血槽石头枪尖。

这样的遗迹越来越多，尤其是1976年，考古学家T. 迪里黑（T. Dillehay）在智利中南部的蒙特·沃德（Monte Verde）发现了一处重要的遗址，尽管年代与克洛维斯遗迹差不多，但文明的形式却毫不相干。

蒙特沃德的遗址包括：一个带木柄的石器，十二个修筑地基（由砍削的树干作桩，架着削好的木板），两个大的集体灶坑和一些糊着黏土的小炭炉，一根立在木架上的粗木杵，几块磨石和野生土豆和其它植物的遗迹，还有一个印着小孩脚印的粘土块。

不要小看这么点东西，这些东西在考古学上就算是重大发现了。做个对比，大家还记得历史课本上写的，我国境内最早的原始人类化石——大名鼎鼎的云南元谋人吧？除了七件石器以外，其实只有两颗牙。（但是我国天才的考古学家竟然凭着这两颗牙完成了元谋人的复原头像，不可思议啊！）

蒙特沃德遗址的发现，让“美洲原始人南下”的观点受到了很大的挑战，于是有人提出第二种观点：原始人兵分两路，“东北野战军”

走陆路，从北向南；“东南野战军”走海路，经太平洋从西向东，最后再在南美北部胜利会师。

(5)

还没完，后来又有人在墨西哥的原始森林里发现了另外的美洲文明，这个可是美洲早期最著名的文明之一——奥尔梅克（Olmec）。

图 1.1　奥尔梅克巨石头像

资料来源：中文维基百科

奥尔梅克文明最早的发源地，是现在墨西哥韦拉克鲁斯州圣洛伦索高地的原始森林，代表性的东西是些巨大的石制头像，表情似笑非笑，感觉阴阳怪气的。圣洛伦索的文明大约从公元前 1200 年延续到公元前 900 年，随后，奥尔梅克文明的中心转移到靠近墨西哥湾的拉文塔，直到公元前 400 年最终消失。

奥尔梅克人重视宗教，他们的宗教信仰中心是人和美洲虎的合体，此外还信仰羽蛇神（Feathered Snake）和谷神（the Man of Corps）。宗教在奥尔梅克人的生活中占据着重要地位，圣洛伦索遗址就是一个以宗教场所为中心，包括居民区在内的复合场所。

根据一些考古学家的研究，奥尔梅克人崇拜的羽蛇神就是我国古代传说的中的少昊。另外，在奥尔梅克遗址发掘出了许多青铜雕像，相貌与中国人十分相似，而且许多玉器也和我国商朝的玉器类似，据说甚至商纣王发明的炮烙酷刑，在美洲土著人中也流传了下来。因此，十九世纪一个英国搞翻译的叫梅德赫斯特的提出了一个大胆的假说——“殷人东渡美洲说”。

简单来说，这个学说认为，周武王灭亡商朝之后，殷商遗民们乘船渡海，经过漫长的航行，战胜了大风暴和败血病，最终克服了重重困难，把文明的旗帜插在了中美洲。

“殷人东渡美洲说”是美洲古代史专家们吵得最凶的话题之一。显而易见，这个学说让咱们中国人很有面子，一代国学宗师罗振玉和王国维就都支持这个说法，后来的郭沫若同志也对此深信不疑。

当然，反对的声音也不小。这场嘴架从这个假说提出直到今天都没有消停过。

在这里，请允许我以一个非专业人士的身份发表一个很不负责任的观点。简单来说，我对“殷人东渡美洲说”的评价只有两个字：扯淡。

大家可以想想看，3000 年前的中国，离掀开封建社会的新篇章还远着呢！一群打了败仗的奴隶社会遗老遗少，坐着破船漂洋过海，横渡太平洋，行程数万公里，把殷商的“革命火种”带到了中美洲，这可能吗？

甭说 3000 年前了，就是现在，你从各个名牌高校挑他千八百个身强力壮的工科硕士生，不靠现代化工具，没有高强度材料，就靠着几把青铜斧子、青铜榔头，砍几棵树做几条船就能漂洋过海抵达墨西哥？估计都能申请吉尼斯了。

（6）

那么怎么解释奥尔梅克和殷商文明的相似性呢？

很简单，但凡是人类文明，或多或少都有些相似，毕竟都是人创造的嘛！总不能说凡是长了羽毛的就都是少昊，凡是环形玉器就都是中国设计，而奥尔梅克的青铜雕像只像中国人而不像印第安人吧？（印第安人和中国人长得的确很像，所以那些青铜雕像其实雕的不是中国人，而是印第安人。）

哪位不信的话那我就再举个例子：埃及有金字塔，墨西哥也有金字塔，而且墨西哥的阿兹特克太阳金字塔长得跟埃及的金字塔还特别像，专家们总不能就说是当年埃及派了技术专家来墨西哥援建的吧？

图 1.2　墨西哥阿兹特克太阳金字塔
资料来源：百度百科

说了这么多遗迹遗址，谈了

好几种不同的美洲文明发源论，不知道大家有没有发现一个问题：

不管哪种说法，都不认为美洲那地方能自己进化出人来。

不知道这算不算“欧洲中心论”或者“欧亚北非大陆中心论”的又一个体现。

总之直到今天，拉丁美洲的原始人究竟是从哪里来的，究竟是怎么来的，还是一本糊涂账。

不管它了，这本书的主题是拉丁美洲五百年，不是美洲上下五千年。所以，我的职责就是如实地向大家介绍迄今为止的考古成果和主要学说，再顺便夹带一些自己的私货议论罢了。

二、预言 2012 的玛雅文明

（7）

前面拉拉杂杂地提到了美洲那么多的古代文明，大家权当看热闹就够了，没必要记住，反正又不考试。但是接下来要介绍的三大文明，大家可千万要记住（起码要把名字给记住了），不然将来都不好意思跟人说，自己看过通俗美洲史。

1939 年，一个叫史蒂芬斯的美国探险家，带着人在中美洲的热带雨林中发现了一系列奇怪的文明遗迹，什么壮丽的金字塔啊，金碧辉煌的宫殿啊，还有刻在石板上的奇怪的象形文字和历法啊什么的。

图 1.3　玛雅奇琴伊察玛雅遗址的雨神庙与千柱林

资料来源：百度百科

这个文明就这样吸引了考古学家们的注意，在随后一百多年的时间里，各国的考古学家纷纷前来研究这个文明，出了很多很多的书，关于它的传说故事也成了流行文化的一部分。

其实，据说 1502 年哥伦布第四次到达美洲的时候，就已经听说这个文明了。当时哥伦布正带着他的船员们在今天的洪都拉斯赶集，哥伦布相中了一个陶盆，就随口问问这东西是哪里出产的，卖主告诉他，这个陶盆来自“玛雅”。

根据考证，玛雅文明算是美洲最长命的一个文明了——这个文明至少在公元300年时就开始进入全盛期，后来尽管逐渐衰弱，但是直到1697年，最后一个玛雅城邦才被西班牙人用大炮给敲掉。就算这样，现在在墨西哥的尤卡坦半岛上还生活着几百万玛雅人的后裔。

根据美国考古学家哈蒙德的考证，玛雅人的历史分成前古典期、古典期和后古典期。这个分期什么的，我就不再在这里费口舌了，感兴趣的朋友随便找本关于玛雅文明的书去查查就可以了，那些书里面甭管真的假的，反正信息量那叫一个大。

关于玛雅，在这里挑重点的跟大家聊一下：

第一，玛雅的历法很发达。玛雅人已经算出来，一年是365.2420天，这个数据跟现在的科学测量结果相差无几。玛雅人不仅算出来了地球绕太阳一周花多少时间，而且把金星的绕日运转周期（金星年）也算出来了，结果是584天（今天测量的结果是583.92天），也就是说，玛雅人计算的误差是每天不到12秒，每月6分钟，算得的确很准。不过这倒也不能说明玛雅人的数学有多厉害——他们是靠观测看出来的，为了搞清楚这个584天，花了384年。

玛雅人的历法很复杂，除了太阳历之外，还有太阴历、太阴月历等，其中最玄乎的一个，叫卓尔金历。这个卓尔金历的周期是260天，这个数字的确怪怪的，不过，更怪的是卓尔金历预言太阳系有个历时5125年的“大周期”，每当大周期结束，就是天崩地裂，万物毁灭的时候。目前，世界正经历第五个大周期，而这个周期结束的日子，据说就是2012年12月23日。

听出来了吧？2009年全国院线集中上映的美国大片《2012》的由头，就是从这里来的。所以那些担心2012世界末日的朋友们，还是省着点过吧！别回头2013年到来了，人还在，钱没了。

（8）

第二，玛雅人的数学也比较发达。发达的标志是……这个嘛，玛雅人在公元前4世纪，就知道“0”了，据说这个要比欧洲人早个800到1000年。

此外，玛雅人的数字是20进制的。在这里顺便说一句，咱们现在用的都是10进制，可为什么不是8进制16进制，而是10进制呢?

我在求学时代曾经为此请教了无数“高人”，最后“高人”们给我的结果让人有些失望：选择10进制，就是因为正常人的手指头是10个，这样算数方便。

尽管听起来让人失望，但我相信这就是真实的答案。

照这么说，玛雅人用20进制，是不是算数的时候，连脚趾头都用上了?

第三，玛雅人的建筑很发达。这个真不是胡说，现在看到玛雅人留下的历史遗迹，就能发现，玛雅人很善于盖楼。什么提卡尔城、帕克伦宫、乌克斯马尔的总督府等等。总之，这帮人就是生活在今天，自己组个施工队，在中国也能活得很滋润（当然，前提是能拿到地)。

第四，玛雅人的农业也有些成就。想想也可以理解，玛雅文明延续上千年，总不能大家一直靠喝西北风活着。

玛雅人在农业方面的主要成就是栽培了玉米。尽管口感差了些，而且营养成分也不怎么样，但毕竟是一种高产的农作物。想到玉米被引进中国以后，它成了千千万万中国劳苦人民的口粮，伴随大家度过了一个又一个歉收或者丰收的年景，我们就必须承认，玛雅人在这方面功不可没啊!

第五，关于玛雅还有一项非常了不起的成就：玛雅人识字。上面说的玛雅历史，都是靠考古学家后来破译了玛雅人的象形文字才知道的。

认识字这档子事，搁在什么埃及啊，中国啊这样的文明古国实在算不了什么，但是放在美洲就不一样了。要知道，1532年西班牙殖民者皮萨罗（后面还会大书特书这个老家伙）会见印加帝国使者的时候，披金挂银的印加使者看到一个西班牙人，就在随身带的绳子上系一个扣，皮萨罗看了差点晕倒——都十六世纪了，印加人还停留在结绳记事的阶段呢!

(9)

前面光说玛雅人露脸的事情了，现在开始说玛雅人比较丢脸的地方：

首先，玛雅人的劳动工具极其原始。原始到什么地步呢？一直到玛雅文明被西班牙人最终给消灭的时候，玛雅还停留在拿石头当工具的时代——玛雅人不会炼青铜，更别说铁器了。这也就是说，按照某种“按劳动工具划分历史阶段”的观点，直到西班牙人来的时候，玛雅文明还一直属于原始得不能再原始的石器社会。

其次，玛雅人的农业耕作非常原始。他们一直采用“米尔帕耕作法”。

这个“米尔帕耕作法”，通俗地说就是刀耕火种。玛雅人不懂得耕地，不懂得施肥，就是靠放把火，清理出一块地方，撒下种子之后就靠天吃饭，收完玉米后再转移阵地到另一个地方刀耕火种去。不耕作不施肥，土壤肥力丧失得太快，不休耕三到六年都别想再有收成。

可想而知，玛雅人的农业产量很低。据说，玛雅文明后来的衰落，很大程度上就是因为粮食增长赶不上人口增长，导致了内战。

此外，玛雅人在很多地方都非常原始，比如，绝大多数玛雅人都没有弓箭，没有牲畜，连车轮都没有。

想想吧，那些宏伟高大的玛雅建筑，都是玛雅人用石头工具，靠肩扛手推给弄起来的，不容易吧？

说完露脸的事情了，也说完丢脸的事情了，现在说说扯淡的事情。

所谓扯淡的事情，就是说围绕着玛雅人的文化，有着各种各样的胡说八道。

一个胡说八道就是玛雅人的金字塔“暗藏玄机”。其实，这个玄机跟埃及大金字塔的一样，都是些什么“底边与塔高之比，等于圆周率比半径”啦，“塔的高度是地球周长的二十七万分之一”啦之类的货色。关于戳穿所谓的“埃及大金字塔之谜”的解释，相信大家都听过了，而这种解释在玛雅人这里也同样适用——简单说来，谁有空了随便量量自己的屋子，把那一堆数据跟物理常数表对照一下，也能发现百八十个“神奇的关系”。这就是说，所谓的“暗藏玄机”都是些牵强附会而已。

另一个胡说八道是关于玛雅人和中国人的相似之处。具体的“相似之处”我就不啰嗦了，反正跟前面的奥尔梅克是一个路数。

最著名的胡说八道就是那个水晶头颅了。

1927 年，有人在伯利兹的玛雅遗迹中发现了一个水晶头颅，重五公斤以上。精美绝伦，切削技术超过十七世纪领先水平。一时间天下震动啊！什么“水晶头颅是催眠用的，玛雅人靠它做手术”，“玛雅人是外星人的后代，他们不鸟地球人，所以现在又走了”之类耸人听闻的论调都出来了。最后，经过科学家的仔细研究，发现这个水晶头颅的眼窝是用十八世纪欧洲人发明的螺旋雕镂器刻出来的。这才水落石出，原来这个水晶头颅是后人伪造的。

关于玛雅，就聊到这里吧。用一句话概括，这是一个掩藏在原始丛林里的原始文明。

三、活人祭祀的阿兹特克

(10)

说完了玛雅，现在聊聊美洲第二个最著名的文明——阿兹特克。

阿兹特克人本来是生活在从现在的美国西南部直到墨西哥北部的贫瘠高原上的狩猎民族，后来人口越来越多，靠狩猎活不下去了，就大举南下，侵入了相对富饶肥沃的墨西哥谷地，征服了这片土地上的土著托尔特克人。

关于阿兹特克人的定居，有一个流传很广的传说。据说他们的保护神维洛波切特利（西班牙语里叫它 Dios de Guerra）启示他们说，只要找到这么一个地方：一只鹰蹲在一棵仙人掌上，鹰嘴里还叼着一条蛇的，就是阿兹特克人应该定居的地方。阿兹特克人后来真的在墨西哥谷地的特斯科科湖中的一个小岛上看到了这么一个场面，于是他们就在这里定居，建立了阿兹特克文明的中心城市——特诺奇蒂特兰（Tenochtitlan，意思是“仙人掌之地”）。在今天的墨西哥国徽上，还能看到这个传说的影子。

图 1.4　墨西哥国徽

据推测，阿兹特克人是在公元 1276 年时进入墨西哥谷地的，在 1325 年前后迁到特斯科科湖上的这个小岛，建立了帝国，从建国到后来被西班牙人灭亡，先后传了十二代统治者。

阿兹特克人也有自己的象形文字，而且他们还会造纸，这样一来就留下了不少古籍，通过阅读这些古籍，人们才知道了阿兹特克的基本历史。

顺便说一句，阿兹特克人的数学也是二十进制的。估计是因为他们居住的环境比较热，所以都不用穿鞋，这样，算数的时候也像玛雅人一样手脚并用。这要是搁在北欧，恐怕脚指头都冻掉了，还算不清楚家里到底养了多少只驯鹿。

跟玛雅人类似，阿兹特克人也有自己的历法和雕刻艺术。这也算得上是阿兹特克文明的又一亮点吧！

阿兹特克人有个很不好的习惯——人祭，就是把人杀死了祭祀天神。十六世纪的西班牙编年史作家贝纳法诺·法·萨阿贡这样描述过阿兹特克人杀人祭祀金星的场景："至于晨星（就是金星——本书作者注），这颗伟大的星，据说当它重新出现的时候，恐惧就会降临到阿兹特克人的身上。他们都很害怕，各处出口和（房屋）通道都被关闭。据说当它出现的时候，偶尔的一点亮光都可能带来疾病、灾祸之类的不幸。但是，有时它也被看成是仁慈的。它出来的时候，要杀俘虏喂养它。他们（指阿兹特克人——本书作者注）向它洒血，用俘虏的鲜血向它泼洒，用中指和拇指向它弹血，以血为贡品抛向它，以供奉的形式滋养它。"（这个编年史作家可够啰嗦的——本书作者注）

上面这段话传递了一个重要的信息——阿兹特克人特别重视宗教。他们最崇拜的神，跟前面说过的奥尔梅克人有些类似，就是羽蛇神，名字叫克萨尔科亚特尔（Quetzalcoatl）。除此之外，还有战神维洛波切特利——就是前面说的，指引阿兹特克人来到墨西哥谷地定居的那位保护神，和雨神特拉洛克等等。

人祭这事儿总算不上什么好事，而关于阿兹特克人，最值得称道的就是他们的帝国首都特诺奇蒂特兰了。这曾经是一个非常宏伟的城市。在西班牙征服者到来之前，这个城市有大约二十到三十万人，是十六世纪世界上最繁荣的城市之一。

特诺奇蒂特兰坐落在特斯科科湖的一个小岛上，被堤坝与湖水隔开，城市的街道以中心广场为中心，呈辐射状向外延伸。为了承载越来越多的人口，阿兹特克人在小岛的周围修建了很多的人工岛，并且在上面种玉米。

特诺奇蒂特兰有两个很大的市场，大约每五天举办一个集市。开市的时候，来自四面八方的阿兹特克人就会带着像可可豆啊、金子啊、铜块或者锡块什么的来这里赶集。

关于阿兹特克和特诺奇蒂特兰，在后面谈到西班牙人入侵的时候还会再说到，因此就此打住。

四、建在云上的印加帝国

（11）

印加帝国，是欧洲人入侵美洲之前最后和最大的一个帝国，也可以说是南美洲早期文明的顶点。

按照1950年代世界土著人文化大会的决定，这个帝国的西班牙语统一翻译——“印加（Inca）”应该被翻译成“印卡（Inka）”，但是约定俗成，一般都把这个帝国称为印加，因此，我们在这里也采用约定俗成的说法。

印加帝国是美洲早期文明里的后起之秀。印加传说中的帝国创始者曼科·卡帕克（Manco Capac）大约在公元1200年带领部落来到了今天秘鲁中部的库斯科，后来逐渐扩展，占领了整个的库斯科河谷地区。到了公元1400年以后，曼科·卡帕克的后裔，帕查库提·印加·尤潘查和他的儿子图帕克（Tupac Yupanqui），逐渐把印加帝国扩大到了南美洲的西北部地区，建立起了一个北起今天的哥伦比亚，南到智利的庞大帝国，南北长达四千公里，面积约九十万平方公里。

由于印加帝国的领土基本上就是安第斯山脉中北段，所以这个国家的平均海拔极高，高寒湿冷，简直就是建立在云彩上的。

印加帝国是一个统治机构相当完整的帝国，全部统治机构以“独一无二的国王”——萨帕·印加（Sapa Inca）为中心。仅次于萨帕·印加的则是他的妻子——为了保证王室血统的纯正，他的妻子一般都是他的姐妹，也就是说印加王室也近亲结婚，跟埃及人一个样。接下来是高等僧侣和军队统领，随后是各个岗位的主要官员，比如法官和将领。

法官和将领之下是地方官员。印加帝国分成四大行政区，称为“塔

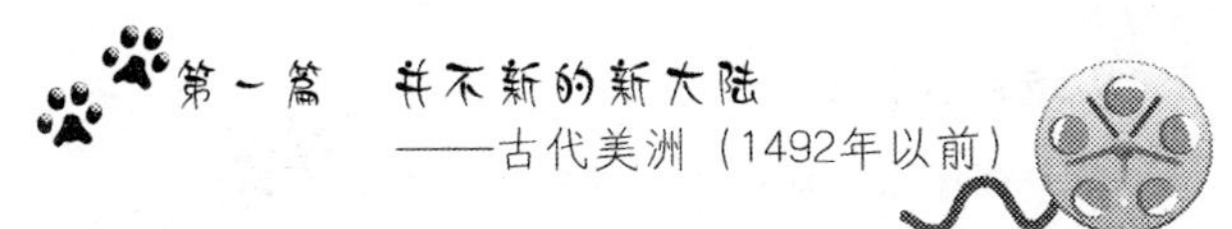

万廷苏尤”，意思是“世界的四个部分”，东部叫“安蒂苏尤（Antisuyu）”，西部叫“孔蒂苏尤（Contisuyo）”，北部叫“钦察苏尤（Chinchaysuyu）”，南部叫“科利亚苏尤（Collasuyo）”。而四个“苏尤”的中心，就是国都库斯科（Cusco，印加语的意思是“大地的肚脐”）。

连通库斯科和全国各地的是大约两万公里长的一个交通网，由于印加人没有车辆（他们和玛雅人一样，不懂得使用轮子），所以每隔几公里的路上就有一个驿站，供长途旅行的印加人休息。

印加人的经济活动也有一定的规模。它的手工业主要是制作陶器、纺纱织布和金属加工。其中，纺纱织布的原料主要是羊毛，有些纺织品的图案还很复杂，而金属加工水平比玛雅人要高很多，但是也只不过停留在青铜器时代，还没有使用铁器。

印加人的农业主要是种植玉米和马铃薯。他们在坡地上建了梯田，建造了灌溉系统，由于印加帝国的面积广大，气候条件很复杂，因此，也有的地方种水果、豆子和胡椒等作物。

顺便提一句，马铃薯和红薯应该是印加人首先种植的。由此看来，像玉米、马铃薯和红薯这种高产低质的农作物，几乎都是在美洲发现的。所以，大家如果有兴趣的话，可以查一下中国在清朝初年的人口大爆炸，恰好跟原产自美洲的高产农作物被带到中国来，并得到大规模推广的时间是一致的。

印加人主要的食物就是这些玉米、马铃薯和豆子什么的，据说最上等的佳肴是薯片和玉米啤酒。不过这两种东西的做法，用今天的眼光来看都非常恶心——前者是把马铃薯晒干了，再用脚踩；后者是让女孩子们嚼小麦，再把嚼烂的麦糊吐在水里发酵酿成的。

（12）

印加人的文化不怎么发达，最重要的一个证据就是印加人没有文字。像我在前面提到的，印加人还停留在“结绳记事”的水平上，尽管根据一些拉美愤青考古学家们的说法，印加的结绳记事已经比较发达了——他们能用不同颜色的绳子记录不同的事情，光学习好怎么打结都要花四年的时间。但不管怎么说，归根结底还是结绳记事呗！

与他们的文化相映成趣的是他们的武装力量。印加帝国的军队人数很多，到了西班牙人入侵的时候，印加的职业军人就不下二十万人，但是由于科技水平低，军队装备的现代化水平就很差——主要的武器是木头棒子、石头斧子、青铜棍子和小弹弓子，基本上相当于我国夏朝时的水平，跟商周时期的流氓斗殴中的装备水平差不多。

印加帝国就靠这些装备原始的职业军队，吞并了周围很多和它一样原始，甚至比它更原始的部落。

我在这里又忍不住插话了：大家千万不要以为上古时代民风淳朴，所以打仗的场面比现在温和。其实，由于科技发展，现在的战争反而不像原始时代那么血腥了——一颗子弹打过来，进来一个指甲大的孔，出去一个碗大的洞，流不了多少血，人就挂了；但是在原始时代，由于武器太落后，用石头斧子和小弹弓子杀人，不把人弹得血肉模糊面目全非，是不能把人搞死的，所以估计印加帝国对外扩张的时候，场面一定血腥到了限制级的水平。

关于印加帝国，要着重聊聊的是他们的国王，萨帕·印加。

“萨帕·印加”不是名字，而是称号，意思是“独一无二的国王”。这位“独一无二的国王”在印加绝对是说一不二的主，享有各种各样至高无上的权力。全国人民向他上交土地的收获物、衣物、武器和鞋子，而见到他的时候，甭管是多大的官，多牛的贵族都得光着双脚、挑根扁担以示恭敬。

关于印加国王，还有一个巨大的权力——想必大家已经猜到了——性的特权。他每年都会从全国各地挑选出身名门的美人胚子，为了保证是处女，挑选的女孩还必须是 8 岁大，然后养在“太阳贞女宫”里。等过几年长大了，印加国王就来选妃子，选中的带回后宫，选不中的就被送给印加国王的亲信做老婆——这算是命好的，命苦一点的就只能在宫里做一辈子的老处女了。

印加王死后，尸体会被制成木乃伊，供奉在库斯科的太阳神庙里。（南美民间至今还有类似的习俗，在秘鲁，有些土著人的酋长死后也被制成木乃伊，不过不是供奉在神庙里，而是搁在家里，每天按时上供，后生晚辈们有啥烦心事还总跑到老祖宗的那副骨头架子前去倾诉倾诉。按咱们的观点，这场面挺瘆人的，所以就不上图了。）

印加帝国和阿兹特克帝国一样，后来被西班牙入侵者给灭了。现在印加帝国最著名的遗址是位于秘鲁境内，马丘山峰和华伊纳山峰之间的马丘比丘。这地方游人如织，为了保护古迹，秘鲁政府已经开始限制每天的游客人数了。

（13）

美洲的古代文明还有很多，比如南美洲的查文（Chavin）文明和中美洲的萨波特克（Zapotec）文明等等，但是这些文明规模较小，发达程度也很低，就不在这里费口舌了。

关于美洲的这些古代文明，要简要地总结几句，主要是针对两种美洲文化的典型论调谈谈自己的看法：

一种论调是把美洲的古代文明神秘化，尤其是把玛雅文化神秘化。这种神秘化的表现，要么是穿凿附会（像前面说过的玛雅金字塔，有人非要把它跟物理常数扯上关系）；要么是装傻充愣（像前面提到的伪造的水晶头颅），其目的无外乎就是以此为噱头，出名带骗钱。

其实，要是把这些东西当作茶余饭后闲谈的一个话头，纯粹把《2012》当成一个热热闹闹的快餐电影看看，也没什么大不了。但是如果信以为真，非要花大量的时间精力去“探索”，再得出些“现代人比原始人还差劲”之类的结论，那就纯粹是浪费生命，瞎耽误工夫了。

另一种论调是把美洲的古代文明说成辉煌灿烂，华丽无比，一方面大吹特吹美洲原始人的建筑艺术和科学成果，把“玛雅人发现了0”之类鸡毛蒜皮的事情都吹上了天，另一方面却对这些文明的很多落后之处视而不见。

这种论调的目的也是明摆着的，越吹古代美洲人厉害，越证明后来欧洲人侵略他们可恶。当然，欧洲人侵略他们，烧光杀光抢光的确可恶，但这可不代表古代美洲人真的有多厉害。不然，怎么后来西班牙人经常是百八十个人就把阿兹特克和印加帝国成千上万的大军给打得一塌糊涂呢？这种论调，其实掺杂了很多政治方面的考虑。

美洲的古代文明的确有发达的一面，但是，也有落后的一面，比如，他们不会使用铁，除了羊驼以外没有牲畜，甚至连轮子都不会用。

因此，说这些文明“辉煌灿烂”，充其量也不过是些缺胳膊短腿的残疾文明而已。

当然，如果给美洲土著人自由发展的空间，再过个几千上万年，美洲文明也会逐渐发展起来的。但是历史没有留给美洲人足够的时间，这不，欧洲人就要来了。

第二篇

白色灾星从东来

——征服时代（1492~1543年）

一、被迫到来的大航海

（14）

“1492年，威尼斯航海家哥伦布，接受西班牙女王伊莎贝拉一世陛下的委派，率领船队向西航行，成功抵达美洲。”

这是大家都知道的哥伦布发现美洲的简单概括，而事实上，哥伦布可不是吃饱了没事干，玩探险而发现美洲的。这背后有着一段曲折的过程，而要把这个过程说清楚，就得从欧亚贸易说起。

图2.1　哥伦布

自古以来（究竟古到什么地步，就说不清楚了），欧亚之间就有频繁的贸易往来。当时中国的主要出口商品是茶叶、丝绸和瓷器，印度则是以胡椒为主的香料；欧洲用来换回这些东方商品的，则是贵重金属、玛瑙宝石、珍禽异兽什么的。

国际贸易是个发财的买卖，而且只要干好了，肯定是个发大财的买卖。所以自古以来，欧亚之间的贸易总是异乎寻常地繁荣。

搞营销的都知道，销售通路有多重要，欧亚间的古代贸易当然也不例外。当时的销售通路还没有上升到分销渠道和铺货政策等的高度，基本上指的就是贸易路线。

欧亚间的古代贸易，主要的路线一是陆路，二是海路。

陆路中最出名的当然是丝绸之路。丝绸之路从中国渭水流域出发，经不同路线抵达甘肃武威和张掖，沿河西走廊到达玉门关或阳关，然后穿越西域（我国新疆）到达葱岭（帕米尔高原），经中亚或南亚地区一路向西，最终抵达欧亚大陆的中间枢纽——君士坦丁堡。

跟陆路相比，海路要复杂得多。其中最重要的贸易路线如下：贸易船从我国华南和东南亚各港口出发，穿越马六甲海峡之后进入印度洋，然后沿着南亚和西亚沿岸的印度洋北部航线前进，进入波斯湾之后在阿拉伯半岛登陆，从这里改走陆路，经巴格达把货物运到君士坦丁堡。

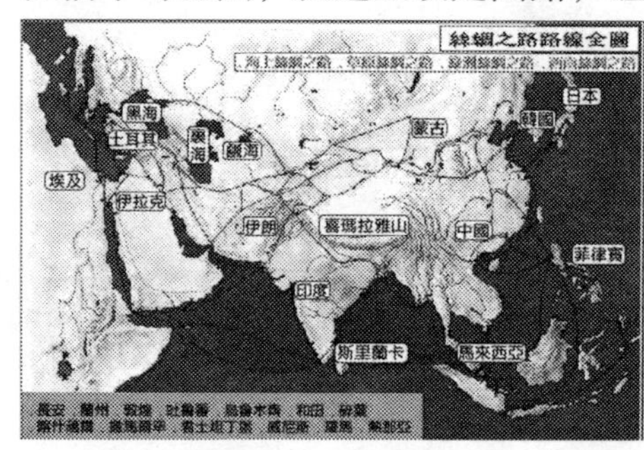

图 2.2　丝绸之路简图

大家随便找张世界地图（如果最早说的那个橡皮地球仪还在，就更省事了）一看就知道，陆路也好、海路也罢，所有的贸易路线都必须经过阿拉伯半岛和小亚细亚半岛。而近东地区的枢纽城市，欧亚贸易通路的重中之重，就是君士坦丁堡（今名伊斯坦布尔，属土耳其）。

从公元七世纪开始，君士坦丁堡南边大致稳定：先是阿拉伯帝国兴起，从公元 610 年开始一直繁荣昌盛到 1256 年，然后是蒙古人西征，旭烈兀建立伊利汗国，直到 1353 年被帖木儿帝国灭掉。

阿拉伯帝国也好，伊利汗国也好，帖木儿帝国也好，都鼓励跨国贸易。更重要的是，东罗马帝国占据君士坦丁堡长达千年，欧亚贸易的通路始终畅通无阻。

1250 年，埃及阿尤布王朝发生政变，马穆鲁克军团将领艾依贝克建立了马穆鲁克王朝。这个王朝建立后，开始对过境货物征收相当于商品价值百分之三十五的高额关税，严重地影响了西欧商人的利益，阻碍了东西方贸易和物资交流，使欧亚重要商路之一的“东地中海 - 红海 - 波斯湾 - 阿拉伯海 - 印度洋 - 孟加拉湾 - 南洋诸岛”商路（也就是上面说的海路之一）几乎断绝。这样一来，东西方贸易就只能靠君士坦丁堡这条路维系了。

（15）

不过，这条路也不再太平了。

1242 年开始出事：这一年，蒙古人击败了罗姆苏丹国，原来被罗姆苏丹国罩着的一小撮突厥人趁机独立。1281 年，埃尔托格鲁尔的儿子奥斯曼成为了这个部落的首领。1300 年，奥斯曼自称苏丹，宣布他的这个小部落是个独立自主的伊斯兰国家。转年，他占领了富饶的卑斯尼亚平原，开始扩张实力。

1324 年，奥斯曼去世，他的子孙后代继续与东罗马帝国作战，连战连胜，不断扩张领土。1326 年，奥斯曼政权夺取东罗马帝国重镇布鲁萨，并迁都于此，直接控制了马尔马拉海峡。打这儿起，奥斯曼政权正式称为奥斯曼帝国，因为占统治地位的是土耳其人，所以这个帝国又叫“奥斯曼土耳其”。

他们开始梦想灭掉东罗马帝国。

这时候的东罗马帝国都快一千岁了，毫不夸张地说，黄土快埋到嗓子眼了，勉强撑到 1453 年，原来横跨欧亚非三大洲的大帝国只剩下首都君士坦丁堡和周围巴掌大的一块地方。这一年开春，奥斯曼土耳其的苏丹，穆罕默德二世统领步骑大军一十七万，各类舰船三百二十余艘，强攻君士坦丁堡。

1453 年 5 月 29 日，这可是个划时代的日子。土耳其人围城百日之后攻进君士坦丁堡，东罗马帝国的末代皇帝君士坦丁十一世被杀，君士坦丁堡陷落。

奥斯曼土耳其嫌君士坦丁堡这个名字不够伊斯兰，就把它改名叫“伊斯坦布尔”。以此为中心，穆斯林控制了整个近东和中东的北部地区，从而掐住了欧亚贸易的嗓子眼。

与此前中东的历任统治者不同，奥斯曼土耳其对经过君士坦丁堡的商队征收高得惊人的重税。一时间，从亚洲贩运到欧洲的商品价格比以往暴涨了八到十倍。

这日子没法过了。

（16）

当然，对于亚洲来说，日子没受啥影响——本来嘛，亚洲从欧洲进口的都是些不能吃不能穿的奢侈品，大不了今后不养犀牛大猩猩了，改玩斗蟋蟀。

可是欧洲的日子真没法过了。

欧洲人当时的主食是小麦和腌肉。腌肉这东西维生素太少，光吃腌肉轻则口舌生疮，重则得败血病，唯一的化解办法就是喝茶，因为茶里面有帮助人体消化肉类的生物碱。另外，当时又没冰箱，腌肉动不动就发霉变质，由于腌制技术不过关，防止肉类发霉的唯一办法就是向腌肉上撒上来自印度的“神奇香料”——胡椒。

至于丝绸和瓷器，虽然严格说来算是奢侈品，但是对于欧洲的王公贵族来说，除了穿上来自东方的高贵衣料，使用精美绝伦的瓷器器皿之外，实在想不出还有啥办法能显示自己卓尔不群的品味和高贵的生活了。所以对于达官贵人来说，丝绸和瓷器也是必需品，而且，就算吃不上腌肉，也不能用不上瓷器。

欧亚贸易对欧洲有多重要，我再举个例子：

前不久一个同事出差去英国，人模狗样地在伦敦郊区的咖啡厅里喝了几回英式下午茶。可喝着喝着就觉得奇怪了——这个“立顿红茶”好歹也算是个世界知名品牌，可喝的时候干吗还要加糖加奶，弄得红茶不红茶，奶昔不奶昔，味道怪里八叽的呢？

这哥们儿百思不得其解，三天后咖啡厅的老 waiter 觉得他可怜，就把实话告诉他了——当年英国不产红茶，这东西都是万里迢迢从印度和斯里兰卡运来的，老金贵了。所以，运到英国之后，连那些发霉了的长毛了的也不舍得扔，照样喝。可这么喝也不是个味儿啊！于是就往里面掺东西，掺糖、掺奶，什么味儿大掺什么，就差掺芥末了，结果就成了现在这么个东西。

不知道是不是真的，呵呵，姑妄听之。

不管红茶长没长毛，反正伟大的经济学家凯恩斯教导我们说，哪里有需求，哪里就有供给。当时欧洲的商人削尖了脑袋想往亚洲跑。

上面说的是开辟新商路的必要性，下面来说可能性：

到了十五世纪这时候，欧洲人已经能制造上千吨的大船了，而且这些大船很少再像以往一样，因为龙骨承受不了木船的重量而突然开裂，同时，中国发明的水罗盘也开始被欧洲人使用，水罗盘不好使，欧洲人就把它改良成旱罗盘。尽管单靠罗盘还实现不了船只在海上的准确定位，但是有了这东西，水手在雨天雾天总算能判断方向了，因此，只要使用罗盘沿着海岸线前进，就不必担心迷失方向。

同时，随着文艺复兴曙光的日渐临近，越来越多的人摆脱了中世纪“天圆地方”的说法，把古希腊哲人托勒密的地圆说从废纸堆里翻了出来——有些人开始相信，大地不是平坦的，而是一个完美的球形。即使无法再通过君士坦丁堡，欧洲的商人们依然可以乘风破浪，再来亚洲做买卖。

新航路的先行者就这样登场了。

二、第一个全球帝国葡萄牙

（17）

现在的葡萄牙绝对是个不起眼的国家。不到十万平方公里的小国，憋屈在西南欧的犄角旮旯里，跟西欧大陆隔着比利牛斯山脉和梅赛塔高原，连两次世界大战别人都不带他玩。除了穿着“绿裤子红袄”的葡萄牙足球运动员时不时在电视上露个脸之外，实在想不出这小国有啥出名的了。

我不甘心，还上网查了查，据官方的新华网说，这个国家最出名的出口商品，就是塞红酒瓶子用的软木塞。

别看现在葡萄牙不中用了，人家当年可是牛得很。牛到什么地步呢？“世界上第一个真正意义上的全球帝国。”

这里插句话，所谓“全球帝国”，就是领土要从东向西跨越半个地球以上的国家。按这个定义，真正意义上的全球帝国统共也就七个：葡萄牙王国、西班牙王国、荷兰王国、大英帝国、法兰西王国、俄罗斯帝国和德意志帝国——看明白没？连现在老子天下第一的美国都挤不进去。

历史上关于葡萄牙的最早记载是古罗马共和国时期留下的，当时的葡萄牙叫硫息太尼亚行省。西罗马帝国完蛋以后，西哥特人赶跑了什么斯维比人啊、汪达尔人啊还有阿兰人啊什么的日耳曼部落，在这里扎下了根。

公元711年，信仰伊斯兰教的北非摩尔人入侵了伊比利亚半岛，统治葡萄牙的西哥特王朝就此灭亡，葡萄牙的大部分土地被并入阿拉伯倭马亚王朝。七年之后，为了从伊斯兰异教徒的手中收回属于基督徒的土地，长达七个世纪之久的“收复失地运动”就此展开。

收复失地运动既缓慢，又艰苦。直到三百多年后的十一世纪末，信奉天主教的卡斯蒂利亚王国才总算收复了葡萄牙的北方土地，国王阿方索六世把它封给了自己的女婿，勃艮第的亨利。1112年，亨利去世，他的儿子阿方索·恩里克斯开始同他周边的天主教和伊斯兰教国家作战，以争取领地的独立地位。

1139年，阿方索宣布成立葡萄牙王国，自称国王阿方索一世。1143年，通过卡斯蒂利亚和葡萄牙之间的《萨莫拉条约》，葡萄牙王国的独立地位得到了这个强大邻居的承认。1147年，阿方索一世借助于十字军的力量收复了里斯本。又过了三十二年，教皇承认了葡萄牙作为世俗国家的独立地位，这样，全欧洲的第一个民族国家，经过四百年艰苦卓绝的武装斗争，总算独立了。

为了争取祖国的统一，葡萄牙又同盘踞在他南部领土上的穆斯林摩尔人展开了多年的战争。1249年，葡萄牙国王阿方索三世攻克了国家领土最南部的阿尔加维，葡萄牙就此统一了。

（18）

国家的独立和统一，极大地振奋了葡萄牙的民族精神。同时，打了五百多年总算把穆斯林摩尔人给打跑了，让葡萄牙人相信，万能的天主站在自己这一边。所以，伊斯兰的奥斯曼土耳其帝国割断了东西方的交通之后，葡萄牙人理所当然地认为，天将降大任于斯人也，开辟新商路舍我其谁啊？

1415 年，葡萄牙国王若昂一世的第三个儿子——恩里克王子率领船队出发，征服了北非的贸易中心休达，这就是葡萄牙殖民帝国创建的第一步。别看恩里克王子一辈子到过的最远的地方就是北非，但是他被人称为葡萄牙的第一位伟大的航海家。为什么呢？

因为人家是贵族。

当时的贵族就是饱食终日，无所事事（据说现在的也一样，比如“汝南周氏”什么的），可是人家恩里克有着远大的追求，他凭借王子的财力和地位，创建了世界上第一所航海学校，建立了天文台、图书馆、港口和船厂，为葡萄牙日后的航海伟业奠定了无可替代的基础。

1487 年 8 月，巴托洛梅乌·缪·迪亚士（Bartolomeu Dias）接受葡萄牙国王若昂二世的委托，从里斯本起航，沿着非洲西海岸一路南下，经过半年多的航行，第一次到达了非洲大陆西南端的好望角。尽管倒霉的迪亚士遭遇了风暴，他的船队没能再继续往东前进，但是，通向印度的海上大门就此向葡萄牙的冒险家们敞开了。

十年之后的 1498 年 5 月 20 日，瓦斯科·达·伽马（Vasco da Gama）终于抵达了印度西南的卡里卡特。这标志着葡萄牙人首先发现了从欧洲向东到达印度的航线。

除了上面这三位牛人之外，葡萄牙的航海家还有很多，比如发现了马达加斯加的佩德罗·阿尔瓦雷斯·卡布拉尔（Pedro lvares Cabral）——巴西也是他发现的，后面还会再讲到；征服了印度果阿的阿方索·德阿尔布克尔克（Afonso de Albuquerque）；抵达广州，从而开始了近代欧洲和中国交流先河的费尔南·佩雷兹·德·安德拉德（Fernão Pires de Andrade），以及在 1522 年起航开始环游地球的麦哲伦等，都是名垂史册的葡萄牙冒险家。

葡萄牙开辟了新航路，这下子发了大财。据说，瓦斯科·达·伽马跑一趟船，利润能达到百分之六千多。估计除了劫道，古往今来这么好的买卖还没有过，连贩毒都比不上干这个。

为了维持这笔好买卖，葡萄牙开始占领这条新航路途经的重要港口和土地，世界上第一个全球帝国就这么开始了：

1458年，阿方索五世统治下的葡萄牙从摩尔人手中夺取了北非摩洛哥的一部分。1471年，葡萄牙占领丹吉尔。随后，东非的莫桑比克、蒙巴萨等地也被葡萄牙占领。1506年，葡萄牙占领了阿拉伯海上的索科特拉岛，同年抵达锡兰（今斯里兰卡）。

翻开这一时期的历史地图，在沿着非洲西海岸进入印度洋，进而抵达印度的航线旁边，几乎所有的沿海领土都归葡萄牙所控制。这个欧洲犄角旮旯的小国就此控制了印度洋和东方航路，葡萄牙如日中天的时代来临了。

好买卖当然人人看着眼红，这不，葡萄牙的邻居开始插手了。

三、西班牙来了个哥伦布

（19）

算起来，西班牙是葡萄牙唯一的邻居，由于两个国家挨得太近，所以历史也差不多。

二十世纪初，西班牙和葡萄牙一样，先是总算完成了迟到的资产阶级民主革命，然后因为国家太破，人家英法德俄都不带他们玩，所以躲过了第一次世界大战。等到一战结束，二战快开始的时候，两国家又先后出了一个亲纳粹的独裁者：葡萄牙的是萨拉查，西班牙的叫佛朗哥。

两个独裁者都猴精猴精的，据说当年希特勒想拉着佛朗哥一起去搞法国，结果佛朗哥哭丧着个脸说，老哥你愿意带小弟我发财，谢谢啊！不过俺们西班牙太穷了，要打仗也行，麻烦老哥你先施舍俺们点东西。说着就拉了一张援助申请单。希特勒一看就急了——你小子穷疯了，八辈子没见过钱是不是？照这么个架势，就算把整个法国都给你都还不够，得了，没你参加还少个累赘呢！

两个国家就这样避免了二战，然后萨拉查和佛朗哥比着活，都活到了七十年代才撒手闭眼，俩国家才算开始走上民主化和现代化的道路。

有点扯远了，还是说说20世纪以前的西班牙吧，跟葡萄牙的历史真的差不多。

西班牙本来也是蛮荒之地，直到公元前218年，罗马人打进来了，给西班牙地区带来了文明。西班牙在罗马时期还真争气，长治久安七百年不说，好一阵子罗马皇帝都是西班牙（以及葡萄牙）出来的，连带着那段时期的罗马也叫“伊比利亚诸帝时期”。（西班牙和葡萄牙所属的地区叫伊比利亚半岛，这个词今后还会多次出现。）

罗马统治下的西班牙，日子过得很滋润，所以那段日子也叫“西班牙第一个黄金时代”。

西罗马帝国被蛮族给灭了之后，西班牙的好日子就到头了，先是日耳曼各部落，后是西哥特人先后占领了这地方。

这还不是最惨的。公元711年，西班牙地区跟邻居葡萄牙一块被北非的伊斯兰教摩尔人给占了。

人种不同、宗教信仰不同、文化传统不同，西班牙人这下子可遭了罪。西班牙诗人是这样哀叹的：

“谁能够担负叙述这一大屠杀的责任？
谁能够讲述如此可怕的祸患？
即使将所有肢体变成嘴，
描述对西班牙的毁灭和其它恶劣行径，
都是人力所不及的。”

哪里有压迫，哪里就反抗呗！西班牙人也开始了轰轰烈烈的“收复失地”运动。

（20）

西班牙的领土比葡萄牙大五倍，然而，收复失地的难度比葡萄牙的五倍都不止——葡萄牙在十二世纪中期就统一并独立了，西班牙费的劲要大很多。在为期七百多年的收复失地运动中，这片土地上建立过数不胜数的基督教政权。其中，最著名的有四个：伊比利亚半岛东北的阿拉贡王国，半岛西北的阿斯图里亚斯王国，中北部的卡斯蒂利亚王国，以及北偏东的一个小国叫纳瓦拉——听听，这些名字像不像《指环王》和《纳尼亚传奇》？

这许许多多的国家一边跟穆斯林打，一边自己互相打，这一时期的西班牙就快赶上咱们的春秋战国了。

上述四个王国里的阿斯图里亚斯王国诞生最早，消失得也最早——公元十世纪的时候，阿斯图里亚斯王国就土崩瓦解，不复存在了。后来到了十五世纪，伊比利亚半岛上除了葡萄牙、纳瓦拉王国和一些零星的穆斯林据点之外，只剩下了两个主要的国家，也就是阿拉贡王国和卡斯蒂利亚王国。

常言道，“天下大势，合久必分，分久必合。”

国家的统一往往伴随着战火和流血。不过，阿拉贡王国和卡斯蒂利亚王国的统一过程中所流的鲜血却要少得多——西班牙的统一，基本上是以一种温馨的喜剧方式完成的：1469 年，阿拉贡王国的王储，西西里的国王斐迪南和卡斯蒂利亚王国恩里克四世的妹妹伊莎贝拉公主结婚。在当时，这不过是欧洲各国王室之间的成百桩政治联姻中的一次而已，然而随着历史的发展，这桩政治婚姻却逐渐使得统一的西班牙登上了历史的舞台。

1474 年，恩里克四世去世，伊莎贝拉继位，称伊莎贝拉一世，为了争取到阿拉贡王国的支持，她宣布她的丈夫是卡斯蒂利亚王国的共治者。葡萄牙国王阿方索五世则宣称，他的妻子，恩里克四世的独生女儿胡安娜·拉贝尔特兰尼哈才是卡斯蒂利亚的继承人，双方谈不拢就开战。西班牙的王位继承战争打了两年，最终，阿方索五世在托罗战役中失败，伊莎贝拉成为了卡斯蒂利亚货真价实的统治者。1479 年，斐迪南继承了阿拉贡王国的王位，即斐迪南二世。两夫妻随后实现了两个王国的合并。

后来到了 1512 年，西班牙王国吞并了纳瓦拉王国，终于实现了国家的统一。

其实，斐迪南二世和伊莎贝拉一世之间的婚姻完全是政治婚姻，两人甭说共同生活了，连见面都不多，各带着自己的一批大臣和贵族，在各自的领地上搞建设，基本上算是个紧密的政治联盟。由于两个人共同掌权，而且都是天主教的虔诚信徒，所以，历史上把这夫妻俩称做“天主教双王”。

按照我这个业余历史爱好者的观点，西班牙历史上最重要的一年就是 1492 年。这一年发生了太多的事情，这些事情不光奠定了西班牙的历史走向，而且也决定了日后欧洲、美洲和非洲这三片大陆上十几亿人的命运：

1492 年初，摩尔人在西班牙的据点就只剩下格拉纳达王国的首都了。这一年的 1 月 2 日，在经过了两年的战斗之后，高举着十字架的西班牙王国军队最终攻克了格拉纳达的阿尔罕布拉宫，格拉纳达的末代苏丹投降，摩尔人在伊比利亚半岛的统治就此结束，长达七百年的收复失地运动终于以基督徒们的胜利而告终。

1492 年的 3 月 21 日，费迪南二世和伊莎贝拉一世颁布法令，驱逐在西班牙的犹太人和穆斯林，二十万人因此背井离乡。（顺便说一句，这些人被轰出来之后，心里难过啊！难过了就唱歌跳舞发泄，由此发明了大名鼎鼎的佛拉门戈。有兴趣的话，大家去看看现在的西班牙佛拉门戈表演，还是那种板着脸瞪着眼酷酷的样子——憋着一肚子火呢！）

还是在 1492 年，西班牙的夫妇俩国王被一个流窜到马德里的热那亚国际“盲流”给感动了，跟这个看上去像骗子一样的家伙签了张合约，资助他向西探索。这个热那亚人的名字？你猜对了，他就叫克里斯托弗·哥伦布。

（21）

这个世界上从小养尊处优，长大了还标榜史册的人不是没有，但绝对是少数，比如大牛人王阳明。大多数杰出人物都是苦出身，梅花香自苦寒来嘛！

等他（或者她）功成名就之后，传记作家就得考证他的身世背景，要搁在咱们中国，还得给他编一些“出生时红光满室，异香四溢”之类的鬼话。但考证归考证，其实很多事情都考证不出来，所以，很多时候杰出人物的早年生活，就充满了两个字：“大约”。

哥伦布就是这种情况——我们只知道，伟大的航海家哥伦布“大约”出生在公元 1451 年前后，出生地点“大约”是意大利的热那亚附近，而他爸爸——多米尼克·哥伦布，“大约”出身贵族。

不管哥伦布他爹多米尼克出身大约怎么样吧，反正等家里的老大克里斯托弗出生的时候，多米尼克已经落魄成一个纺织工匠了。

哥伦布就在这么个纺织工家庭里长大。本来，哥伦布也很可能成长成一个织布工，或者顶多扩展一下产业链，当个古代裁缝什么的，但是他遇到了一个机会——意大利旅行家马可·波罗曾经在热那亚蹲过监狱，蹲监狱期间写了一本《东方见闻录》。出于对当地监狱知名犯人的敬仰，哥伦布读了这本书，就此改变了他的一生。

当然了，现在我们总算知道了，马可·波罗就是一个外国大忽悠。他的传记中充满了夸张离奇的“胡说八道”——比如他说他曾经受蒙古大汗的委任，在扬州当了数年的地方官，我国的历史学家在元史及相关史料中查了好多年，也没找到哪怕一句话的记录；又比如他说，蒙古人攻克襄阳城，就是靠了他马克·波罗亲自设计、亲自监制的投石机等。但是不管怎么说吧，马可·波罗的这本传记还算瑕不掩瑜，他对东方的描述激起了包括哥伦布在内的许多欧洲人对东方的向往。

在当时的欧洲，人们对世界的一个普遍认识是——“世界是平的”。

这可不是前几年那本畅销书中的观点，而是说，当时的大部分欧洲人认为大地是平坦的，而欧洲西边的大西洋以西，就是无底深渊。

哥伦布则认为地球是圆的。当然，认为地球是圆的并没有什么了不起，如前面提到的，当时越来越多的欧洲人开始认为地球是圆的，但是绝大多数人只把这种认识停留在臆想的阶段，从不曾想过要因此采取任何行动。而哥伦布了不起的地方，则是把这种认识和他对东方的向往结合在了一起——既然地球是圆的，那我向西航行，也能抵达东方吧？

（22）

航海可不是闹着玩的——除了必要的技术条件之外，航海还需要建造船只、招募水手、购买漫长旅程中所必需的吃的用的，等等，总之一句话，不是很有钱，就航不了海。当时的全欧洲都还是封建社会，没有股份公司一说，所以能玩儿得起航海的，就是前面说的葡萄牙王子恩里克那样的大贵族。

哥伦布要航海，单凭自己这么个穷光蛋肯定没戏，为了实现自己的航海梦想，唯一的办法就是向王公贵族们游说，申请资助。

哥伦布就到处跑开了，先是跑到了撒丁王国，被当成骗子给轰出来了；后来跑到法国，被当成骗子给轰出来了；然后又跑到英国，不用说，又被当成骗子给轰出来了。

轰出来的原因很简单——当时没有哪个贵族相信向西走，最后能走到东边。比如后来的西班牙官员就质问哥伦布："即使地球是圆的，向西走能走到东边的出发港，那么有一段路程必然是从地球下面向上爬坡，可帆船怎么能爬上来呢?!"哥伦布也傻了——牛顿当时还没生出来，这问题没人回答得了。

所以大家都认为，哥伦布就是个骗子，他就是想骗一大笔钱，然后"跑路"。哼，以为老子傻啊?

直到1485年，哥伦布"流窜"到了西班牙。一开始，西班牙王室对这个热那亚"盲流"也不怎么感冒，伊莎贝拉成立了一个委员会研究哥伦布的建议的可能性，直到1490年，委员会把哥伦布的想法给"枪毙"了。

哥伦布准备再去法国碰碰运气，结果伊莎贝拉听了手下人的劝告，把他追了回来，继续开会研究。最后，女王相信了这个热那亚人，决定帮他搞一把。但问题是当时西班牙王国也刚成立，百废待兴，女王陛下也没钱。据说，为了给哥伦布凑钱，伊莎贝拉一世把王冠上的宝石都卖了。

就这样"砸锅卖铁"地筹备了半年，哥伦布率领着他的远征舰队，从西班牙帕洛斯港浩浩荡荡地出发了。

有人要问了，这么大张旗鼓地准备，哥伦布的帆船船队的规模到底有多大呢?

一共三艘。

（23）

别看只有三艘船，那可是当时西班牙女王所能整出来的最大动静了，而且哥伦布也踌躇满志的——毕竟，折腾了十几年总算能出发了，何况临走的时候，伊莎贝拉女王还给了他张委任状，任命他为海军上将（也有人把它翻译成“海军元帅”），“他征服的所有地区的长官”，并保证给予他“通过购买、交换或上述总督权限之内的任何其他手段（就是抢劫——作者注）所得到的包括珍珠、宝石、黄金、白银、香料或任何种类物品在内的一切商品的十分之一。”

作为一个中国人，我从上中学的时候就听过许许多多师长前辈吃饱了之后扼腕痛惜，“发现新大陆，开疆拓土的功绩本来有可能是属于咱们中国的郑和的——当年郑和下西洋的船队，不知道要比哥伦布那三条寒酸的破船先进了多少年！可惜啊……”

后来甚至还有人信誓旦旦地说，最早发现美洲的就是郑和。

在这里，我这个业余历史爱好者可以很负责任地说，郑和根本就没到过美洲。别看现在网上什么“郑和航行到美洲”啊、“郑和发现美洲”啊，还有古地图啊，舰队锚地遗址啊什么的，说得有鼻子有眼，听着跟真的一样。可是，只说一条就能辩驳以上所有的意淫观点：

中国最讲究著书留史，明史也好，其他资料也好，郑和七次下西洋的路线图都明摆着，没沾美洲的边。我绝对承认郑和是世界历史上最伟大的航海家之一，但他真的没到过美洲。

忍不住多跑两句题：退一步讲，就算郑和发现了美洲，他也就是去“广布恩泽，扬我天威”呗！除了大把大把地馈赠金银，就是帮土著国王抓几个不服土著管的我中华子民，他还能像西班牙人、葡萄牙人那样到处抢钱、抢人、抢东西吗？

退一万步讲，就算郑和到了美洲，也像欧洲人那样抢金银、抢地盘。几百年后又如何呢？光十六世纪那一百年，西班牙从拉丁美洲抢回家的金银折成现在的货币价值，就有几百亿美元，可今天的西班牙怎么样呢？人均国民收入在西欧还是倒着数的。

（24）

不跑题了，翻回头来接着说哥伦布。

率领着三艘帆船的西班牙海军上将哥伦布，揣着女王陛下许给的空头支票，8 月 3 日出发，在海上漂了七十多天都没看见土地，船员们心里就发毛了。大家可没有哥伦布那么大的抱负和理想，哥几个都是冲着钱才来的，虽然说起来好歹也算是职业航海人，可是谁也不想随随便便就把命给搭在大西洋上啊！

9 月 23 日，船员们开始发牢骚，走到 10 月份，船员们就造反了，打死也不再往前走，生怕掉到大西洋西边的无底洞里头去。10 月 6 日，哥伦布不得不答应船员，就五天，再走五天中不？五天之内再看不到陆地，咱们全体返回，谁也不受这窝囊罪了。

10 月 12 日，也就是哥伦布赌咒发誓再走的那五天到期的日子，幸运女神冲着哥伦布和他的伙计们龇牙了——他们看到了一座岛屿！（据说就是今天加勒比地区的波多黎各岛）大家伙儿士气大振啊，上岛喝足了水继续走，甭说五天，就是再走五个月也乐意。10 月 28 日，船队到了今天的古巴，12 月 5 日到了今天的伊斯帕尼奥拉岛（也称“海地岛”）。转过年来的 1 月 6 日，船队起航返回，带着一些土特产，在 3 月 15 日回到了帕洛斯港。

这次成功之后，哥伦布在 1493 年 9 月到 1496 年 3 月期间，1498 年 3 月到 1500 年 11 月期间和 1502 年 5 月到 1504 年 11 月期间又先后三次率领船队抵达美洲。

哥伦布的这四次航行可不是充满光荣的探索之旅，纯粹就是去烧杀抢掠的：

第一次，哥伦布带回西班牙的土产里除了些鹦鹉什么的，还有七八个土人（天知道还有多少土人死在途中了）。

第二次，哥伦布抓了一千个阿拉瓦克人，留下一半做奴隶，另一半被装船运回西班牙，途中死了二百个。

后两次航海的抓人情况不详，但哥伦布肯定也没干啥好事——等他第四次去的时候，这个坏蛋被阿拉瓦克人民给抓了，关了好几个月才钻了个空子跑掉。

关于哥伦布的晚年，一般的说法是他得罪了西班牙王室，被手铐脚镣地押回西班牙，女王陛下也翻脸不认账，没给他那应得的百分之十，最后哥伦布在穷困潦倒中死去。

不过我也看了一些美洲“愤青”的书，那里面信誓旦旦地说，哥伦布最后死的时候还是荣华富贵。“愤青”作家们说，那些欧洲人说他死得穷困潦倒，目的是树立他的悲剧英雄形象，淡化他的侵略者嘴脸。

不管哪个是真的，有一点我可以确定：1506 年 5 月，伟大的航海家和冒险家，残忍的恶棍、蹩脚的殖民者哥伦布逝世，终年五十六岁。

（25）

关于哥伦布的事情还没完。有个流传很久的故事，相信很多人都听说过，是关于哥伦布和鸡蛋的：

话说哥伦布发现新大陆之后，有些贵族对此不以为然。在一次宴会上，有人大声宣称：“到新大陆去没有什么了不起，只要有船，谁都能去。”哥伦布随手在餐桌上拿起一个熟鸡蛋说：“谁能把鸡蛋竖起来?”许多人试了又试，都说不可能。哥伦布将鸡蛋壳在桌子上轻轻地敲破了一点，就竖了起来。于是又有人说：“这谁不会?”哥伦布说：“在别人没有做之前，谁都不知怎么做；一旦别人做了之后，却又认为谁都可以做。”

我上中学的时候就听过这个故事，当时是老师让大家背下来然后写在作文里面凑字数的，不过这个故事的深刻含义是什么，早被我给忘了。而现在我想跟大家说明的是，这个故事百分之百是杜撰的。

因为别管别人怎么探索，怎么论证，哥伦布直到临死时都以为自己到达的地方就是印度，自己见到的是印度人（这也就是美洲土著被称为“印第安人”的原因，和哥伦布到达的那片岛屿被称为“西印度群岛”的原因）。他怎么可能为自己发现新大陆来辩解呢?

所以，这个关于“哥伦布和鸡蛋”的故事，应该被改名叫“哥伦布和扯淡”。

确认了哥伦布所到达的地方不是亚洲，而是一片欧洲人前所未知的土地的，是另一位意大利航海家，亚美利哥·韦斯普奇（Amerigo Vespucci）。

亚美利哥·韦斯普奇在 1499 年到 1504 年期间，三次（他本人说是四次，但别人普遍认为第四次是他自己胡说的）到达南美洲。后来，他在《新大陆》和《第四次航行》这两封信中向朋友指出，哥伦布到达的地方不是亚洲，而是欧洲人前所未知的一片土地。

1507年，德国地理学家马丁·瓦尔德塞米勒（德语，Martin Waldseemüller）出版了《世界地理概论》，作者在书中用亚美利哥的名字命名了这片土地。于是，这片被哥伦布发现的土地，就以亚美利哥的名字命名了——今天全世界都称这里为“亚美利加洲”，中文简称“美洲”。相反，哥伦布这个名字的用处就小了很多——不是用在巴掌大小的地方（如美国的哥伦比亚特区），就是鸟不拉屎的地方（如哥伦比亚共和国）。

四、冒险比赛开始

（26）

哥伦布到达美洲之后，这回轮到葡萄牙眼红了。西班牙和葡萄牙两国摩拳擦掌，开始了探险竞赛——每当到了一个陌生的地方，大家就争着宣布这个地方归本国所有，谈不拢的话就大打出手。一来二去事情越闹越大，西班牙国王斐迪南二世和葡萄牙国王约翰二世就拉来了当时的教皇亚历山大六世，让他居中调停。

三位老大商量了好久，漫天要价，就地还钱，结果在1493年5月4日，教皇作出仲裁：在大西洋中部的亚速尔群岛和佛得角以西100里格（1里格约等于5.5公里）的地方（就是西经五十度左右），划一条纵贯南北极的分界线。分界线以西归西班牙，以东归葡萄牙。这也就是说，后来确认的美洲和太平洋各岛归西班牙，亚洲非洲归葡萄牙。这就是著名的“教皇子午线”。

一年以后，葡萄牙国王约翰二世觉得自己亏了，哭着喊着非要重新划分分界线。这次一直谈到1494年6月7日，两国签订了《托德西利亚斯条约》，将分界线向西移动了二百七十里格，这样大部分巴西就被划入葡萄牙的势力范围。

这条分界线在历史上可以说是大名鼎鼎，因为它的意义实在是太大了。

在此之前，哪个国家都没有这么大的口气，敢瓜分全世界。谁也没想到，这件前无古人的事情，被西班牙和葡萄牙两个西南欧小国给办了。

其实说起来，划这条线的时候，大家对哥伦布到的地方是印度还是新大陆，都说不准。所以签完约之后，西班牙还以为自己占了大便宜，把印度都给占了。后来才发现，印度还远着呢！于是，这个条约使得葡萄牙把向东前往印度的航路都给垄断了。

顺便说一句，《托德西利亚斯条约》只划分了半个地球，因为当时大家对这个世界究竟是扁平的还是个圆球还吃不准。直到后来葡萄牙的麦哲伦开始做环球航行的时候，他到了摩鹿加群岛（今马鲁古群岛，在印度尼西亚），两国又开始争执这个群岛应该归谁。为此，1529 年双方又签订《萨拉戈萨条约》，在摩鹿加群岛以东十七度处再划出一条线，作为两国在东半球的分界线，线西和线东分别为葡萄牙和西班牙的势力范围。

好了，既然分界线已经划好了，两国也就犯不着狗咬狗，为了分赃不均打架了。现在分头行动，抢地盘去咯！

(27)

先说西班牙。

一开始，西班牙人对拉丁美洲的殖民事业没那么热心，长时间停留在小打小闹的阶段——尽管哥伦布 1492 年就到达美洲了，而且他的第三次航行（1498～1500 年）还到了南美洲（今天的委内瑞拉），但是在相当长的时间内，西班人的足迹只停留在中美洲的几个小岛上：

西班牙人定居的第一个加勒比岛屿，就是哥伦布发现并命名的伊斯帕尼奥拉（La Española，懂点西班牙文的朋友都能明白，这个词的意思就是“西班牙”岛）。它不是个小岛，面积达到七万六千四百八十平方公里，在加勒比地区仅次于古巴。今天，这个岛屿分属海地（西部）和多米尼加共和国（东部）。

1496 年，西班牙人在这里建了第一个定居点，圣多明各（Santo

Domingo），这也是西班牙人在美洲岛屿上建立的第一个城市。

哥伦布是个好水手，但不是一个好总督——在美洲他除了抢人抢东西之外就不会干别的了。一来二去，西班牙王室也看出了这一点，于是就把他的总督头衔给撤了，在1500年派人把他给抓回了西班牙，哥伦布的第三次航行就是这么结束的。

尽管回到西班牙后，哥伦布很快被释放了，但他的西印度总督也当不成了。1500年，西班牙王室另派了一个叫佛朗西斯科·迪波巴迪利亚（Francisco de Bobadilla）的当了西印度总督，但效果也很一般。

1512年，西班牙贵族迭戈·德奎利亚尔（Diego de Cuéllar）征服了古巴。尽管古巴是加勒比第一大岛，但是西班牙人不想光在小岛上呆着，他们想把触角伸向大陆。

1509年，西班牙政府批准在巴拿马和哥伦比亚两个地方建立殖民地，但是效果都惨不忍睹：在巴拿马建立的殖民地，一开始就遇到了什么饥饿啊、热带疾病啊、抓印第安人没抓着，反而被印第安人给抓了之类的事情，前来殖民的人损失了十分之九，人口越殖越少，只好暂时放弃。

哥伦比亚那一路也很惨：老资格的航海家阿隆索·德·奥赫达（Alonso de Ojeda）在哥伦比亚北部的卡塔赫纳登陆，遭到印第安人的强烈打击，著名制图家胡安·德拉科萨身中毒箭而死，奥赫达只好回到伊斯帕尼奥拉去避风头。

1510年，西班牙政府又派了个新的冒险家马丁·费尔南德斯·德恩希索（Martín Fernández de Enciso）来碰运气。德恩希索放弃了奥赫达在乌拉瓦湾的圣塞巴斯蒂安据点，并在乌拉瓦湾西北岸，非常靠近巴拿马的地区另建新的殖民点圣玛利亚·安提瓜（Santa Marla Antigua del Darien），这次总算成功了。

不久，跟德恩希索同来的巴斯科·努涅斯·德·巴尔沃亚（Vasco Núñez de Balboa）逐渐排挤并赶走了德恩西索，自己当上了这批殖民者的头。这个圣玛利亚·安提瓜据点，是欧洲人在美洲大陆建立的第一个稳定的殖民定居点。

德恩希索和德巴尔沃亚的成功主要是因为圣玛利亚·安提瓜附近食物丰富，而且当地印第安人非常落后，甭说毒箭了，连弓箭都没有。

从1492年开始的二三十年时间里，西班牙殖民者没少在美洲到处转悠，但是虽说几乎把美洲大陆转悠了个遍，主要的成就也只是画了些地图，能立足的地方很少。

这些殖民者当中最惨的要算胡安·迪亚斯·德·索利斯（Juan Díaz de Solís）了，这家伙带着船队一直深入到拉普拉塔的内河流域里（在今天的阿根廷境内），结果在1516年被当地的土著人给抓住吃掉了。

西班牙人不能立足的原因很多，除了不了解美洲当地的具体情况，比如热带疾病什么的以外，王室委派的总督们能力有限也是一个重要原因——让他们只带着几百号子人就深入美洲腹地打天下，除非是不世出的奇才，否则谁也没法办到。

但是西班牙居然真的有不世出的奇才，而且还一下子出来俩。

五、书生万人敌

（28）

两位奇才中的第一位，叫埃尔南·科尔蒂斯（Hernán Cortés）。

图2.3　埃尔南·科尔蒂斯

此人可以说是大大的有名。即便是不熟悉拉丁美洲历史的朋友，如果看过1978年一个美国人迈克·哈特写的畅想书《人类百位名人排座次》的话，也会记得这个人，在几千年文明史中出现过的几百亿地球人中，历史总排名第六十七位。即便没有看过这本书，只要在网上随便搜搜什么“世界十大征服者”、“世界十大冒险家”之类的榜单，如果里面没有这个人，那只能说明一个问题：

编榜单的是个外行。

1485年，科尔蒂斯出生在西班牙西南部的埃斯特雷马杜拉地区

（Extremadura）的马德林。这个埃斯特雷马杜拉地区，当年也是伊斯兰摩尔人侵略的重灾区，长期的反侵略斗争造就了这个地方的民风：好勇斗狠、彪悍泼辣。

科尔蒂斯他爹马丁·科尔蒂斯就是这么个职业军人，打了一辈子的仗。不过，他倒不希望自己的儿子子承父业，而是希望科尔蒂斯长成个文化人，当个法官什么的光宗耀祖。所以，科尔蒂斯十二岁的时候就被送到西班牙的大学城萨拉曼卡，开始学习拉丁文和语法，后来主修法律。

1492年哥伦布一声炮响，开辟了新航路。西班牙的热血青年们忍不住了，掀起了一股“到新世界去，到加勒比去，到祖国最需要的地方去”的热潮。十七岁的科尔蒂斯也弃学回家，东游西荡一阵子之后，于1506年来到了伊斯帕尼奥拉岛。

伊斯帕尼奥拉是西班牙在美洲最早的殖民地，虽说开发得并不好，但是作为最早的殖民地，地面还算太平。科尔蒂斯看到自己在这里混不出啥名堂，就在1509年跑到了古巴。在上一节说过，西班牙人直到1512年才完全征服了古巴，因此，科尔蒂斯绝对是古巴的第一批殖民者之一。

由于资格老，更重要的是科尔蒂斯有文化，在西班牙漂洋过海的大量文盲中显得鹤立鸡群，所以，1515年前后的科尔蒂斯终于当上了法官，还是古巴的首席法官（这么说来，他爹马丁应该可以撒手闭眼了）。

不过，科尔蒂斯的人生目标可不是成天审审案子，收收黑钱什么的，他一心想的是投笔从戎，为西班牙开疆拓土。从这个意义上说，这家伙也算是西班牙的班超了。

1517年2月，一个冒险家德科尔多巴（Francisco Hernandez de Cordoba）从古巴出发，为了抓印第安人做奴隶而远航，结果发现了墨西哥尤卡坦半岛。1518年德格里哈尔瓦（Juan de Grijalva）按照同一条路线前往，这就是西班牙人征服墨西哥尤卡坦半岛的开始。

最开始的这两次探险都不顺利，当地的玛雅人（大家还记得第一篇提到的美洲古代三大文明吧?）对西班牙人很不友好，每次都杀掉了十几个西班牙人。不过，探险还是有收获的，格里哈尔瓦带回了玛雅人的黄金，而且他还听玛雅人说，尤卡坦半岛以西遥远的地方有一个富饶的大帝国（就是第一篇提到的三大文明中的阿兹特克）。

于是，1518 年 10 月 23 日，古巴总督贝拉斯克斯任命了第三支探险队的首领——埃尔南·科尔蒂斯。

（29）

三十三岁的科尔蒂斯这下总算有机会去冒险了，他散尽家财，打造船只、招募士兵。一共拼凑了十一只船和六百三十个西班牙人、几百个古巴土著和黑人，十几门火炮、十几匹马和几条狗。

就这么支七拼八凑的杂牌军，临出发以前还跟古巴总督闹翻了——总督担心科尔蒂斯翅膀硬了不服管，所以想撤销他的指挥权。科尔蒂斯先下手为强，抢了些粮食和肉，在 1519 年 2 月 18 日下了海。这样一来，连古巴这个退路都没了，摆在科尔蒂斯和他那几百号子人面前的出路只有两条：不成功，便成仁。

科尔蒂斯首先抵达科祖莫岛，没想到在岛上碰见了个穿印第安服装的西班牙人。这个人叫阿格拉，1511 年参加探险队，结果漂流到这里。阿格拉在玛雅人的村子里“插队落户”，现在已经精通玛雅语言了。

阿格拉还告诉科尔蒂斯，当初跟他一起漂流到科祖莫的还有另一个西班牙人，叫格瑞罗，不仅“插队落户”，还当上了玛雅公社的头。前两年西班牙人那两次进攻，就是被这个格瑞罗指挥的玛雅人给打败的。

科尔蒂斯明白，这个格瑞罗是个厉害家伙，既然科尔多巴和格里哈尔瓦都干不过他，就没有理由认为自己比那俩倒霉蛋强。除了骂格瑞罗几句“认贼作父，背叛祖国”之类的气话之外，科尔蒂斯也没办法，只好放弃在尤卡坦半岛登陆，带上阿格拉，绕过墨西哥湾，改在塔巴斯科河口登陆。

塔巴斯科的玛雅人也不是善茬，全副武装地跟西班牙人干了一架，打伤了好几十个西班牙人，要不是科尔蒂斯动用了火炮，估计他那几百号子人都跑不了。

其实，当时西班牙的火炮质量很差，不能发射爆炸炮弹，只能发射实心的大铁球。就是实心大铁球也经常卡壳，发射不出来。这样的火炮当然打不死几个人，而它真正的威力是发射时天崩地裂的响声——说穿了就是个“大炮仗”。

就靠着这些“大炮仗”，科尔蒂斯好歹打赢了，塔巴斯科人只好投降，向西班牙人进贡，而这份贡品里包括二十个印第安女人。

这也是美洲印第安人的一个习惯，打败了仗就向胜利者进贡女人，印第安人前后多次向科尔蒂斯进贡女人。不过在这么多次的进贡当中，这一次算得上是意义非凡的，因为这二十个女人当中有一个在日后大大有名，直到今天还常常被墨西哥人挂在嘴边上。

她叫马林切。

（30）

马林切大约是1501年出生的，据说本来也是出身于上等人家，但是后来她爹死了，她妈妈再嫁人的时候，嫌拖个油瓶累赘，就把她当作奴隶卖给了商人（好狠心的娘啊！）1519年科尔蒂斯打败塔巴斯科，马林切就被作为战利品献给了科尔蒂斯。

图2.4 马林切

这张照片是1933年墨西哥电影《哭泣的女人》的剧照，马林切的扮演者是弗吉尼亚·祖瑞（Virginia Zurí）。

从各方面来看，马林切都是一个普通的女人，除了一点以外——她语言天赋不错。

除了母语玛雅语之外，她能讲阿兹特克人的那华托语，这一点对于科尔蒂斯来说太重要了——他手底下不是有个能说西班牙语和玛雅语的阿格拉吗？现在又有了个能说玛雅语和那华托语的马林切。这样一来，科尔蒂斯就能够通过他们两个人跟阿兹特克人沟通了。

就这样，十八岁的马林切成了科尔蒂斯的翻译。

事实证明，马林切的语言能力的确很强，没过多久，她又学会了西班牙语。这样一来，科尔蒂斯就用不着两重翻译了——只通过马林切一个人，他就能直接与阿兹特克人交流了。

马林切的位置越来越重要，科尔蒂斯给她起了个西班牙名字，叫玛丽娜，后来更是进一步尊称她为唐娜·玛丽娜（Donna Maria），“唐娜”，是西班牙语中对贵族女性的尊称，相应的男性尊称是“唐”（Don），例如咱们中国人最熟悉的一个西班牙名字：唐·吉诃德·德拉曼恰（Don Quixote de la Mancha）。

马林切就此成了科尔蒂斯的翻译兼秘书，后来还成了科尔蒂斯的情人，为他生了个孩子，取名马丁。

马林切没成为科尔蒂斯的妻子，这是因为科尔蒂斯早在古巴期间就结婚了。但是科尔蒂斯对马林切还是不错的，后来让马林切跟自己的一个手下结了婚。

马林切对于科尔蒂斯征服阿兹特克所起到的作用，恐怕只是个翻译兼秘书而已。然而，历史上对马林切的评价却是众说纷纭，而且从古代闹到现代。

对马林切的第一种评价是科尔蒂斯和西班牙人留下的。当时，西班牙人把马林切称为美丽的女神，说她是上帝派来帮助西班牙人成功的。

对马林切的第二种评价是墨西哥人给的。墨西哥人把阿兹特克人不争气，让西班牙人给灭了的过错推到马林切身上。直到今天，在墨西哥西班牙语中，“马林切（Malinche）”还是叛徒和“墨奸”的同义词，政客们互相攻击的一个惯用语，就说对方是“外国势力的代言人，彻头彻尾的马林切分子（Malinchist）”。

这还算好的，墨西哥人称呼马林切还有另外一个词“La Chingada”。这个词可不能直译，太粗鲁了。我只能委婉地抄书，这个词“是一个非常粗鲁的骂人的话，是被强奸者，出卖肉体和灵魂的人，和认贼作父的混合体”。

对马林切的第三种评价是美国人，还有许许多多跟美国人一样，跟马林切八杆子都打不着，而又吃饱了撑的没事干的人做出的。他们把马林切说成一个美丽、善良、纯洁的女孩子，她全部的人生就是和科尔蒂斯相亲相爱相濡以沫，等等。

关于马林切的死，大家的说法也各不一样，西班牙人说他们的“唐娜·玛丽娜”死于1550年或者1551年，善终；墨西哥人说这个“La Chingada”死于1529年，而且死后因为生前干的坏事太多，天主不让她升天，她就到处抓小孩子，成了个叫“La Llorona（西班牙语，哭泣的女人）”的女鬼。也就是说，这个La Chingada不仅生前头顶长疮、脚下流脓，而且死后还在祸害墨西哥的父老乡亲。

（31）

事实上，谁也说不清楚马林切最后的结局是怎么样的。但这似乎不重要，重要的是不同的人站在不同的立场上，对她做出的评价。

如果让我评论的话，一句话，她只是个普通人。

想想吧，一个从小被亲娘抛弃的苦命女孩子，被当作奴隶卖来卖去的，后来她的主人为了保护自己，就把她献给了侵略者。还能让她怎么样？让她为了这个不把自己当人看的祖国奋斗牺牲？

更重要的是，当时的墨西哥连个统一的国家都不是，哪有什么祖国啊！当时占统治地位的是阿兹特克人，而很多其他民族，比如特特纳斯人等都是被压迫民族，跟阿兹特克人是世仇。所谓“印第安人”，只是欧洲人为了方便而给美洲土著的一个统称而已。

而且据考证，马林切就是特特纳斯人，这么说，她还算是特特纳斯人的民族英雄呢！

阿兹特克土著不争气，几百万人的大帝国让一千人不到的西班牙人给灭了，这么窝囊废，这笔账能赖到马林切的头上？再说了，现在的墨西哥人，也不是当年阿兹特克土著人的后代，而是伊比利亚人，或者伊比利亚人与印第安人的混血后代，他们生的哪门子气啊？

把自己的不争气归为一个女人的“叛变”，这种事情古往今来层出不穷。比如咱们古代时经常说的“红颜祸水”，又比如1945年二战胜利后，法国人（还有很多其他国家的人）把当初陪德国鬼子睡觉的本国女人都剃了光头，浇上柏油当街示众。

明明是这帮男人不争气，把挺好的一个国家输给德国人了，连自己的女人都保护不了，害得她们陪敌人睡觉。拿女人撒什么气啊！有种的当初怎么不跟德国鬼子去拼命啊！

扯远了，现在拉回来。

其实，上面说的“几百万人的大帝国让不到一千人的西班人给灭了”这句话不确切。科尔蒂斯尽管很聪明、很狡猾、很厉害，但要用一千人灭掉几百万人，就算你是人中吕布、马中赤兔、汽车人里面的擎天柱，一样没戏。

所以，科尔蒂斯的法宝是“以夷制夷”。

当时的阿兹特克帝国并不是铁板一块。大家还记得我在第一篇介绍阿兹特克文明时说的吗？阿兹特克人并不是墨西哥谷地的土著，而是外来户，经过六七十年的征战，才占领了这个地方，而且地面还不太平，各个土著民族蠢蠢欲动。一般来说，阿兹特克帝国换一个皇帝，土著民族就发动起义，被镇压之后老实一阵子，等阿兹特克皇帝死翘翘了，就再起义。再被镇压，再老实一阵子，再起义……

科尔蒂斯来到阿兹特克帝国的时候，皇帝蒙特苏马二世也是这么一步一步走过来的。

1502 年，蒙特苏马二世皇帝即位，这位皇帝南征北战，打了无数胜仗，才算稳固了自己的统治。等到西班牙人到来的时候，阿兹特克已经把周围几乎所有的部落都征服了，除了两个，一是居住在海边的特特纳斯人（就是上面说的，据说马林切原来的部族），一个是特纳斯卡拉人。

特特纳斯人势力不大，而且距离遥远，似乎不足为虑，但是特纳斯卡拉人就生活在阿兹特克人的眼皮子底下，而且生性强悍，成天跟阿兹特克人作对。

为了击败特纳斯卡拉人，蒙特苏马二世伤透了脑筋。于是，当他听说海边来了些白皮肤的陌生人之后，他也想到了一个主意：“以夷制夷”。

（32）

话说科尔蒂斯带人登陆之后，特特纳斯首先派人来了，双方把酒言欢。没过几天，蒙特苏马二世的全权代表也来了，叫特尤蒂拉。双方各怀鬼胎，云山雾罩地胡扯一通，科尔蒂斯提出要见蒙特苏马二世，特尤蒂拉满口答应，然后双方互赠礼物，科尔蒂斯大开眼界。临走的时候，科尔蒂斯狡诈地问特尤蒂拉，你们那还有金子吗？俺们西班牙人天生心脏病，不吃金子就活不成。特尤蒂拉大大咧咧地咧开嘴，别的不好说，金子那东西俺们有的是！

科尔蒂斯就是冲着金子来的，听说蒙特苏马二世这里金子有的是，当然喜出望外。不过，通过这些日子的了解，科尔蒂斯也发现，蒙特苏马二世的势力实在太大了，就自己手下这批烂人烂炮，估计被人家一人一口唾沫就能淹死。于是，科尔蒂斯决定“以夷制夷”，先把特特纳斯拉过来再说。

蒙特苏马二世也不是善茬，趁科尔蒂斯立足未稳的时候，派出大量使者，连拉带拽，眼看就要把特特纳斯给彻底争取过来的时候，科尔蒂斯略施小计：科尔蒂斯让特特纳斯把蒙特苏马二世的使臣给抓了，然后自己偷偷把使臣又给放了。

这下一来，蒙特苏马二世和特特纳斯彻底撕破了脸，特特纳斯就此投靠了科尔蒂斯。

第一回合得手，科尔蒂斯胆气大壮，立刻决定进军蒙特苏马二世的老巢，特诺奇蒂特兰。（还记得第一篇里的相关内容吗？那个建立在特兹科科湖水上的城市）不进军不行，蒙特苏马二世的势力太大了，随时都能把自己给捏死。

因为现在蒙特苏马二世的态度暧昧不明，所以科尔蒂斯也不敢走大路，而是翻越海拔超过一千米的东马德雷山。爬过雪山才发现，对面不是蒙特苏马二世，而是特纳斯卡拉。

特纳斯卡拉可不是好惹的，蒙特苏马二世这么多年都没能从特纳斯卡拉这里讨到任何便宜，面对初来乍到的科尔蒂斯，特纳斯卡拉就更不客气了。到了这时候，科尔蒂斯“以夷制夷”的妙计也不灵了，只好开打。

一战下来，科尔蒂斯损兵折将（别忘了他一共才不到一千人，里面还有很多纯粹是业余的）。没办法，科尔蒂斯避实击虚，想抄人家的后路，没想到特纳斯卡拉又来了个坚壁清野，科尔蒂斯只好派人与特纳斯卡拉和谈，特纳斯卡拉又不置可否。科尔蒂斯叫天天不应叫地地不灵，眼看就要困死在这里了。

关键时刻，特纳斯卡拉考虑到与科尔蒂斯的冲突是短期的，与蒙特苏马二世的战争是长期的，因此可以与科尔蒂斯结盟。当下里两家和好，科尔蒂斯总算逃过一劫。

科尔蒂斯与特纳斯卡拉结盟之后，继续前进，非止一日，（怎么越来越像说书的了?）来到蒙特苏马二世下辖的朝陆朗城。在这里，特纳斯卡拉也略施小计，散布谣言说蒙特苏马二世已经在朝陆朗城外埋伏重兵，准备里应外合，全歼科尔蒂斯，就差摔杯为号了。

科尔蒂斯生性多疑，先下手为强，在朝陆朗搞了屠城。

这一回合，表面上科尔蒂斯得手，其实是特纳斯卡拉的小西考特卡托成功地离间了科尔蒂斯和蒙特苏马二世，这样一来，蒙特苏马二世和科尔蒂斯必有一战了。

（33）

可这一战没打起来。

因为蒙特苏马二世老了——这时的蒙特苏马二世，身心疲惫，不思进取。1519 年 11 月 8 日，科尔蒂斯率军入特诺奇蒂特兰城。

蒙特苏马二世和科尔蒂斯见面，又是各怀鬼胎，云山雾罩地胡扯一通。11 月 16 日，科尔蒂斯得到密报，蒙特苏马二世表面上对自己礼遇有加，其实暗地里出兵，把先前与科尔蒂斯结盟的特特纳斯给灭了。

科尔蒂斯大惊。“原来蒙特苏马二世这厮看上去忠厚，其实奸诈无比啊！现在自己手里只剩下三百来人，蒙特苏马二世唯一顾忌自己的就是那些铁盔铁甲和‘大炮仗’，如果再不有所动作，说不定哪天蒙特苏马二世突然动手，吾等死无葬身之地也！”

科尔蒂斯很快想出了办法，也算是走投无路时的一步险棋：“擒贼先擒王”。

趁着和蒙特苏马二世见面的时候，科尔蒂斯突然动手，把蒙特苏马二世给抓了。

蒙特苏马二世是个软蛋，当年横扫墨西哥谷地的威风早就随着岁月的流逝，被抛到太平洋里了，于是当即痛哭流涕地表示投降，还把前些日子派去剿灭特特纳斯的将领找来，当着科尔蒂斯的面用火烤死。

就这样，科尔蒂斯抓了蒙特苏马二世，准备上演一出拉丁美洲版的“挟天子以令诸侯”。

可是科尔蒂斯逐渐发现，这招不好使。

大家还记得前面说的吧？阿兹特克帝国对于墨西哥谷地的统治并不稳固，那些土著成天想着造反独立，蒙特苏马二世上台时也是南征北战才把谷地给平定的。因此，谷地土著对蒙特苏马二世的忠诚，不是建立在合法统治的基础之上的，而是因为当时蒙特苏马二世太厉害。

现在蒙特苏马二世被抓了，而且事实证明，当年叱咤风云的枭雄现在成了软蛋——蒙特苏马二世不仅杀了前些日子剿灭特特纳斯的将领，而且把手下一些不忠于科尔蒂斯的封建领主抓住，当众杀掉。

就这样，蒙特苏马二世逐渐众叛亲离了，他的老部下接受他命令的时候也开始问这问那，反正你蒙特苏马二世不说出个所以然来俺们就不执行，眼看着傀儡蒙特苏马二世领导下的阿兹特克对谷地土著们的支配力迅速下降，阿兹特克人开始密谋想换个新主子。

蒙特苏马二世的日子不好过，而科尔蒂斯就更麻烦了。

因为当初派科尔蒂斯来墨西哥探险的古巴总督贝拉斯克斯派人来了。

话说古巴总督当时出尔反尔，派科尔蒂斯出征之后又立刻下命令班师，科尔蒂斯不听，擅自行动。古巴总督当然不爽，派了个叫纳瑞瓦兹的将领带人来墨西哥抓科尔蒂斯。

1520年4月20日，纳瑞瓦兹抵达墨西哥湾。情急之下，科尔蒂斯派了个手下叫德阿尔瓦拉多的，带了一百二十个西班牙病号留守特诺奇蒂特兰，然后亲率大军二百人，赶到赞婆拉，于5月27日与纳瑞瓦兹相遇。

纳瑞瓦兹人多势众，科尔蒂斯自知不敌，就表面上与对方和谈，然后趁对方麻痹大意之际，夜袭敌营，生擒纳瑞瓦兹。

科尔蒂斯对纳瑞瓦兹的部下晓以大义，使大家明白，古巴总督只是出于私利才派兵围剿自己，而他科尔蒂斯才是为西班牙开疆拓土的功臣，于是，众皆拜服。

一时间，科尔蒂斯声威大震。军队规模扩大数倍以上——从两百多人变成了上千人。

正当科尔蒂斯志得意满之际，又出事了。

这次出事的是德·阿尔瓦拉多。

（34）

上回说到，科尔蒂斯亲率大军迎击纳瑞瓦兹，留下阿尔瓦拉多看守特诺奇蒂特兰。可是阿尔瓦拉多手下只有一百二十个西班牙病号，要看守二十多万人的阿兹特克都城，每天都觉得风声鹤唳，惶惶不可终日。

在阿兹特克人搞青玉米节集会的时候，阿尔瓦拉多终于精神崩溃，杀了六千名参加集会的阿兹特克贵族。这下子阿兹特克人不干了，奋起反击，阿尔瓦拉多挟持着蒙特苏马二世，退守皇宫，同时派人飞报科尔蒂斯。

科尔蒂斯闻报，迅速带军回师，于6月24日回师特诺奇蒂特兰。阿兹特克人关门打狗，放科尔蒂斯大军二进特诺奇蒂特兰，然后将其围困在皇宫里。

特诺奇蒂特兰是一座建立在湖中的城市。如今，科尔蒂斯大军困在湖中，人困马乏，没吃没喝。

万般无奈之际，科尔蒂斯搬出傀儡蒙特苏马二世，想让蒙特苏马二世劝阿兹特克人放自己出来。

此时的蒙特苏马二世早已众叛亲离。他一出现，就遭到了昔日臣民大小石块的热烈欢迎。片刻之间，蒙特苏马二世竟然被老百姓给砸死了。

按西班牙人的史料记载，蒙特苏马二世当时身中三石：一块中头，一块中胸，一块中大腿。蒙特苏马二世就这么挂了。

不过照常理来说，被三块石头就给打死，那蒙特苏马二世的体格未免也太惨了点。所以后人推测说，当时蒙特苏马二世没被大家用石头打死，而是科尔蒂斯发现蒙特苏马二世一出场就挨砸，已经没有利用价值了，为了节约粮食，就把蒙特苏马二世给宰了。

现在让我们对蒙特苏马二世做一个盖棺定论吧。

蒙特苏马二世，阿兹特克帝国第十代皇帝，生于1475年前后，1502年执政，享国十有八年，初英明神武，灭国无数，开疆拓土，直至大洋，后为西班牙人科尔蒂斯所擒，锐气全无，苟且偷生，为苟活而为傀儡，行西班牙鹰犬之事，众叛亲离，为昔日子民所弑。可谓生得伟大，死得窝囊。

尽管死得窝囊，蒙特苏马二世好歹已经撒手闭眼，了无牵挂了。可是科尔蒂斯还得率领部下逃出生天啊！万般无奈之际，科尔蒂斯只好强行突围。

6月30日，科尔蒂斯率众突围，遭到阿兹特克人严重打击，科尔蒂斯所部只有约四分之一逃出，剩下的都被阿兹特克人给抓了。其中镇守西城的270多人最惨。他们根本就没接到突围命令，抵抗了几天之后被迫投降，心脏都被阿兹特克人挖出来祭祀了战神。

这一夜科尔蒂斯被杀得大败：西班牙人被抓被杀的有大约八百人，科尔蒂斯只带着两三百人（其中包括他的两名翻译，阿格拉和马林切）逃出，造船的木匠卢帕斯被打成重伤，只剩下了一口气。

后来，西班牙人把这一晚称为“悲伤之夜”（La Noche Triste），这也成了科尔蒂斯一生最大的失败，直到临死，那些在这一晚失去了至亲的西班牙人还揪住他不放。

（35）

这个回合几乎一夜之间就把科尔蒂斯打回了“解放前”。

一无所有了的科尔蒂斯收拢残部（总计四百四十人，二十四马）退到特纳斯卡拉那里，准备重整旗鼓。但是，虎落平阳遭犬欺，特纳斯卡拉这边看到科尔蒂斯大败，觉得趁火打劫的时候到了，于是就跟科尔蒂斯签了个新的盟约，以自己、洪休提兹干（另一个印第安部落）和朝陆朗三家为首，科尔蒂斯算是配合他们作战，一齐出动灭了阿兹特克，然后均分天下。

科尔蒂斯想硬也硬不起来了——毕竟手底下只有这么点人马。他曾经厚着脸皮向后方求援，后方倒也没有置之不理，前后派了两次援军，总计人三十名，马三匹。

翻回头再说阿兹特克。

阿兹特克在“悲伤之夜”打了大胜仗，本来可以乘胜追击的，但是毕竟自己先被阿尔瓦拉多宰了六千贵族，这次在悲伤之夜损失也不小，而且，墨西哥谷地的收获季节到了。

收获季节，所有的战士都要回乡收玉米，要打仗只能等到庄稼入仓之后才行，这样一来，天时帮了科尔蒂斯一个大忙。

8 月 1 日，科尔蒂斯率先起兵，很快攻克阿兹特克的老盟友特帕亚卡可。9 月份，科尔蒂斯总算盼来了像样的增援：一百四十五个西班牙人。此时，科尔蒂斯手下有五百余西班牙人，另有印第安盟军三万人，实力可以与阿兹特克一战了。

而此时，阿兹特克的继任皇帝库特拉华收完了玉米，也正在秣马厉兵，准备决战。

不过，决战之刻还没到来。

这次倒不是阿兹特克的继任皇帝不想打，而是没法打——阿兹特克闹瘟疫了。

这个瘟疫不是别的，正是大名鼎鼎的“天花”。

说起天花，现在的人可能对它没有什么印象了，但是搁在以前，那可真是让人谈虎色变。

据考证，天花源自牛瘟，是通过人饲养的牛传播到人身上的。天花病毒可以依附在空气中的小液滴上，因此只靠呼吸就能传染。这个病潜伏期大约十天，一旦发作，症状猛烈无比：高烧呕吐，甚至惊厥休克，头部和全身遍布痘疮，无药可救，一切只能靠病人自身的免疫系统硬撑。发病二十多天后倘若痘疮结痂，就可以保住性命，终生再无天花之忧，但是也会变成难看的麻子；倘若痘疮不结痂，则必然速死无疑。

天花从来都是最烈性的传染病之一（至今仍无特效药），直到 1789 年，伟大的英国医生爱德华·詹纳（Edward Jenner）大夫发明了安全牛痘接种法，才开始控制住了天花的蔓延。后来的医生们利用天花只在人际传染，没有自然宿主的特点，通过坚持不懈的推广种牛痘，终于在 1976 年 10 月 26 日，由世界卫生组织在内罗毕庄严宣布，人类已经彻底消灭了天花。这也是人类历史上迄今为止，唯一一次消灭一种传染病。

美洲本来没有天花，是欧洲殖民者把天花病毒无意识地携带到美洲的（也有人说是非洲黑奴带来的）。由于美洲土著人从未遇到过这种疾病，所以，天花在美洲人中的致死率，从在欧洲人群中的百分之十变成了百分之九十，几乎就是灭种之灾。

顺便说一句，美洲印第安人在欧洲人到达美洲的一百年之后，从大约几百万或者几千万（没有确切数据），锐减到一百万人，其罪魁祸首并不是欧洲人的奴役，而是欧洲人带来的天花。

（36）

现在，阿兹特克人就开始遭受天花的蹂躏了。

这次天花是9月底爆发的，10月中旬传入特诺奇蒂特兰，12月初结束，其间还夹杂着干旱季节特有的出血热。阿兹特克帝国人口丧失无数，连大家新选出的皇帝库特拉华也得天花死了。

直到1520年2月，新的皇帝库哈塔莫克才即位，也就是说，其间有两三个月的时间，阿兹特克帝国皇位虚悬。

这段时间里，科尔蒂斯在干什么呢？

经过前一段时间的失败，科尔蒂斯已经认识到，对于阿兹特克这样一个庞大的，而且已经动员起来的国家，指望着速胜已经不可能了。自己现在能做的就是尽量团结那些长期被阿兹特克帝国压迫的印第安土著，最大限度地增强自己的力量，削弱对方的力量。

1520年12月28日，科尔蒂斯养精蓄锐完毕，再次起兵。他率领五百五十名西班牙人，携带火炮九门，战马四十四，会合小西考特卡托（前面说过的，特纳斯卡拉部落首领）麾下万余战士，首先进攻阿兹特克的盟邦，特兹科克王国。

特兹科克王国因为老国王在五年前去世，发生了夺位危机，内乱不止，结果被科尔蒂斯迅速平定。

科尔蒂斯随即进攻阿兹特克的另一盟邦——爱西塔帕拉潘，没想到自己反而中了人家的“关门打狗”之计：被人家放进门来之后，封锁

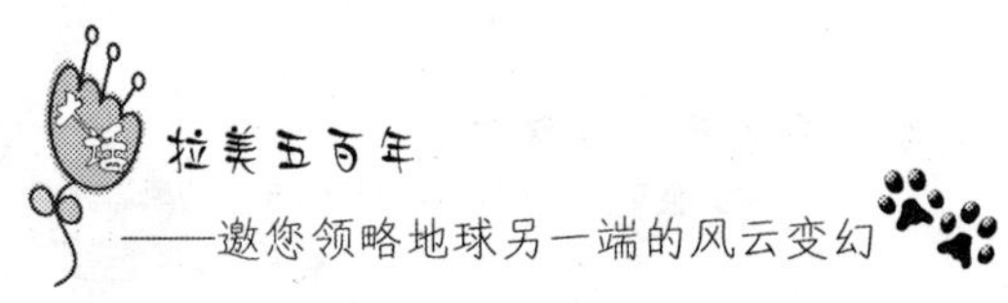

退路，开闸放水，结果科尔蒂斯惨败。（我感觉科尔蒂斯好像在这方面总是缺根筋——前面二进特诺奇蒂特兰的时候，也是被人家“关门打狗”，最后被迫突围，整出个“悲伤之夜”。）

科尔蒂斯第三轮进攻的对象是镇守在墨西哥谷地西南口的阿兹特克另一盟友——查拉斯科。结果科尔蒂斯获胜。

面对科尔蒂斯的猛烈攻势，阿兹特克皇帝库哈塔莫克明白，如果成天追在科尔蒂斯身后，到处救火，那永远是被动挨打。

于是，库哈塔莫克主动出击，不去救科尔蒂斯攻打的那些盟友，反而来个围魏救赵，到处进攻科尔蒂斯的盟友。

科尔蒂斯对此也无计可施：库哈塔莫克毕竟比自己人多，既然自己能对阿兹特克的盟友各个击破，现在库哈塔莫克要如法炮制的话，效果肯定要比自己还好。所以，科尔蒂斯只能固守特兹科科，逐步拉拢印第安盟友，默默积蓄力量，等待羽翼丰满之际，直扑库哈塔莫克巢穴——特诺奇蒂特兰。

1521 年 2 月 1 日，科尔蒂斯正式发动进攻，出动小西考特卡托的万余盟军，试图围困特诺奇蒂特兰所在的湖区，同时加紧时间打造战船，准备冲过湖泊，直捣阿兹特克都城。

为了形成对特诺奇蒂特兰的包围圈，科尔蒂斯首先向北进发，逐个攻克该城周围的西欧图坦、卡欧特兰、特纳亚坦和阿兹卡普特扎卡等小镇，直到攻进特拉可潘，才被库哈塔莫克方面的援军击退。

1521 年 4 月 14 日，科尔蒂斯在基本占领了北方各个小镇之后，掉头南下，意在攻克墨西哥谷地西南角上库哈塔莫克的粮仓——肖齐莫克。

然而肖齐莫克防御严密，科尔蒂斯无法攻克，库哈塔莫克的援军又即将赶到。无奈之际，科尔蒂斯只得放弃这个目标，回师北上。

科尔蒂斯这次绕湖攻克库哈塔莫克都城的外围城镇，尽管没有获得全胜，但毕竟从南、北、西三方面都获得了进攻特诺奇蒂特兰的出口，因此，此次进攻基本成功。科尔蒂斯回军北面之后，准备集中全力围攻特诺奇蒂特兰。

可是这时候，又出事了。

（37）

小西考特卡托跑了。

特拉斯卡拉的王子小西考特卡托本是科尔蒂斯盟军的一员主将，可是作为一个典型的印第安人，小西考特卡托自由散漫惯了。大敌当前之际，小西考特卡托竟然撇下大军，跑回本部落跟个美貌姑娘约会去了。

科尔蒂斯大怒，当即派人抓回小西考特卡托，以“大敌当前，擅离职守”的罪名，把小西考特卡托给宰了。

不知道大家看到这里，发现了什么问题没有？

前面说到，科尔蒂斯在“悲伤之夜”被杀了个落花流水，不得不跑到小西考特卡托那里去落脚，后来大家联兵，小西考特卡托是盟主，科尔蒂斯只是小西考特卡托的马前小卒。而经过短短几个月的时间，科尔蒂斯又重新夺回了盟军的指挥权，甚至能够斩杀不听调遣的前任盟主小西考特卡托本人。科尔蒂斯纵横捭阖的政治能力之强，实在令人惊叹！

斩杀小西考特卡托之后，三军上下无不惊恐震怖，军纪肃然，而科尔蒂斯也因此成为了名副其实的三军统帅。

1521年4月28日，在“悲伤之夜”中大难不死的木匠卢帕斯督造的十二条大船下水。科尔蒂斯又命印第安盟军四万人发掘隧道，直抵特诺蒂奇特兰所在的特兹科科湖区，可说是终于万事俱备。

决战之日就要到来了。

1521年5月22日，科尔蒂斯点齐马、步、水路三军，从特兹科科出发，直扑阿兹特克帝国首都特诺奇蒂特兰。

酿成“悲伤之夜”的阿尔瓦拉多率马军三十骑、西班牙步兵一百六十八名，印第安盟军两万五千人，从东攻击；科尔蒂斯的大将欧雷德率西班牙步兵一百九十五名，盟军两万人从南攻击，科尔蒂斯的大将萨多瓦率马军二十骑，步兵一百七十七名，盟军三万人向西进击。三路大军的目标，是通向特诺奇蒂特兰这个湖中城市的三座路桥中两座的起点。

陆桥狭窄，科尔蒂斯的大军无法展开，反观库哈塔莫克所部，尽管装备远远劣于对手，但是骁勇异常，死战不退。一时间，科尔蒂斯进退两难：倘若以西班牙人为前锋，则人数居于劣势；倘若以印第安人为前锋，则武器没有优势，于是双方形成僵持。

关键时刻，科尔蒂斯出动水军，在湖面上与库哈塔莫克大军展开争夺。库哈塔莫克水军人数虽众，但只有独木舟，难与科尔蒂斯大船抗衡，于是库哈塔莫克派人在水底安插尖头木桩，刺破科尔蒂斯的大船。因此，科尔蒂斯大军在水面上亦不能前进。

旷日持久的血战延续了一个多月，双方都是伤亡惨重，可是谁都不曾退却一步。对于阿兹特克人来说，特诺奇蒂特兰是最后的据点，退无可退，加上库哈塔莫克实在是一代英主，顽强果敢，所以阿兹特克人越战越勇，宁死不屈。

西班牙人虽然本来也是乌合之众，区区几百人而已，里面大部分还不是职业军人出身，一切全靠科尔蒂斯。科尔蒂斯其人，智谋胆气决不在库哈塔莫克之下，所以西班牙人也能抖擞精神，力战到底。

那么，为何科尔蒂斯的印第安盟军也一样勇猛疯狂呢？

阿兹特克人历来与墨西哥谷地各族土著不合，屡屡征战不休，而且，阿兹特克人崇尚人祭。每次获得战俘，即便与敌人达成停火协议，也绝不释放，而是将俘虏统统剖腹剜心祭祀战神，长此以往，谷地各土著部族与阿兹特克均是世仇。如今见科尔蒂斯领军猛攻库哈塔莫克，各土著部落纷纷加入，至 1521 年 5 月底，科尔蒂斯大军已达二十五万之众。

此时的特诺奇蒂特兰，尽管经过连年征战，再加上天花的蹂躏，还剩有二十余万人，而且阿兹特克人历来勇猛彪悍，几乎全民皆兵，所以能上阵杀敌者不下十数万人之众。

科尔蒂斯二十五万大军对库哈塔莫克十数万大军，论规模，此役也堪称世界最大的攻城战之一。要知道，即使是四百多年之后，举世闻名的斯大林格勒战役，在战役初期苏德双方也不过各有二十七万人和十八万人而已。（当然，特诺奇蒂特兰战役的火力，比斯大林格勒战役要差很多。）

（38）

伊比利亚人征服美洲的前后几十年间，最为惨烈的战斗就此开始了。

特诺奇蒂特兰虽然是当时世界上最大的城市之一，然而仅仅靠三座陆桥与湖水外的大陆相连。路桥狭窄，无论科尔蒂斯还是库哈塔莫克，双方大军都无法展开，只能在狭窄的陆桥上拼死作战。

尺寸之地，往往一天之内都要被往复争夺数次。西班牙人靠着铁制长剑和战马冲杀，阿兹特克则在陆桥上挖掘壕沟，设置马栅，阻挡战马这种美洲印第安人前所未见的生物，还特制了专门克制战马的长矛。

西班牙人无计可施，可与西班牙同盟的印第安各部落，依靠人数上的优势主导了战局。

眼见己方步步后退，但库哈塔莫克毫无怯意，在6月底突然兵分三路，在三条陆桥上全力出击，几乎将科尔蒂斯军队赶下陆桥。

但见特诺奇蒂特兰人喊马嘶，刀枪并举，两军杀得天昏地暗。路桥上尸横遍地，血流成河，湖水中战船艨艟，白浪滔天。古往今来，惨烈如此的攻城之战实为寥寥！

两军一直杀到6月30日，库哈塔莫克所部有所后退，科尔蒂斯见状大喜，身先士卒，纵马提枪率众突入敌阵。待科尔蒂斯冲过一段长路之后，已经与后续的军队渐离渐远，突然间，库哈塔莫克大军发出震天呐喊，全力反扑。科尔蒂斯方知中计，心中叫苦，手中却不含糊，率领孤军奋力突围。此次战斗，科尔蒂斯麾下六十名西班牙步兵和八名骑兵被杀，科尔蒂斯奋力厮杀，仅以身免。

由此看来，科尔蒂斯虽出身书生，却文武双全，论其智谋勇略，实在是古今罕见！

当时，虽然科尔蒂斯麾下有二十五万之众，但三军士气、将士战意全系于科尔蒂斯一身，如果科尔蒂斯此役身死，则联军必败。

科尔蒂斯幸免一死，库哈塔莫克亡则无日矣！

(39)

图 2.5 矗立在墨西哥城的库哈塔莫克铜像

科尔蒂斯新败，惊魂甫定，盟军又开始有动摇之意，一些盟邦悄悄撤走。连有些西班牙人也劝科尔蒂斯暂且退兵，以期休整。

但科尔蒂斯战意如铁，誓死不退。经过一番动摇，盟军终于重新凝聚，四面八方的盟军如潮水般猛扑库哈塔莫克都城。时至 7 月，库哈塔莫克终于抵抗不住，南面陆桥失守，科尔蒂斯攻入特诺奇蒂特兰。

如果换了库哈塔莫克的前前任皇帝（蒙特苏马二世），阿兹特克早就投降了，然而，库哈塔莫克果然是个宁折不弯的伟丈夫。依托孤城，库哈塔莫克率领残部，与盟军展开了巷战。

巷战，是一种独特的作战样式，也是一种惨烈无比的作战样式。

在巷战中，每一条街道，每一座建筑都是战场，再也没有前沿阵地和后方阵地的区别，再也没有战斗人员和后勤人员的区别，步步都是危机，人人都是敌人。巷战中的所有人，都必须承受着巨大的心理压力，拼一个鱼死网破。

据史书记载，此战中的西班牙人相对温和——虽然是侵略者，但是毕竟他们进城后的首要目标是夺取金银财宝，而不是杀人；库哈塔莫克所部则是一如既往地杀战俘：抓住俘虏之后，绝不留活口，而是直接剖腹剜心祭祀战神；与库哈塔莫克所部互为世仇的特纳斯卡拉，则大开杀戒，血腥屠城，老弱妇孺也不放过，其残忍程度，让西班牙人都觉得震惊。

1521 年 7 月下旬，盟军终于攻克特诺奇蒂特兰。库哈塔莫克抵死不降，率残部退往城北的特拉梯勒可。

科尔蒂斯派人规劝库哈塔莫克投降。

作为侵略者，科尔蒂斯的目的是夺取土地、财富和人口，如果把敌人悉数毁灭，那日后就没有了可供奴役的劳力。所以，科尔蒂斯自从围城以来就多次派人劝降库哈塔莫克。

这次劝降和以往各次的结果一样——库哈塔莫克派人传话，惟死而已，决不投降！

万般无奈之下，科尔蒂斯命大军猛攻库哈塔莫克的最后据点特拉梯勒可。

库哈塔莫克率领残余的部队，拼死抵抗，直到据点被攻克前的最后几个小时里，还有 2000 名英勇的阿兹特克战士牺牲在血泊之中。

公元 1521 年 8 月 13 日，盟军攻克特拉梯勒可，阿兹特克帝国就此灭亡。库哈塔莫克被手下贵族绑缚，解送到科尔蒂斯处。

面对库哈塔莫克，科尔蒂斯也不禁佩服对方的英勇，给予了阿兹特克末代皇帝应有的礼遇。

面对科尔蒂斯，库哈塔莫克视死如归，平静地说道，“你已经摧毁了我的城市，杀死了我的人民，现在请杀死我吧。”一时间，盟军上下无不钦佩这位伟大的勇士。

为了从库哈塔莫克口中得知阿兹特克人藏匿黄金的地点，科尔蒂斯没有杀死他，而是对他严刑拷打。可叹库哈塔莫克，身受酷刑，至死不曾透露藏宝地点。

公元 1525 年 2 月 18 日，库哈塔莫克最终被科尔蒂斯所杀。

阿兹特克帝国第十二代皇帝，库哈塔莫克（Cuauhtémoc，1495 ~ 1525），受命于危难之际，嗣位于多事之秋：当是时，外有西人远来犯边，又兼印第安世仇来袭，内有旷古未见之天花恶疾，实乃五百年不遇之艰难时局。库哈塔莫克坚韧如钢，智勇双全：论其智，置马栅、掘壕沟、设尖桩于湖底，以迎战马、大船等前所未见之敌兵；论其勇，集死士、据孤城、虽城破亦不降。身死国灭，亦无愧阿兹特克列祖列宗于九泉矣。

库哈塔莫克大皇帝，壮哉，伟丈夫！

（40）

在旷世奇才科尔蒂斯率领几百名乌合之众从古巴出发一千零二十四

天之后，绵延数百年、人口数百万的墨西哥阿兹特克帝国灭亡了，它的世仇特纳斯卡拉屠城四天，把曾经繁华无比的特诺奇蒂特兰夷为废墟。

在这片废墟上，科尔蒂斯建立起一座全新的城市，他用谷地的名字来命名它——墨西哥城。特纳斯卡拉人也得到了优待：他们被免除劳役，免除贡赋，享有同西班牙人一样的自由。

1522 年，科尔蒂斯征服了今天的洪都拉斯和危地马拉，进而建立了一片空前广阔的殖民地，称为“新西班牙”。

西班牙国王卡洛斯一世任命科尔蒂斯为新西班牙总督。按照西班牙当时的惯例，王室占有殖民地出产的五分之一，其余全部财富归殖民地开创者支配，于是，科尔蒂斯成为了西班牙最富有的人。

科尔蒂斯的脚步并没有就此停止，1524 年，科尔蒂斯派德阿尔瓦拉多（全名佩德罗·德阿尔瓦拉多：Pedro de Alvarado）征服玛雅各民族，成立新殖民地“危地马拉王国”，疆域涵盖今天墨西哥南部和中美洲各国，首都建于安提瓜（Antigua）。

1534 年到 1535 年，科尔蒂斯北上到达北美洲西海岸，探索了今天的南加州部分，并命名该地为加利福尼亚（California）。

1540 年，科尔蒂斯光荣退休，回到了祖国的塞维利亚。

晚年的科尔蒂斯依然拥有足以敌国的财富，可是他也逐渐被人遗忘，这是一代传奇枭雄所无法接受的。据说，1541 年，他曾经借国王出巡的时机，扑倒在国王马车的车蹬上。西班牙国王卡洛斯一世惊讶地问：“你是谁”？科尔蒂斯回答：“陛下，我是这样一个人：我为你征服的土地，比你从你祖先那里得到的还要多。”

也有一些人没有忘记他，他们是那些在“悲伤之夜”失去了亲人的西班牙人。他们对他的指责，直到科尔蒂斯死亡前一刻也不曾停止。

1547 年，伟大的冒险家，传奇的征服者，永载史册的西班牙枭雄埃尔南·科尔蒂斯在“富有而孤独的状态”中去世，终年六十二岁。

让我们也对科尔蒂斯的传奇人生做一个简要的小结吧！

埃尔南·科尔蒂斯，出身布衣，怀出将入相之心；一介书生，蕴吞天食地之志。投笔从戎，率区区数百之众，入蛮荒莫测之土；身先士卒，纵铁剑长枪战马，统水陆马步诸军。困顿之际，麾下不足百人，然百折不挠，终统领数十万之众，开疆拓土，立西班牙万世之基。其智、其勇、其谋、其断，皆五百年不遇。上下五千年，以一人之力扭转乾坤者，数人而已，埃尔南·科尔蒂斯即为其中之一。

（41）

科尔蒂斯的传奇征服就此结束了，让我们再花一点时间，分析一下科尔蒂斯成功的原因：

首先，我要戳穿一些谎言，无论这些谎言是出自有意的掩饰，还是无意的疏忽，我都要戳穿它们，因为它们不是事实：

有人曾经说，这场征服是区区几百个西班牙人对一百余万印第安人的征服，通过前面的介绍，我们已经知道，西班牙人曾经多到上千，而且，他们拥有数十万的印第安盟军。

有人曾经说，这场征服是阿兹特克人误把西班牙入侵者当成了远道而来的白皮肤羽蛇神，因而没有抵抗。我们现在已经知道，阿兹特克人对西班牙入侵者进行了顽强的抵抗。

其次，我们来看看科尔蒂斯成功的真正原因。

第一个原因就是印第安盟军——西班牙人最多的时候也不超过两千人，而他们的对手足有十几万人。在冷兵器时代，要弥补这种六十到七十倍的人数差距，只有一个办法，那就是获得更多的人力。科尔蒂斯的二十五万印第安盟军，恰恰扭转了这个劣势。

第二个原因是天花的流行——瘟疫对世界历史的改观从来都不能小视。天花，这种阿兹特克人前所未遇的疾病给他们带来的沉重打击，对阿兹特克帝国的灭亡也产生了重要的影响。

第三个原因是铁器和火器——西班牙人的这些武器，远远超出了阿兹特克所处的时代。尽管由于人数的限制，这些武器在战争中没有发挥出太大的作用，但是它们所带来的精神震慑，也对阿兹特克的灭亡起到了推波助澜的作用。

第四个原因就是科尔蒂斯——如果把科尔蒂斯的武装力量看成

"10000"，那科尔蒂斯本人就是那个"1"，没有他，其他力量只是乌合之众，只是那些"0"。就像前面我们所描述的那些曲折反复，是科尔蒂斯把乌合之众凝聚成为二十五万人的大军，凝聚成了一支摧毁一切的力量。

关于科尔蒂斯征服阿兹特克的传奇历史，到此就告一段落了。科尔蒂斯在我后面的叙述中还会出现，只是他将不再是主角。

六、史上最惊人的征服

（42）

关于科尔蒂斯，我再说一件小事：

1528 年，新西班牙总督科尔蒂斯回西班牙述职。他在皇宫里意外地遇到了一个老乡，此人与科尔蒂斯同出自埃斯特雷马杜拉，年纪比他大，出道比他早，但是混得可是差得太多——都五十好几的人了，甭说成功了，连上路的迹象都没有。这个人这次回西班牙，可不是像科尔蒂斯那样风风光光地来述职，而是可怜巴巴地来找国王要援助的。

这个老乡见到了科尔蒂斯，喜出望外，连国王都不着急见了，拉着科尔蒂斯问这问那，前前后后聊了三天才分手。分手之后，这个五十几岁的家伙好像突然间开了窍，此后几年拳打脚踢，在南美洲打下了丝毫不亚于科尔蒂斯的新西班牙的一片江山。

对拉丁美洲史稍有了解的朋友，一定知道我说的这个老乡是谁。是的，此人就是大名鼎鼎的弗朗西斯科·皮萨罗（Francisco Pizzaro）。

怎么概括这个皮萨罗呢？这么说吧，凡是适用于科尔蒂斯的评价，什么"西班牙征服者的代表人物"啊，"世界最著名的冒险家之一"啊，还有"史上最惊人的征服者之一"啊什么的也统统适用于皮萨罗。

如果非要在皮萨罗和科尔蒂斯之间找出一些区别的话，那么，在形容皮萨罗的时候，请把上面括号里那些个"之一"都去掉。

也就是说，皮萨罗这家伙比科尔蒂斯还牛，到底有多牛呢？对于没有听说过皮萨罗征服事迹的朋友们来说，可以把你们所能想象的人类征服奇迹乘上二到五之间的任何一个数字，皮萨罗差不多就是这么牛。

1475年，弗朗西斯科·皮萨罗出生在埃斯特雷马杜拉的特鲁希略（Trujillo）。我在介绍科尔蒂斯的时候说过，埃斯特雷马杜拉这地方长期处于西班牙反抗摩尔人侵略斗争的前沿阵地，久而久之，人民群众形成了以“打架斗殴为荣，以老实巴交为耻”的道德观念，讲究的是脑袋掉了碗大的疤，专出职业军人。

图2.6 皮萨罗的画像

科尔蒂斯他老爹是职业军人，皮萨罗他老爹也一样。皮萨罗的老爹贡萨洛·皮萨罗·罗德里格斯·德阿奎拉（Gonzalo Pizzaro Rodriguez de Aguilar，别嫌长，这是个典型的西班牙名字，贡萨洛是本人的名字，皮萨罗是父姓，罗德里格斯是母姓，“德”表示“来自”，相当于英语中的from，阿奎拉是地名）做到过步兵上校，当年追随贡萨洛·费尔南德斯·德科尔多巴（Gonzalo Fernandez de Cordoba）参加过意大利战争，也曾经在西班牙的纳瓦拉作战，立过功，因此日子过得不错，家里算是个小康之家。

皮萨罗是他老爹的长子，按道理说，应该也能过上个衣食无忧的小日子。但是，皮萨罗他老爹风流成性，生的这个儿子是私生子（顺便说一句，皮萨罗后来还有几个比较牛的兄弟们出场，他们大多也是风流老爹的私生子）。私生子是没有继承权的，而皮萨罗他老爹对自己的私生子们也基本上不管不问，据说甚至不让皮萨罗在自己的房子里住。所以，皮萨罗从小也算是苦出身，长大了之后，更是只好自己东奔西走讨生活。

关于皮萨罗的早年生活，留下的历史资料太少。至今我们只知道，他曾经像他老爹一样，参与过那场旷日持久的意大利战争，不过没有得到什么好处。另外，由于小时候家里穷，长大后又为生计奔波，皮萨罗同学忽略了文化知识学习，直到成年以后还是个文盲。

（43）

1502年，眼看要奔三十了的皮萨罗在欧洲大陆转来转去也没混出个名堂，干脆就跟随着新任的伊斯帕尼奥拉总督奥万多，去了这个西班牙人当时在加勒比地区最重要的殖民地。

皮萨罗在伊斯帕尼奥拉一呆就是七年。1509年，皮萨罗追随前面提到过的航海家阿隆索·德奥赫达（Alonso de Ojeda）南下抵达哥伦比亚到委内瑞拉一带，我在前面提到过，这次探险很是不成功。

但见我鼠标一按，皮萨罗从1502年到1509年这七年的生活就这么一带而过了。可是天地良心啊，这实在不是我偷懒，而是皮萨罗当时实在是太不出名、太不显眼了，根本就没留下什么像样的史料。而且，大家别着急，以后类似的情况还会一而再，再而三地出现。

我在前面提到过，奥赫达这次探险遇到了印第安土著的毒箭，中途折损了著名制图家胡安·德拉科萨，奥赫达自己也退回到伊斯帕尼奥拉去避风头。临走的时候，奥赫达命令皮萨罗带兵留守。说起来，三十六岁的皮萨罗这还是平生第一次带兵。

皮萨罗坚守荒岛待援，这一坚守就长达六个月，当初留守的六十个人因为饥饿、疾病和印第安土著的攻击，剩下的还不到一半。但也是从这次坚守开始，皮萨罗逐渐体现出了成大事者的一个宝贵素质——坚持。

当然了，这种对成功者必备素质的总结，大家千万别当真——这全都是“事后诸葛亮式”的评论。成功者需要坚持，失败者里面能坚持的也不少，不信的话，看看那些攥着一大把被套牢的垃圾股的股民，哪个不比皮萨罗还能坚持？

跑题了，现在拽回来。

眼看皮萨罗就快没救了，援军才匆忙赶来。这倒不是奥赫达临阵脱逃之后见死不救，而是实在救不了——奥赫达当初败退得太惨，中途又被印第安人给抓了，折腾来折腾去，已经没有力量援救皮萨罗的这支孤军了。

率领这支援军的是律师马丁·费尔南德斯·德恩希索（Martín Fernández de Enciso），记性好的朋友应该还能记得，我在大书特书科尔蒂斯之前，围绕着西班牙的早期冒险说过一小段（第二十七段）。德奥赫达、德恩希索和后来取代了德恩希索的德巴尔沃亚这三个人都在前面描述过，而皮萨罗也就追随着前前后后这三任老板，在中美洲地区转悠了老半天。

在前面重复的事情，这里我就不说了，唯一值得一提的是，1513年9月25日，德巴尔沃亚率领手下翻山越岭，第一次看到了太平洋的时候，皮萨罗也是追随者之一。

皮萨罗他老人家两眼一闭一睁，又是四年过去了。1517年，德巴尔沃亚被嫉贤妒能的古巴总督贝拉斯克斯以叛乱的罪名处死。如果德巴尔沃亚不死，日后进军南美、征服印加的丰功伟绩可能就轮不到皮萨罗的头上了。

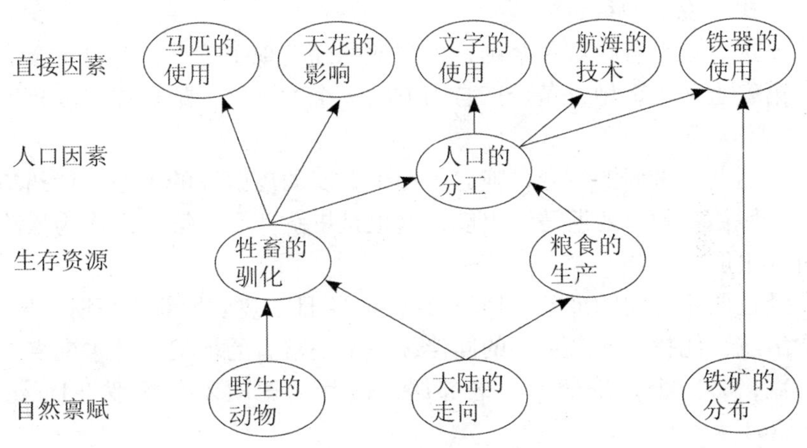

图 2.7　征服原因的示意图

（44）

1519年，四十多岁的皮萨罗终于在巴拿马得到了一小块土地，奴役着印第安人耕种，过上了衣食无忧的小康生活。

前面说过，1521年，科尔蒂斯花费了两年的时间之后，一举征服了阿兹特克帝国。1522年，葡萄牙航海家麦哲伦的船队，在经过三年多的艰辛努力之后，终于在人类历史上第一次完成了环球航行，麦哲伦在航行中被土著所杀，他的船员最终返回了伊比利亚。

麦哲伦和他的朋友们用自己的壮举证实，地球的确是圆的。

麦哲伦的探险，不仅证明地球是圆的，而且证明，地球比欧洲人原来预想的要大很多，哥伦布当年发现的这片土地，千真万确不是印度，而是“新大陆”。

西班牙人向西走到印度的梦想就此破灭，但是也没什么关系，因为西班牙人已经发现，美洲盛产黄金。靠从美洲进行掠夺所获得的财富，要比辛辛苦苦地进行欧亚贸易赚到的钱多很多。

1522年，圣玛利亚·安提瓜总督佩德罗阿里亚斯终于决定派遣一个叫安达戈亚的人，继续完成德巴尔沃亚没有完成的事业——南下探险，寻找传说中的黄金之国。

安达戈亚没有找到黄金国，但是他的确发现了黄金，遍身黄金装饰的印第安土著告诉她，黄金产自南方的一个大帝国，地点在“秘鲁”。

安达戈亚带回的黄金，唤起了四十七岁的皮萨罗的雄心。他纠集同伴，向佩德罗阿里亚斯请缨出航，这也是皮萨罗平生第一次作为探险队的首领出航。

经过两年时间的准备，1524年1月24日，皮萨罗终于率队出发了。这次出航，他找了两名重要的同伴，一个是富有的神父，赫尔南多·德德鲁克；另一个是皮萨罗的老邻居，迭戈·德阿尔马格罗（Diego de Almagro）。

大家注意了，从现在开始出现的这些名字，跟前面那几个什么德奥赫达、德恩西索、德巴尔沃亚之流的跑龙套的角色大不相同，（其实，德巴尔沃亚也算个牛人了，只是他取得的成绩不大——从美洲走到了太平洋，在拉丁美洲五百年的历史里只能算个跑龙套的。）他们都是响当当的主角。

话说1524年，三人相约出海，其实此行不仅准备了两年，各方面都是困难重重，为了说服圣玛利亚·安提瓜总督佩德罗阿里亚斯同意他们的行动，德鲁克出面答应对方，将来得到的黄金财宝，除了归国王的五分之一以外，四个人均分，各得百分之二十五。

德鲁克留守巴拿马，皮萨罗和德阿尔马格罗坐着当年德巴尔沃亚留下的船出发了。

这就是皮萨罗的第一次独立探险。

（45）

皮萨罗和德阿尔马格罗的第一次独立探险狼狈极了，他们沿着安达戈亚的航路前进，遇到飓风、遇到饥饿，遇到了南美丛林里的食人族，皮萨罗身上多处受伤，德阿尔马格罗的一只眼也被印第安土著给打瞎了。

两人率领残部返回巴拿马，德鲁克继续出面，恳求佩德罗阿里亚斯总督批准他们再次远征，说起来，总督已经被皮萨罗、德鲁克和德阿尔马格罗这仨人给彻底搞烦了，他觉得自己那百分之二十五纯粹就是空头支票，还不如真金白银来得合算。于是，总督开出了新价码：让我批准，可以！我也不要那猴年马月的百分之二十五了，给我一千比索黄金，俺可要现钱啊！

如果总督当时能知道他因此错过了多大的一笔财富，我相信他能把自己的舌头给吃了。

没有了总督的掺和，1526 年 3 月 10 日，三人正式在德鲁克家中结义。不过，这个结义可没有中国的“桃园结义”那样荡气回肠、义薄云天什么的，这纯粹就是签署一个协议，甭说桃园盟誓了，连刘德华、李连杰和金城武三个人签的那个“投名状”都比不上。

在协议中，三个人以上帝的名义保证，日后打下了秘鲁，三个人均分财富。（也不知道当时的协议上有没有写“如违此约，天诛地灭”之类的话，反正后来违约的那个人没有得到好下场。）

1526 年 11 月，三个人再次出发。这次，大家吸收了上次的教训，改了一条路线，而且三个人还分头前进。但是，这次的效果还不如上次呢！

皮萨罗的这个第二次出航，又是遇到了饥饿，遇到了印第安人的猛烈打击，皮萨罗一度又像以往一样困守孤岛，跟皮萨罗一起坚守孤岛等待援军的，除了皮萨罗连蒙带骗留下来的三个印第安向导之外，只剩下了十三个人。

1527年4月，在孤岛上困守了七个月，过得跟野人一样的皮萨罗，终于盼到了援军。

得到增援的皮萨罗带着随从继续前进，在4月底抵达了通贝斯港，这也是他第一次踏上印加帝国的土地。

西班牙人皮萨罗这次进城，跟上次科尔蒂斯第一次带人进特诺奇蒂特兰时的感觉差不多——遍地都是黄金，到处都是财宝，皮萨罗和他的随从立刻觉得自己就是乡巴佬。（事实上，他们的确也是乡巴佬）

印加人对皮萨罗他们很友好，主要的原因也是因为皮萨罗老奸巨猾。他不仅通过翻译向通贝斯人表示友好，而且严厉禁止部下掠夺黄金，竭力装出一副对黄金不屑一顾的样子。

1527年底，皮萨罗带人返回巴拿马，尽管这次冒险依然没有拿到真金白银，但是已经取得了实质性的收获——传说中的黄金之国的确存在，而且就在眼前。

（46）

皮萨罗和德阿尔马格罗先后返回巴拿马，尽管他们把通贝斯和黄金国吹得天花乱坠，但是总督死活也不同意再进行这种冒险了——什么都找不到不说，每次活着回来的都不剩几个人，总这么搞下去，秘鲁没到手，圣玛利亚·安提瓜的殖民事业都要泡汤了。

无奈之际，德鲁克又出了个主意（这哪里是德鲁克，简直成诸葛亮了），求援！回西班牙求援，如果得到国王的批准，总督算个鸟！

谁回去呢？德鲁克本身是神父，走不开，德阿尔马格罗长得磕碜，还被打瞎了只眼，这样就只有皮萨罗亲自跑一趟了。

皮萨罗回到西班牙，在托勒多的皇宫里遇到了老乡科尔蒂斯，这就是本章开头的那一幕。

西班牙国王卡洛斯一世（也就是神圣罗马帝国的皇帝查理五世）

对探险事业很支持。反正一不用出钱二不用出人，只要开几张空头支票，干好了自己就有五分之一的分成，干不好也就是死几个小老百姓而已，何乐不为呢？

国王在原则上表示了支持，官员们的行动却拖拖拉拉的，直到1529年7月26日，皮萨罗才拿到国王的诏书。

诏书命令皮萨罗从速组织二百五十人的部队征服秘鲁，并使该地居民改信天主教。诏书任命皮萨罗为新卡斯蒂尔（秘鲁的西班牙称呼）总督，该地军队的终身司令，还受封骑士，德鲁克受封通贝斯主教，德阿尔马格罗受封贵族绅士（西班牙叫"伊达尔戈"）。1526年跟皮萨罗一起困守荒岛的那些西班牙人，只要活下来的，统统册封"伊达尔戈"。

从这份诏书上看得出来，卡洛斯一世也是个大忽悠——封了一大堆贵族，自己一分钱都没花，至于什么新卡斯蒂尔总督也好，通贝斯主教也好，都是些空头衔——那些地方还都不归西班牙管呢！要是皮萨罗和德鲁克拿着这张破纸去上任，不被印加土著给轰出来才怪。

国王没在诏书里承担什么义务，但是诏书里白纸黑字写得明白，皮萨罗他们获得的财富当中，国王照例抽头百分之二十。

别管怎么说吧，皮萨罗这下子也成贵族了。他兴冲冲地揣着这张破纸回乡去招那250人。

可是，折腾了好几个月，甭说二百五十人了，一百五十人都没找着。埃斯特雷马杜拉地区民风彪悍，年轻人没有在家吃闲饭的，都出去打仗去了，最后皮萨罗统共才招了一百人出头。时不我待，1530年1月，皮萨罗带着这一百多人离开西班牙，返回巴拿马。

皮萨罗这次回国收获很大，不仅得到了国王的出兵许可，获得了一大堆头衔，有了一百多部下，更重要的，他这次回老家，把几个弟弟给带来了：

皮萨罗本人是家里老大，这次带出来了他的二弟，埃尔南多·皮萨罗（皮萨罗他老爹的唯一合法儿子，此人时年三十岁，智勇双全，也是皮萨罗兄弟们当中唯一一个念过书的）；三弟庞塞·皮萨罗（皮萨罗他老爹的私生子)，时年二十二岁；四弟贡萨洛·皮萨罗（皮萨罗他老爹的私生子)，时年二十岁；五弟马丁（皮萨罗他老妈的私生子)，时年二十岁；堂弟佩德罗·皮萨罗。

皮萨罗带着一堆小弟，兴高采烈地回巴拿马了。

不过德鲁克和德阿尔马格罗可不觉得兴高采烈。

（47）

德鲁克和德阿尔马格罗看了国王的诏书，第一反应就是自己亏了——皮萨罗成了总督、司令和骑士，俺俩却只是个主教和伊达尔戈，差距太大了，不干！

几个人越说越急，眼看德阿尔马格罗和埃尔南多就要动刀。

没办法，皮萨罗只好跟俩人再谈判，最后达成协议，如果没有德鲁克和德阿尔马格罗的同意，皮萨罗不能给自己的那一堆小弟封官，所有的战利品都要三个人均分。

经过这番尔虞我诈的讨价还价，三人重归于好。皮萨罗担心自己从老家招的那一百人太少，又在巴拿马继续忽悠，好歹又招了几十个人。

1530 年 12 月 27 日，皮萨罗算是正式奉西班牙国王的命令出征，德鲁克留守后方筹措资金，德阿尔马格罗率军做后援。皮萨罗的大军共计人一百八十一个，马三十七匹，船三艘，跟科尔蒂斯出发时的差不多。

根据一些美国历史书中的描述，这一百八十一人里面包括“十二个书记员，二十四个手工业者，包括裁缝、木匠和铁匠，等等”，说穿了，还是杂牌军。

话说皮萨罗率领着杂牌军，一路上先乘船，后登陆，历时半年之后重返通贝斯。这半年的时间里，东西抢到了一些，更重要的是，由于大部分时间是在陆地上跋涉，所以后援部队赶上来了——由埃尔南多·德索托（Hernando de Soto）率领的一百人大军，带着二十七匹马加入了皮萨罗的队伍。由于皮萨罗队伍的基数太小，所以这样一来，队伍规模扩大了百分之五十。

插句话，后面会提到，埃尔南多·德索托也是一个能征善战的牛人。

皮萨罗和德索托合兵一处，在1532年5月16日，重返阔别四年的通贝斯。

此时的通贝斯，已经面目全非，昔日繁花似锦的黄金之城，变成了废墟遍地、空空如也的一座鬼城。

短短四年半的时间，通贝斯，或者说印加帝国，究竟发生了些什么事情呢？

（48）

四年半的时间不长，却足以搞垮一个帝国。

首先是瘟疫。1527年皮萨罗率部离开通贝斯后不久，印加帝国也遭受到了天花的侵袭。同阿兹特克人一样，印加印第安人对天花也一样没有任何抵抗力。这次天花流行，究竟杀死了多少印加印第安人，没有留下确切的数据，但仅仅印加首都库斯科一地，因天花而死的人就不下二十万。而要命的是，印加帝国皇帝，在位二十四年的华伊纳·卡帕克（Huayna Capac）也感染天花一命呜呼了。

说起来，这位卡帕克也算一代雄主，在位期间东征西讨，灭国无数，比阿兹特克的那个蒙特苏马二世毫不逊色。

卡帕克英雄一世，不知道是不是被天花烧糊涂了，临死的时候犯了个大错误。本来，按照印加的继承制度，卡帕克和他的妹妹兼合法妻子拉瓦·奥克略（Raua Ocllo）所生的儿子，华斯卡尔（Huáscar，代号瓦斯卡尔）应该是帝国唯一的合法继承人，但是卡帕克曾经征服过基多王国，娶了国王的女儿塔可塔·可可，生了另一个儿子，叫阿塔瓦尔帕（Atahualpa）。（顺便说一句，卡帕克不光这俩孩子——他先后有好几百个儿子，不过其他的都不太出名，就不提了。）

卡帕克很喜欢阿塔瓦尔帕，本来想立他为太子。但是帝国的继承制度在那里摆着，卡帕克再牛也不能坏了祖宗的规矩，万般无奈之下，卡帕克留下遗嘱。把帝国一分为二，把首都库斯科留给瓦斯卡尔，把基多留给阿塔瓦尔帕，更要命的是，卡帕克把驻扎在基多的大军也留给了阿塔瓦尔帕。

熟悉我国历史的各位老兄，就算用脚趾头想也能想到，卡帕克死后，这个印加帝国要是没有发生内乱，那才叫没有天理呢！

接下来发生的事情，也就说不好是谁对谁错了：

阿塔瓦尔帕担心被他哥哥给宰了，就成天躲在基多，一躲就是四年。在此期间，阿塔瓦尔帕究竟是殷勤恭谨，毫不越矩，还是心怀鬼胎，秣马厉兵，谁也说不清楚。但是至少有一点可以肯定，阿塔瓦尔帕绝不是傻子，瓦斯卡尔前后数次召阿塔瓦尔帕去库斯科，阿塔瓦尔帕找出各种理由全给推辞掉了。

1532 年初，瓦斯卡尔觉得自己这个弟弟毕竟是心头大患，现在不造反，早晚也会反，于是先发制人，派遣大将瓦尔纳卡·奥奎进攻基多。阿塔瓦尔帕派查克查马和奎兹奎兹两位名将率父亲留下的精锐部队应敌。双方接战于图米巴巴。

两军大战两天，查克查马以少胜多，斩首一万六千级，初战告捷。

既然已经撕破脸了，阿塔瓦尔帕决定一不做二不休，干脆一下子搞到底，正式造反吧！

这种皇族造反，历来讲究的是一要狠，二要快，慈则树敌，迟则生变；像朱棣那样一下子搞个三四年最后还成功的，中国几千年历史上也就这么一回。说起来，如果不是朱棣的对手朱允炆太嫩，身边都是些方孝孺之类的书呆子，照朱棣那个搞法十有八九也得泡汤。

(49)

阿塔瓦尔帕够狠，也够快：打下图米巴巴后，先在附近搞了场大屠杀，把不服从自己的男女老幼杀了个干净，随后迅速集结军队，向首都库斯科挺进。

瓦斯卡尔也不是吃干饭的，立刻调集全国军队和民兵进库斯科勤王。双方在科塔帕马河畔展开决战。瓦斯卡尔仗着手下人多，取得了先机，一把火把阿塔瓦尔帕的军队杀了个人仰马翻。可查克查马和奎兹奎兹两将实在厉害，连夜设伏，在次日一举歼灭瓦斯卡尔的大军，生擒瓦斯卡尔本人。

科塔帕马一战，双方阵亡的人数总合超过十五万。第一篇里说过，印加帝国没有冶铁技术，战士作战时最好的武器就是青铜棒子和小弹弓子，这一仗一定是杀的血肉模糊，惨不忍睹。

阿塔瓦尔帕乘胜攻入库斯科。为了消灭异己，他让查克查马和奎兹奎兹大开杀戒，又搞了场库斯科大屠杀，把自己所有的同父异母的兄弟，还有那些亲近瓦斯卡尔的贵族全部杀光。

不过，由于印加帝国幅员辽阔，而且通讯也不发达，所以直到阿塔瓦尔帕搞完大屠杀之后，印加帝国还有很多地方奉瓦斯卡尔为皇帝的。

一时间，印加帝国社会治安大乱，通贝斯城也被暴徒们趁乱烧杀抢掠一空，皮萨罗回来后面对的就是这么一种情况。

皮萨罗知道自己的机会来了。

如果印加帝国还是卡帕克在位，铁板一块的话，那就算皮萨罗有天大的本事，凭着手底这么点烂人，最多掀起个三四级的风浪来。现在瓦斯卡尔被抓，阿塔瓦尔帕名不正言不顺，皮萨罗就能制造龙卷风了。

1532 年 6 月初，皮萨罗率军离开通贝斯，南下一百一十公里来到查阿瑞谷地，建立了一个叫圣塔哥瑞瑞的微型殖民地，作为前进的基地。

过了不久，皮萨罗听说阿塔瓦尔帕正率军驻扎在距离自己不远的一个地方。皮萨罗的脑袋不如科尔蒂斯的好使，但是也想出了在敌我悬殊的情况下唯一可能制胜的计策——“擒贼先擒王”。

前面说过，皮萨罗这次远征，算上他本人一共大约二百八十一个人。沿途因为水土不服和各种疾病，前后折损了几十人。现在，皮萨罗还要分兵驻守圣塔哥瑞瑞，又留下了五十人。这样，能跟随自己前进的就不剩下多少人了。

1532 年 9 月 24 日，皮萨罗亲率军队离开圣塔哥瑞瑞，前往阿塔瓦尔帕驻地——卡哈马卡。

此行，皮萨罗一共率步兵一百一十人，马军六十七骑，算上他本人，一共一百七十八人。途中还有九人溜号，实际到达卡哈马卡的，一共只有一百六十九人。

日后，这一百六十九人掀起了一场滔天巨浪。

(50)

皮萨罗率领着他这只小部队，晓行夜宿，沿途假意向印加人示好。(不示好不行，自己人太少，跟前面的科尔蒂斯一样，印第安人一人一口唾沫都能把他们淹死)

1532 年 11 月 15 日，皮萨罗带着随行的一百七十八人，终于赶到了卡哈马卡。站在山坡上往卡哈马卡谷地底下一望，谷地里全是印第安人住的白色帐篷，无边无际的，阿塔瓦尔帕这次少说也带了上万人。

害怕归害怕，死也要赌这一把了。皮萨罗这年都五十七岁了，再不赌一把，这辈子就彻底蹉跎过去了。

擒贼先擒王吧!

皮萨罗和阿塔瓦尔帕互派来使，双方可以说是各怀鬼胎。皮萨罗想的是找机会把万军丛中的阿塔瓦尔帕一下子抓住；可阿塔瓦尔帕想的是什么呢?

四百多年以来，好些历史学家围绕着这个问题给出了不同的答案，有人说阿塔瓦尔帕想见远方来的陌生人，是为了借助他们的力量来展示自己的强大，震慑那些还在支持大哥瓦斯卡尔的人；有人说是阿塔瓦尔帕对远方的陌生人充满了好奇，想看看这些人到底长的是啥样，等等。

如果让我发表自己的猜测的话，答案很简单：上述都可能对，但更可能的是，阿塔瓦尔帕啥都没想。

如果你是印加帝国的阿塔瓦尔帕老大，刚刚敲掉了自己的大哥，当上了皇帝，大军数十万，子民六百万，后宫嫔妃不计其数，现在天下一统，四海无事。听说附近来了些莫名其妙的家伙，而且根据自己派出的使者所说，那帮陌生人破衣烂衫，萎靡不振，看上去就是些跨国“叫花子”，那见见就见见呗！不就是图个乐嘛！

当然，如果阿塔瓦尔帕知道这次见面会带给自己什么，那他就是死也不会去见面的。但历史都是这样，任凭你在事后总结个百八十条的成功经验和失败教训也没用，当时的事情就那样发生了。

11 月 15 日的夜晚，阿塔瓦尔帕老大估计像以往一样睡得很香。西班牙人可就别睡了——抓紧时间讨论和部署明天的埋伏计划和作战方案；抓紧时间向天主祷告自己旗开得胜，至少能保住条命；抓紧时间磨剑擦枪；抓紧时间把自己这一辈子好好回忆一下，兴许明天自己的生命乐章就画上休止符了呢！

兴许也有抓紧时间尿裤子的。

发昏当不了死，1532 年 11 月 16 日，率领着一百六十八个小弟的皮萨罗，和率领着四万多小弟的阿塔瓦尔帕，正式相见于卡哈马卡。

说起来，这是拉丁美洲历史，也是整个人类历史上最著名的会面之一。

（51）

当天早上，阿塔瓦尔帕派的信使来见皮萨罗。皮萨罗对他说："请转告贵国君主，欢迎他大驾光临，至于何时来和怎样来，都可按照他的意思办，不管他以什么方式来，我都会把他当朋友和兄弟来接待。我求他快来，因我渴望和他见面。他将不会受到任何伤害或侮辱。"（——这个老骗子！）

按照前一晚上商定的计划，皮萨罗把他的一百六十八人分成四队：一部分骑兵交给埃尔南多；另一部分交给德索托；一部分步兵交给庞塞；另一部分自己指挥。此外，他让一个叫佩德罗·德坎迪亚的手下带着两三个步兵，携带着喇叭和一尊小炮隐蔽在卡哈马卡广场的一个小堡垒里，并约定，皮萨罗一声令下，德坎迪亚就会吹响喇叭，然后各支部队一起出动。

现在一切准备就绪，就等着阿塔瓦尔帕自投罗网了。

中午时分，阿塔瓦尔帕开始集结队伍前进。很快地，西班牙人就看到整个平原上密密麻麻到处都是印第安人。直到下午，密密麻麻的印第安大军还在不断地集结出动，把西班牙人吓得魂飞魄散。

首先接近卡哈马卡广场的印第安人有两千人，他们是打扫街道的；后面数不清的战士分列两队，齐头并进，中间簇拥着印加帝国皇帝阿塔瓦尔帕。他坐在华美的轿子里，轿子木支架的末端用银子包着，由八十个身着鲜蓝色号衣的领主扛在肩上。阿塔瓦尔帕本人锦衣绣服，头戴皇冠，脖子上套着一个绿宝石大颈圈。他坐在轿子里的一个放着华丽鞍形坐垫的小凳子上。轿子的四周插着五颜六色的鹦鹉毛，还挂满了装饰用的金银盘子。

在阿塔瓦尔帕后面是另外两顶轿子和两只吊床，里面坐着几个高级酋长。随后又是几群抬着金冠银冠的印第安人。这几群印第安人和着歌声的节拍开始进入广场，他们不断进来，塞满了广场的每个地方。

在这期间，西班牙人埋伏在院子里等着，一个个吓得要死。根据事后埃尔南多给西班牙国王的呈文，（这种呈文只能由埃尔南多写，皮萨罗和他的另外几个弟弟都不识字）当场就有不少西班牙人吓得尿了裤子。

阿塔瓦尔帕到达广场中心后，他的部队还在源源不断地进入广场。

这时候，皮萨罗派托钵修会修士维森特·德巴尔维德过去和阿塔瓦尔帕搭话，并以上帝和西班牙国王的名义，要求阿塔瓦尔帕服从耶稣基督的权威和效忠西班牙国王陛下。

修士一手拿着十字架，一手拿着天主教的《圣经》，穿过重重的印第安人部队，来到阿塔瓦尔帕跟前，对他说："我是上帝派来的仆人，我把上帝的福音教给基督徒，现在我也同样来教你。我教的就是上帝在这本书里对我们所说的话。因此，我代表上帝和基督徒，请求你做他们的朋友，因为这是上帝的意志，也是为了你的福祉。"

（52）

阿塔瓦尔帕把书要过去想看一看。于是修士就把书合着递给了他。印加帝国没有文字，所以阿塔瓦尔帕也不知道怎样把书打开，修士就把手伸过去要帮忙。

阿塔瓦尔帕觉得受到了侮辱，勃然大怒，对修士的手臂打了一拳。然后自己把书打开，他发现书上的字和纸没有什么令人惊异之处。就把书扔出去五六步远，满脸涨得通红。

西班牙人要的就是这个效果。修士回到皮萨罗身边大叫："出来吧！出来吧，基督徒们！向这些拒绝上帝福音的狗敌人冲过去！那个暴君竟敢把我的《圣经》扔在地上！你们难道没有看见刚才发生的事？在平原上全是印第安人的时候，我们干吗还要对这个过分傲慢自大的狗杂种讲究谦恭礼貌呢？向他们冲过去，我会宽恕你们的罪孽的！"

于是，皮萨罗向德坎迪亚发出信号，德坎迪亚开始开炮。与此同时。喇叭也吹响了，全副武装的西班牙部队，有骑兵有步兵，从他们埋伏的地方向在广场上挤成一团的手无寸铁的印第安人冲去，一边喊着西班牙的战斗口号："圣地亚哥！"西班牙人在马身上缚了铃铛来吓唬印第安人。枪声、喇叭声和铃铛声使印第安人陷入一片惊慌。西班牙人向他们攻击，动手把他们砍成几段。印第安人吓得互相践踏，形成一个个人堆，很多人都因窒息而死去了。骑兵纵马把他们撞倒，把他们杀死的杀死，打伤的打伤，对逃跑的就穷追不舍。步兵对剩下的人发动狠狠的攻击，其中大多数人很快就都成了西班牙人的刀下之鬼。

皮萨罗本人一手拿剑一手拿匕首，带着身边的几个西班牙人冲进密集的印第安人群，来到阿塔瓦尔帕的轿子旁。他一把抓住阿塔瓦尔帕的左臂，口中大喊一声"圣地亚哥！"，想把阿塔瓦尔帕从轿子里拽出来。但是皮萨罗办不到，因为轿子被举得很高。虽然他杀死了举着轿子的几个印第安人，但别的印第安人立刻接上来把轿子举得高高的，就这样西班牙人花了很长时间去制服和杀死印第安人。最后，七八个西班牙骑兵策马赶来，从旁边向轿子猛冲，用很大力气把轿子推得侧倒在地。阿塔瓦尔帕就这样被捉住了。

皮萨罗把阿塔瓦尔帕带到他的住所。抬轿子的那些印第安人和护卫阿塔瓦尔帕的那些印第安人都在广场的轿子旁边死了。

留在广场上的那些惊慌失措的印第安人被枪炮的射击和马匹吓坏了——这是他们以前从来没有看见过的东西——他们设法推倒一段围墙，逃出了广场，跑到外面的平原上去。西班牙骑兵从围墙的缺口一跃而出，冲进平原，一边大声喊叫："追那些穿花衣服的！一个也不要让他逃走，用矛刺他们，"阿塔瓦尔帕带来的其他印第安士兵全都在距离卡哈马卡不到两公里的地方严阵以待，但没有一个人移动一步。皮萨罗擒获阿塔瓦尔帕期间，没有任何一个印第安人拿起武器来对付任何一个西班牙人。当留在城外平原上的一队队印第安人看见别的印第安人喊叫着逃跑时，他们中的大多数人也惊慌起来，拔脚就逃。

这个场面比狼入羊群还惨，整个山谷在三十公里左右的范围里完全塞满了印第安人。夜色降临时，西班牙骑兵仍在田野里用长矛刺杀印第安人，直到皮萨罗让人吹起收兵回营的集结号。这一战，西班牙人以零死亡的代价，杀死了大约六千到七千印第安人。

（53）

大家也许会奇怪，广场上那些印第安人手无寸铁，被西班牙人像宰羊一样杀了个精光也就算了，在平原上的那好几万印第安人怎么也没有一个拿起武器来跟西班牙人拼一下的呢？说句难听的大实话，就算是杀鸡也不会杀得这么顺当。

原来，毛病出在印加帝国自己身上——按照印加帝国的传统，皇帝就是神一样的存在，包括那些大领主在内的一切人都是皇帝的奴隶，一切人的行动都要唯皇帝的马首是瞻。阿塔瓦尔帕被西班牙人这一抓，几万印第安人就是群羊无首，立刻作鸟兽散了。

卡哈马卡是西班牙人对印加印第安人发动的屠杀式作战的第一次，但不是最后一次。我后面还会谈到好几次类似的情形，相信对于残存的印加印第安人来说，“落后就要挨打”这句话的印象比谁都要更深刻。

阿塔瓦尔帕被皮萨罗给抓了，当然很着急。他倒不担心皮萨罗杀他——以阿塔瓦尔帕的智商和阅历，他不相信这个世界上有人敢要他的命，他担心的是被自己囚禁的那个哥哥瓦斯卡尔，如果瓦斯卡尔趁乱跑掉，再起兵打仗，那自己的地位就不好办了。

所以阿塔瓦尔帕积极配合皮萨罗，努力改造，争取早日得到宽大处理。

阿塔瓦尔帕很快发现，早日得到宽大处理的办法就是给金子。西班牙人就是冲着黄金来的，所以阿塔瓦尔帕告诉皮萨罗，他可以让手下人搬来黄金，能够铺满他被关的这个房间的地面。

在埃斯特雷马杜拉那种穷乡僻壤长大的皮萨罗，理所当然地认为阿塔瓦尔帕是在胡扯。

见皮萨罗不信，阿塔瓦尔帕进一步说，不光能用黄金铺满房间的地面，还能一直铺到自己站立时伸手触及的地方。皮萨罗就在这个地方画了条红线。

阿塔瓦尔帕和皮萨罗最终达成协议：阿塔瓦尔帕让手下交来铺到红线位置的黄金，再交两倍重量的白银，然后皮萨罗放人。

神奇的是，这个房间至今还保留着。

因为需要缴纳的黄金和白银太多了，所以，就算是印加帝国这么有钱的地方，也凑了大半年。凑黄金的时候，阿塔瓦尔帕也没闲着，派人传令把瓦斯卡尔给杀了。

1533 年 6 月，约定的黄金和白银凑齐了，总计黄金一万三千磅，白银两万六千磅。

这是多少钱呢？我比照近期的伦敦金价计算了一下，折合现在的市价，黄金价值两亿两千九百万美元，白银值六百六十万美元，总计两亿三千六百万美元。

好，以皮萨罗为首的绑匪现在开始分钱。

首先要把五分之一交给国王，这是老大的抽头。剩下的，按当年皮萨罗、德鲁克、德阿尔马格罗三个人的协议，应该每人三分之一，但德鲁克此前已经死了，这么多钱应该是皮萨罗和德阿尔马格罗两人平分。

可是前面说过，这次探险和以往一样，皮萨罗先行，德阿尔马格罗做后援。因此，卡哈马卡的一百六十九人当中没有德阿尔马格罗和他的手下——带着一百五十个步兵和五十个骑兵的德阿尔马格罗是1533 年4 月才赶来的。皮萨罗就以这个为借口，没跟德阿尔马格罗对半分，而只给了德阿尔马格罗十万比索（西班牙的货币单位），德阿尔马格罗手下每人一百比索。

德阿尔马格罗不干，皮萨罗就安抚他说，不要着急，等打进库斯科，兄弟你也立功了，咱们再对半分嘛！

（54）

分完钱之后，卡哈马卡的一百六十九条汉子一夜暴富：当时每个步兵得到了四十五磅黄金和九十磅白银，折成今天的市价是八十一万五千万美元，相当于在中国中了个五百万，还不用上税。考虑到当时的物价水平比现在低很多，这些钱应该是一辈子都花不完的了。骑兵还要翻倍。皮萨罗本人拿了相当于十三个步兵的份，埃尔南多七份，德·索托四份。

跟现在很多企业老总的年薪，动辄是基层员工的几十上百倍相比，皮萨罗他们算老实的了。

拿到了真金白银，分完了钱，按说应该放人了。但是皮萨罗的确是个流氓，他又核计开了：

从放人的可能性角度讲，如果现在把阿塔瓦尔帕给放了，他很可能反扑过来。阿塔瓦尔帕是只关在笼子里的老虎，被关着的时候还把自己的哥哥瓦斯卡尔给宰了，要是放出来，皮萨罗和他手下这不到四百人就完蛋了。

从放人的必要性的角度讲，如果现在把阿塔瓦尔帕给放了，那就没理由再继续要钱了。从这次赎肉票的情况来看，印加帝国的黄金白银有的是，如果现在放人就冤了。

所以，皮萨罗决定出尔反尔，收到赎金之后依然撕票。

皮萨罗给阿塔瓦尔帕定了五条大罪，包括阴谋发动针对西班牙人的叛乱、信奉邪教、乱伦、多妻和挥霍公有财产，然后把阿塔瓦尔帕给绞死了。

阿塔瓦尔帕这个人，皇位来路就不正，篡夺皇位之后杀害兄长、屠杀平民，然后又愚蠢地中了皮萨罗的计策，最后又被撕票。总之，他的人生很失败，失败得我连总结词都懒得给他写。

如果按照厚颜无耻的程度排名，皮萨罗的确能名列前茅，但是如果论智商谋略，他就比科尔蒂斯差远了。

查资料的时候，我就感觉，这时皮萨罗最好的选择不是杀死阿塔瓦尔帕，当然也不是兑现诺言把他放了，而是继续绑着他要钱。因为一旦把阿塔瓦尔帕宰了，不仅不能再轻易要到钱，黄金白银都得自己动手去抢，而且没有了阿塔瓦尔帕这个傀儡，印加人也就不听话了。六百万人的大帝国，岂能是皮萨罗这三四百人镇得住的？

德索托跟我的想法一样。

阿塔瓦尔帕被杀的时候，德索托正在外面出差，到处监督收集黄金白银，听说皮萨罗要杀阿塔瓦尔帕，德索托赶紧往卡哈马卡赶，结果还是晚了一步。

德索托非常生气，就把利害关系按我想的跟皮萨罗说了一遍。没想到皮萨罗不以为然——阿塔瓦尔帕这个傀儡死了有啥关系？俺再立一个就是了呗！

1533年8月初，皮萨罗立阿塔瓦尔帕的弟弟，图帕克·华尔帕（Tupac Huallpa）为傀儡皇帝。

皮萨罗挟持着傀儡皇帝，向印加帝国首都库斯科进军。说起来，这也算某种程度的“挟天子以令诸侯”了，但问题是，人家印加人不买这个冒牌天子的账。想当年，那么善于谋略的科尔蒂斯挟持着阿兹特克的正牌天子都玩不转，何况皮萨罗挟持的是个冒牌的呢？

（55）

尽管论谋略，皮萨罗不是科尔蒂斯的对手，但皮萨罗有一点比科尔蒂斯还牛——能打仗。

既然印加人不认冒牌皇帝，那就开打。皮萨罗在进军库斯科的路上，在宙加和阿伯瑞马克等地四战四胜，每次西班牙都只有几百人，可仗着骑兵的优势，把几万人的印加军队给冲得七零八落。

正当皮萨罗意气风发，就要走进库斯科的时候，傀儡皇帝图帕克·华尔帕竟被人毒死了，经严密侦察，这事是查克查马干的——原来查克查马自从在卡哈马卡追随阿塔瓦尔帕一起被绑票以来，一直想办法要为国效力，经过几个月的努力，终于取得了这么个成果。

皮萨罗大怒，把查克查马烧死了。

查克查马被烧死了，可是皮萨罗也没有了傀儡皇帝，眼看只有靠强攻才能进入库斯科的时候，印加人又屁颠屁颠地送傀儡来了，这次来的王子叫曼科·卡帕克二世（Manco Capac II），是瓦斯卡尔的弟弟。

皮萨罗乐坏了——曼科是瓦斯卡尔的弟弟唉！论血统论名分，他比阿塔瓦尔帕都厉害！1533 年 11 月 15 日，皮萨罗护送曼科，以剿灭阿塔瓦尔帕乱党的功臣的名义，堂而皇之地进入库斯科。

这一天，距离皮萨罗带着一百八十个烂人登陆秘鲁的日子，不到三年。

如今，皮萨罗的军队算是印加帝国的正规部队了。在库斯科又大捞了一票之后，皮萨罗代表印加帝国出面，剿灭忠于阿塔瓦尔帕的乱党。这一战，是西班牙骑兵一百四十人，对印加军队五万人。

这一仗的过程也没啥可说的，五万印加人跟番薯似的被一百四十名西班牙骑兵给踩了个稀巴烂。1534 年 6 月 22 日，西班牙人攻陷忠于阿塔瓦尔帕的最后据点——山城基多。

1535 年 1 月 6 日，皮萨罗在靠近海岸的地方亲自督建的新城利马正式完成，这个城市先成为了秘鲁殖民地的中心，后来也成为了秘鲁共和国的首都。

1534 年 1 月，埃尔南多受他大哥的指派，返回西班牙，向国王献上巨额财富。卡洛斯一世乐傻了，这么一大笔钱从天而降，自己当初不就是给了皮萨罗一张破纸嘛！

国王当即下令，册封皮萨罗为阿塔维罗斯侯爵，任命他为秘鲁总督，埃尔南多为圣地亚哥骑士，德阿尔马格罗为智利总督，维沃德（一个随军教士）为库斯科主教。

请注意，卡洛斯一世在这些册封令里继续发扬了他一贯的忽悠特长——智利在秘鲁南边，当时还不属于西班牙人呢，他就把德阿尔马格罗给封过去了。德阿尔马格罗尽管对国王的任命不满，但是王命不可违，来不及跟皮萨罗把账算清楚，就带兵南下智利去了。

德阿尔马格罗南下智利，皮萨罗全力经营利马，库斯科就成了皮萨罗的那批小兄弟们的天下了。结果这批小弟折腾得太过分，贡萨洛甚至把曼科的老婆都给抢走了。曼科大怒，发誓报仇。

1536年4月18日，曼科借口去给西班牙人找宝藏，逃出了库斯科，随后调集大军二十万围攻库斯科。

这次围城战从1536年5月6日开始，旷日持久，激战中，皮萨罗的三弟庞塞战死。

8月，曼科大军攻击利马。西班牙人尽管武器先进，勇猛好战，毕竟人数太少，勉强支撑了几个月，眼看就要支撑不下去的时候，救兵从天而降——德阿尔马格罗回来了。

（56）

前面说到，德阿尔马格罗带兵南下智利。结果行军千里也没看到像样的城市，更别说黄金了，于是带兵返回，在1537年4月解了利马之围，随后挥师内陆，直奔库斯科。

德阿尔马格罗返回库斯科，先是驱逐了印加印第安人，然后纵兵入城，把皮萨罗的几个小兄弟都给抓起来了——皮萨罗你小子说话不算数，把当初的协议当耳旁风，老子跟你撕破了脸又怎么着?！随后德阿尔马格罗又击败了皮萨罗派来的救援部队，一时间兵威大盛。

看到德阿尔马格罗动真格的了，皮萨罗不敢怠慢，立刻调集人马赶回库斯科，准备消灭德阿尔马格罗。

1538年4月25日，皮萨罗和德阿尔马格罗在库斯科附近爆发决战，结果德阿尔马格罗战败，同年7月8日，为皮萨罗所杀。

说起来，德阿尔马格罗对自己的老邻居皮萨罗算得上是忠心耿耿，仁至义尽了。追随皮萨罗鞍前马后地拼命不说，还曾经帮皮萨罗解了利马之围，可皮萨罗对人家这样，实在是让人看不下去了。

德阿尔马格罗死后，事实证明老流氓皮萨罗还是坏得不够水平——他没有斩草除根，而是放过了德阿尔马格罗的儿子小德阿尔马格罗，而且还允许他和他的同伴们住在利马。

小德阿尔马格罗决定替父报仇。经过非常简单的筹划之后，1541年6月26日傍晚，小德阿尔马格罗率领着几个随从冲进了皮萨罗在利马的总督府。

这时候的皮萨罗已经六十六岁了，可依然勇不可挡。他手持利剑击杀数人，直到最后寡不敌众，被刺客们击中要害。

皮萨罗倒地的时候，大叫了一声“耶稣!”然后就死了。

让我们总结一下弗朗西斯科·皮萨罗的一生吧：

弗朗西斯科·皮萨罗，童年坎坷，目不识丁，命运多舛，困顿半生。知天命之年始起兵掠略，以寡击众，破百万之国，建不世之奇勋；背信弃义，诛盟誓之友，终毙命于天谴。然其万军难挡之勇，开疆拓土之功，犹在埃尔南·科尔蒂斯之上，实千年难遇之枭雄也。

弗朗西斯科·皮萨罗死了，他的四弟贡萨洛索性起兵造反，击败了西班牙国王派遣的新总督维拉，准备自立为印加皇帝。直到 1548 年 4 月 9 日，被秘鲁新总督加斯卡神父击败。

加斯卡执行西班牙国王的旨意，把皮萨罗这一派和德阿尔马格罗那一派的人都定为乱党。（西班牙国王这么不分青红皂白地一竿子打翻一船人，让人不能不怀疑是想借此机会卸磨杀驴，彻底控制住秘鲁。）当初在卡哈马卡叱咤风云的那些汉子，几乎全部因此死于非命，除了两个人以外：

一个是埃尔南多·皮萨罗。1539 年，他代表他哥哥回西班牙述职，除了献宝之外，还要向西班牙国王解释他哥哥为什么杀了德阿尔马格罗，但是解释没过关，结果被西班牙国王软禁了，一关就是二十年，直到 1560 年才获释返回家乡。不管怎么说，埃尔南多好歹落了个善终，后来活到八十岁才死。

另一个是埃尔南多·德索托，1539 年被封为古巴总督，率众北上探险，到了 1542 年，淹死在密西西比河。

（57）

皮萨罗和他的追随者们死了，可印加帝国还在，曼科还在坚持抗战，直到 1544 年，英勇的印加帝国皇帝曼科·卡帕克二世被小德阿尔马格罗的追随者杀死。

曼科·卡帕克二世之后，塞里·图帕克皇帝（Sayri Tupac）、蒂图·库西皇帝（Titu Cusi）和图帕克·阿马鲁皇帝（Tupac Amaru）先后领导不屈不挠的印加人民，继续反抗西班牙侵略者，直到 1572 年 9 月 24 日，印加帝国的末代皇帝图帕克·阿马鲁在库斯科被斩首，印加帝国才最终灭亡。

曼科·卡帕克二世皇帝，塞里·图帕克皇帝、蒂图·库西皇帝和图帕克·阿马鲁皇帝，都是勇敢的领导者，值得后人永远地尊敬。

昌盛一时的印加帝国，至此风流云散。

回顾皮萨罗和他的追随者们，以区区数百人消灭了拥有六百万人之众的印加帝国的经历，我觉得值得分析的事情比科尔蒂斯消灭阿兹特克帝国还要多。

科尔蒂斯手下的西班牙人也很少，但他毕竟有数十万的印第安盟军，可皮萨罗自始至终就没有什么援军，完全靠那几百个步兵骑兵，动不动就消灭几万印加部队。这究竟是为什么？

多年来很多人都曾尝试着解答这个问题。有些人的解答——是，“这是因为皮萨罗阴险狡诈，而印第安人爱好和平”。我觉得这种解答一文不值，因为这就好比说狼能吃掉羊，仅仅是因为狼凶恶而羊软弱，与狼的尖牙利爪和羊的肥肉短脚无关一样。再说了，阿塔瓦尔帕剿灭他亲哥哥的时候，也没看出来他们怎么爱好和平。

另外一些人的解答有了些眉目，他们说，这是因为印第安人把他们的皇帝奉若神明，皮萨罗抓获了阿塔瓦尔帕之后，其余人就放弃了抵抗，任人屠杀。

这种解答也许可以解释卡哈马卡当天的情况，但是，当阿塔瓦尔帕后来被皮萨罗杀死，印第安人终于奋起抵抗西班牙入侵者之后，类似的“屠杀一样”的战役仍然频繁地发生（前面简单地提到过，西班牙人对印加印第安人的历次战役，往往都是几十人——最多不超过二百人，对数千人乃至数万人取得压倒性的胜利）。这样一来，这种解答也就毫无用武之地了。

迄今为止，我所看到的最精彩的解答，是美国人类学家贾拉德·戴蒙德（Jared Diamond）在他的天才著作 *Guns, Germs, and Steel*（中译名：《枪炮、病菌和钢铁》）一书中做出的解答。这种解答是逐层深入地去分析，最终找出印加帝国的印第安人像绵羊一样被西班牙人屠宰的原因。

现在，我要把这种解答进行整理和汇总，并且根据自己的见解来增删一些内容和分析。

我必须说明，三言两语是无法把这个问题讲清楚的，我们必须逐层深入，由表及里地讲清楚这个问题，希望读者能耐心听我说完。

（58）

首先我们来看第一个层面的因素，这些因素就是皮萨罗和他的部队在卡哈马卡对印第安人进行屠杀的直接原因：

第一个因素：铁器的使用。

皮萨罗的部队的确携带了几条火绳枪，但是由于当时的火枪技术过于原始，这些枪支并没有发挥出作用，西班牙人的进攻利器是他们铁制的长剑和长矛。

而印加印第安人的冶炼技术非常落后，整个社会还处在青铜阶段，据史料记载，卡哈马卡会面时的四万印第安人配备的主要武器是木棒和青铜棒，这些武器击打到西班牙人的铁盔铁甲上，最多只能造成一些间接的钝器伤。

同时，由于印第安人没有铁制武器，他们也就相应地没有铁制铠甲，没有可以抵挡西班牙人铁制武器进攻的防御手段。

第二个因素：马匹的使用。

毋庸置疑，马匹在人类军事史上的重要性直到第一次世界大战时才有所下降，而冷兵器时代的马匹，其机动性相当于当今的坦克。卡哈马卡之战中，西班牙人的马匹发挥了极大的冲击力。

不仅如此，由于印加的印第安人此前从来没有见过马匹，因而这种庞然大物给他们的心理造成了极大的恐慌。更有甚者，当时有些印第安人误以为马匹和驾乘马匹的骑士是同一个生物，他们可悲地俯下身去想抓住马腿来限制这个生物的行动，其结果就是被西班牙骑士毫不费力地砍掉了脑袋。

第三个因素：天花的影响。

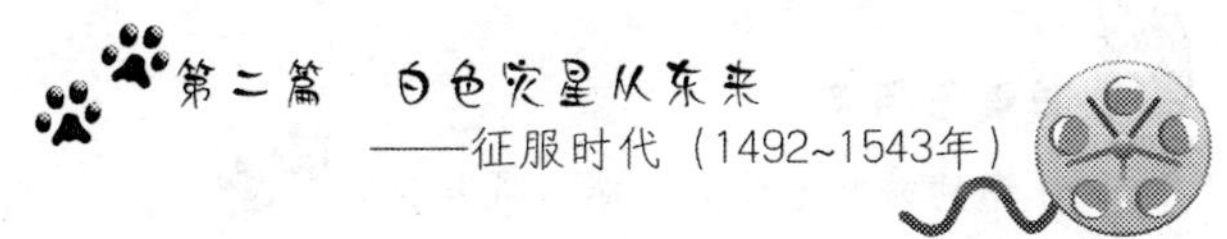

在西班牙人到来之前，印加印第安人群中没有像天花这样威力巨大的传染病。因此，当携带天花病毒的西班牙人来到美洲之后，印第安人由于缺少针对这种全新的致死疾病的抗体而大批染病死亡。前面说过，阿塔瓦尔帕的父亲，原印加皇帝瓦伊纳·卡帕克于1525年死于天花，阿塔瓦尔帕本人则是在1532年的内战中战胜了正统的印加帝国皇帝瓦斯卡尔之后才继位的，这也就使得阿塔瓦尔帕没有得到全体印加印第安人的完全支持。倘若当时卡帕克还在，印加帝国还是铁板一块，那皮萨罗就算能获胜，也没法胜得这么轻松。

多说两句，后来，从十六世纪到十七世纪印第安人遭到了几乎灭绝的打击，而这个打击的直接来源不是西班牙人的奴役，而是欧洲人带来的天花，当然，这是卡哈马卡之后的事情了。

第四个因素：文字的使用。

印加印第安人只有语言，没有文字，他们对西班牙人的认识，经过口口相传之后难免严重失真，相反，西班牙人拥有完善的文字系统，这使得他们可以更准确的传递信息。皮萨罗对印第安人的认识，很大程度上就是通过他的同伴向他解读科尔蒂斯在墨西哥的经历而获得的，尽管皮萨罗本人并不识字。

卡哈马卡之后几个月，皮萨罗的胜利就被人们以小册子的形式散发到了西班牙各地，这使得他获得了更多的支持者和援军。

第五个因素：航海的技术。

对于卡哈马卡的屠杀来说，航海的技术看起来最不重要，但是它却是最基础的——如果当时支持人类跨越大西洋的航海技术不是掌握在西班牙人手中，而是被印加的印第安人所拥有，那么，一个大胆而看似荒唐的假设——印加印第安人渡海入侵西班牙，擒获西班牙国王就将是可能的。

（59）

上述五个因素有一个共同的原因。这个原因可以用一句话来归结，那就是西班牙人和印第安人在人口分工上的巨大差异，这就是问题的第二层面。

在这第二个层面上，贾拉德·戴蒙德提到了人口的规模和行政组织的复杂程度，他的意思是，人口的数量和国家的行政机器对于卡哈马卡的屠杀也有很大的影响，但我并不同意，因为印加帝国也有皇皇六百万之众，而且拥有着行政效率不低于西班牙帝国的官僚机构，因此，我认为人口分工是导致第一层面五个差异的唯一重要的原因。

简单来说，上述第一层面的五个因素，或多或少都是人口分工的结果，也就是说，只有专人负责，才能产生铁器（矿工和铁匠）、驯养马匹（马夫）、产生病毒（不是说搞细菌战的军人，而是饲养牲畜的农民，我将在后面解释这一点）、发明和使用文字（僧侣、抄写员和文书）和航海技术（航海家和水手）。

显然，西班牙拥有上述各类从事相应工作的人群，也有将这些工作整合在一起的人群，比如军人。

但是，印加帝国就没有铁匠、也没有马夫、牲畜饲养员、文书和水手。这是为什么呢?

最主要的原因是印加帝国没有足够的粮食来供养这些专业人才——任何社会，只有拥有了足够多的剩余粮食，才能使一些人从生产食物的劳动中解放出来，去从事其它的工作。

其次的原因，则包括没有马匹供马夫来驯养，没有牲畜以产生病毒、缺少足够的铁矿资源等等。

让我们再深入一层，究竟是什么原因导致了西班牙人和印第安人在人口分工上的差异，也就是说，为什么印加帝国没有足够的粮食，没有野生的马匹和其它供驯化的牲畜呢？这样，我们就进入了第三层面——生存资源的差异。

这个层面有两个主要的因素，第一个因素就是粮食的生产。

我们都知道，最早的粮食种子不是从天而降的，而是早期人类对野生植物进行选择，加以培养的过程，比如我国传说中的“神农尝百草”。

这也就是说，最早的粮食生产的状况，取决于有可能成为粮食的野生植物的状况。人类只会选择这样的野生植物：它们的果实、种子或者

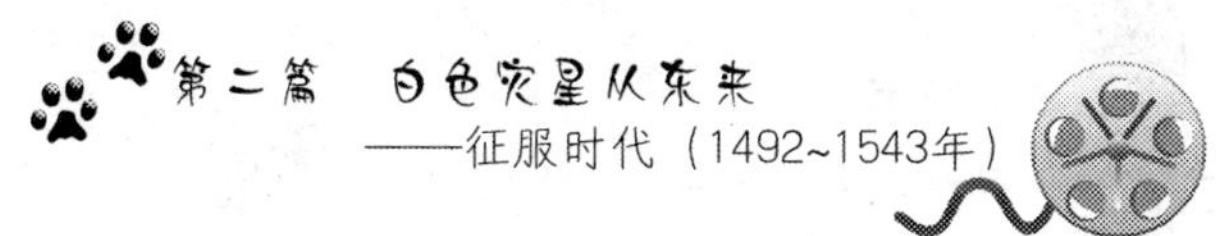

是其它部分可以被人类消化，而且它们容易种植、生长得较快，同时它们的营养成分比较高，等等。

在世界上的几十万种（也许更多）野生植物中，符合这些条件的少之又少，因此，印加印第安人所能找到的主食基本上只有马铃薯。马铃薯的单产比亚欧大陆广泛种植的小麦高很多，但是马铃薯含蛋白质和淀粉的比例比小麦低很多，这样，印第安人就必须摄入大量的马铃薯，才能满足每天的能量消耗。于是，大量的印第安劳动力被束缚在土地上，生产这种含水量高达70%以上的粮食。

第二个因素是牲畜的驯化。

人类进入蒸汽时代之前，牲畜是人类最重要的动力来源，在前面的例子中，西班牙人因为拥有着牲畜而占有了巨大的优势——马匹极大地提升了西班牙人的战斗力，而耕牛等牲畜的使用，帮助西班牙解放出更多的农业人口来从事金属冶炼、文化事业和航海探险。

除了羊驼之外，印加印第安人没有牲畜，这给印加帝国的发展带来了毁灭性的打击：一方面，印加印第安人不得不用人力来从事欧亚大陆居民用牲畜来做的许多工作；另一方面，几乎所有的传染病都是牲畜传染给人的，因此，经牛传染给人的天花尽管在欧亚大陆肆虐了几千年，但是它也使幸存下来的人们对天花具有了或多或少的免疫力，而几乎没有牲畜的印第安人也几乎没有传染病，这使得他们在面对天花的威胁时无能为力。

（60）

那么，粮食生产和牲畜驯化的差异，是不是造成卡哈马卡屠杀的最根本原因呢？不，这还不是最根本的原因。

说到最根本的原因，我借用一个经济学上的术语，姑且把它们归纳成“自然禀赋”。至少有三个自然禀赋决定了西班牙和印加帝国在粮食生产和牲畜驯化方面的巨大差异：

第一个因素：大陆的走向。

所谓大陆的走向，在本文中具体来说就是西班牙所在的欧亚大陆东西长南北窄，而印加印第安人居住的美洲大陆则相反，东西窄南北长。

这个因素听上去简直是匪夷所思，但是贾拉德·戴蒙德指出，在原始状态下，东西长南北窄的大陆上，气候相似的地区有很多，这就为粮食生产的传播创造了决定性的条件。一个典型的例子就是，原产自中东地区的两粒小麦，在不到一千年的时间里就传遍了东到我国，西到法国的整个欧亚大陆；相反，东西窄南北长的大陆，比如美洲，相邻地区的气候差异极大，因此，原产自墨西哥的玉米经过几千年的漫长时间，也没有传播到印加帝国。

可想而知，高产粮食作物的种类越多，可供养的人口就越多，实现人口分工也就更容易——我国清朝初年的人口爆炸式增长，很大程度上就是得益于美洲玉米、番薯和马铃薯等多种新型粮食作物的引进和大范围种植。相比之下，除了马铃薯别无选择的印加印第安人就一步落后，步步落后了。

第二个因素：可供驯化的大型野生动物。

上面我们说明了牲畜对于人类文明的巨大价值。既然牲畜的价值如此巨大，那么，是不是只要人类愿意，就能随心所欲地驯化牲畜呢？

不是的。贾拉德·戴蒙德在他的天才著作中说明，世界上的大型野生动物超过一百四十种，但是被人类驯化的只有十几种，这是因为可供驯化的野生动物必须同时具备很多条件。比如：食性（吃肉的动物和特别挑食的动物，即使得到驯化也无法大规模饲养，因为成本太高养不起，比如狮子、熊猫和考拉）、性情（太凶猛的动物没法养，比如灰熊，一生气能吃人；太胆小的动物也没法养，比如瞪羚，一受惊就跑得无影无踪）、生长速度（长得太慢的动物也养不起，比如 10 多年才长大的猩猩）、交配习惯（有些动物在圈养状态下无法交配）等等。

对于西班牙所在的欧亚大陆来说，可供驯养的动物种类相对比较多，包括野马，野猪、狼和原牛等等，欧亚大陆的人类最终驯化出了马、驴、黄牛和水牛、猪、狗等多种动物，为生活提供了极大的方便。但是印加印第安人居住的南美洲就显得先天不足了，这里生长的大型野生动物只有美洲驼和羊驼，而且它们在圈养状态下无法交配，另外，对于作战来说，它们的胆子也太小了。

第三个因素：铁矿的分布。

我们都知道，美洲盛产金银，但是，对于经济和科技发展来说更加重要的铁矿，却只集中在北美五大湖地区和现在的巴西，这样一来，印加印第安人几乎没有资源去独立地发展冶铁技术。

（61）

必须说明的是，还有两类因素，没有被我归纳到上述的解答当中。这两类因素是：

第一类因素：和冲突结果有关，但西班牙和印加双方没有明显差异的因素。

例如，宗教狂热是支持皮萨罗的部队不断冒险的精神动力，这也是皮萨罗征服印加帝国的重要原因之一，但是，印加帝国同样有着强烈的宗教狂热。这样，宗教狂热就不是西班牙人取得对印第安人的压倒性优势的原因。

第二类因素：双方有明显差异，但是没有直接影响到双方冲突结果的因素。

印加印第安人有些科技非常发达，比如建筑；但他们的落后有时更让人吃惊，比如，在西班牙人到来的时候，他们连车轮和弓箭都没有发明。尽管车轮和弓箭对于战争也有巨大的作用，但是由于西班牙人在征服印加帝国的过程中几乎没有使用这两种工具，因此，它们也不是造成双方巨大差异的原因。

通过上述的分析，我得出两个基本结论：

第一，“落后就要挨打”是不争的事实，但落后的原因往往比较复杂，必须进行深入的分析，而不能用浅层的，表面的原因来进行解释。比如有人说儒家文化是中国十九世纪落后于西方世界的唯一原因，拉丁美洲不发达是因为拉美人懒惰等等。

第二，落后的深层原因往往是自然地理环境的差异，而不是人种的天生差异。比如，如果不进行上述的复杂分析，我们很容易想当然地认为，印第安人是智力低下，不善于学习的民族，而经过了深入的分析之后，我们发现印加印第安人不会饲养牲畜的根本原因是他们生存的自然环境中没有可供驯化的动物。事实上，从欧洲人把马匹和枪支带到美洲之后，印第安人很快就学会了使用这些东西，以致于我们现在一提到印第安人，就会联想到美国西部片里的那种头戴羽毛，挥舞步枪，骑着战马呼啸而过的黄皮肤战士。

啰里八嗦地说了这么多，一句话概括：印加帝国被西班牙人给灭了，最根本的原因就是两个字：风水。

西班牙征服美洲的过程中，最牛的两个大牛人，埃尔南·科尔蒂斯和弗朗西斯科·皮萨罗的故事到此就算讲完了，但西班牙的征服故事还没有讲完。

继克里斯托弗·哥伦布抵达新大陆，亚美利哥·斯普利奇确认新大陆，迭戈·德奎利亚尔征服古巴，马丁·费尔南德斯·德恩希索建立圣玛利亚·安提瓜，埃尔南·科尔蒂斯征服墨西哥、洪都拉斯、下加利福尼亚半岛，和弗朗西斯科·皮萨罗征服秘鲁一带之后，弗朗西斯科·埃尔南德斯·德科尔多巴（Francisco Hernández de Córdoba），征服尤卡坦半岛一带；胡安·庞塞·德莱昂（Juan Ponce de León）征服波多黎各和佛罗里达一带；弗朗西斯科·德奥雷亚纳（Francisco de Orellana），征服亚马逊河一带；佩德罗·德阿尔瓦拉多（Pedro de Alvarado，就是当年跟着科尔蒂斯混的那个小弟，酿成悲伤之夜的那个），征服危地马拉一带；塞巴斯蒂安·德贝拉尔卡萨尔（Sebastián de Belalcázar），征服厄瓜多尔、哥伦比亚一带；佩德罗·德巴尔迪维亚（Pedro de Valdivia），征服智利一带，建立圣地亚哥城。

后来，这些人获得了一个声名显赫的称呼——征服者（英语，Conqueror）。

七、征服者的日不落帝国

（62）

英文中的征服者，有两重含义：广义的是指包括成吉思汗、拿破仑和希特勒在内的古往今来的所有靠武力征服世界，以及试图靠武力来征服世界的人；狭义的则只是指十五到十七世纪，那些凭借着极少的人力，征服了美洲的西班牙人。

至于西班牙文中的征服者（Conquistador），则只指后者。

关于这些征服者，我还有两个问题需要与大家进行讨论：

第一个问题就是征服者们的动机——究竟是什么东西，支撑着这些人深入遥远的大陆，冒着生命危险去探索和征服？

关于这个问题，我们可以肯定的是，首先一个动机就是征服给征服者们带来的巨大的利益和名誉，说得简略些，就是名利二字。

那个时代的欧洲，讲究的是“君权神授”——有些人生来就是国王和贵族，更多的人生来就是平民百姓。欧洲没有古代中国的科举制度，因此，平明百姓要想出人头地，唯一的办法就是参加欧洲那些旷日持久的战争，“去到边廷上，一刀一枪，博个封妻荫子。”而美洲的发现，就为他们提供了更广阔的空间。

而且，与在欧洲参加战争相比，征服美洲的诱惑实在是大得惊人——西班牙王室尽管贪婪，但他们只要殖民地出产金银的五分之一，剩下的都归征服者所有。这种对战利品搞二八分成的事例，在欧洲历史上可以说是前所未有。这样巨大的诱惑，使得一批又一批的西班牙平民甘愿冒着巨大的风险，深入完全陌生的土地。

不仅有巨大的利益，而且征服者还能获得极高的威望。前面说过，私生子皮萨罗因为征服印加帝国而被封为侯爵，甚至他的弟弟埃尔南多回国时都能得到西班牙万人空巷的欢迎。有了利、有了名，难怪西班牙一时间出现了那么多旷世枭雄。

但是，只有名利仍然不足以支撑这些人为西班牙征服如此广阔的土地。

因为，征服者们再有名，最多也不过是侯爵，永远赶不上那些生来的皇族公爵；而一个人终其一生，能够享受的利益毕竟是有限的。所谓有房千间，睡不过三尺；有田千顷，食不过三餐。

也许有人会说，人的贪婪是没有止境的。这话当然不错，但实际操作起来，每个人都会衡量自己的回报和投入之间的比例，当不需要什么投入的时候，人当然会非常贪婪，金银财宝再多都不嫌多；但如果已经获得了可以敌国的财富，而为了获得更多的、一生一世都享用不了的财富，需要深入异国腹地，冒着生命的危险去征服的时候，就很少有人还愿意做出这样的尝试。

因此，名利只是西班牙征服者们的动力之一，而不是全部。

（63）

另一件事情在背后支撑着征服者们，它的诱惑比名利还要大千万倍，它的动力让人永远都不会止步不前。

它的名字叫信仰。

古往今来，只有信仰才是人类最强大、最永恒的动力。不论这些信仰是对是错，是好是坏，都能给人带来巨大的、用之不竭的能量。

中国古代的农民起义里，那些最有威力的起义，往往背后都有某种信仰在支撑，比如东汉末年的黄巾起义、元朝末年的红巾军起义，甚至包括太平天国起义。

1945 年 4 月，苏联红军已经进入了柏林市区，顽固的纳粹分子明明知道已经绝无获胜的可能，仍然坚持战斗到最后一刻，靠的也是信仰。

支撑着征服者们深入美洲腹地，不走到世界尽头绝不罢休的最终动力，就是信仰。

在这里，我无意去讨论宗教的对错善恶，而只想说明，正是“把天主的福音传播到世界的每一个角落”的精神动力，才推动着征服者们走遍了整个拉丁美洲。

我在本篇（征服时代）结束前要讨论的第二个问题，则比第一个问题还要复杂得多：西班牙征服者们的行为，究竟是正义的还是邪恶的？

为此，我思考了好久。想来想去，我决定首先把常见的几种关于“正义”的观点都罗列在下面：

第一种是最容易理解的观点：所谓“己所不欲，勿施于人”——违背对方的意愿，强迫对方承受一些连自己都不愿意承受的事情，就是邪恶的。

用这种观点去看西班牙征服者，他们把杀戮和奴役强加到印第安人身上，他们当然是邪恶的。

但是仔细想来，这种观点也存在疑问。举个例子，现在世界上绝大多数国家都会强制戒毒，而吸毒者极少有自愿去接受强制戒毒的。那么，当吸毒者还没有出现盗窃、抢劫等犯罪行为的时候，违背吸毒者的个人意愿去强迫他们戒毒，这是否也是不正义的呢？

第二种观点认为，凡是“推动社会进步的行为”就是正义的，反之则是邪恶的。

这种观点听上去似乎有道理，但是仔细想想，更加经不起推敲：究竟什么是“社会进步”，一万个人可能有一万种认识。西班牙征服者结束了印第安人的石器时代，推动他们进入了铁器文明时代，难道就因此可以认为西班牙征服者是正义的？

第三种观点认为，凡是有利于本民族的行为，就是正义的。

这种观点的狭隘之处显而易见：按这种观点，站在德国人和日本人自己的立场来看，纳粹分子和日本鬼子也都是正义的。

想来想去，我终于得出了自己的结论：正义是相对的。站在不同的立场，对同一件事情也会产生截然相反的结论。

那么，作为一个中国人，我们该如何看待西班牙征服者们的行为呢？

西班牙征服者掠夺了美洲，从美洲掠夺了数量巨大的黄金白银，而这些金银当中的很大一部分后来流入了中国，推动了中国的经济；同时，欧洲人把原产自美洲的玉米、番薯和土豆等高产作物带到了中国，解决了千百万中国人的温饱，促成了中国人口的爆炸式增长。

从这些事情来看，作为中国人，我们也是欧洲人征服美洲的受益者。

（64）

征服者们为西班牙开拓了极其广阔的国土。

大家应该还记得，我在描述殖民时代的最开头，介绍葡萄牙的时候曾经说起过，葡萄牙是世界上第一个真正意义的“全球帝国”。

但“全球帝国”并不是这个世界上曾经出现过的最强的强权，至少还有两种强权比全球帝国还要强大，其中一个叫“日不落帝国”。

提到“日不落帝国”，大家首先想起的肯定是大英帝国。但实际上，大英帝国只是第二个日不落帝国——人类历史上的第一个日不落帝国，正是西班牙帝国。

是的，“日不落帝国”（西班牙语：el imperio en el que nunca se pone el sol，英语：the empire on which the sun never sets）一词最早是用来形容十六世纪时的西班牙帝国的，它来源于前面出过场的西班牙国王卡洛斯一世的一段论述：“在朕的领土上，太阳永不落下。”

由于地球绕着太阳不停地公转并自转，所以世界各地存在时差——一个地方天将拂晓的时候，地球另一边则是暮色西沉。全盛时期的西班牙帝国，领土遍布世界各地，因此，当西班牙的某一块领土上太阳落山的时候，必然会有另一块西班牙领土，正赶上太阳冉冉升起。这也就是西班牙“日不落帝国”的地理依据所在。

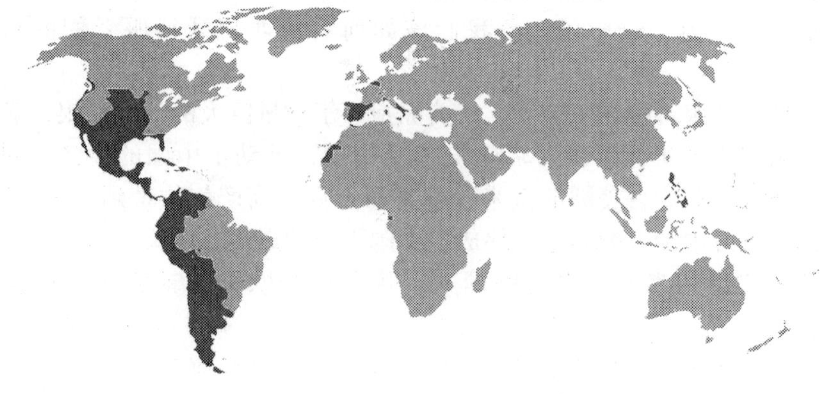

图 2.8　西班牙帝国

十六世纪到十七世纪，是西班牙历史上的第二个黄金时代（第一个是罗马统治下的那几百年，第三个则是今天的西班牙共和国），算得上是黄金时代中的黄金时代。1800 年，西班牙帝国统治下的土地达到一千六百三十万平方公里，在世界历史上仅次于大英帝国和前苏联。

西班牙征服者们对美洲的征服和掠夺，使得西班牙拥有了发动更多的侵略战争的资本，因此可以说，正是西班牙征服者们的"功绩"，给西班牙带来了如此巨大的国威。

所以，西班牙征服者们的千秋功罪，估计还会随着历史的不断发展，长久地争论下去。

和西班牙人征服美洲相比，葡萄牙人占领巴西就显得简单了许多，这其中最根本的原因，是当时的巴西没有阿兹特克和印加帝国那样强大的印第安政权，同时，葡萄牙王国热衷于搞贸易而不是建设殖民地。

1500 年，葡萄牙航海家佩德罗·卡布拉尔（*Pedro Álvares Cabral*），原计划按照达伽马的路线，经非洲西海岸南下去印度，没想到走着走着偏离了航线（大约向西偏离了八度），就这样，卡布拉尔歪打正着发现了巴西。

最开始，卡布拉尔以为他到达的是一座海岛，为它取名"真十字架岛（Vera Cruz）"。后来人们发现它不是个海岛，而且它就在 1494 年《托德西利亚斯条约》规定的葡萄牙应该占据的那半个地球上，所以，才开始有越来越多的葡萄牙人来到这个地方。

不过，当时葡萄牙人在这片地方没发现什么值钱的东西，除了一种叫"巴西木"的东西（英文俗称：brazilwood，拉丁文学名：Caesalpinia echinata）。

这个巴西木可不是现在到处都摆着的那种观赏性的巴西木。这种巴西木，俗称"巴西红木"，是当时欧洲人唯一可以用做红色染料的东西，也是上好的小提琴琴弓的原材料。

久而久之，欧洲人都把当初卡布拉尔给这片地方起的名字给忘了，反而用巴西木的名字来称呼它，这就是"巴西"这个地名的由来。

葡萄牙人在很长的时间里，只把巴西当作一个贸易中转站和生产巴西木的地方。相比之下，西班牙人在美洲的殖民建设就积极了很多：

1519 年，建成哈瓦那（今天古巴的首都）；1521 年，建成墨西哥城（今天墨西哥的首都）；1534 年，建成基多（今天厄瓜多尔的首都）；1535 年，建成利马（今天秘鲁的首都）；1536 年，建成布宜诺斯艾利斯（今天阿根廷的首都）；1537 年，建成亚松森（今天巴拉圭的首都）；1538 年，建成波哥大（今天哥伦比亚的首都）；1541 年，建成圣地亚哥（今天智利的首都）。

截止到 1543 年前后，西班牙人（以及葡萄牙人）在拉丁美洲的殖民统治基本上安定下来了。征服时代告一段落，殖民时代开始了。

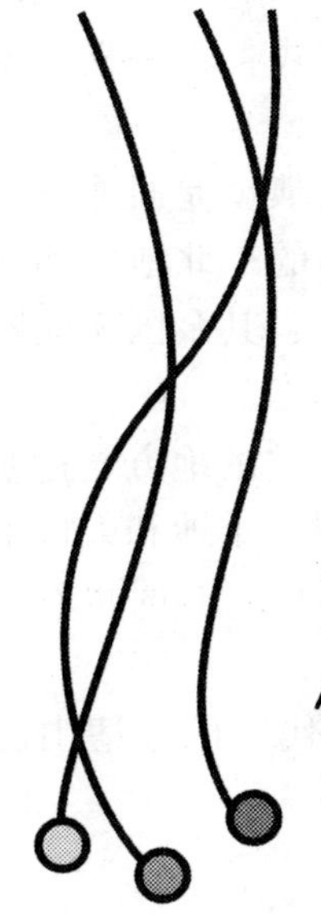

第三篇

伊比利亚治美洲

——殖民时代（1543~1804年）

一、遍地黄金和白银

（65）

说起来，伊比利亚人在拉丁美洲的统治时间，从十六世纪初算起来，到十九世纪初结束，前前后后大约三百来年，这应该是这本书的主体部分。

不过，相对于此前的征服时代，和此后的独立时代，殖民时代的大事情实在是寥寥无几。举个例子：为了写这本书，我曾经查过一个有三万多单词的英文版拉丁美洲年表，谈到这三百来年的事情，只有可怜巴巴的一千六百个词。

我在这一篇里，不准备写个大事纪年式的流水账（想写也没得可写），而是准备摘取殖民时代中，拉丁美洲社会生活的五个最重要的部分逐一进行描述。

第一个就是黄金和白银。

在这个世界上，曾经建立过殖民统治的国家有十来个。细想起来，每个国家建立殖民统治的目的和进行殖民统治的方式各不一样，不是“殖民”这两个字就可以简简单单地概括得了的。

按照字面意义上的“殖民统治”来对外扩张的典型是日本——日本为了缓解国内的人口压力，从 1931 年开始向中国的东北地区和华北地区大量迁移人口，这算是货真价实的“居民拓殖”，其余国家就不太一样了。

英国占领了北美和澳洲，把北美变成了安置清教徒的地方，把澳洲变成了流放犯人的地方；葡萄牙和荷兰占领殖民地时，土地和人口不是目的，建贸易中转站才是目的；俄罗斯向西伯利亚扩张，当时也看不到什么明显的目的，反正就是不停地扩张，等等。

西班牙占领美洲的最初目的，在前面“征服时代”的描述中已经很明显了，就是要找黄金。

和绝大多数商品相比，黄金至少有这么几个优点：

首先是价值高：一小块黄金就值很多钱，这样，无论是贮藏黄金还是运输黄金，都比贮运绝大多数的商品更划算。

其次是不变质：黄金化学性质稳定，甭说腐烂了，跟绝大多数的物质都不起反应，能储存很久很久。

再次是易切割：如果搞钻石，的确也很值钱，但钻石是越大越值钱，切碎就便宜了很多。而黄金，一方面很容易切开，同时，切开之后，该值多少钱还是多少钱。

这样一来，西班牙人在美洲发疯地找金子就不足为怪了。

西班牙探索美洲的先驱，要数哥伦布了。这位老大曾经在给朋友的信件中充满激情地写道：“噢，最美妙的黄金！谁有黄金就有财富，有了财富就可以得到他想要的一切，可以影响世界，甚至可以帮助灵魂升上天堂。”

哥伦布是这样说的，他也是这样做的。

根据哥伦布的儿子，斐迪南德·哥伦布的记载，早在哥伦布刚刚来到伊斯帕尼奥拉的时候，他就强迫印第安人交黄金：

“（印第安人）都答应每三个月向天主教君主进贡一次，方式如下：在金矿所在地西堡（Cibao），每个十四岁及以上的人都要缴纳一大鹰嘴钵的金砂，其余的每人缴纳二十五磅棉花。印第安人缴完了自己的贡赋后，就得到一块铜的或者镀铜的牌子。他必须将这块牌子挂在脖子上，以证明自己已经交纳了。任何印第安人，只要被发现没有这块牌子，都要受到惩罚。”

哥伦布的儿子没说的是，这个惩罚指的是“剁手”。

哥伦布的政策尽管很野蛮，但是执行效果却不好——伊斯帕尼奥拉的印第安人太穷了，即使把他们都整成残废，也还是得不到多少金子。

（66）

哥伦布之后，西班牙殖民者继续在中美洲和加勒比地区找黄金。但事实证明，加勒比地区实在不是盛产黄金的地方——从1501年到1519年，西班牙人在这个地方花了二十年找到的黄金只值八百万西班牙比索。

所以，后来才有了科尔蒂斯远征阿兹特克，和皮萨罗远征印加帝国。

这两次的征服，给西班牙人带来了不少黄金。前面说过，光是印加帝国为阿塔瓦尔帕支付的赎金里面，就有一万三千磅黄金，现在价值两亿两千九百万美元。

而且，据说无论是阿兹特克帝国还是印加帝国，在灭亡的时候都有大批的黄金被藏匿起来了，直到今天都没发现。

不过，西班牙人很快发现，阿兹特克帝国也好，印加帝国也罢，都不是西班牙人从印第安土著那里听说的“黄金国”。

那些土著人说，在南美洲的密林深处有个黄金国。每当新酋长继位的时候，他就会在全身涂满金粉，登上木筏进入一个大湖，再用湖水把身上的金粉洗干净（——好一个败家子啊！）。与此同时，湖边的老百姓也将无数的黄金器具作为贡品丢到湖里（——好一群败家子啊！）。

后来据历史学家考证，这个黄金国是一个叫穆伊卡的部落，而这个大湖叫瓜塔比塔，在波哥大附近。但是不管是真是假吧，西班牙人始终没有找到这个部落。

西班牙人认识到，光靠打仗抢金子是远远不够的，要想有更多的金子，还得靠自己勤劳的双手去挖（当然这也就是说着好听，真正挖矿的苦力都是西班牙人奴役的印第安土著）。

于是西班牙人开始探矿。从哥伦布登陆美洲开始，经过几十年的探索，西班牙人最终找到了真正的黄金之国，它就是今天的哥伦比亚。

据说，哥伦比亚从两千多年前就开始盛产黄金了，也留下了很多黄金工艺品。现在在哥伦比亚首都波哥大市中心的圣坦德尔公园内还建有黄金博物馆，展示古代印第安人的黄金制品。

图 3.1　哥伦比亚黄金工艺品

西班牙人发现了哥伦比亚这个黄金大宝库之后，就开始拼命开采。在 1600 年以前，西班牙人累计在哥伦比亚生产黄金大约一百一十三吨，此后不断增产，从十七世纪初到十八世纪末（也就是哥伦比亚独立前夕），哥伦比亚地区平均年产黄金三点五吨（按现在的价值计算，约一亿三千六百万美元），是西半球最大的黄金产地，名副其实的黄金之国。

继续算这笔黄金账：在西班牙统治哥伦比亚期间，总计生产黄金大约八百五十吨（合三千万盎司），折合成今天的市价，大约三百三十亿美元。（为了简便起见，以下的换算都是按当今的市价来计算的，如果按粮价折算，大体上要把市价除以二到三，下同。）

顺便说一句，直到今天，哥伦比亚的黄金储量和产量都是在世界上名列前茅的。估计光是拉科罗萨地区（La Colosa）的黄金储量就有大约三百五十吨。

怎么样？厉害吧！不过，如果跟白银相比，黄金对西班牙帝国的贡献就只能排在第二位了。

（67）

白银比黄金的价值低很多，以目前的价格来看，黄金大约一千一百美元每盎司，白银大约十七美元每盎司（从历史上看，这两个价格都高得离谱），差了六十五倍左右。

此外，白银的稳定性也比黄金差，在空气中放的时间长了，可能变成硫化银。

不过，瑕不掩瑜，白银仍然是最重要的贵金属之一。

西班牙人觉得在美洲捞的黄金不够，就来了个两手抓，一边采黄金，一边采白银。

1534 年，西班牙人在墨西哥的塔斯科（Taxco）发现了银矿，然后 1546 年在萨卡特卡斯（Zacatecas），1550 年在瓜纳华托（Guanajuato），稍晚一些（1592 年）在圣路易斯波托西（San Luis Potosi）也发现了银矿，等等。

西班牙人的这些银矿当中，最著名的要算波托西了（这个是今天玻利维亚境内的波托西，不是前面那个墨西哥的圣路易斯波托西）。

1545 年，一个叫瓦伊巴的印第安人，为了追一匹逃跑的马，在今天玻利维亚的一座叫波托西的山上过夜。当他点燃篝火的时候，熊熊的火光照亮了四周，到处都是银白色的矿脉。波托西银矿就此被人们发现了。

确切地说，波托西不应该叫银矿，它就是传说中的银山——波托西的银矿不仅储量丰富，而且品质极高。西班牙人奴役着印第安土著，在波托西前前后后打了五千个矿井，不分昼夜地生产白银。

白银给波托西带来了空前的繁荣。1650 年是波托西繁荣的顶峰，那时候，围绕着波托西银矿建立起来的波托西市有常住居民十六万人，比马德里、巴黎或者罗马的人口还多。当时的波托西市有教堂三十六座，舞蹈学校十四所，赌场和妓院不计其数，有钱人的马掌都是白银做的。1658 年为了庆祝圣体节，波托西主教堂和莱科莱托斯教堂之间的马路都改成银砖铺的了。

从 1545 年发现波托西银矿，到 1825 年银矿被挖完，波托西一共出产白银两万五千吨。按现在的市价计算，相当于一百三十六亿五千三百五十万美元，这就是波托西这么个弹丸之地对西班牙的贡献。

据统计，在西班牙人统治拉丁美洲的前后将近三百年的时间里，一共开采了十万吨的白银，折合市价大约五百四十六亿美元。

算上前面说的黄金，西班牙人光是在美洲掠夺的贵金属，折合今天的市价就接近一千亿美元。

当然了，开采这么多黄金白银，付出的代价就是印第安人世世代代的血泪。

当时，西班牙人奴役印第安土著开矿的办法，主要是臭名昭著的“米塔（Mita）制”。［这是秘鲁的叫法，在墨西哥叫“科阿特奎特制（coatequitl）”］简单地说，就是每个成年的印第安男人，每七年就要有一年的时间远离家乡来开矿服劳役。挖矿收入还不够自己维持生活的，更别说给家里寄钱了。

收入低还是次要的，更要命的是恶劣的环境。

（68）

一开始，西班牙人在美洲开矿用的技术是印第安土著的那些土办法。这些办法产量低，而且只能采富矿，银矿的品质低一点就没法开了。

1550 年，也就是波托西银山被发现之后的第五年，一种叫“汞齐化”的新炼银法开始在美洲得到推广，用这个方法，可以成倍地提高白银的产量。

这个“汞齐化”的方法，简单来说就是把含有贵金属的矿石和在常温下呈液态的汞（就是水银）一起研磨，这样，汞就能跟矿石中的贵金属形成一种叫“汞齐”的化合物。只要汞足够多，这种化合物就是液态的。

然后，再把汞齐加热，利用汞沸点低的特点，把汞蒸发掉，剩下的就是贵金属了。

显然，这种做法的副作用就是有毒的汞蒸汽到处弥漫。被汞蒸汽熏过的地方寸草不生，人就更不用说了，当时的美洲印第安矿工绝大多数都患有慢性汞中毒。

慢性汞中毒的反应，首先是头昏、头痛、失眠，然后是脸红、多汗，再然后从舌头到眼睑，再到双手和头部开始经常性地痉挛。时间久了，汞在内脏中逐渐沉积，就会出现肝肾功能障碍，甚至因此在痛苦中慢慢死去。

据估计，在西班牙人统治拉丁美洲前后将近三百年的时间里，光是秘鲁一个地方，死在矿山的印第安人就有八百万。印第安人越死越少，再加上没有受过教育的印第安土著也难以掌握开矿技术，所以后来不得不又有越来越多的自由劳工加入到了开矿的行列中来。

所以说，西班牙人的银白色的财富是建立在印第安人的银白色的尸骨之上的。

和西班牙人相比，葡萄牙人在巴西开矿的动静相对小一些。

前面介绍葡萄牙人占领巴西的时候说过，一开始，葡萄牙人没把巴西当回事——一个只出产巴西红木的地方，值得花大力气去开发吗?

直到葡萄牙人发现巴西大约二百年以后，他们才在这地方发现了黄金。

首先是1695年，在米纳斯杰拉斯地区（Minas Gerais）地区发现了黄金，然后1721年在马托格罗索地区（Mato Grosso）地区，1726年在戈里亚斯地区（Goias）先后发现了黄金，葡萄牙人才开始在巴西疯狂地采金炼金。

十八世纪这一百年的时间里，葡萄牙人在巴西生产了三千二百万盎司黄金（大约九百零七吨），折合时价三百五十二亿多美元。

伊比利亚人在美洲捞了这么多黄金白银，大多数都运回他们的老家去了。

从1521年到1544年，他们平均每年从美洲运走黄金两点九吨、白银三十吨，到了1545年以后，平均每年运走黄金五点五吨，白银二百五十吨。

截止到1666年，从1503年开始的一百六十年间光是运到西班牙塞维利亚港的黄金就有一百八十五吨，白银一点六万吨。

为了写这几段，我拿着个计算器算得头昏眼花。运到欧洲的这些黄金白银究竟值多少钱，我就不算了，大家比照前面的数据也能知道，西班牙和葡萄牙靠这些东西发了大财。

发了大财的西班牙和葡萄牙，穷得叮当乱响。

（69）

我没有犯晕写错话，发了大财的西班牙和葡萄牙的确穷得叮当响。

因为这些黄金和白银没有流进这俩国家的腰包。

有一批黄金和白银被走私到了菲律宾，然后流入我国，不过这是小头。大头都被两个国家的国王和贵族给糟蹋了：一大部分充做军费，支撑着西班牙的雇佣军在欧洲到处干涉其它国家的内政；一部分被贵族们大手大脚地花掉，用来购买荷兰的布匹、佛罗伦萨的锦缎、威尼斯的玻璃器皿，法国的葡萄酒，等等等等，反正没有多少钱被用来发展国内的生产。

看到这里，大家明白这俩国家为什么穷了吧？

当时的西班牙和葡萄牙都处于封建社会，不像荷兰和英国那样按照资本主义的方式发展经济，因此，这么多黄金白银没有成为两国经济腾飞的资本，反而成了物价飞涨的助推器。

说得通俗点，打个比方吧！

假如突然间我的人品大爆发，在下班的路上捡到了一块狗头金。那么，我有这么几种方式来处置这块金子：

第一种方式是用这块金子换来织布机、招聘工人、采购棉纱，然后开工织布，织完布以后拿出去卖，卖了钱之后扩大生产，招更多的工人，买更多的棉纱，织更多的布，卖更多的钱。这样一来，这块金子变成了造织布机的工匠的收入、卖棉纱的商人的收入、纺织工人的工资和我的利润。这些工匠、商人、工人和我本人再把各自的收入花掉，这些钱就变成别人的收入，别人再把这些收入用来投资和消费，如此循环往复，社会的生产和需求就这样被带动起来了。这样一来，一块狗头金换来的是就业率的提升，国民收入的增加和经济的繁荣。

第二种方式是用这块金子换来外国进口的奢侈品，比如，法国的葡萄酒。我把酒喝了，金子被外国人赚走了。这样一来，上面那个扩大生产的过程还可能发生，但是它没有发生在这里，而是发生在了外国。

第三种方式是，我把这块金子打成了一条大项链，成天戴在脖子上炫耀。这样一来，这块金子没有变成资本，对任何地方的就业率提升、国民收入增加和经济成长都没有贡献。

上面说的第一种方式是资本主义的方式，而第二种和第三种是封建主义的方式。那个时代的荷兰和英国用的就是第一种方式，于是经济迅速地成长起来了，而西班牙和葡萄牙用的是第二种和第三种方式，于是钱都进了荷兰、英国、法国和德意志地区的腰包，所以伊比利亚国家穷得叮当响。

（顺便说一句，很多白银后来又被欧洲人以国际贸易的形式支付给中国了，这也就是为什么中国自从明朝中期开始，白银大量进入流通领域的原因。）

实际情况比我的比方还要糟糕：由于当时的伊比利亚贵族人手一块狗头金，所以搞得物价越来越高，而且，既然贵族都这么有钱，轻而易举地就能从外国买来很多很多的好东西，那么，谁还操那个心费那个力，把钱投资到生产上啊！

结果，西班牙和葡萄牙掠夺的黄金和白银越多，国家经济就越凋敝：1558 年塞维利亚还有一万六千台织布机，四十年之后就只剩下四百台了。同一时期，安达卢西亚的羊从七百万头减少到两百万头。到 1700 年前后，如果不是从美洲源源不断地流入黄金白银（这些钱在伊比利亚转了一圈，立刻流向北方），西班牙基本上就是全国破产了。

用 17 世纪历史学家古斯塔夫·阿道夫·奥特罗的话说，“西班牙像一张嘴，它进食、咬碎、嚼烂，立刻送到其它的器官，除了一瞬即逝的味觉和偶尔留在牙齿上的碎屑之外，自己什么也没留下。”

这也算是伊比利亚国家掠夺美洲的一个报应吧！

二、统治、掠夺加奴役

（70）

说完了黄金和白银，我开始聊第二个话题：西班牙和葡萄牙对拉丁美洲的殖民统治。

这段内容的故事性不强，因此，我只准备言简意赅地描述一下基本情况。

照例先说西班牙。

首先谈谈西班牙王国中央政府对殖民地的管理。1524 年，西班牙国王卡洛斯一世设立了“王家最高西印度事务委员会（Realy Supremo Consejo de Indias）”，作为对美洲殖民地管理的中央机构。但是这个机构的官僚主义非常严重，直到 1700 年前后，委员会先后有过两百四十九名委员，其中只有七个人曾经到过西班牙的美洲殖民地。这样一个委员会的作用就可想而知了——制定了大量纸上谈兵式的政策和法规，普遍地被殖民地当地的管理机构当成废纸。

其次谈谈美洲殖民地当地的管理。在西班牙征服美洲的早期，一切大权都属于先遣官（Adelantados），我在前面提到的那些征服者，大多都是西班牙国王任命的先遣官。

等到征服者们建立了殖民地之后，西班牙就把这些土地划分成若干的总督辖区（Virreinato），下面再设若干的都督府（Capitania）。这两级政府的老大分别是总督（virreina）和都督（Capitan）。

尽管都督们名义上归总督们管辖，但实际上他们能直接向国王汇报，所以都督府事实上是独立的。

第一个总督辖区是 1519 年成立的新西班牙总督辖区（Virreinato de Nueva España），首府设在墨西哥城。首任总督就是大牛人埃尔南·科尔蒂斯。除了墨西哥地区归总督直辖之外，还设立了危地马拉、古巴、波多黎各和菲律宾四个都督府。

新西班牙总督辖区的领土范围非常大，包括了今天的墨西哥和中美洲各国全境，加勒比地区，美国的西南部，甚至包括菲律宾和太平洋上的一些小岛。它是西班牙最大的海外殖民地，也是西班牙帝国的最重要的组成部分。

第二个总督辖区是1542年成立的秘鲁总督辖区（Virreinato de Peru），首府设在利马。开创了这个总督辖区的就是与科尔蒂斯齐名的大牛人皮萨罗。早期的秘鲁总督区很大，包括了西班牙在南美洲的所有殖民地，但是后来随着西班牙王国对殖民地管理方式的变化，西班牙从秘鲁总督辖区里分出了两个新的总督辖区，这样一来，秘鲁总督辖区就只剩下了今天的秘鲁和智利了。

1718年，西班牙从秘鲁分出了第三个总督辖区，起名新格拉纳达（Virreinato de la Nueva Granada）。

新格拉纳达总督区的管辖区域是南美洲北部，包括今天的哥伦比亚、巴拿马、委内瑞拉和厄瓜多尔，首府设在波哥大。

由于南美洲北部地形非常复杂，各地交通不便，所以后来在这个总督辖区里面又设了委内瑞拉都督府和厄瓜多尔都督府。

1776年，西班牙又设立了拉普拉塔总督辖区（Virreinato de la Plata），首府设在布宜诺斯艾利斯，领土包括今天的阿根廷、玻利维亚、巴拉圭和乌拉圭。

西班牙对美洲殖民地的行政区划，跟后来的美洲各国的边界之间的联系很大。

（71）

为了限制总督和都督们的权力，西班牙王国对这些人有着严格的要求，比如不准总督和都督们携带已婚子女来殖民地，不准任用亲属，不准在殖民地购置个人产业和经商，等等。但事实上，由于天高皇帝远，总督们和都督们在各自的辖区内“胡作非为”。在那时的西班牙，如果谁曾经担任过殖民地的总督或者都督，但没有发财的话，就会遭到别人的嘲笑。

除了总督辖区和都督辖区，西班牙在殖民地的某些重要城市还设立了检审庭（audiencia），这些机构名义上是法庭，事实上在负责司法事务之外，当总督和都督们退休，而新任官员还没有到任之前，也掌管殖民地的行政事务，因此权力很大。西班牙在美洲一共设立了十四个检审庭。

检审庭掌管的地区叫检审庭辖区（Presidencias），主要是一些核心城市，相当于总督辖区内的单独的行政机构。比较重要的检审庭辖区包括新西班牙总督辖区里的圣多明各（1524 年建立），墨西哥（1527 年建立），瓜达拉哈拉（1550 年建立）和危地马拉（1542 年建立）；秘鲁总督辖区里面的利马（1542 年建立），波哥大（1549 年建立），查尔卡斯（1559 年建立），基多（1563 年建立），圣地亚哥（1565 年建立）。

再往下面一级的管理机构是行省（Gobernaciones），由一名省督（Gobernador）治理。

行省下面是市镇辖区，这是最基层的统治机构。

对于印第安人聚居的地区，则由与西班牙统治者合作的印第安酋长（cacique）进行管理。

从 1700 年开始，波旁王朝开始统治西班牙，对殖民地的统治机构做了调整。除了新设两个总督辖区之外，废除了行省和市镇辖区，改设郡县制度。

无论是行省制也好，郡县制也好，都面临一个问题：宗主国西班牙远在万里之外，制定的政策和法律往往脱离实际。因此，在西班牙美洲殖民地普遍适用的一个观点就是“Se acata pero no se cumple”（西班牙语，意思是“尊而不从”），就是说名义上服从西班牙政府的政策和法律，但实际上并不执行。

这种充满弹性的方法保证了西班牙在美洲殖民地的统治相对稳定地

存在了两三百年。

到了十九世纪初，西班牙在美洲的殖民地总面积达到了一千三百七十九万平方公里。其中南美洲九百四十六万，中美洲五十四万，新西班牙三百六十七万，古巴和波多黎各十二万。

和西班牙对美洲的统治相比，葡萄牙对巴西的统治相对简单。

就像前面一再说的那样，最初葡萄牙对巴西不是很在意。1580 年，葡萄牙被西班牙吞并了，西班牙在巴西也搞了类似的总督辖区，直到 1640 年葡萄牙恢复独立时，才对巴西的统治进行了整治。主要是把巴西总督府设在了里约热内卢，在总督府下面设立了若干都督辖区（captaincies），同时取消了 1621 年在巴西东北部设立的，直接归葡萄牙王室管理的马拉尼昂国（Maranhao）。

按照 1494 年的"教皇子午线"，葡萄牙人只能占有这条子午线以东的二百八十万平方公里。但是后来淘金客不断越线西进，而西班牙的美洲殖民地又大得管不过来，所以两国在 1750 年又进行了谈判，葡萄牙获得了大片殖民地，加上后来又赶跑了荷兰人，最终形成了拥有八百五十万平方公里的广阔区域。

（72）

现在说说西班牙和葡萄牙对印第安土著的奴役和掠夺。

先来说说西班牙人对印第安土著的奴役。

1503 年，西班牙伊莎贝拉一世女王正式颁布法律，认可了委托监护制（西班牙语，encomienda）。所谓委托监护制，就是允许西班牙殖民者成为委托监护主（西班牙语，encomendero），对他所征服土地上的印第安人进行奴役。

科尔蒂斯就是一个大委托监护主，有十万印第安人受他的"委托监护"（其实就是奴役）。皮萨罗后来更是成了有十一万五千印第安人的委托监护主。

不过后来由于殖民者来得越来越多，而印第安人越来越少，所以后来的委托监护主就没这么风光了。比如，十八世纪有个委托监护主叫巴托洛梅·加西亚（Bartolome Garcia），手底下一共只有十六个瓜亚尼人，而且居住地远在四百四十多公里之外，他的委托监护权形同虚设。

委托监护制是对印第安人的奴役，也是对西班牙王国的削弱。因为根据这个制度，印第安人被委托监护主奴役，西班牙王国得不到好处。所以当西班牙王国认识到这一点之后，就屡次发起努力，想取消这个制度。

可想而知，美洲当地的西班牙殖民者竭尽全力反对取消委托监护制。前面说过的，皮萨罗的四弟贡萨洛在他大哥死后起兵造反，之所以得到那么多西班牙人的支持，坚持了那么久，就是因为秘鲁当地的西班牙人都反对取消委托监护制，而愿意跟着贡萨洛干。

直到1718年，西班牙波旁王朝的菲利普五世国王才最终成功地取消了委托监护制。取而代之的是“劳役摊派制（西班牙语，repartimiento）”。就是说，印第安人在名义上是自由的，任何殖民者要奴役他们，都必须得到西班牙王国政府的同意和委派。事实上，印第安人受奴役的状况没有任何改变，改变的只是一部分好处从殖民者手里转到了西班牙王国政府手里而已。

关于美洲黑奴的事情，放到后面再说。

再来说说西班牙人对印第安土著的掠夺。

前面已经说过西班牙人对黄金白银的掠夺了，除此之外主要的就是夺取印第安人的土地。

为了夺取印第安人的土地，西班牙先后在殖民地强制执行了一系列法律，其中最主要的是下面三个：

首先是集中制（西班牙语，congregacion）。西班牙人打着“帮助印第安人建设新文明”的旗号，把印第安人的村庄强行集中，类似于日本鬼子当年在中国东北的“并大屯”，空出来的土地就归西班牙人了。

其次是废除制（西班牙语，denuncia），意思就是说，如果印第安人拿不出拥有土地的书面凭据，西班牙人就可以把土地夺走。前面说过，美洲印第安人基本上都没有文字，当然也不会有文字凭据，所以西班牙人就靠这个法令夺走了很多土地。

最后是协议制（西班牙语，composicion）。西班牙人对印第安人的土地开展“合法调查”，印第安人从来也没听说过“合法调查”，当然也就不知道这是什么意思。西班牙人就靠这个法令夺取了印第安人的好地，并把他们都赶进了深山里面。

葡萄牙对巴西印第安人的奴役和掠夺也差不多。只是因为巴西地区印第安人更少，所以在巴西，葡萄牙人很容易控制大片土地，建立大种植园（葡萄牙语，fazendas），比如历史上有个很牛的大种植园主叫迪亚斯·达维拉（Dias de villa），他的种植园面积比大多数的欧洲国家还大。

三、大搞采矿、种植园

（73）

说完了拉丁美洲殖民时代的黄金和白银、统治和奴役之后，我要介绍的第三个话题是殖民地经济。

用一句话来概括，拉丁美洲殖民地经济最大的特点就是单一化——某个地区只发展某一个产业，比如采矿或者种植某种作物。

之所以造成这种状况，主要的原因就是相对于西班牙和葡萄牙这两个宗主国来讲，拉丁美洲殖民地太辽阔了，也太富饶了。单靠采矿，就能够提供大量的金银；而在农业方面，根本没有必要搞精耕细作，土地的产出就足够宗主国挥霍的了；至于工业，由于宗主国本身还处于封建时期，本土的工业都很不发达，所以更不可能在殖民地发展相对完善的加工业体系。

一来二去，拉丁美洲殖民地就形成了非常单一的经济模式，这种状况也直接影响到了独立之后的拉丁美洲各个国家。

关于单一化的经济，产出最多的是采矿业，我在前面已经做过比较详细的描述，在这里就不再重复了。

除了采矿业，拉美殖民地经济的另一个支柱是种植园。

在拉美的热带和温带地区，由于土地肥沃，特别适合各种作物的生长，再加上前面说过的一系列土地兼并政策，欧洲殖民者就在拉美建立了大量的种植园。

最早的大种植园是种甘蔗的。这种甘蔗种植园需要大量的人力在非常炎热的条件下从事甘蔗的种植、采摘和炼糖之类的工作，因此，土生土长的印第安人不太适合，种植园主们就大量使用来自同样炎热的非洲的黑奴。于是，美洲的黑人也就越来越多了。

甘蔗园里的工作非常艰苦，在每年长达九个月的时间里，奴隶和雇工们每天工作超过十六个小时。在收割季节，他们首先砍断地里生长的甘蔗，然后把甘蔗装运到炼糖作坊，一些人将甘蔗塞入笨重的碾压机，靠体力驱动碾压机榨出甘蔗汁，另一些人则负责清洗设备。这种工作既辛苦又危险，甘蔗工人不留神就有可能掉进碾压机，被压得粉身碎骨。

甘蔗主要是在巴西的热带地区生产。到了 1600 年，巴西的糖产量达到每年六千五百万磅（合两万九千五百吨），出口价值达到二百五十万英镑，成为了当时世界上最大的制糖中心。

继甘蔗之后，拉丁美洲的大种植园也逐渐引进了一些其它的经济作物，主要是咖啡、烟草、棉花和可可等。

咖啡树原产自非洲，而咖啡树是直到十八世纪才被引入拉丁美洲的，但是由于土壤和气候适宜，咖啡树的种植很快就在拉美推广开来。比如委内瑞拉，光是 1796 年就出口了将近五十万磅的咖啡。烟草的种植中心在古巴、委内瑞拉等地；棉花主要是在墨西哥、秘鲁和智利种植，十九世纪初，光是墨西哥每年向欧洲出口的棉花就有三十一万两千公斤之多。

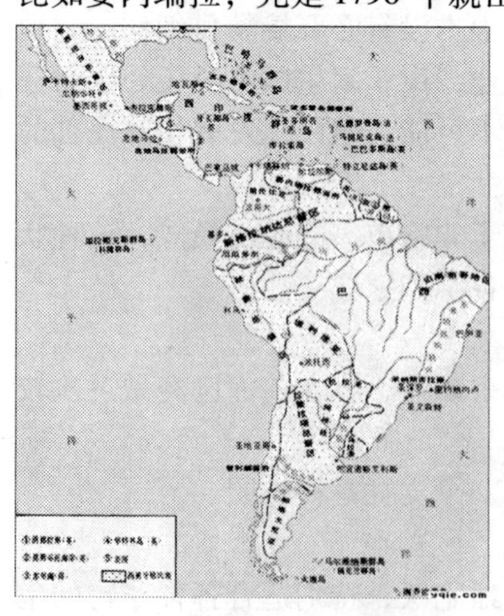
图 3.2　拉丁美洲的殖民统治

（74）

拉丁美洲殖民地的主要产业，除了采矿和种植园之外，值得一提的还有大牧场。

拉丁美洲地广人稀，再加上很多印第安人被欧洲殖民者从他们世世代代居住的家园给驱逐了出去，发展大牧场就成为了可能。

厄瓜多尔境内有一大片高原谷地，非常适合养羊，所以，这里就被建设成了一个非常大的绵羊牧场。例如，光是安巴托一个地方放牧的绵羊就有六十万头。此外，墨西哥也有大规模的绵羊养殖产业。

墨西哥北部、拉普拉塔地区（阿根廷境内）和委内瑞拉等海拔较高的地区适合养牛，所以，这些地方的畜牧业也非常发达。比如，拉普拉塔地区十七世纪平均每年出口牛皮二万张，十八世纪中期增长到了每年十五万张，到了十八世纪末，则增长到了一百万张。

以采矿、种植园和大牧场为代表的拉丁美洲殖民地单一经济，对当时社会的经济和政治生活的影响是非常大的，这种影响在拉美各国独立之后依然存在，甚至一直影响到今天。

从经济角度来看，这种大规模的单一经济，很容易造成土地和矿产等资源的浪费——反正生产规模这么大，产量这么高，就没有必要管理得很精细。久而久之，大地产中抛荒的面积就很惊人了。

同时，由于单一经济的利润已经很高了，矿主、种植园主和牧场主们就没有动力更新设备或者搞产业升级。这样一来，拉丁美洲的经济长期停滞在矿产品和农产品等初级产品的生产上，加工业和现代化工业的基础就很薄弱。

此外，由于单一经济的生产规模很大，单靠本地的市场很难消化掉，于是，这些殖民地的产品就主要靠出口来打开销路，这就形成了拉美非常典型的以初级产品出口为中心的外向型经济。大家都知道，初级产品的价格受国际市场波动的影响很大，而且从一个比较长的时期来看，大部分初级产品的价格永远是在下降之中的（石油这种需求量极大而又不可再生的初级产品除外），因此，拉美殖民地时代的经济发展水平比较低，这一点也一直延续到了今天。

从政治的角度来看，这种大规模的单一经济，往往会形成关起门来自我封闭式的统治结构。大矿山也好，大种植园也好，除了个别人承担一些采购和销售的任务之外，关起门来就是一个又一个的独立王国。矿主和种植园主就是这些独立王国里的土皇帝，说一不二；同时，矿山和种植园里有自己的暴力机器，有自己的商店，关起门来以物易物。种植园主们还经常以白条的形式发工资，这种白条工资只能在种植园里的商店里使用，工人们从工作到消费，都不用走出种植园一步。

这种自我封闭的庄园式社会形态，在拉美国家纷纷独立之后依然存在，它在一定程度上也影响到了拉美国家之间为谋求统一而做出的多次努力——既然一个小国之内都有很多这种“国中之国”的大种植园，小国的中央政府对这些地方都是针插不进水泼不透，那就更不要妄想再把几个小国统一到一起了。

四、人种大熔炉

（75）

拉美殖民时代的第四个话题是人种的事情。

不管按照生物学的观点，地球人分成多少个人种，对于我这样的人种学门外汉来说，世界上主要的人种就是三个：白种、黄种和黑种。随着欧洲殖民者的到来，这三大人种很快就在拉丁美洲凑齐了。

拉美的土著印第安人是黄种人，他们在这片土地上已经土生土长了上万年。在欧洲殖民者到来之前，他们建立了阿兹特克和印加这样的大帝国。尽管工作得也很辛苦吧，但是生活毕竟还过得去，据说一天平均洗三次澡，而且，似乎除了梅毒以外几乎没遇到过传染病。

欧洲殖民者到来之后，印第安人的好日子结束了——除掉那些被杀的，得天花等传染病病死的之外，剩下的印第安人遭到残酷的奴役，很多人在矿山里丢掉了性命。

幸存下来的印第安人，又遭到了前面说过的诸如被掠夺走了世代居住的土地一类的厄运。比如 1570 年，西班牙殖民者弗郎西斯科 · 德托莱多在中南美洲实行的“并大屯”政策，瓦洛奇利地区的一百个印第安村子被强行合并成十七个，玻利维亚地区的九百多个村子的十二万七千人被驱赶到四十四个村子里。印第安人失去了可供耕种的土地，而且集中居住也引发了传染病的大规模流行。

由于欧洲殖民者的杀戮、奴役和传染病的侵害，美洲印第安人从欧洲人到来之前的大约九百万到一亿人（各个说法很不一致，但都没有确切的史料数据)，很快锐减到一百万人左右。

为了生存，印第安人不得不放弃了传统的农耕生活，越来越多的印第安人开始从事贸易，与外来的殖民者开始打交道。

欧洲殖民者在印第安人中传播天主教，有些印第安人成为了虔诚的天主教徒，而更多的印第安人则采取了一种折衷的办法——他们把祖先们信仰的那些原始神灵来了个改头换面，称他们为天主教的圣徒，继续堂而皇之地向它们献祭。

与此同时，他们也创造了一些新神灵，其中最著名的是墨西哥的瓜达洛佩圣母（Guadalupe)，她后来还成为了墨西哥独立战争的守护神。

顺便说一句，自从欧洲殖民者到来之后，印第安人的大大小小的民族起义就没有停止过。

（76）

1492年，随着哥伦布发现新大陆，欧洲的白人开始登陆美洲了。

最初的白人是科尔蒂斯和皮萨罗那样的征服者。这些人野心勃勃，拳打脚踢征服了大片土地，建立了广阔的殖民地。随着这些人逐渐老去，征服者退出了历史舞台。

在殖民时代，美洲的白人主要分为两类：

一类是伊比利亚人，又叫“半岛人”，指那些出生在伊比利亚半岛上的西班牙和葡萄牙本土，长大以后来到美洲的白人。

跟早期的征服者们相比，这些半岛人中很少有雄才大略、想要成就一番事业的人。他们来美洲主要的目的就是发财。这些人中的上层是受西班牙和葡萄牙王室委派，来统治殖民地，搜刮金银财宝的总督、都督、检审庭长官等人。可想而知，这些半岛人给美洲带不来多少正面的影响。

这些人的中下层是一些在伊比利亚半岛活不下去了的贫困老百姓。如果来得早的话，因为那时候美洲的人口还不多，空闲的土地相对比较多，所以有些人还能获得一些土地，在美洲过上了好日子；但随着美洲的白人越来越多，殖民地的工商业又极其不发达，再从欧洲来的人就很难谋得活路了。因此，在殖民时代，欧洲的贫苦老百姓来得越来越少。

逐渐地，“半岛人”就专指那些王室委派的“达官贵人”们了。

美洲的第二类白人，是那些早年来到美洲的欧洲白人们的后裔。他们在美洲土生土长，所以被称做“土生白人”。具体来说，在美洲的西班牙殖民地，他们被称为“克里奥尔人”（西班牙语，Criollo；英语，Creole）。在巴西，他们被称为“马松博人”（葡萄牙语，Mazombos）。

这些人是美洲白人的主体。如果用一句话概括土生白人在美洲的处境的话，那就是“经济地位富有，政治地位低下”。

随着白人对美洲的掠夺和开发，土生白人的上层越来越富有，他们不是掌握了矿山的所有权，就是积攒起了大地产，建立了大种植园。但是，即便是最富有的土生白人，也很难在殖民地政府里获得一官半职——高级职位都是西班牙和葡萄牙王室委派的，而委派的对象当然基本都是半岛人。

有史料上说，在西班牙统治美洲的两三百年的时间里，曾经任命过一百六十六名总督和五百八十八名都督，而这其中只有十八个人是土生白人（四名总督，十四名都督）。大批土生白人在政府和宗教机构里担任比较低的职务。除此之外，土生白人的中下层往往是小商人、小地主和手工业者。

顺便说一句，土生白人政治地位和经济地位的不对称，就是日后拉丁美洲独立的最重要的原因。

除了印第安人和欧洲人，非洲黑人也很快来到了美洲，他们大多是奴隶。

黑奴最早来到美洲的时间早得惊人——1501 年。这也就是说，欧洲人到达美洲还不到十年，黑奴就被殖民者运来了。不过，最早的这批黑奴并不是被从非洲抓来的，而是欧洲人先前就拥有了的黑人奴隶。

欧洲最早抓捕和贩卖黑奴的是葡萄牙人。1441 年，葡萄牙人安陶·贡萨尔维斯和努诺·特里斯托尔率领的一支葡萄牙探险队，在非洲的布朗角附近沿海劫掠了十名非洲黑人卖到欧洲，这就是罪行累累的“黑奴贸易”的开始。随后的几十年间，葡萄牙人把数量不太多的黑奴从非洲贩运到欧洲。

前面提到过，由于美洲印第安人的大批死亡，再加上印第安人不适应热带种植园里的工作，就促成了欧洲殖民者大量地从非洲抓捕和贩运黑奴到美洲。

众所周知，非洲黑奴在美洲的生活就是一部不折不扣的血泪史。从1518年，第一艘奴隶船把黑奴从非洲运到美洲开始，到1890年7月布鲁塞尔会议作出废除非洲奴隶贸易的决议为止，将近四百年间有数以百万计的非洲黑人被当做奴隶贩运到美洲，还有无法确知数量的黑奴死在从非洲到美洲的海路上。

当时的欧洲奴隶贩子们有一条被称为“黄金三角”的贸易路线——从非洲把黑奴运到美洲，用黑奴交换美洲的金银和农产品，再把美洲的这些出产运到欧洲卖掉。

当时几乎所有的西欧国家，包括西班牙、葡萄牙、荷兰、英国和法国在内，都干过这种罪行累累的勾当。而这个欧洲奴隶贩子们的“黄金三角”，也就成了千百万非洲黑人的“死亡三角”。

关于黑奴，需要补充的还有三点：

首先，并不是所有的黑奴都是被欧洲奴隶贩子抓获的非洲自由居民——他们当中的很多人是非洲部落战争的战俘，被获胜的部落酋长卖给欧洲奴隶贩子的，另外还有一些是被穆斯林奴隶贩子抓来的。

此外，由于黑奴是美洲的奴隶主们花了大价钱才从奴隶贩子手里买到的，所以，美洲的奴隶主们奴役黑奴的时候也不是非常残酷——如果把黑奴给折磨死了就赔大了——起码比奴役那些白白抓来的印第安人要稍微人道一点点。

最后，黑奴们的反抗也很激烈。除了怠工之外，起义也很多，最著名的是帕尔梅拉斯（Palmeiras）的逃奴堡（quilombo），从1630年前后坚持到了1697年，先后打退了葡萄牙人的多次进攻，人数最多的时候有两万多黑人自由地生活在这里。

（77）

美洲印第安人、欧洲白人和非洲黑人在美洲共同生活，逐渐地就形成了大批混血人种。

简单地说，这些混血状况就是三大人种的排列组合：
1. 欧洲白人＋美洲印第安人＝梅斯蒂索人（mestizo）
2. 欧洲白人＋非洲黑人＝穆拉托人（mulatto）
3. 美洲印第安人＋非洲黑人＝桑博人（zambo）

实际情况远比这个复杂得多——前面说过，西班牙和葡萄牙在独立之前，都经历过北非穆斯林的统治，境内又有过大量的犹太人。所以，当初的西班牙和葡萄牙的民族融合状况就很复杂，为了避免人种和信仰被穆斯林和犹太人给弄得不纯洁，西班牙和葡萄牙就特别看重血统的纯洁性，具体做法就是把不同血统的人进行严格的分类。等到占领美洲之后，他们也把这个习惯带到了美洲。

我曾经看过好几份资料，都是描述当时对美洲混血人种的分类的，现在随便摘抄半份如下：

18 世纪，新西班牙总督辖区混血人种的名称：
1. 西班牙男人和美洲印第安女人生出梅斯蒂索人（mestizo）
2. 梅斯蒂索男人和西班牙女人生出卡斯蒂索人（castizo）
3. 西班牙男人和卡斯蒂索女人生出西班牙人（spaniard）
4. 黑人男人和西班牙女人生出穆拉托人（mulatto）
5. 西班牙男人和穆拉托女人生出莫利斯科人（morisco）
6. 西班牙男人和莫利斯科女人生出阿尔比诺人（albino）
7. 西班牙男人和阿尔比诺女人生出托尔纳阿特拉斯人（torna atras）
8. 印第安男人和托尔纳阿特拉斯女人生出洛博人（lobo）
9. 洛博男人和印第安女人生出萨姆拜戈人（zambiago）
10. 萨姆拜戈男人和印第安女人生出卡姆布霍人（cambujo）
11. 卡姆布霍男人和穆拉托女人生出阿尔巴拉萨人（albarazado）
12. 阿尔巴拉萨男人和穆拉托女人生出科约特人（coyote）
……
不再继续抄了，免得大家说我凑字数。

从上面这一大堆人种的名称能看出什么问题呢？我们起码可以发现，美洲的混血人种状况的确很复杂。当然，大家没有必要记得住那么多莫名其妙，又没多大用处的名字，大家只要知道美洲的混血人种主要是梅斯蒂索人、穆拉托人和桑博人就可以了。

事实上，由于欧洲人征服美洲后的两三百年以来，各个人种之间的混血越来越厉害，所以单从外表上很难看出来某人是哪种混血人种。于是，西班牙人搞的这套复杂的人种分类法在现实生活中往往也行不通，人们往往把混血人种干脆统称为梅斯蒂索人。

当时的美洲社会，虽然没有明确的规定，事实上也按照不同的人种划分了社会阶层：

首先，处在社会最顶端的是半岛人，其次是克里奥尔人，然后是梅斯蒂索人和印第安人，然后是获得了自由的黑人，最后是黑人奴隶。

除了按人种划分阶层之外，还有两个因素影响到了社会阶层的划分：一个是财富，拥有的财富越多，社会地位自然也越高，因此，很多富有的梅斯蒂索人的社会地位比贫穷的克里奥尔人要高；另外一个标准就是受教育的程度，能讲西班牙语或者葡萄牙语的印第安人的社会地位，就比只会讲印第安语言的人地位要高。

五、教会的太阳当空照

（78）

西班牙和葡萄牙都是天主教国家。众所周知，天主教对世俗社会的影响，比新教的影响大得多。因此，在拉丁美洲的殖民时代，教会的力量也是非常强大的。

伊比利亚半岛对拉丁美洲的征服，不仅是武力上的，也是精神上的。就像我在本书的第二篇（“征服时代”）里所介绍的那样，不少教士都直接参与了征服活动。

实话实说，大部分教士在征服过程中所扮演的角色并不光彩，说穿了就是侵略者的帮凶。这样一来，一旦出现了某个有良心的教士，就显得鹤立鸡群了——此人就是后来被欧洲人大书特书的巴托洛梅·德拉斯卡萨斯（Bartolome de las Casas，1474~1566）。

德拉斯卡萨斯出生于一个商人家庭，他父亲佩德罗曾经跟随哥伦布达到过加勒比地区。1502 年，德拉斯卡萨斯追随前面提到过的伊斯帕尼奥拉总督尼古拉斯·德奥万多来到了西印度，亲眼看到了欧洲征服者对印第安人的迫害。

德拉斯卡萨斯是个好人，他主动放弃了总督给他的委托监护权，释放了分配给他的印第安奴隶。他著书立说，竭力奔走，试图说服西班牙人相信，印第安人也是有灵魂的（当时西班牙人对印第安人蔑视到什么地步，由此可见一斑）。他还曾经一度说服西班牙国王取消了委托监护制（但随着科尔蒂斯征服了阿兹特克，委托监护制很快就恢复了）。

德拉斯卡萨斯之后，这么著名的好人传教士就不多了。

跟随征服者来到新大陆的神甫，大多归属于天主教的某个修会。早期方济各会和多明我会的教士最多，力量最大，到了后期就变成耶稣会（拉丁文原名 Societas Jesus，简称 S. J.）的人为主了。

这些神职人员在殖民地建设教堂，发放基督教圣经，劝说当地人、非洲黑人和混血种人皈依天主教。为了更好地传教，有些神甫还学习了印第安土著的语言。

由于宗主国西班牙和葡萄牙的天主教势力很强大，所以殖民地的天主教势力也很强大。一个例子就是拉美也建立过宗教裁判所。

最初的宗教裁判所是 1570 年在利马和墨西哥城先后建立的。与在欧洲的同类机构一样，这些宗教裁判所也对各种各样被指控为“异端”的人和行径进行审判，但是，由于天高皇帝远，事实上拉美的宗教裁判所比欧洲的要宽松得多。据统计，几百年间被拉美的宗教裁判所判处死刑的人，只相当于所有被指控的被告总数的大约百分之一。

（79）

拉美殖民地天主教势力大的另一个证明就是，殖民地时期的拉美有很多大型修道院。由于很有钱，所以修士们在修道院里过得很舒服。同时，还有许多专门的女修道院。

拉美殖民地时期的一个重要学者索尔·胡安娜·德拉克鲁斯（Sor

Juana Ines de la cruz，1651～1695）就是一个修女，她在文学、历史和艺术上都有所建树，后来为了救治病人而死在了四十四岁上。

当时的教会，通过接受教徒们的馈赠（这种馈赠很多来自那些无儿无女的克里奥尔和梅斯蒂索有钱人的遗嘱馈赠）和奴役印第安人工作，积累了大笔财富。

到了殖民时代的末期，天主教会占据了殖民地三分之一以上的地产，个别地区甚至达到了五分之四。除了接受馈赠以外，教会在自己的土地上经营大种植园和牧场，开办纺织工厂，有的还搞贸易，从而越来越有钱。比如在新西班牙总督辖区，殖民时代末期的教会年收入达到了二千二百万比索，与此同时，西班牙王室的年收入才相当于它的百分之十五点五。

更有某些地区的教会甚至能够在政治上完全控制整个地区。最著名的例子是巴拉圭东南部和阿根廷东北部接壤处的耶稣会传教区。那个地方不仅土地都掌握在耶稣会的手里，而且教士们甚至拥有自己的武装力量。

值得一提的是，教会内部的不平等状况也很严重。首先是权力上的：在殖民时代，拉丁美洲的西班牙殖民地先后任命过七百六十九位大主教和主教，其中绝大多数都是从伊比利亚半岛派来的，土生土长的克里奥尔和梅斯蒂索大主教和主教只有可怜巴巴的一百零五位。

经济上的情况也是一样：以新西班牙总督辖区为例，一个教区主教的年收入能达到十三万比索，可那些走街穿巷到处传教的基层神甫，每年只有一百比索的收入。教会内部的这种不平等，就使得很多土生白人神甫和基层神甫，成为了日后拉美独立运动的主力军。

以上，我用了大约一万六千字，简单介绍了拉丁美洲前后三百年的殖民历史中，社会生活中最重要的五个方面的情况：黄金和白银、统治和掠夺、经济单一化、人种大熔炉和教会的力量。由于这一部分故事性不强，也就没有花太多的笔墨介绍细节。

应该说，这三百年的时间里除了各方力量的政治博弈和一些印第安人民起义之外，拉丁美洲的社会生活还算风平浪静的。

平静的日子过久了，也会逐渐积累起一些社会矛盾。如果得不到有效的调和，这些矛盾就会积重难返，愈演愈烈，最终酿成剧烈的社会变革。

在经历了两三百年相对平稳的日子之后，拉丁美洲殖民地的各种社会矛盾逐渐激化。一场惊天动地的独立运动就要到来了。

第四篇

独立烽火遍南北

——独立时代（1804~1825年）

一、机会来了

（80）

拉丁美洲殖民时代发展了两三百年，积累了各种各样的矛盾，比如欧洲殖民者和印第安土著之间的矛盾，白人奴隶主和黑人奴隶之间的矛盾等。在这么多矛盾中，最有杀伤力的只有半岛人和土生白人之间的矛盾，印第安人和黑人的社会地位太低，影响力太小，只有殖民地经济地位较高的土生白人才有能力跟半岛人对抗。

土生白人从小生活在拉美，他们的财产和一切都来自这片土地；而半岛人从欧洲前来，对拉美殖民地的唯一认识就是“这是咱哥们发财的地方”。双方的经济利益存在着根本的冲突，而这种冲突就逐渐演化成深刻的社会矛盾。

从西班牙刚开始征服拉美的那个时代开始，这种矛盾就存在了。大家还记得在第二篇（“征服时代”）里所说的皮萨罗的四弟，那个后来

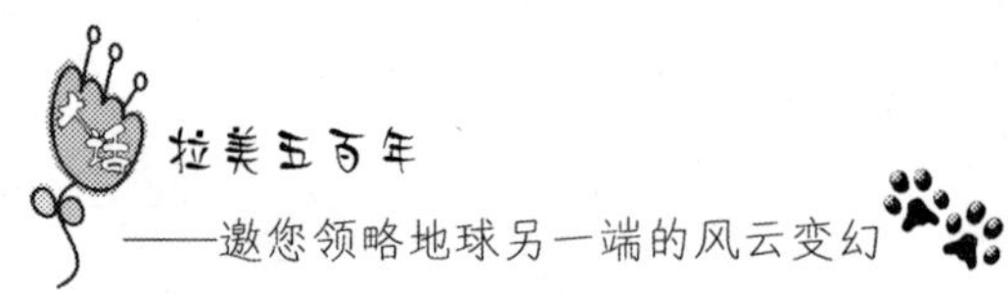

试图从西班牙独立出来的贡萨洛吗？他在给朋友的信里就写道，“从西班牙来的那些人虽然假装另有所图，其实他们想要的只是享受我们用汗水浇灌的果实，舒舒服服地占有我们用鲜血赢得的一切。”这位老大甚至在给西班牙国王卡洛斯一世的信里也毫不客气地写道，“从西班牙来的那些人对我们进行抢劫、欺凌和压迫……只因为他们是心怀贪婪，梦想发财而到这里来的。”

到了十七世纪，克里奥尔人明确提出了“美洲人”这个概念，把自己的出生地称为祖国，把宗主国西班牙当成外国了。

根据“敌人的敌人就是我们的朋友”这一原则，克里奥尔人开始有意识地保护印第安人，高度评价印第安的传统文化。比如，一个叫卡洛斯·德西古恩萨－贡戈拉的土生白人学者，颂扬阿兹特克的十二代皇帝，说他们每个人都代表了一种美德。甚至连那个脓包蒙特苏马二世都有份：德西古恩萨说他代表的是“宽宏大量”——这份政治马屁的功夫也确实了得。

到了十八世纪，克里奥尔人和西班牙之间的隔阂就更大了，很多人干脆把阿兹特克和印加帝国的历史，称为“我们祖国的古代时期”。也就是说，土生白人们开始把印第安帝国都认同为自己历史上的祖国，跟西班牙彻底割裂联系了。

葡属巴西的情况也差不多。越来越多的马松博人把巴西，而不是葡萄牙当成了自己的祖国。像被称为“巴西文化奠基人”的雷戈里奥·德马托斯，还有另外一些著名学者和诗人，比如安东尼奥·维埃拉和若泽·巴西利亚·达伽马等人，也都发表作品歌颂“我的祖国（巴西）”。

后来，随着欧洲启蒙运动的兴起，“主权在民”和“社会契约”这样的思想传入拉美，拉丁美洲土生白人对伊比利亚半岛的离心力就越来越大了。

（81）

这种矛盾愈演愈烈的结果，就是层出不穷的人民起义。

拉丁美洲大规模独立运动开始之前，最著名的起义是图帕克·阿马鲁（Túpac Amaru）领导的秘鲁起义。

这个图帕克·阿马鲁不是我在第二篇里说的那个印加帝国的末代皇帝。他原名何塞·加布里埃尔·孔多尔坎基，1742 年出生在秘鲁廷塔省的苏里马纳村，从出身来说，属于印第安贵族。

1777 年，孔多尔坎基向利马殖民当局请愿，要求废止米塔制等苛政，但请愿无效，于是他开始密谋起义。1780 年 11 月初，孔多尔坎基逮捕并处死民愤极大的廷塔省省长安东尼奥·德·阿里亚加，发动起义。他跟中国古代无数的农民起义军一样，假托自己是前朝后裔，自称图帕克·阿马鲁二世，恢复印加帝国年号，向各地发出通告，号召不同种族的人团结一致，打倒为非作歹的西班牙殖民官吏，并宣布废除米塔制和强迫印第安人购买那些根本用不着的东西的“商品摊派制”，减少捐税。11 月 16 日，图帕克·阿马鲁二世颁布解放奴隶令。印第安人和黑奴、贫穷的梅斯蒂索人，甚至部分土生白人也纷纷响应号召，揭竿而起。

1780 年 11 月 18 日，起义者在圣加拉拉击败来自库斯科的西班牙殖民军，声威大震。图帕克·阿马鲁二世率得胜之师南下。起义队伍迅速扩大到六万人，并控制了若干省份。12 月，起义军回师北上，围攻库斯科。

殖民当局也不是好惹的，他们利用印第安部族间的矛盾，煽动当地部分印第安酋长率其部众协同库斯科城内防军对抗起义者。起义军于次年 1 月被迫撤围退兵。2 月，西班牙国王派至秘鲁总督辖区的视察官何塞·安东尼奥·德阿雷切调集大军一万五千人，兵分五路进攻起义者。由于叛徒出卖，图帕克·阿马鲁二世于 4 月被俘，5 月 18 日遇害。

图 4.1　秘鲁币　图帕克·阿马鲁二世

孔多尔坎基死后，他的弟弟迭戈继续以图帕克·阿马鲁的名义率领起义者坚持战斗，并得到了拉巴斯、奥鲁罗（今秘鲁北部）等地印第安人起义响应。殖民当局调动大军围剿，同时施展招抚诡计。迭戈受骗，于1782年初签订停战协定，不久被殖民统治者逮捕并处死。随后，其余各地的起义也逐渐被镇压。

1781年3月16日，新格拉纳达的索科洛镇居民为了反对西班牙殖民当局的苛捐杂税而发动起义。这次起义一直坚持到次年2月，以起义领袖加兰被擒杀而告终。

除了这两次起义之外，生活在今天厄瓜多尔境内的弗朗西斯科·哈维埃尔·欧亨尼奥·埃斯佩霍，生活在今天委内瑞拉境内的马努埃尔·瓜尔和何塞·马里亚·埃斯帕尼亚，和生活在今天巴西境内的若阿金·若泽·达席尔瓦·沙维尔［绰号“蒂拉登特斯（Tiradentes）”，意思是“拔牙的”。顺便说一句，巴西人特别喜欢用外号称呼人，到今天都是如此，比如“贝利”、“卢拉”］也曾经试图发动起义，但是都因为保密工作做得太差，还没来得及动手就被殖民当局给一举粉碎了。

顺便说一句，1965年12月9日，巴西政府尊蒂拉登特斯为“巴西民族的守护神”。

（82）

对于西班牙和葡萄牙两个王国来说，屋漏偏逢连阴雨。

1789年轰轰烈烈的法国大革命正式开始。说起来，法国大革命的过程那叫一个乱，什么吉伦特、雅各宾、热月党人、拿破仑，乱哄哄你方唱罢我登场，我上中学背历史时最闹心的就是法国大革命（相信很多人也跟我一样吧?）。但是再乱也没办法，既然要写拉丁美洲的独立状况，现在就要把跟西班牙葡萄牙相关的情况简单说一下：

1789年法国革命一开始，西班牙国王卡洛斯四世就宣布站在法国国王路易十六这一边，反对法国革命。1790年，西班牙政府照会法国制宪会议，要求给予路易十六更多的自由。1791年，西班牙政府下令所有在西班牙的外国人——其中一半是法国人——进行登记，宣誓效忠西班牙国王、西班牙法律和天主教，同时严禁法国革命文献进入西班牙，甚至把法国人的通信自由都给禁止了。

看西班牙闹腾得太厉害，1793 年 2 月 1 日，法国向西班牙宣战。尽管有英国和荷兰帮忙，西班牙还是没打过法国，在 1795 年被迫议和，把伊斯帕尼奥拉岛（法国叫圣多明各岛）的东半部割让给法国。（下面会说到，这个岛的西半部在此之前就割让给法国了。）

1799 年，拿破仑通过“雾月政变”上台，法国军队更加所向披靡。1803 年，英法正式开战，西班牙于 1804 年参战。但这次，倒霉的西班牙像六年前一样再次站错了队——它跟法国联合打英国，结果在 1805 年大名鼎鼎的“特拉法加海战”中，法国和西班牙的联合舰队被英国人给打败了。西班牙仅剩的一点海军也被敲掉了。这样一来，西班牙就更加没办法控制美洲殖民地的局势了。

1807 年 11 月，超级大牛人拿破仑借道西班牙，进攻葡萄牙，11 月 30 日兵不血刃进入里斯本，葡萄牙王室和王国政府都跑到巴西去避难了。

1808 年 3 月 19 日，西班牙国王卡洛斯三世迫于拿破仑的强大压力，下诏退位，把王位交给继承人费尔南多七世。但是拿破仑还不满意，先后把卡洛斯三世和费尔南多七世扣留在法国，改派自己的哥哥何塞·波拿巴到西班牙当国王。

把人家的父子两代国王都抓走了，还立了自己的哥哥当国王，西班牙人当然不干了。从 5 月 2 日起，马德里首先爆发反法起义，随后西班牙各地纷纷响应，6 月 23 日西班牙起义军在巴伊仑生擒法军一万八千人。11 月份，拿破仑亲率大军攻陷马德里。西班牙人再牛也干不过拿破仑，西班牙的合法政府只好到处逃跑，先成立了个“执政委员会”，很快又解散了这个委员会，成立“五人摄政委员会”，很快又解散了五人摄政委员会，再成立“三人执政委员会”，并在 1812 年通过了一部相对开明的“1812《宪法》”。

如果上面的历史背景让大家看得晕头转向的话，那么大家只要记住我下面概括的这一句话就可以了：

从 1789 年法国大革命爆发开始，西班牙、葡萄牙和法国国内都乱成了一锅粥，大家都没有精力管拉丁美洲殖民地的事情了，殖民地独立的机会来了。

二、海地拉开独立序幕

(83)

说来也巧，拉丁美洲最早独立的地区，正是欧洲人最早占领拉丁美洲的地区——加勒比海的伊斯帕尼奥拉岛。

伊斯帕尼奥拉岛是西班牙在拉美最早的殖民地，所以，来自西欧各国的殖民者都很多——不光有来自西班牙的，还有来自法国的。一来二去，这个岛屿上的法国人越来越多，到了1665年，法国干脆宣布这个岛的西部是法国的殖民地。

1679年，法国“太阳王”路易十四单挑英、荷、西、葡和神圣罗马帝国的“大同盟战争”结束时，各参战国签署了《勒斯维克条约》。根据这个条约，西班牙把伊斯帕尼奥拉岛的西部地区正式割让给法国。由于法国把这个岛屿称为“圣多明各”，所以这片法国殖民地就叫“法属圣多明各”。

法国人把大量的黑奴运到这块殖民地，法属圣多明各的黑人于是越来越多。

1775年，美国爆发独立战争。1778年，法国为了遏制英国，夺回此前被英国夺走的加拿大等殖民地，就跟美国同盟，在法属圣多明各招募了一批黑人组成志愿军去援助美国独立战争。尽管这支部队没能立下什么战功，但是毕竟接受了战火的洗礼，受到了美国独立思想的熏陶，用老话说就是，“为法属圣多明各的独立事业点燃了火种”。

前面说过，法国大革命实在是太热闹了，所以法国本土一时间政局动荡，法国政府也没有精力管理海外殖民地。这样一来，法属圣多明各的独立力量就趁机动手准备起义。

当时的法属圣多明各的人口状况大致是这样的：岛上有三万两千白人，大多是法国移民，分成两个阶层：首先是大种植园主、高级官员和大商人及其家眷，不用多说，这批人日子过得很舒服，当然是反对独立的；其次是小地主、小业主、工匠和港口工人，这批人在是否独立的问题上反复摇摆。除了白人以外，岛上还有三万五千到五万六千（数据不详）黑白混血人，有三万自由黑人，这两类人比较倾向于搞革命。

接下来就是黑奴了，小小的法属圣多明各竟有五十万黑奴在种植园里工作。他们生活得很悲惨，根据被解放的黑奴的事后回忆，“（白人）将黑人倒挂起来，将他们钉死在木板上，将他们活埋，将他们装入麻袋扔到河里，强迫他们吃屎，用鞭子抽掉他们的皮，将他们绑起来让蚂蚁和蚊子吃他们，将他们活活扔到沸水中，将他们绑到大炮前轰碎，让狗吃他们……”听上去很吓人，不过估计奴隶主只会用这些办法对待造反的黑奴，毕竟谁也不愿意吃饱了撑的拿自己的优质资产这么折腾着玩。

这样的搞法，让很多黑奴宁愿选择冒死逃亡，他们在中科迪勒拉山中定居下来，组成被称为“马龙”（Maroon）的社区占山为王，时不时下山袭击孤立的种植园。这些逃亡奴隶被称为“马龙人”。毫无疑问，黑奴和马龙人是最坚决的独立力量。

1789年法国开始了大革命。1790年，法国国民议会制订了“有关有色人种自由民权利的立法”，引起了包括法属圣多明各在内的法国各殖民地白人和混血种人之间的争论，双方甚至发生了武装冲突。这样一来，谁都抽不出空再对黑奴严加控制了。法属圣多明各的黑奴和马龙人就趁这个机会准备起义。

（84）

1791年8月14日，伏都教（非洲的一种原始宗教，被黑奴带到美洲。也曾经被翻译成“巫毒教”，因为太难听，已经不再这么叫了）神职人员，原来的英属牙买加逃奴布克曼（Burkeman），率领二百名黑奴代表在丐曼森林的一块空地上举行了伏都教仪式，准备起义。

8月16日，一个参与起义准备的黑奴被捕，因为扛不住打，把什么都招了。布克曼得到这个消息之后，当即决定提前发动起义。

8月22日，海地北方平原的二十万黑奴以击鼓为号，同时起事。由于事出突然，白人根本就来不及准备，当地的一万白人和小股正规部队的镇压完全无济于事。几个星期内，海地北方已经变成废墟，大约有两千名白人被杀，一百八十个甘蔗种植园和九百个咖啡与靛蓝种植园被毁坏，一万多名奴隶在战斗、饥饿或白人镇压中死亡。两个月后，海地北方已经全部落入奴隶手中，只有法兰西角与西部山区一带有防御工事的营地还在白人手中。

随后，法属圣多明各西部发生了白人和混血人之间的战争；在南部，则是白人种植园主武装了黑人奴隶，准备平定北部的黑人起义。

进入 10 月份，法属圣多明各的黑人和白人、混血人和白人、混血人和黑人、上层白人和贫穷白人、白人保王党和革命派，南部武装黑奴和北部起义黑奴之间打成了一锅粥。恢复秩序的唯一希望就是法国派遣远征军。

可当时的法国本土也乱成了一锅粥——当权的希望派远征军，可在野的雅各宾派使劲捣乱，不让派兵。直到 1792 年 9 月，雅各宾派在国民议会掌了权，态度发生一百八十度转变，派遣了“革命军队”去圣多明各，可雅各宾派出的军队又遭到圣多明各保王党的抵抗。这个小岛上的局势非但没有被控制住，反而乱上加乱了。

看到法属圣多明各这么乱，西班牙人和英国人就准备趁火打个劫(另一个原因也是担心自己殖民地的黑奴起而效仿，后院起火)。1793 年 5 月和 9 月，西班牙和英国军队从东、西两路分别入侵法属圣多明各。

图 4.2　海地独立领袖：杜桑·卢维杜尔

这时法属圣多明各的黑奴起义首领是 1791 年 10 月参加革命的杜桑·卢维杜尔（Toussaint L’Ouverture)。由于 1793 年 5 月份西班牙人登陆的时候宣布解放黑奴，杜桑就带着几千黑弟兄跟西班牙人并肩作战反对法国人，可到了 8 月份，西班牙人反而恢复了奴隶制度，而法国人又宣布废除奴隶制度，于是杜桑又带着人跟法国人并肩作战反对西班牙人，直到 1795 年 7 月，西班牙王国自己都被拿破仑打得摇摇欲坠，不得不放弃了对圣多明各的武装干涉为止。

西班牙人跑了，杜桑继续带着黑弟兄们打英国人。说起来，杜桑尽管没念过书，但是天生的政治头脑还是很厉害的——不仅在法国和西班牙之间游刃有余，而且打英国人的时候，甚至号召了很多原本投靠了英国军队的法国种植园主加入革命队伍。看来，除了打仗以外，这家伙搞统一战线也是天才。

到了 1798 年，英国干涉法属圣多明各已经有六年了。这六年期间英国人被杜桑和他的黑弟兄们打了个晕头转向，损失了十万军人，军费花了一亿美元，最后不得不撤军。

（85）

西班牙人被打跑了，英国人被打跑了，法国人也在 1799 年 10 月被打跑了，可是法属圣多明各还没打完仗——里戈率领的北方混血人起义军和杜桑率领的南方黑奴起义军又打起来了，史称“小刀战争”。直到 1800 年 7 月 29 日，里戈失败，杜桑才统一了法属圣多明各。

杜桑决定再接再厉，领兵东征。前面说过，圣多明各岛的东部原来属西班牙，在 1795 年割让给了法国。但是由于当时法国国内闹得太厉害，还没来得及接收这片土地，于是，杜桑趁乱统一了圣多明各全岛，战争进入中场休息阶段。

从 1800 年到 1802 年，圣多明各集中精力搞重建。不重建不行了——混战 10 年，连跑的带死的，岛上的白人减少了三分之二，混血人减少了四分之一，黑人减少了三分之一，种植园几乎全部停产，曾经繁荣无比的圣多明各已经是百业萧疏、一片荒芜了。

到了 1802 年，圣多明各的经济恢复得差不多了，可这时候拿破仑也缓过手来了——从 1679 年和 1795 年法国和西班牙的签订条约上看，这个岛是法国的殖民地。拿破仑那可是连没条约的都照侵略不误的主，怎么能眼睁睁看着有条约的法国地盘丢掉呢？

1802 年 1 月 29 日，拿破仑派他妹夫夏尔·勒克莱尔率领四万五千远征军和五十五艘军舰抵达圣多明各。

尽管拿破仑本人没来，可他妹夫来了。这下子杜桑也玩不转了，黑人起义军死的死、降的降，到了 4 月份，杜桑因为连战连败，被昔日的部下解除了兵权。没了兵权的杜桑不得不硬着头皮同法国人谈判，结果在6月7日，杜桑刚跟法国人碰面时就被法国人扣押，解往法国本土，1803年4月7日庾死阿尔卑斯山的茹乌城堡。

看到杜桑都完蛋了，勒克莱尔就在圣多明各“全面开历史倒车”——恢复奴隶制度，大肆屠杀杜桑的战友。这么一搞，黑奴们又在8月底起义了，英国人趁机派兵添乱——既然自己占不住圣多明各，那也不能让老对头法国人给占了去。1803年，在英国海军的协助下，起义军连战连胜，11月30日，最后的法军残部乘船离开圣多明各，投降了英国。这次法国的干涉，算上被英国人和海地人打死的，再加上水土不服得黄热病死的，一共付出了死伤三万五千人的代价，连勒克莱尔本人都得了黄热病死在了岛上。

1803年11月29日，圣多明各正式发表独立宣言。1804年1月1日，圣多明各正式独立，并宣布将国名改为印第安人的传统名称——海地。

以上就是海地长达十四年的独立战争的基本情况。黑人、白人、混血人，英国、法国、西班牙，看上去乱七八糟的，而也正是依靠着如此乱七八糟的局势，海地才能最终从欧洲列强的夹击中逃出生天，成功独立。

海地独立的核心人物是杜桑。杜桑这个人，尽管出身奴隶，没念过书，但是打仗的确厉害，政治头脑也很敏锐，除了“天生”以外，似乎没有办法解释他的能力源泉。

当然，杜桑这个人的能力毕竟有限——遇到了拿破仑的军队就搞不定了。另外，杜桑这个人也不是个“人格完美”的黑奴起义领袖——他在内战中动不动就搞屠杀，而且，在他掌权的时候，他一个人就曾经霸占了圣多明各全岛1/4的土地。

最后说说海地独立的意义。

海地独立的意义在于：首先，它是拉丁美洲第一个独立的国家；其次，它是世界上第一个黑人共和国。

此外呢？此外就没有别的了——独立后的海地，政局乱得一塌糊涂。开国元勋，杜桑之后的黑奴起义领袖让-雅克·德萨林（Jean-Jacques Dessalines）在开国元年的9月就建立了独裁政权，自封“海地皇帝雅克一世”。随后的海地，在独立的前一百一十年间经历了九十个独裁者，然后仍然是永无休止的政局动荡、外国干涉和债务危机。最近的一次军事政变发生在2004年，还得麻烦联合国派维和部队去控制局势，然后2010年初海地还发生了大地震。总之，拉丁美洲独立后的所有问题，在海地这个小国里样样俱全。根据联合国开发计划署公布的数据，如今的海地仍然是西半球最不发达的国家（而且还没有“之一”）。

三、多洛雷斯的呼声

（86）

1810年9月16日星期天，墨西哥瓜纳华托的多洛雷斯镇。

早晨，镇上的神甫，中等身材，脊背微驼的伊达尔戈，像往常一样敲响了教堂的大钟，远近的居民也像往常一样，赶来做弥撒。

当居民到齐了以后，伊达尔戈登上讲台，激动地对大家说：“孩子们，你们要成为自由人吗？三百年前，可恨的西班牙人从我们祖先的手中夺走了土地，你们愿意夺回来吗？……解放的时刻到来了，自由的钟声敲响了，你们有勇气的话，就和我们一起干吧！”

刹那间，人群中爆发出雷鸣一般的喊声，“美洲万岁！”“独立万岁！”

这就是著名的“多洛雷斯的呼声”。从这一刻开始，轰轰烈烈的墨西哥独立战争开始了。

我不得不承认，这个开头很俗，简直俗不可耐，但是没有办法，多洛雷斯的呼声实在太有名了：至今每逢这一天（这一天也是墨西哥的国庆日），在墨西哥城都会敲响钟声，重现这一经典场景。因此，再没有比这个更合适的墨西哥独立运动的开篇了。

其实，墨西哥的独立运动早在多洛雷斯呼声之前的两年就已经开始了。

1808年6月，拿破仑法国军队入侵西班牙和西班牙起义的消息，先后传到了大西洋西岸的新西班牙总督辖区。墨西哥城、维拉克鲁斯和克雷塔罗等地陆续骚动起来，人们走上街头，讨论宗主国和殖民地的前途。有些人表示效忠费尔南多七世国王，但更多的人认为，既然西班牙已经没有合法的国王了，殖民地就没有必要再听命于宗主国，独立的机会来到了。

7月11日，以土生白人为主的墨西哥城市政会召开特别会议，向新西班牙辖区总督建议召开国民议会，而且不再接受宗主国的命令。7月15日，以西班牙人为主的检审庭召开会议，要求新西班牙继续效忠国王。面对两种截然不同的态度，总督伊图里加来犹豫不决，新西班牙全境的骚动日益扩大。

8月5日，总督终于同意了召开“执政委员会”的要求。9日，首届“执政委员会”成立大会在墨西哥城隆重召开。会议上，独立派和保王派进行了激烈的辩论，最终没有达成任何协议。

8月30日，西班牙塞维利亚“最高执政委员会”和奥维耶多“执政委员会”的代表同时来到新西班牙，双方都要求总督承认他们对殖民地的合法权利。次日，各派代表重新开会，但仍然没有达成任何协议。

看到总督毫无主见，局势越来越乱，9月15日，保王派组织的一支300多人的小部队冲进了总督府，逮捕了总督，并于次日宣布罢免总督伊图里加来，组织“安全委员会”，接管新西班牙的政权。一批土生白人独立运动领袖先后被捕、被杀。

保王派的政权向西班牙宣誓效忠，但土生白人的反抗没有停止。特别是1808年底，西班牙和英国的联军被拿破仑击败，王国政府宣布向新西班牙征收2000万比索的军费。看到宗主国不停地失败，而这个窝囊的宗主国还不停地乱摊派，土生白人的独立情绪更加高涨。

1809年9月，新西班牙巴拉多利德市的土生白人密谋起义，但密谋被当局发现，主要领导人被捕，起义流产。

新西班牙的独立运动就这样被暂时压制下去了。

（87）

保王派政权先后宣布了一些缓和社会矛盾的政策，比如准备召开有殖民地代表参加的议会，免除印第安人的人头税等，但是独立派的独立意愿极高，新西班牙的独立势头已经变得势不可挡了。

巴拉多利德的起义密谋败露之后，克雷塔罗城的独立派开始酝酿起义。1810 年 9 月中旬，叛徒向殖民当局告密。14 日深夜，起义的骨干力量，商人冈萨雷斯兄弟被捕。负责抓捕行动的当地行政长官多明戈斯的夫人，爱国者奥尔蒂斯·多明戈斯（Josefa Ortiz de Domingeuz）得知起义计划败露，就迅速地把消息传递给了监狱长佩雷斯，佩雷斯连夜赶到圣米格尔镇，见到另一个爱国者阿尔达马，随后，两人一起赶到多洛雷斯，来见伊达尔戈。

米格尔·伊达尔戈－科斯蒂利亚（Miguel Hidalgo y Costilla），1753 年 5 月 8 日出生在现在墨西哥克雷塔罗州巴拉多利德市圣文森特庄园的总管家里，是个土生白人，成年以后成为了一名职业神甫。

他可不是前一篇（“殖民时代”）里提到的那种年收入一百比索的穷神甫——到了 1803 年前后，身为多洛雷斯神甫的伊达尔戈年俸八千到九千比索。靠这笔收入，他完全可以过上舒适的生活，但是伊达尔戈学识渊博，而且乐善好施，他帮助印第安人发展生产，传播民主思想，是一位德高望重的独立派人士。

当他听到佩雷斯和阿尔达马带来的消息之后，当机立断，决定发动起义。于是，就有了名垂千古的“多洛雷斯呼声”。

多洛雷斯的起义爆发以后，伊达尔戈率领起义群众首先来到圣米格尔，与另一位独立派人士，伊达尔戈的老朋友伊格纳西奥·何塞·阿连德（Ignacio Jose Allende）召集的人马会合，然后向赛拉亚前进。路上，起义者们打出了瓜达洛佩圣母的旗帜，在这面旗帜的指引下，许多受苦受难的印第安人携家带口、手持农具、带着牲畜加入了起义的队伍。

图 4.3　墨西哥独立运动的标志——瓜达洛佩圣母

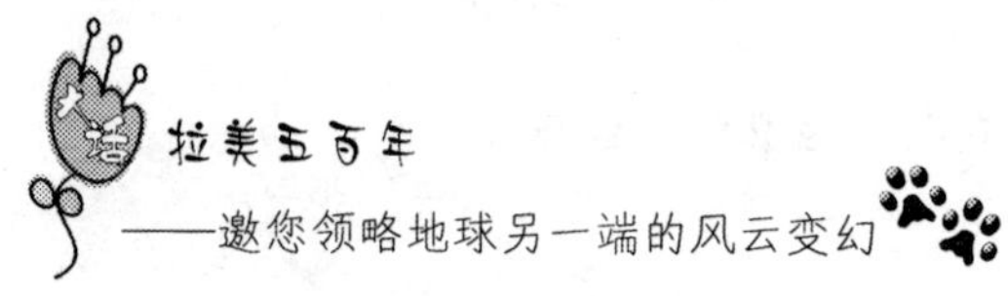

伊达尔戈和阿连德率领的队伍一路高歌猛进。9 月 21 日，未遇抵抗就占领了塞拉亚城。23 日，起兵前往墨西哥北方重镇瓜那华托，28 日，起义军一万四千人攻占瓜那华托。

占领瓜那华托之后，伊达尔戈没有进攻殖民者重兵把守的克雷洛罗，而是挥师南下巴拉多利德。巴拉多利德守备空虚，西班牙守军望风而逃，10 月 17 日，伊达尔戈兵不血刃地占领了此地。

伊达尔戈连战连胜，再加上沿途颁布了一系列法令，废除印第安人的人头税，解放黑人奴隶等，起义军的队伍就像滚雪球一样越来越大。相反，殖民当局处处被伊达尔戈牵着鼻子走，尽管悬赏一万比索索要伊达尔戈、阿连德和阿尔达马的首级，仍然无济于事。

1810 年 10 月份，伊达尔戈率领麾下的八万大军，出其不意地直扑新西班牙总督辖区的首府墨西哥城。

(88)

伊达尔戈的这次进军，又把殖民军队打了个措手不及。10 月 30 日，起义军猛攻墨西哥城以西二十五公里的克鲁斯山阵地。经过一天的激战，歼灭守军三千人，殖民军只剩五十余人狼狈逃回墨西哥城。此时，殖民军主力卡耶哈的大军尚未赶到，看起来，攻克墨西哥城指日可待了。

关键时刻，伊达尔戈却犯了个严重的错误——他认为，起义军目前暂时没有能力攻克首都。为了避免不必要的损失，伊达尔戈下令主动后退，到克雷塔罗去发展力量。

关于伊达尔戈的这个决定，历史学家们历来评价不一，有人认为他犯了错，也有人认为他这个决定是正确的。对错自有后人评论，而问题的关键在于，伊达尔戈作出主动后撤的决定时，没能说服他的追随者理解他的意图，导致起义军士气大落。11 月 7 日，伊达尔戈的军队与赶来勤王的卡耶哈率领的七千名职业军人在阿库尔科遭遇，结果起义军大败。

失败之后的起义军又发生了意见分歧，军队一分为二，伊达尔戈率领小股部队撤回巴拉多利德，阿连德则率领主力部队前往瓜那华托。

此时，一个叫托雷斯的贫苦农民率众起义，在11月11日占领了瓜达拉哈拉。于是伊达尔戈改道前往瓜达拉哈拉，和托雷斯合兵一处。

在瓜达拉哈拉，伊达尔戈颁布了很多重要法令，比如归还印第安人土地的法令，废除奴隶制和苛捐杂税的法令等。此外，伊达尔戈还成立了检审庭，任命了司法部长和国务部长，发行了《美洲觉醒者报》。

伊达尔戈在瓜达拉哈拉搞得有声有色，阿连德的军队却遭到了卡耶哈主力的严重打击。在11月24日大败于卡耶哈之后，阿连德率领残部，来瓜达拉哈拉与伊达尔戈会合。

1811年1月，卡耶哈大军进逼瓜达拉哈拉。阿连德主守，伊达尔戈主攻，最后统帅部同意了伊达尔戈的主动进攻的方案。

1月17日，双方在瓜达拉哈拉城外的卡尔德龙桥地区爆发决战。卡耶哈手下只有八千人，但训练有素，装备精良。经过四天的激战，兵分三路的卡耶哈终于击溃起义军，攻占瓜达拉哈拉。

此次大败，使得起义军统帅部决定剥夺伊达尔戈的兵权，改由阿连德指挥部队。遭遇重创的起义军被迫北撤。3月17日，殖民军官伊格纳西奥·埃利桑多逮捕了跟起义军关系密切的蒙克洛瓦行政长官阿兰达，逼他向起义领袖们发出了一封假信，引诱他们前来。

1811年3月21日，中了请君入瓮之计的伊达尔戈和阿连德等起义军领袖来到巴杭地区，结果被埃利桑多抓获。

从5月份开始，阿连德和阿尔达马等三百位起义者先后被害。

1811年7月30日，墨西哥独立战争的领袖伊达尔戈在墨西哥北部的奇瓦瓦壮烈牺牲，时年五十九岁。

伊达尔戈，一位平凡的乡村神甫，为了墨西哥的独立事业，放弃了养尊处优的生活，率众起义，屡破强敌，最后献出了宝贵的生命。这位勇敢的神甫，是名垂青史的墨西哥民族英雄，也是我在本书中最敬佩的人物之一。

伟大的墨西哥民族英雄米格尔·伊达尔戈－科斯蒂利亚永垂不朽！

（89）

尽管伊达尔戈和阿连德牺牲了，但是墨西哥独立的火种既然已经点燃，就不会熄灭。伊达尔戈的余部四千多人在腊伊昂的领导下继续战斗在巴拉多利德一带；阿尔维诺·加西亚领导的游击队继续在瓜那华托一带战斗，而独立战争的中心则转移到了墨西哥南部，它的领袖人物是另一位神甫何塞·马利亚·莫雷洛斯（Jose Maria Morelos）。

莫雷洛斯，1765年9月30日出生在巴拉多利德的一个梅斯蒂索家庭里。父亲是木匠，母亲是教师的女儿。由于父亲早亡，穷人的孩子早当家，莫雷洛斯种过地，当过马夫，二十五岁才进了神学院。1798年，莫雷洛斯开始担任教职，属于那种收入菲薄的底层神甫。

1810年，伊达尔戈在多洛雷斯揭竿而起之后，莫雷洛斯就来投奔起义军。他接受伊达尔戈的指派，到墨西哥南部去发展武装力量。经过将近一年的准备，莫雷洛斯的队伍初具规模。1811年5月24日，他领导的起义军攻占奇尔潘辛戈，8月又在蒂斯特拉击败殖民军，伊达尔戈被捕牺牲之后，由于腊伊昂的态度逐渐倾向于保王，莫雷洛斯就成为了墨西哥独立战争的中坚力量。

莫雷洛斯认为，伊达尔戈失败的一个重要原因是过于重视军事，而对发动底层群众，展开社会变革重视不足。于是，他在转战各地的时候，非常注意这个问题，开展了“打土豪、分田地”的运动。

这样一来，莫雷洛斯的军队迅速膨胀。到了1811年底，他已经有了一万四千多人，占领了特拉帕、恰乌特拉和特华坎等多个地区。当地的殖民军不是莫雷洛斯的对手，只能再次派出自己的王牌卡耶哈。

1812年2月，卡耶哈率领五千殖民军，把莫雷洛斯和他率领的同样多的五千人围困在库阿乌特拉。卡耶哈用大炮围攻了七十二天，仍然打不进城，直到5月2日凌晨两点，莫雷洛斯带着军队和老百姓神不知鬼不觉地撤走。当拿破仑听到这个消息的时候，他惊叹道，“我要是有五个莫雷洛斯，就可以征服全世界！”

9月份，殖民当局迫于西班牙国内的压力，公布了相对开明的

"1812 年《宪法》"。随后，在各个城市举行的市政会选举中，大量土生白人当选。殖民当局大惊失色，立刻宣布了一系列保守的措施，把新宪法变成了废纸。

这样一来，越来越多的土生白人加入了起义队伍。

1813 年 4 月，莫雷洛斯攻克南方重镇阿卡普尔科。与此同时，一个月前当上了新西班牙总督的卡耶哈，也迅速调动八万大军到处围剿起义军。

1813 年 9 月 14 日，各路起义军首领在奇尔潘辛戈召开"美洲最高民族代表大会"，莫雷洛斯被任命为最高统帅，11 月 6 日通过了"墨西哥独立宣言"。这次会议尽管重要，但是开得又臭又长，延误了战机，卡耶哈趁机秣马厉兵，准备决战。

年底，莫雷洛斯率领六千多人，和卡耶哈在巴拉多利德城正式交锋，结果莫雷洛斯失败。随后，强悍的卡耶哈继续进攻，1814 年 2 月 3 日击毙莫雷洛斯的大将马塔莫罗斯，6 月底击毙另一位大将加莱阿纳，至此，莫雷洛斯的左膀右臂全被卡耶哈斩断。

（90）

1814 年 3 月，反法同盟攻占巴黎，西班牙王室随后复辟。5 月 4 日，费尔南多七世宣布废除"1812 年《宪法》"，随后宣布了包括"恢复宗教裁判所"在内的一系列倒行逆施的封建政策。8 月 5 日，国王复位的消息传到新西班牙，保王派士气高涨，猛烈打击起义游击队。11 月 5 日，莫雷洛斯在特斯马拉卡地区被俘。

1815 年 12 月 22 日，墨西哥独立战争的第二位领袖何塞·马利亚·莫雷洛斯壮烈牺牲。

为了纪念这位伟大的民族英雄，莫雷洛斯就义的地方树立了巨大的铜像，他诞生的地方被改名为莫雷利亚，他的名字和伊达尔戈的名字一样，用金字刻在墨西哥议会大厅的墙壁上。

图 4.4　莫雷洛斯

莫雷洛斯牺牲以后，殖民当局又经过一系列战斗，到了 1817 年，除了南部山区以外，当局基本控制住了局势。但是，由于连年内战，新西班牙地区已经元气大伤了。

据统计，内战中死亡的人数约在四十万到六十万之间，相当于全国人口的十分之一；农业收入减少一半，工业生产减少三分之二，出口减少二分之一，进口减少三分之二，采矿业全面瘫痪。由于当局无力振兴经济，土生白人日益不满，骚乱又逐渐在全国爆发。

1820 年 5 月 31 日，为了平息土生白人的不满，新西班牙总督不得不宣布“1812 年《宪法》”重新生效。土生白人为了维护自己的利益，确立自己对墨西哥独立运动的领导权，推举军人阿古斯丁·伊图尔维德（Agustín Cosme Damián de Iturbide y Arámburu，1783～1824）出面做他们的首领。

伊图尔维德率领军队不断打击南方的起义游击队，同时逐渐明确了土生白人的独立目标。1821 年 2 月 24 日，伊图尔维德在伊瓜拉城公布了他著名的“伊瓜拉计划”。

“伊瓜拉计划”宣布墨西哥独立。与此同时，这个计划也体现了高超的政治技巧——它一方面满足了人民对独立的渴望，一方面又对宗主国出生的人给予生命和财产的保护；一方面给土生白人参政权，一方面又维护了教会和军官们的利益。因此，新西班牙总督辖区越来越多的人开始支持这个计划。

1821 年 9 月 23 日，殖民军被迫退出墨西哥城，27 日，拥护伊瓜拉计划的独立派军队接管城市，墨西哥正式独立。10 月份，基本扫清西班牙殖民势力。1825 年 11 月 18 日，墨西哥军队攻克了西班牙最后的殖民堡垒，圣胡安乌卢阿岛。

如果从多洛雷斯的呼声算起，墨西哥的独立运动轰轰烈烈地搞了十一年才最终成功。但是，内战给墨西哥带来了巨大的灾难，而更重要的是，墨西哥的最终独立，不是伊达尔戈和莫雷洛斯武装斗争的结果，而是伊图尔维德代表的土生白人和殖民当局妥协的结果。这样一来，殖民时期的大地产所有制，教会和上层阶级的特权等，一概没有变化。因此，从独立之日起，墨西哥的社会变革几乎一刻也没有停止，我在后面还要大书特书墨西哥历次激烈的社会变革。

四、谁是解放者

（91）

海地独立了，墨西哥也闹起来了。作为西班牙美洲殖民地的另一个中心，西班牙南美洲殖民地的各大城市趁着西班牙内乱的机会，也几乎同时行动起来了：

首先闹起来的是上秘鲁（今天的玻利维亚）。1809 年 5 月 25 日，上秘鲁的丘基萨卡首先爆发了市民起义，7 月 16 日，另一个大城市拉巴斯（今天玻利维亚的首都）也爆发了市民起义。随后，在 8 月 10 日，今天厄瓜多尔的首都基多也爆发了起义。这个起义动静更大，被称为“8 月 10 日革命”。

1810 年 7 月 20 日，新格拉纳达的波哥大（今天哥伦比亚的首都）爆发起义，9 月 22 日成立了“执政委员会”，以取代殖民政府。

由于当时西班牙在南美洲的殖民统治势力还很强，而以上的各个起义基本上都属于趁着西班牙内乱，没有好好准备就一窝蜂地闹起来的那种，起义的时候，还都围绕着今后的国家究竟建成“联邦制”还是“中央集权制”发生了内部的争执，所以遭到西班牙殖民军的迅速反扑之后，都很快失败了。

这一时期，西班牙南美洲殖民地的历次起义当中，坚持时间最长的要算委内瑞拉。

1810 年 4 月 19 日，委内瑞拉的加拉加斯爆发起义。这次起义的领导者，是拉丁美洲独立运动中的重要人物弗朗西斯科·德米兰达（Fransisco de Miranda）。

德米兰达 1750 年 3 月 28 日出生在委内瑞拉的加拉加斯城的一个土生白人家庭里，家境还不错。因此，1771 年时，年轻的德米兰达前往西班牙，在军队中服役了十三年。1783 年，德米兰达离开军队，去美国游历，1784 年 12 月 15 日又前往欧洲游历。在欧美游历期间，德米兰达逐渐形成了美洲殖民地独立的思想，并且开始联络志同道合的朋友，积极筹划独立活动。

加拉加斯起义之后，起义者们趁着西班牙殖民军一时还没来得及反应，就占领了加拉加斯和附近的地方。1811 年 7 月 14 日，起义者们正式通过了《独立宣言》，建立共和国，史称“委内瑞拉第一共和国”。(顺便说一句，尽管后来的委内瑞拉独立道路几经波折，今天委内瑞拉仍然把这一天当成国家独立的纪念日。)

过了差不多两年，西班牙殖民军才逐渐积蓄好了力量，准备进攻加拉加斯。与此同时，独立派也在城里摩拳擦掌，准备跟殖民军决一死战。

可就在双方准备决战的时候，老天爷突然参战了——1812 年 3 月 26 日，加拉加斯爆发了历史上最大的地震之一。加拉加斯这地方很美丽，依山傍水，被游客们称为“美洲大陆上得天独厚的首都”，可是千不该万不该，它不该坐落在环太平洋地震带上，历史上地震无数。最近一次有感地震是当地时间 2009 年 4 月 5 日 15 点 54 分发生的，四点三级，而 1755 年、1812 年和 1900 年前后三次的大地震，更是每次都把这座“得天独厚的首都”震成了一片废墟。

倒霉的委内瑞拉独立派就赶上了 1812 年的这次大地震，人员、军械和粮草损失无数，可是与此同时，远在加拉加斯几百公里之外的殖民军却毫无损失。

于是，殖民军趁机起兵，连战连胜，不断进逼。7 月 30 日，德米兰达等独立派领袖只好撤离加拉加斯，委内瑞拉第一共和国就此灭亡。7 月 31 日，德米兰达被捕，1816 年 7 月 14 日瘐死在西班牙加的斯的监狱里。委内瑞拉独立的第一次尝试就这么泡汤了。

(92)

德米兰达被捕之后，玻利瓦尔成为了委内瑞拉独立派的新领袖。

西蒙·玻利瓦尔（Simón Bolívar）是拉丁美洲著名的革命家和军事家。由于他的努力，委内瑞拉、秘鲁、哥伦比亚、厄瓜多尔、玻利维亚以及巴拿马，总共六个拉丁美洲国家从西班牙殖民统治中解放出来，获得独立。因此，玻利瓦尔被人称为“解放者”。

玻利瓦尔出生在委内瑞拉的加拉加斯，父母都是土生白人贵族。1786 年和 1792 年，他的父亲胡安·维森特·玻利瓦尔和母亲堂娜·玛丽亚·德拉孔塞普西翁·帕拉西奥斯·伊·布兰科先后逝世。父母双亡之后的玻利瓦尔寄居在舅父卡洛斯家里。

1799 年，玻利瓦尔前往西班牙学习法文，1802 年 5 月 26 日同一个叫玛丽亚·特雷莎·罗德里格斯·德尔托罗·阿莱萨的姑娘在西班牙马德里结婚，7 月 12 日偕同妻子回到家乡委内瑞拉，但他年轻的妻子 1803 年 1 月 22 日就染病去世了。丧妻的玻利瓦尔于 1804 年回到欧洲，12 月 2 日，去巴黎参加了拿破仑的加冕礼，后来还成为了拿破仑的随从官。

玻利瓦尔追随拿破仑前后三年。应该说，在青年时代跟着这么牛的一个独裁者呆了这么久，最终却满足于“解放者”的称号，放弃了机会，没有变成像拿破仑一样的独裁者。单从这一点看来，玻利瓦尔也算得上难能可贵了。

图 4.5 解放者：玻利瓦尔

1807 年，玻利瓦尔经美国返回委内瑞拉。1808 年西班牙人举行反抗法国的民族起义的时候，玻利瓦尔也在拉美参加了反抗法国人的斗争。1810 年德米兰达组织加拉加斯起义的时候，玻利瓦尔是主要的组织者之一。1811 年 7 月 14 日委内瑞拉宣布独立，23 日德米兰达统率军队攻克巴伦西亚（这个是委内瑞拉的巴伦西亚，而不是西班牙本土的那个），玻利瓦尔也随军参战。算起来，这是他第一次战争经历。

1812 年西班牙殖民军在地震后进攻加拉加斯，玻利瓦尔也只好逃跑。有史料说，这时的玻利瓦尔年轻狂妄，认定这次起义失败是德米兰达优柔寡断造成的，所以在逃跑的时候，故意唆使部队撇下了德米兰达，致使他在次日被捕。从玻利瓦尔后来的一贯表现（比如瓜亚基尔会晤等）来看，这种说法很可能是事实——尽管玻利瓦尔不愿意当独裁

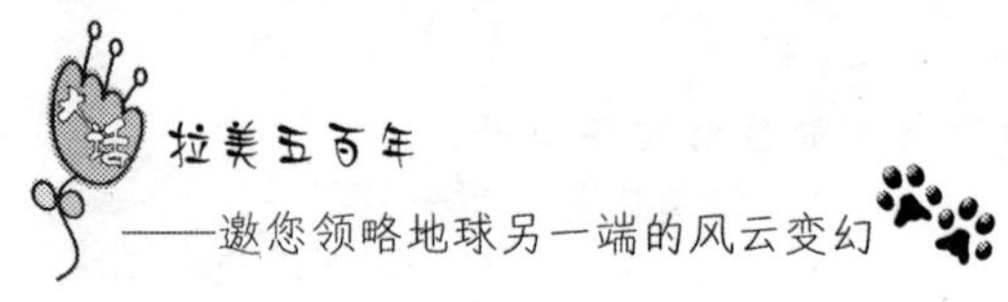

者，可是只要有他搀和的事情，他一定要当老大才行。

委内瑞拉第一共和国失败之后，玻利瓦尔逃往哥伦比亚，发表了《卡塔纳赫宣言》。在这个宣言里，他指出上次失败的原因是内部不团结。

1813 年 3 月 12 日，他被独立派任命为新格拉纳达准将，随后领兵苦战六次，8 月 7 日重新占领加拉加斯，并接受了“解放者”称号，建立“委内瑞拉第二共和国”，但 1814 年 9 月 3 日，该城又被殖民军占领，短命的委内瑞拉第二共和国也覆灭了。

1815 年 5 月 10 日，玻利瓦尔想从卡塔赫纳起兵，再次解放委内瑞拉，但遭到该城当局的坚决反对，于是他决定乘船去牙买加，开始了自愿流亡的生活。

（93）

1815 年 12 月 24 日，玻利瓦尔到达了海地的洛斯卡约斯港，在海地总统佩蒂翁的帮助下，他重新组织武装，明确宣称要建立整个拉丁美洲联盟。玻利瓦尔说：“我们是整个人类的缩影，我们在地球的另一边，被两个大洋包围着，虽然艺术事业和科学事业尚属年轻，但历史悠久，文明古老，我们既不是印第安人，也不是欧洲人，但有这两种血统。”

玻利瓦尔在加勒比海秣马厉兵，西班牙南美洲北部的独立运动也就此陷入低潮，告一段落了。

和南美洲北部相比，南部的独立事业要顺利一些：

1810 年 5 月 25 日，布宜诺斯艾利斯（今天阿根廷的首都）爆发了起义，史称“五月革命”，建立了“拉普拉塔联合省”临时执政委员会，驱逐了西班牙任命的拉普拉塔辖区总督。7 月份，独立派兵分两路，分别进军上秘鲁（今天的玻利维亚）和乌拉圭、巴拉圭。

进军上秘鲁的这一路，跟西班牙殖民军展开了一年多的拉锯战，直到 1811 年 8 月 11 日，这一路军队最终失败，只好撤兵回拉普拉塔。

进军巴拉圭和乌拉圭的这一路，虽然最后也被西班牙殖民军打回了老家，但经过这么一折腾，巴拉圭地区引发了内乱。1811 年 6 月 19 日，巴拉圭趁机成立了共和国。

比拉普拉塔地区稍晚一些（1810 年 9 月 16 日），圣地亚哥（今天智利的首都）也爆发了起义，成立执政委员会。秘鲁西班牙殖民当局派兵镇压，双方展开混战，战事一下子呈胶着状态。

1813 年底，当时除海地和巴拉圭以外，仅有的拉丁美洲独立政权——拉普拉塔联合省政府，任命一个叫圣马丁的军人为拉普拉塔联邦爱国军北方军司令，指挥这支部队。

何塞·德圣马丁（José Francisco de San Martín Matorras），是阿根廷将军，是与玻利瓦尔齐名的南美西班牙殖民地独立战争的又一领袖。阿根廷、智利和秘鲁的独立主要是他的功劳。因此，他被称为这三个国家的“祖国之父”，与西蒙·玻利瓦尔一道被誉为美洲的解放者。

同玻利瓦尔一样，圣马丁也是土生白人。他 1778 年 8 月出生在阿根廷拉普拉塔的亚佩尤殖民官吏的家庭里，他的父亲曾任亚佩尤的副都督。圣马丁八岁的时候，就跟随父亲去西班牙，早年在马德里学习军事，1789 年 7 月进入西班牙穆尔西亚步兵团做士官生。1791 年随西班牙军队在非洲同摩尔人作战，1798 和 1801 年分别与英军和葡军作战；1808 年以后，参加西班牙抗击拿破仑入侵的民族战争。因为屡建功勋，所以圣马丁在西班牙军队里获得过中校军衔。

图 4.6　解放者：圣马丁

年轻时的圣马丁博览群书：卢梭的《社会契约论》、伏尔泰、孟德斯鸠、狄德罗、霍尔马赫等启蒙思想家的著作对他的影响很大。他在西班牙加的斯经常与留学西班牙的拉丁美洲进步人士交往，还加入了当地的秘密革命团体“劳塔罗”。

1810 年阿根廷拉普拉塔“五月革命”发生以后，1812 年 3 月 9 日，圣马丁返回布宜诺斯艾利斯投身革命。

(94)

上一节说到，圣马丁在1812年返回阿根廷，先是在布宜诺斯艾利斯组织掷弹骑兵军团，又在第二年受命担任拉普拉塔联邦爱国军的北路军总司令。

面对殖民军的进攻，圣马丁确立了“以守为主”的基本战略。在防守的同时，圣马丁主要做了三件事：首先是整顿军队，把缺乏战斗技能的民兵磨练成训练有素的正规军；其次是联络当时活跃在拉普拉塔总督辖区北部的游击队，让北方军和游击队相互配合，打击殖民军；最后是派遣特工人员打入殖民军内部，在殖民军内部搞分化瓦解。通过圣马丁的努力，北方军击退了殖民军的反扑，保住了独立成果。

击退了殖民军之后，当时的拉普拉塔独立派政府希望圣马丁乘胜出击，挥师解放上秘鲁（今天的玻利维亚）。但是圣马丁认为，当务之急是消灭西班牙在南美洲的殖民军主力（就是秘鲁总督辖区的西班牙军队），因此，应该暂不进攻上秘鲁，而是首先解放智利，然后联合智利的独立派力量，从海路进攻秘鲁。

圣马丁说服了独立派政府。随后，他辞去了北方军司令职务，从1814年开始担任拉普拉塔地区的库约省省长，抓紧时间操练人马，准备伺机出动解放智利。

顺便说一句，1816年3月24日，拉普拉塔联合省召开了国民代表会议，以法律的形式确认了独立革命的成果，这也是从1809年上秘鲁起义以来，南美洲西班牙殖民地独立运动所取得的第一个重大成就。

从1809年上秘鲁起义开始，到1816年初这几年，是拉丁美洲西班牙殖民地独立运动的第一阶段。

这一阶段的拉美独立运动一度搞得轰轰烈烈，但是到了1815年底1816年初，随着玻利瓦尔流亡海地，圣马丁埋头练兵，加上前一节介绍的伊达尔戈和莫雷洛斯先后牺牲，除了拉普拉塔地区（包括拉普拉塔拉联合省及巴拉圭）以外，拉美独立运动陷入低谷。独立运动的很多领导人被杀害，其余的也大多流亡国外。

陷入低谷的主要原因，首先是拉美各地的独立派在起义前准备不足，完全是趁着西班牙国内局势动荡而起事，没有做好足够的准备。

第二个原因是独立派内部意见也不统一——比如前面说的，新格拉纳达等地的独立运动刚刚有了点眉目，独立派就围绕着未来的国家是“联邦制”还是“中央集权制”吵开了——饭还没煮熟，就吵着往哪个碗里盛了。

第三个原因是殖民地领土相互隔绝，不是隔着高山大河就是草原沙漠，各地的独立派又互不联系，所以西班牙殖民当局得以各个击破，将各地的起义逐个镇压下去。

第四个原因是当时的西班牙殖民势力，经过两三百年的经营，毕竟还是有些根基的，不是三五年的各地起义就能彻底推翻得了的。

如果说还有第五个原因的话，那就是玻利瓦尔和圣马丁这“拉美双雄”羽翼未丰。他们蛰伏几年之后，就要震天撼地，一飞冲天了。

（95）

拉普拉塔联合省的库约省省长圣马丁，在省里执行了一套“军事经济一体化”的政策，一切工作围绕着练兵展开，把门多萨城建成了练兵基地。前后两年多的时间，圣马丁练出了一支五千人的“安第斯军”，主要的战士都是黑人和混血种人。这支部队的目标，就是翻越安第斯山，直捣智利。

1817年初，圣马丁的“安第斯军”准备就绪了。1月12日和18日，圣马丁和他的手下贝纳多·奥希金斯分别统领一支主力部队，再加上两支用于诱敌和牵制的附属部队，兵分四路，分别启程翻越安第斯山。

安第斯山脉贯穿南美大陆西部，南北全长八千九百公里，相当于喜马拉雅山脉的三倍半，是世界上最长的山脉。整个山脉平均海拔三千六百六十米，超过六千米的高峰多达五十余座，积雪终年不化，而且，山脉的平均宽度大约三百公里，可以说是名副其实的南美天障。圣马丁的计划，是要翻越这座天障，出其不意地进攻智利，然后再直捣西班牙殖民军在南美的老巢秘鲁。

经过前后二十多天的艰苦行军，四路安第斯军前后于2月8日和9

日翻越安第斯山，随后迅速会合。2 月 11 日夜，圣马丁突然率军在查卡布科兵分两路向西班牙殖民军发起夹击。全无准备的西班牙殖民军被一举击溃，当场被歼灭千余人，而圣马丁的损失只有区区二十人。

初战告捷的圣马丁继续挥师前进，2 月 14 日解放智利检审庭所在地圣地亚哥，这个胜利标志着南美解放战争由战略防御阶段正式转入战略反攻阶段。此后，圣马丁率领着他的安第斯军连战连胜，次年 2 月 12 日，智利宣布独立，9 月 8 日，西班牙殖民军在智利的残部被完全肃清。

1820 年，圣马丁以智利为基地，组建了一支约有四千五百名成员的“秘鲁解放军”。值得一提的是，“秘鲁解放军”拥有舰船二十四艘，这是拉丁美洲的第一支舰队，圣马丁本人兼任舰队总司令。

8 月 20 日，圣马丁率领舰队从智利的瓦尔帕齐索港出发，沿海路北上挥师秘鲁。

这次航行历时十八天，航程一千五百海里。9 月 7 日夜，圣马丁率军在秘鲁的皮斯科地区登陆，然后迅速移师瓦乔，大军旌麾直指秘鲁总督府所在地——利马。

看到圣马丁神出鬼没地直逼秘鲁，秘鲁总督何塞·德拉塞尔纳（José de la Serna）也慌了，9 月 14 日，秘鲁总督约圣马丁在利马城南的一个小镇子里开始谈判。这次谈判前后谈了半个月，到了 10 月 1 日，最终没有达成协议，谈判正式破裂，战端再起。

11 月 8 日，圣马丁率军占领瓦拉，11 月 24 日，秘鲁的特鲁希略省独立，12 月 6 日，圣马丁占领帕斯科。

1821 年 4 月 9 日，秘鲁总督再次约圣马丁和谈，但是仍然没有达成结果。说起来，秘鲁总督也试图把谈判当成缓兵之计——一边谈判，一边调兵。谈判不成，双方再次开打，7 月 6 日，秘鲁总督率领殖民军逃往东部山区。7 月 28 日，圣马丁解放利马。

（96）

1821 年 7 月 28 日，是秘鲁宣告独立的日子。8 月 3 日，圣马丁被推举为秘鲁的“护国公”。

秘鲁独立了，但西班牙委派的秘鲁殖民总督真不是吃素的，他率领着殖民军残部退守山区，展开游击战，誓死不投降。1822 年 3 月 7 日，三千名殖民军在这位秘鲁总督的统领下，突然攻占伊卡城，俘虏“秘鲁解放军”一千人。随后，没等到圣马丁主力部军赶到，秘鲁总督又率兵突然返回山区。

一时间，昔日的殖民军变成了游击队，在安第斯山脉深处神出鬼没，来了个“敌退我进，敌疲我扰”。就连用兵如神的圣马丁，也奈何不了这支部队。秘鲁的战局就此陷入了胶着状态。

这支西班牙殖民军游击队在秘鲁总督何塞·德拉塞尔纳的统率之下，在极其艰苦的条件下坚持游击战两年多，搞得圣马丁也寝食难安。平心而论，何塞·德拉塞尔纳的确是一员悍将！

顺便说一句，看来将领果真有家传，一百多年之后，何塞·德拉塞尔纳的一个后裔也曾经在拉丁美洲掀起过滔天巨浪，直到今天，他还是全世界愤青的流行偶像。他的名字叫埃内斯托·拉斐尔·格瓦拉·德拉塞尔纳（Ernesto Rafael Guevara de la Serna）。

大家要是没听说过这个长名字也没关系，他还有一个短得多的名字：切·格瓦拉。

圣马丁这一路暂时没有进展了，翻回头来说玻利瓦尔。

前面提到，玻利瓦尔在委内瑞拉独立运动陷入低谷之后，主动流亡海地，很快得到了独立后的海地政府的援助。1816 年 3 月 30 日，玻利瓦尔带领数百人从海地离开，乘船南下准备再次解放委内瑞拉。6 月 10 日，玻利瓦尔带人在委内瑞拉的卡鲁帕诺登陆，趁着西班牙殖民军尚未反应过来，玻利瓦尔在 7 月 6 日收复奥库马雷城，但是西班牙殖民军迅速反扑，玻利瓦尔再次失败，只好又返回海地重整旗鼓。

1816 年 12 月 21 日，玻利瓦尔再次登陆委内瑞拉。这次，屡败屡战的玻利瓦尔选择了避实就虚，先求立足，而不首先攻击大城市。于是，这次的玻利瓦尔总算在南美站住了脚。1817 年 10 月，他在委内瑞拉的安戈斯图拉建立了委内瑞拉第三共和国，这个安戈斯图拉后来也就被改名叫玻利瓦尔城，以纪念他的功绩。

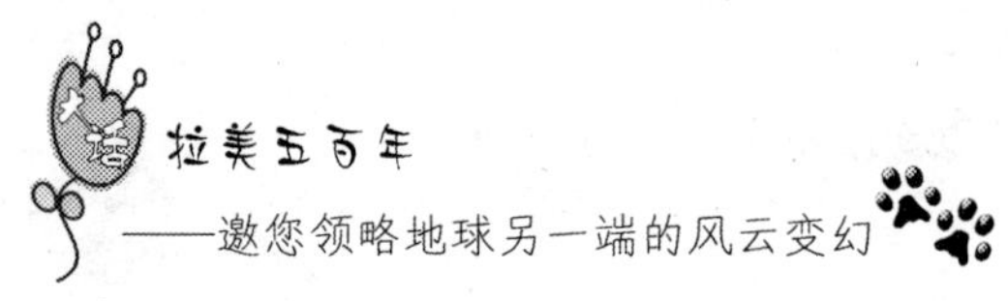

随后，玻利瓦尔再次进攻委内瑞拉都督区的首府加拉加斯，结果又没成功。他只好继续避实就虚，占领了委内瑞拉的中部地区。

打到这个份儿上，估计连玻利瓦尔自己都不记得到底在委内瑞拉失败多少回了。痛定思痛，玻利瓦尔决定转移目标，首先进攻新格拉纳达地区。

这些年，由于玻利瓦尔成天在委内瑞拉折腾，南美洲北部的西班牙殖民军也就把重点放在了委内瑞拉，其结果是贵为新格拉纳达总督辖区首府的波哥大反而守备空虚。

1819 年 5 月 26 日，玻利瓦尔率军出发，像圣马丁一样翻越安第斯山，突然奔袭波哥大，殖民军赶紧掉头防守。8 月 7 日，双方在波亚卡河附近会战，结果玻利瓦尔大胜。8 月 10 日，玻利瓦尔率领胜利之师进入波哥大。

(97)

1819 年 12 月 17 日玻利瓦尔主导建立了“哥伦比亚共和国”（通称“大哥伦比亚共和国”，西班牙语：Gran Colombia，以与现在的哥伦比亚共和国相区别，它相当于今天的哥伦比亚，委内瑞拉、厄瓜尔多和巴拿马四个国家），并把它分为三个省：委内瑞拉、昆迪纳马卡和基多。

共和国议会选举玻利瓦尔为哥伦比亚总统。建国之后的玻利瓦尔变得兵精粮足，1821 年底，实力大增的玻利瓦尔解放委内瑞拉。1821 年 11 月 28 日，巴拿马地区从危地马拉都督辖区内独立，随后加入了大哥伦比亚。此后的玻利瓦尔又转战厄瓜多尔地区。

1822 年 1 月 18 日，玻利瓦尔派遣部下安东尼奥·何塞·德苏克雷（Ayacucho Antonio José de Sucre），在圣马丁援军的配合下，进攻上秘鲁（今天的玻利维亚）。1822 年 6 月 16 日，随后赶到的玻利瓦尔同苏克雷并肩解放上秘鲁。

截止到这个时候，圣马丁已经（参与）解放了阿根廷和智利；玻利瓦尔已经解放了大哥伦比亚地区，南美洲的独立双雄已经对盘踞在南美大陆中西部，秘鲁境内的西班牙殖民军形成了夹击之势，南美双雄会的时刻就要来到了。

1822 年 7 月 25 日到 27 日，西蒙·玻利瓦尔和何塞·圣马丁在厄瓜多尔的瓜亚基尔城正式会晤。

说起来，瓜亚基尔会晤可是拉丁美洲历史上，乃至于世界历史上最著名的会晤之一。说它著名，不仅仅是因为它重要——这次会晤最终确定了南美洲独立运动的领导权，而且也是因为它的诡异。

在这三天的时间里，双雄除了共同公开出席几次聚会之外，先后进行了三次秘密会谈。这三次会谈期间，没有任何第三人在场。会谈结束后，两人在各自的余生里都是守口如瓶，从未向任何人透露过会谈的任何细节。

会谈结束后，圣马丁神情严肃，一言不发地离开了会议大厅，玻利瓦尔的表情则显得神秘莫测。当通宵舞会正进入狂欢时刻的时候，圣马丁却悄无声息地不辞而别，返回了秘鲁。

9 月 22 日，圣马丁突然在秘鲁首届全国制宪大会上宣布，辞去秘鲁护国公一职，将南部军队的指挥权交给玻利瓦尔。他决定不再拥有任何权力，并且取下了他身上象征权力和最高荣誉的绶带。由此，人们相信瓜亚基尔会谈的内容，就是玻利瓦尔劝说圣马丁交出了权力。

多年以来，我也曾经像很多历史爱好者一样，认为瓜亚基尔的会谈细节将成为一个永恒之谜。我曾经一直认为，论会谈的神秘，只有公元453 年阿提拉和教皇的会谈可以与瓜亚基尔相比：

公元 453 年，横扫欧洲的匈奴王，“上帝的鞭子”阿提拉，在今天意大利北部的波河和米西诺河的交汇处，与罗马教皇李奥一世会谈，会谈结束后，阿提拉就莫名其妙地退了兵。

直到最近，我为了写这本书查阅了很多史料，才了解了关于瓜亚基尔会谈的一些细节。

（98）

晚年侨居法国的圣马丁曾经给昔日的战友沃伊金斯和吉多等人写信。圣马丁在这些信件中，曾经说明过瓜亚基尔期间他和玻利瓦尔的主要分歧有三件事：

首先，圣马丁认为瓜亚基尔及基多地区（相当于今天的厄瓜多尔）应该被并入秘鲁，但玻利瓦尔认为它们应该加入大哥伦比亚。在厄瓜多尔已经基本上被玻利瓦尔控制的情况下，圣马丁认识到，实现自己的想法已经基本不可能。

其次，圣马丁要求玻利瓦尔合作，出兵一起消灭盘踞在秘鲁的西班牙殖民军，但玻利瓦尔只答应出一千零七十人的部队。经过反复商讨，圣马丁认识到，玻利瓦尔希望掌控南美独立的整个进程，不愿意交出军队的指挥权。

第三，圣马丁希望独立后的秘鲁恢复印加王权，实施君主制或君主立宪，而玻利瓦尔希望秘鲁走向共和制。

正是由于瓜亚基尔会谈中，圣马丁看到自己与玻利瓦尔的战略构想充满冲突，为了避免南美独立运动出现内讧，他才主动交出了领导权。

另外一些历史学家则认为，圣马丁向玻利瓦尔退让的原因，除了品格高尚以外，还包括圣马丁身体状况不好，或者被德拉塞尔纳纠缠得焦头烂额，心生退意等等。

托马斯·基朵（Thomas Guido）则在他的《圣马丁与伟大的史诗》中写道："玻利瓦尔对圣马丁在解放秘鲁战争中所取得的胜利是不高兴的。为了争夺最后胜利和南美洲的最高权力，玻利瓦尔就会以大胆的手段，带领他的部队与圣马丁的军队争斗。两支革命军火并，圣马丁认为这是'留在世界上的一件十分丢脸的丑行恶名！'所以他作出了痛苦的抉择！"

从玻利瓦尔除掉德米兰达的旧事来看，这种说法也不是绝无可能的。

就这样，圣马丁选择了退出。他在秘鲁制宪会议上对议员们说：

"……而今桂冠布满了整个南美洲战场，我的头颅却要躲避最后胜利的桂冠！我的心灵从来没有被甜蜜的感情激动过，然而今天却激动了我的心！对一个为人民的自由、民主、幸福而战的斗士来说，胜利的喜悦只能使他更加诚心诚意地成为使人民享有权利的工具……我异常高兴地见到了国会的成立，在这届国会上，我辞去我所拥有的一切最高权力！我今天讲话的目的只有一个，那就是，请所有议员先生都不要投我继续执政的选票！”

随后，圣马丁婉言谢绝了议员们的挽留。当天深夜，他离开利马，取道智利，先回到阿根廷，又在1824年4月20日侨居法国，直到1850年8月17日辞世，享年七十二岁。

由于圣马丁的急流勇退，他赢得了举世赞誉，有人称他为“一个历史上举世无双的灵魂”。

晚年的圣马丁在法国过着清贫的生活——当他离开秘鲁的时候，秘鲁政府曾经授予他每年九千比索的年金，而圣马丁将这些钱投资给秘鲁政府，希望从中获益，但是秘鲁财政随后破产；他曾经希望依靠出租在布宜诺斯艾利斯的房产为生，但随着阿根廷比索的贬值，这些房租在欧洲也显得微不足道。幸好圣马丁生活节制，没有不良嗜好，这样他才得以依靠昔日的积蓄、微薄的房租收入和朋友的接济，维持着清贫的生活。

当暮年的圣马丁侨居法国，平静地度过晚年的时候，不知道他有没有因为那片生他养他，让他为之奋斗半生的土地上，那些永无休止的战乱、暴政和饥饿，而后悔他当初的决定呢？

（99）

圣马丁离开了，南美独立战争的指挥权集于玻利瓦尔一身。

1823年3月，玻利瓦尔正式出兵秘鲁。6月份，因为原来的秘鲁解放军正倾巢出动进攻上秘鲁（今玻利维亚），导致利马空虚，被百折不挠的西班牙殖民总督德拉塞尔纳再次夺回。1个月以后，为了躲避玻利瓦尔的锋芒，德拉塞尔纳主动撤离利马，转而占领秘鲁南部地区。

9月1日，玻利瓦尔抵达秘鲁，接管权力。1824年2月10日，秘鲁议会决定停止宪法，任命玻利瓦尔为秘鲁独裁官。

1824年8月，玻利瓦尔军队和圣马丁创建的“秘鲁解放军”所组成的联军，在胡宁之战中首战告捷，大败西班牙殖民军，迫使其残部向库斯科方向败退。随后，玻利瓦尔命令苏克雷率领联军主力五千七百多人挺进秘鲁南部，寻找机会以同西班牙主力部队进行决战。

西班牙总督德拉塞尔纳率领殖民军主力九千三百人离开库斯科北上，也试图与联军决一死战，以恢复西班牙对南美的殖民统治。

1824 年 12 月 8 日，南美独立战争中的最后一场大战，阿亚库乔（Ayacucho）战役就此打响。

8 日，阿亚库乔东部的高地率先被西班牙军队占领，联军只夺得西边的小高地。双方利用现有地形，抓紧时间排兵布阵。

9 日上午，战役正式开始。西班牙军队凭借有利地形，从南北两翼同时发起冲击，其南翼遭遇联军顽强抵抗，前进受阻；北翼则在炮兵和骑兵的有力支援下取得进展。德拉塞尔纳眼见胜利在望，下令主力从正面攻击，以求迅速突破联军阵地。

联军指挥官苏克雷识破西班牙军队意图之后，立刻命令联军主力增援北翼，死守阵地，阻敌前进，同时，命令南翼部队在骑兵协同下实施反击，猛攻西班牙军南翼。

联军南翼突破西班牙军阵地后，苏克雷立刻投入后备部队，霎时间，西班牙军队阵脚大乱，惨遭失败。

10 日，西班牙总督德拉塞尔纳被迫签字投降，承认秘鲁独立。秘鲁境内的西班牙军人、物资和设施均移交联军处理。

纵观此次阿亚库乔战役，西班牙殖民军因为长期游击作战，人困马乏，缺乏补给和修整，战斗力大打折扣，致使联军以少胜多。联军以伤亡九百一十九人的较小代价，共计毙伤西班牙军两千五百余人，俘虏西班牙总督德拉塞尔纳本人，将军十四名，上校十六名，中校十八名，少校及以下军官二百八十四名，士兵三千余名。因为俘虏将军甚多，此战又称“将军之战”。

阿亚库乔战役最终消灭了西班牙在美洲大陆的殖民军主力，就此结束了西班牙对拉美大陆三百年的殖民统治。

1825 年，苏克雷挥师进入上秘鲁。2 月，殖民军司令奥拉涅塔率部退往波托西。4 月 2 日，奥拉涅塔被叛变的部下杀死，上秘鲁就此被苏克雷解放。

1825年8月6日，为了表彰玻利瓦尔的功绩，上秘鲁改名“玻利维亚”。

1826年1月22日，联军攻克西班牙在秘鲁的最后一个据点卡亚俄，至此，秘鲁全境解放。

五、最大的殖民地也独立了

（100）

和西属美洲轰轰烈烈，跌宕起伏的独立战争相比，巴西的独立过程要显得温和很多。

前面说过，1807年11月30日，拿破仑兵不血刃进入葡萄牙首都里斯本，葡萄牙王室和政府首脑一股脑乘船逃往巴西。1808年初，葡萄牙的整个上层建筑都搬到这个昔日他们瞧不上眼的美洲殖民地来了。

葡萄牙王室刚来巴西的时候，巴西当地人民可高兴了——盼星星盼月亮，总算把当家的给盼来了，以后咱们巴西就不再是那个没人理没人问的偏远殖民地了，俺们一下子成了葡萄牙王国的中心咧！

可是巴西人民很快看到，这次葡萄牙上层建筑的整体搬迁，给自己带来的负担太大了——用巴西人的话说，葡萄牙这次来巴西的“不仅仅是一个王室，而是一个政府，一个国家的搬迁”。旧有的什一税没有取消，还增加了新的市政什一税，还有很多很多新的苛捐杂税——没办法不收税，现在的巴西需要负担王室的全部开支，需要负担政府的全部开支，还要负担跟随王室和政府前来的一万八千名葡萄牙正规军的全部开支。

光是这些开支就算了，偏偏葡萄牙的摄政王若昂还是一个穷兵黩武的自大狂：1808年，若昂派兵侵占巴西东北面的法属圭亚那，1816年又趁拉普拉塔联合省立足未稳之际进攻拉普拉塔联合省的东岸省（就是今天的乌拉圭）。这两次军事行动又造成了巨大的军费开支。

若昂还没折腾完：1810年，若昂代表葡萄牙政府，跟英国签订了一个条约，给予英国进口巴西的商品以关税优待。一时间，物美价廉的英国进口货像潮水一样涌入巴西，把巴西刚刚起步的民族工业打了个半死。

巴西人民这下子不答应了，群情激愤，憋着找机会跟葡萄牙干一架。

若昂也发觉事情不妙，于是，1815 年 12 月 16 日，若昂宣布成立“葡萄牙－巴西－阿尔加维”联合王国。这意思就是说，巴西人民，现在你们和葡萄牙本土平起平坐了，大家已经都是国家的主人了。为了这来之不易的政治地位，你们大家伙勒勒腰带忍一下呗！

巴西人民当然不理会若昂这一套。

1816 年，巴西东北部的伯南布哥省大旱，庄稼严重歉收。

说起来，巴西东北部历来是穷地方，干旱缺水，直到今天，跟里约、圣保罗这些东南沿海地区相比，伯南布哥还属于欠发达地区。这老天爷不下雨，人祸加上天灾，大家伙儿实在过不下去了。

于是伯南布哥地区的老百姓准备造反。

(101)

1817 年 3 月 6 日，伯南布哥省民团的下级军官若泽·德巴罗斯·利马正式发动起义。

这次起义一开始还搞得有声有色，吸引了当地很多贫苦的土生白人（还记得巴西的土生白人叫什么吗？——马松博人）参加，占领了省会累西腓，3 月 8 日建立了伯南布哥共和政府，4 月 4 日还引发了塞阿拉省共和政权的建立，以及帕拉伊巴省的起义。

不过，刚到了 4 月 6 日，葡萄牙国王玛利亚一世死了，摄政王若昂即位，称若昂六世。新王上任三把火，没事都能找出事来的若昂六世立刻派遣大军镇压起义。

1817 年 4 月 24 日，葡萄牙海军开始炮击累西腓，八个营的葡萄牙陆军同时从陆地上发起进攻。5 月 15 日，两千六百名共和国军人和葡萄牙陆军爆发决战。匆匆武装起来的共和国军乌合之众很快就被葡萄牙的职业军人给打败了。

5 月 18 日，共和国政府首脑特奥托尼奥被迫下令突围，放弃累西腓。结果突围的时候又中了葡萄牙军队的埋伏，队伍很快崩溃。6 月 16

日，巴罗斯和特奥托尼奥等起义领袖全部被枪决。

伯南布哥大起义就像一场热带的暴风雨，来得猛烈，去得也快。简单总结这次起义迅速失败的原因，除了没有玻利瓦尔和圣马丁那样的牛人带兵以外，只有一句话：力量悬殊。

这次起义尽管席卷巴西东北部，但是从头到尾都是一些下层的土生白人在闹腾，既没有发动黑奴，也没能吸引上层白人，更没有外国援助。所以，迅速失败也就不奇怪了。

看到动静这么大的伯南布哥起义都被迅速镇压下去了，巴西老百姓一下子全都老实了，受罪就受罪吧，总比丢了命强。

不过很快地，宗主国葡萄牙的老百姓也开始不老实了。

1814 年，拿破仑第一次失败以后，葡萄牙和英国的联军把法军赶出了葡萄牙。可是接下来，英国驻葡萄牙大使贝雷斯福特就成了这个小国的太上皇，到处指手画脚，再加上连年战乱，葡萄牙经济凋敝，局势动荡。自由派就趁机开始蠢蠢欲动起来。

为了稳定葡萄牙的局势，英国指派驻贝雷斯福特大使专程前往巴西，去找若昂六世讨论葡萄牙王室及早回国的问题。

事实证明，能稳定葡萄牙局势的不是王室，而是这位英国派来的太上皇——贝雷斯福特刚一离开葡萄牙，老百姓们就开始造反了。

1820 年 8 月 24 日，葡萄牙北部城市波尔图发生起义，成立临时执政委员会，颁布临时宪法，决定实施君主立宪。9 月 15 日，首都里斯本军队哗变，宣布支持新政府。

看到连宗主国都乱套了，巴西人民再次起义。

1821 年 2 月，北部省区巴依亚、帕拉和米纳斯吉拉斯的独立派先后建立执政委员会，接管政权。2 月 26 日清晨，驻里约热内卢的部分葡萄牙军队哗变，强迫国王若昂六世向葡萄牙的新宪法宣誓。迫于压力，若昂六世让他的儿子佩德罗代表他宣誓，并宣布了十二位新大臣的名单。

葡萄牙国内乱了套，殖民地巴西也乱了套，若昂六世逐渐觉得焦头烂额了。

（102）

若昂六世的困境才刚刚开始。

尽管葡萄牙的新议会是起义的产物，但是由于君权神授的正统主义思想在欧洲根深蒂固，议会还是希望若昂六世回国，以便自己名正言顺地掌管整个帝国；另外，议会的新贵们也打心眼里瞧不起巴西这个殖民地，为了避免若昂六世在巴西呆久了，巴西的地位由此得到提升，议会就要求若昂六世立刻回国。

若昂六世知道，自己要是不答应，恐怕王位都难保，毕竟组成这个议会的都不是自己的人；要是答应呢，那巴西就没有人能镇得住了。

思前想后，若昂六世还是觉得王位更重要，于是他决定回国，派儿子佩德罗留在巴西监国。

佩德罗 1798 年出生在里斯本，三岁的时候由于哥哥病死，当上了王储，十岁的时候跟随他爹来到巴西，十八岁跟奥地利公主莱奥波尔蒂娜在巴西结婚，因此说起来，佩德罗可以说是半个土生土长的巴西人。

1821 年 4 月 21 日，若昂六世任命佩德罗为巴西摄政王，26 日，若昂六世离开里约回国。

这位葡萄牙国王也觉得今后保不住巴西了，所以临走的时候跟佩德罗说，“佩德罗，你要为我留意，如果巴西要脱离葡萄牙分立，你必须抢在任何冒险家之前行动。”——是啊，独立就独立吧，如果能由自己的儿子领导巴西独立，也总比便宜了外人强。

若昂六世走后，年轻的佩德罗镇不住这么大的一片殖民地。一时间，土生白人和葡萄牙人发生冲突的，独立派到处发传单宣传西属美洲独立运动的，士兵哗变的，种植园主和商人发起独立请愿的，层出不穷，甚至连巴依亚地区的修女们都开始驱赶葡萄牙军队。

别看闹得热闹，但是大家的利益出发点不同，要求独立的方式和手段也各不相同。因此，所有的人都把目光投向了唯一有可能引领巴西走向独立而不动荡或者分裂的人——摄政王佩德罗。

佩德罗就这样成为了巴西独立运动的领袖。

其实，当时年仅二十三岁，自幼养尊处优的佩德罗哪里有那么厉害的政治远见，最终一步一步把佩德罗推到（或者说“逼到”）巴西独立运动领袖位置的，恰恰是那个通过革命上台的葡萄牙议会。

1821 年 4 月 24 日，葡萄牙议会发布一百二十四号法令，撤销巴西的中央管理机构，把巴西划分成几个省，直接听命于里斯本；9 月 29 日，发布第一百二十五号法令，责令佩德罗立刻回国，以“完成学业”。很快又有小道消息传到巴西，说葡萄牙议会准备恢复对巴西自由贸易的禁令，还要恢复一系列掠夺性的殖民制度。

这些事情一下子惹毛了巴西人民，大种植园主们发起了请愿运动，请求佩德罗留在巴西。随后，雪片似的请愿书纷纷飞到里约的王宫。

这时的佩德罗也被葡萄牙议会给惹毛了——他已经得到消息，他老爹回国后被议会剥夺了权力，甚至连行动自由都没了，从葡萄牙的国王变成了议会的在押服刑人员；同时，议会要求他回国的理由竟然是“完成学业”，这简直就是把自己当成小屁孩嘛！

于是佩德罗传出话来“如果全国都要求我留下，我将留下”。

（103）

摄政王发话了，巴西全国立刻开始串联行动。1822 年 1 月 9 日上午，首都里约的各界群众在罗萨里奥大教堂隆重集会，然后向王宫进发，里约市政会主席若泽·佩雷拉宣读了请愿书，恳请佩德罗留在巴西，领导全国人民的独立运动。

佩德罗当即表示：“为了大家的利益和国家的繁荣昌盛，我顺从民意，请告诉人民：‘我留下’。”这一天就成为了巴西历史上有名的“菲科日”（“菲科”是葡萄牙语“我留下”的译音）。

看到佩德罗表了态，1 月 11 日，驻扎在里约的葡萄牙警备队试图逮捕佩德罗。消息走漏以后，年轻气盛的佩德罗勃然大怒，立刻宣布召集巴西民团。没过多久，一万多巴西老百姓就自发地赶到了里约的市中心。他们当中有手艺人，有买卖人，有神父，有家庭妇女，还有“为牲口背着牧草和玉米”的黑奴。眼见众怒难犯，葡萄牙警备队只好逃跑。这就是“一·一一事件”。

“一·一一事件”让佩德罗正式跟葡萄牙议会撕破了脸，于是，佩德罗干脆一不做二不休，连续采取了一连串的独立行动：1月16日，他打破惯例，首次任命土生白人做了政府首脑；1月21日，宣布拒绝葡萄牙议会的一切命令；2月15日，派人把里约的葡萄牙驻军押送出海；2月16日，成立巴西各省代表委员会，自任主席；6月2日，在各省代表大会的开幕式上，签署命令召开制宪大会。

1822年7月6日，巴西代表在葡萄牙议会上要求独立的议案被驳回，双方的矛盾进一步激化。8月1日，佩德罗签发《巴西独立宣言》，几天后又发表《告全国人民书》，并向外国派出使节。

其实，如果葡萄牙的议会能够有些政治水平的话，这时候还不如因势利导，给佩德罗一个独裁巴西一切事务的全权，再给巴西一个“葡萄牙王国内的自治领地”的名分，把巴西留在葡萄牙王国境内，再徐图对策。

顽固不化的葡萄牙议会可不这么想：1822年8月28日，议会再次要求佩德罗立刻回国。9月7日，正在伊皮兰加打猎的佩德罗收到了葡萄牙议会的这个命令。勃然大怒的佩德罗抽出马刀，仰天高呼“不独立，毋宁死”(葡萄牙语原文：Independência ou Morte！我觉得中国当年的这个翻译很奇怪——“毋宁”太书面了，还是翻译成“不独立，宁可死”更直白)。这就是巴西历史上赫赫有名的“伊皮兰加呼声”。后来的巴西政府就把这一天定为巴西的国庆日，直到今天。

8月19日，倔驴一样的葡萄牙议会再次宣布解散巴西政府，严令佩德罗回国。当然，这种命令除了让巴西全国老百姓更加紧密地团结在以佩德罗同志为核心的巴西领导集体以外，没有任何作用。

1822年10月12日，佩德罗登基成为不必向未来宪法宣誓的巴西帝国立宪皇帝，称佩德罗一世，12月1日，在里约举行加冕典礼，随后开始派兵向盘踞在巴西北部的葡萄牙驻军发起进攻。

1823年3月到7月2日，巴西新政府击败了马德拉·德梅洛统领的葡萄牙殖民军主力，到了1824年2月28日，随着驻扎在西斯普拉蒂纳省的葡萄牙军队撤退回国，巴西迎来了完全的独立。

和西属拉丁美洲的独立相比，葡属巴西的独立至少有两个优点：一是流血少；二是因为有佩德罗这么一个血统纯正，众望所归的领袖人物，巴西避免了西属拉美那样的分裂。

同时，由于这次独立中"上层改革"的成分大过了"社会革命"的成分，因此，原有的大地产制没有被触动，这也就成为了后来巴西动荡和贫穷的重要原因之一。

顺便说一句，领导了巴西独立的佩德罗命挺苦的：二十八岁丧偶，三十三岁被巴西人民赶下台，又回到葡萄牙作战，领导独立派军队推翻了弟弟米格尔一世控制的专制政府，1833 年 9 月 24 日因肺结核去世，年仅三十五岁。

六、革命尚未成功

（104）

从 1804 年海地独立运动取得成功开始，到 1825 年底，拉丁美洲绝大多数的地区都实现了国家独立。我把国家名称和独立的时间整理成了一下，列在下面：

海地：1804 年 1 月 1 日

厄瓜多尔：1809 年 8 月 10 日（宣布独立，但仍被西班牙统治，1822 年真正独立）

哥伦比亚：1810 年 7 月 20 日（宣布独立，但仍被西班牙统治，1819 年真正独立）

巴拉圭：1811 年 5 月 14 日

委内瑞拉：1811 年 7 月 14 日（指"委内瑞拉第一共和国"成立）

阿根廷：1816 年 7 月 9 日

智利：1818 年 2 月 12 日

秘鲁：1821 年 7 月 28 日

墨西哥：1821 年 8 月 24 日

危地马拉：1821 年 9 月 15 日（1823～1838 年加入中美洲合众国）

洪都拉斯：1821 年 9 月 15 日（1823～1838 年加入中美洲合众国）

萨尔瓦多：1821 年 9 月 15 日（1823～1841 年加入中美洲合众国）

尼加拉瓜：1821 年 9 月 15 日（1823～1838 年加入中美洲合众国）

哥斯达黎加：1821 年 9 月 15 日（1823～1838 年加入中美洲合众国）

巴西：1822 年 9 月 7 日

玻利维亚：1825 年 8 月 6 日

乌拉圭：1825 年 8 月 25 日

在前面我比较详细地介绍了一些有特色的国家独立历程，比如第一个独立的海地、独立过程曲折复杂的墨西哥、两位解放者共同解放的秘鲁、和平独立的葡属巴西等；有一些国家因为不太重要，或者后面还会提到，所以没花太多笔墨，比如中美洲各个小国，巴拉圭等等。

还有一个国家的独立很有特色，但是要放到下一篇去说，它就是夹在巴西和阿根廷两个大国之间的小国乌拉圭。

截止到 1825 年底，现存的绝大多数拉丁美洲国家都登场亮相了，除了几个例外：

一个是加勒比最大的岛国——古巴。它还在西班牙王国的统治之下，要到十九世纪末才取得独立。

一个是海地独立时占领的圣多明各岛东部，它在 1844 年摆脱了海地的统治，建立了一个叫多米尼加的国家。

还有一个 1903 年被美国操纵，从哥伦比亚独立出来的巴拿马。

此外，英国、法国和荷兰在拉丁美洲的殖民地也没有获得独立——这些地区的独立都是在第二次世界大战结束之后；此外，还有十四个地区至今处在英、美、法、荷四国的殖民统治之下。关于这些内容，要到本书的第六篇，谈到二十世纪的拉美时才会提及。

本篇（《独立时代》）的内容还没有结束，在接下来的几个段落里，我还有三个话题要跟大家进一步讨论。

（105）

第一个话题早在我动笔写这本书的时候，就有朋友提出来：为什么独立的西属拉丁美洲没有像英国的北美殖民地那样形成一个统一的国家，从而为成为世界超级强国奠定基础呢？

写《独立时代》的这段日子，我也在不断地思考这个问题，时至今日，我自信能够向大家交出一个比较完整的答案。

西属拉丁美洲没能形成一个统一国家的主要原因有两个：首先是地理因素；其次是经济（及社会）因素。

由于大家都会把拉美国家的独立和地域相邻、时间相近的美国独立相互比较，因此，我也准备结合与美国独立的对比来回答这个问题。

先说地理因素。

首先，和独立初期的美国相比，西属拉丁美洲实在是太辽阔了：

1776年宣布独立时的美国，只是北美十三州，总面积不超过八十万平方公里；但独立运动开始时的西属拉丁美洲总面积达到一千三百七十九万平方公里，相当于北美十三州的十七倍以上。土地面积广阔十七倍，统一的难度也就增加了不止十七倍。

其次，西属拉丁美洲不仅辽阔，而且地理状况太过复杂。

北美十三州都在阿拉巴契亚山脉以东，地处相互连通的平原之上，彼此之间的沟通和合作自然方便；西属拉丁美洲则是从高原到荒漠，从海岛到山脉，地形复杂得无以复加，沟通和合作的难度自然比北美十三州大很多。举两个例子：

首先看智利：智利是世界上领土最狭长的国家。我小时候很是为这个事情感到奇怪，直到上中学学了世界地理才知道，智利的狭长领土实在是天造地设，最合适不过：西临太平洋，东边被巍峨的安第斯山脉隔绝在南美大陆主体之外，南面抵达极地，北方之路被世界上最干旱的地区——阿塔卡马沙漠阻断。因此，尽管殖民时代的智利不是一个独立的总督辖区，甚至不是一个独立的都督辖区，而只是圣地亚哥检审庭所在地，可这种与世隔绝的地理条件也完全足以消除智利与其它地区合并，组成一个更大国家的必要性和可能性。

其次看厄瓜多尔：厄瓜多尔是个面积不到三十万平方公里的安第斯山脉小国，它最重要的港口城市瓜亚基尔和首都基多之间的距离只有二百七十四公里。两地看似很近，可一个无法忽视的情况是，瓜亚基尔是个平均海拔只有三米的港口城市，基多却是海拔二千八百七十九米的山地首都——也就是说，如果修铁路的话，平均每公里的铁轨要提升大约十米。在尚未发明飞机的十九世纪初，这样两个彼此交通如此困难的城市能够被统一到一个国家里已属不易，就更不要幻想把厄瓜多尔和秘鲁，以及相邻的其它地区统一成一个更大的国家了。

（106）

除了地理因素之外，经济（及社会）因素同样不可忽视。

独立前的北美十三州是以加工业为基础，以出口为导向的近代化工业地区。众所周知，工业的产业链远比农业复杂，因此也就更容易把上下游企业及居民的利益联系在一起；同时，工业发展要求大规模，集约化，一方面通过大量采购和集约生产来降低成本，同时通过垄断销售来增加利润，因此，一个广阔的国内市场和强大的外贸系统对于工业社会尤为重要。于是，这些都促使北美十三州的居民联合起来，组成一个统一的国家。

相反，西属拉丁美洲的主要产业是大种植园和矿山。前面说过，这两种产业关起门来就是一个又一个的独立王国。同时，由于矿产品和农产品的同质化程度太高，那个时代的企业规模又有限，因此，即便某几个大企业联合在一起，也休想操纵矿产品和农产品的市场价格（最近一百多年才出现的特大型矿业公司和石油卡特尔，由于产量大得惊人，占据了可观的市场份额，才最终打破了这个规律）。于是，西属美洲的居民们更看重的是社区和乡土的利益，而缺少建立一个辽阔国家的意愿。

再多延伸一点的话，拉丁美洲被殖民统治将近三百年，最终也没有形成中国东中部地区这样的经济文化核心区，想要统一的话，的确是难上加难。

这就是我所认为的，西属美洲无法统一，以至于最终形成了二三十个国家的两个根本原因。

顺便想到，其实美国能够完整地独立，不断地扩张，除了制度和人民这两个因素之外，在相当程度上也是靠运气——如果1776年独立时的北美殖民地不是那么一小片，而是地跨两大洋，被阿巴拉契亚山脉、密西西比河和落基山脉重重分割，而且还是北方加工业和南方大种植园并存的话，那美国统一的可能性，也不会比西属美洲建成“超级哥伦比亚共和国”的可能性大多少。

图4.7　拉丁美洲独立状况

第二个话题是拉丁美洲独立的意义。

学校里的教科书总要给历史事件赋予“非常重要”的意义，似乎不这样做，就不足以显示教科书的水平。可现在如果让我独立思考的话，那我会直截了当地说，拉丁美洲独立的意义不大。

席卷南北的拉丁美洲独立运动，前后历时二十年，死亡人数上百万，所取得的成就，一是实现了国家名义上的独立，二是在某些地区的某些时候铲除了某些落后制度，比如废奴。除此之外，我实在是想不出太多的意义了——垄断性的大地产制依然如故，社会的贫富差距依然巨大，经济命脉从西班牙人和葡萄牙人的手里，很快转到了英国人和随后来到的美国人的手里；政治上摆脱了西班牙和葡萄牙的殖民统治，但取而代之的是一代又一代的国内独裁（这就是我把本章命名为“革命尚未成功”的原因）。

在查阅独立后的拉丁美洲国家发展史料的时候，我不止一次地发出这样的叹息——难道拉美人民为了国家独立和民族富强而抛洒的鲜血，真的是白流了吗……

至少现在，我实在没有勇气和能力去解答这个问题。

（107）

我在本篇结束前要讨论的第三个、也是最后一个话题，就是对拉美独立运动期间的几位风云人物做些点评。

第一位风云人物是海地独立运动的领袖，黑人杜桑·卢维杜尔。

这些日子不断有朋友在讨论，为什么拉丁美洲独立运动时期，黑人所起到的领导作用微乎其微。我仔细思考之后，觉得但凡乱世，能够独立潮头，引领风云变幻的人物，除了要有达到人类平均水平的智商和体能之外，还需要具备三个条件：机会、气质和“资本”。

首先，必须得有机会，即所谓的“时势造英雄”——倘若不是遇到法国大革命，拿破仑也不过是法国远征军里的一个中级军官而已；倘若一战后的德国国泰民安，那希特勒就只好在维也纳画一辈子的招贴画了。

其次，必须有领袖的气质，或者叫“霸气”：百折不挠、果敢独断，为了实现自己的抱负甘冒天下之奇险，甚至敢冒天下之大不韪。这就是为什么历史上有很多“经天纬地之才”，只能做谋士做宰相，而不能当一把手的原因。

最后，也是最重要的——“资本”。政治资本、财富资本和智力资本，三者必须至少居其一。不然，就算有机会有野心，也无法成事。

政治资本很重要：就像我国三国时的刘备，因为不像曹操那样有机会挟天子令诸侯，就成天像祥林嫂一样地唠叨，“吾乃汉室宗亲、中山靖王之后”，因为这种政治背景就是聚拢人气最好的资本，同样地，这也是为什么那么多农民起义领袖都要假托“前朝遗孤”的原因。

如果没有政治资本，那就要家财万贯：就像中国历史上那些“散尽家财，招兵买马，以图大事”的英雄——要不是娶到了个极其有钱的老婆，穷小子高欢想要拉起队伍在乱世里闯出自己的一片天地来，不知道要奋斗几辈子。

如果既没有政治资本，也没有财富资本，那就要有智力资本：像那个无财无势无背景甚至连能力都不怎么样的洪秀全，搞出了个中西结合的“拜上帝教”，也就算补齐了这一条，可以聚拢人气，成为首领。

拉丁美洲独立之际，可能具备前两个条件（机会和霸气）的黑人也颇有几人，但具备最后一个条件（“资本”）的就是凤毛麟角了——一群黑人，谁都没有政治资本；身为奴隶，连起码的人身自由都没有，也就更没有财富资本；至于智力资本，因为黑奴几乎全都是没有受过教育的文盲，能够胸怀大略的只能是极其个别的天才。

杜桑就是这样的天才。

尽管他有许多缺点和劣迹，尽管他最终不是拿破仑麾下法军的对手，但作为奴隶出身的黑人，能够成为一国独立运动的领袖，也实在是千古罕有、难能可贵了。

我要点评的第二位风云人物是墨西哥独立之父伊达尔戈。

伊达尔戈并不是拿破仑或者圣马丁那样卓越的军事天才——他先是贻误战机，错过了攻克墨西哥城的机会，后来又在卡尔德龙桥贸然出击，败于卡耶哈之手，最终被俘，慷慨就义。

但是，伊达尔戈是一位为国为民的真正侠士——身为收入颇丰的神职人员，他本可以在风云变幻之际置身事外，全心事主，无欲无求。然而，伊达尔戈却以千百万受苦受难的墨西哥黎民百姓的幸福为己任，首倡起义，出生入死，用自己的鲜血和生命点燃了墨西哥独立的火种。因此，我说他是自己在本书中最为敬仰的人物之一。

（108）

如果说伊达尔戈是大侠，那玻利瓦尔绝对是位英雄了。

记得多年前开始盛行金庸小说的时候，大家就讨论过大侠和英雄的区别：大侠是以黎民为己任，为百姓而生，为百姓而死；英雄则是胸怀壮志，为了实现自己的抱负，他们既有“自反而缩，虽千万人吾往矣”的魄力，也有“宁可我负天下人，休教天下人负我”的霸气。

玻利瓦尔就是这样一位英雄：为了实现心中独立、统一的大哥伦比亚之梦，他可以屡败屡战，甚至只身前往千里之外的海地去寻求支援；同样地，为了这个梦，他也不惜纵容敌人杀死前任义军统帅德米兰达，不惜在瓜亚基尔逼迫圣马丁交出权力。

他相信，领导西属南美洲走向独立和统一的使命，舍我玻利瓦尔其谁?!

玻利瓦尔的故事还没有结束，我将在下一篇中讲到，玻利瓦尔如何亲眼看着自己的大哥伦比亚之梦变成泡影。

说完玻利瓦尔，下一位自然是圣马丁。

论军事才能，圣马丁绝对超过玻利瓦尔：筹措粮草、选练新兵、翻越崇山、统领海军，可以说从运筹帷幄、决胜千里，到身先士卒、冲锋陷阵，圣马丁是古今罕见的军事全才；论政治才能，圣马丁历任库约省长和秘鲁护国公，其统治能力至少不在玻利瓦尔之下；论个人修养和政治气度，圣马丁在瓜亚基尔会晤后的急流勇退更是自不待言。难怪有人称颂圣马丁有着“一个历史上举世无双的灵魂。”

如果说相比玻利瓦尔，圣马丁有什么欠缺的话，毫无疑问，那就是“霸气”。

容我大胆地设想一下，倘若圣马丁在瓜亚基尔拒不交权，南美双雄随后可能会发生冲突。但是这样一来，南美独立后的圣马丁就可能统治阿根廷、智利或者秘鲁其中的任何一国。以圣马丁巨大的政治威望，足够的统治才能，再加上良好的个人修养，那么这个国家和人民的未来，肯定要比后来发生的史实好很多。

可惜，历史不是试验，假设没有意义。急流勇退的圣马丁，留给千百万继续受苦受难的拉美人民一个永远无法弥补的遗憾。

第五位人物是引领巴西走向独立的佩德罗。

如果按我前面所谈的，成就大事的三个条件来说，佩德罗最出色的无疑是他的政治资本——身为葡萄牙的王储，统治巴西自然是名正言顺，众望所归。

虽然佩德罗领导巴西独立是被逼无奈，而他在独立后展示的统治才能也乏善可陈，但是他毕竟顺应时局，引领巴西走向了和平独立和国家统一，让巴西的百姓少流了很多鲜血，少受了很多苦难。

佩德罗一世也被巴西人民称为“解放者（O Libertador）”，可以说，他称得上是一位合格的解放者。

（109）

我要谈的最后一个人，是西班牙的最后一任秘鲁总督德拉塞尔纳。

古往今来，像德拉塞尔纳这样的人物，只是历史舞台上的配角，而且还是反面配角。他们仿佛早已被历史遗忘，即使偶尔还有几次出场，也都被挂上“反动派”、“败军之将”、“顶着花岗岩一样顽固不化的脑袋，螳臂当车地阻挠历史的进步”之类的黑色招牌。

可是，我却觉得，作为殖民总督的德拉塞尔纳（类似的还有西班牙在墨西哥的悍将总督卡耶哈），依靠一己之力，自然抵挡不住拉美独立的历史洪流，但他却从不曾忘记自己的职责，从不曾放弃自己的努力。

他竭尽全力为了祖国的利益而战：在瓦拉战败，退到帕斯科继续；在帕斯科战败，退到利马继续；丢失利马，蛰伏深山之后再伺机打回来；翻盘无望，就到安第斯的崇山峻岭中打游击，即使是一代人杰圣马丁也奈何他不得；即便是走到穷途末路，也要在阿亚库乔拼死一战，决不辱没自己“西班牙王家秘鲁总督”的职责。

这是一个勇敢的人，一个强悍的人，一个尽责的人。不管教科书上怎么评价，我也要充满敬佩地说，西班牙王家秘鲁总督德拉塞尔纳，你真的是条汉子，你不愧是切·格瓦拉的祖先！

到现在，独立时代的事情就基本讲完了。

如果说此前的拉丁美洲只是一个蹒跚学步的孩童的话，那么，独立运动就是他的成人礼——摆脱了伊比利亚管束的拉丁美洲，此后就要独自开始艰难而曲折的成长之路了。

第五篇

新的国家朝前走

——十九世纪（1826~1899年）

一、两道建国选择题

（110）

赶跑了伊比利亚人之后，在十多年的时间内一股脑独立的十几个拉美国家开始了自己的建国之路。

经历了那么惨烈的独立战争，摆在新国家们面前的一个重要课题就是恢复经济、发展生产。可是，无论国内还是国外，无论是文的还是武的，看起来都还有很多问题亟待解决，所以发展生产的事情姑且先搁置搁置再说吧！

简单来说，所有刚独立的拉美国家内部面临的主要问题，都是两道选择题。

第一道是选择什么样的“政体”，也就是说选择一个什么样的政权组织形式。

第二道是如何平衡新社会里各方各面的利益，选择谁掌握国家的权力。

咱们先说第一道题。

摆在拉美各国面前的政体问题有两问，第一问是一个二选一：君主制还是共和制。

两个选项各有各的道理：拉丁美洲本来就是西班牙和葡萄牙这两个欧洲君主国家的殖民地，搞君主制有传统；再说，就像我前面说的那样，独立的拉美各国地形复杂、经济封闭，只有君主的号召力才能把全国人民拧成一股绳；可是话又说回来，独立运动本来就是要推翻欧洲的封建君主，再搞出一个君主来，那不就是换汤不换药嘛！再说了，美国独立运动推翻了君主制，法国大革命也推翻了君主制，都十九世纪了还搞那套封建东西，完全就是开历史倒车嘛！

这样一来，独立后的很多国家都为这道题吵得不可开交。

海地刚独立的时候就搞出了个“海地皇帝雅克一世”，墨西哥刚独立的时候也搞出了个“伊斯图尔德帝国”。不过久而久之，拉美人民也发现了，走向共和才是大势所趋，所以这些君主制帝国的寿命都不长。

唯一的例外是巴西帝国。

前面说巴西独立时我讲到过，巴西的独立本来就是从葡萄牙王国到巴西帝国的平稳过渡，巴西帝国的第一任皇帝就是葡萄牙王国的王储。所以独立的巴西搞君主制，让所有的人都觉得顺理成章。而且这个巴西帝国的出现，至少也减少了人民流血，避免了国家分裂，在当时和现在看来，都是件好事。

巴西帝国1822年建立，首任皇帝就是前面提过的巴西独立运动领袖，原葡萄牙王储佩德罗，称为“佩德罗一世”。佩德罗一世统治巴西将近十年，随着与阿根廷之间进行的第一次乌拉圭战争的失败，国内经济逐渐滑坡，再加上佩德罗一味任用葡萄牙人，压制土生白人，结果引发了全国不满。1831年，佩德罗一世只好灰溜溜地退位。

佩德罗一世退位之后，他的儿子继位，称佩德罗二世（名字简称：Pedro de Bragança e Habsburgo），因为继位时才六岁，所以头几年由三位大臣摄政。1840年佩德罗二世亲政，在巴西人民逐渐倾向共和的历史趋势下，又是搞土地改革，又是废除奴隶制，还打赢了巴拉圭战争

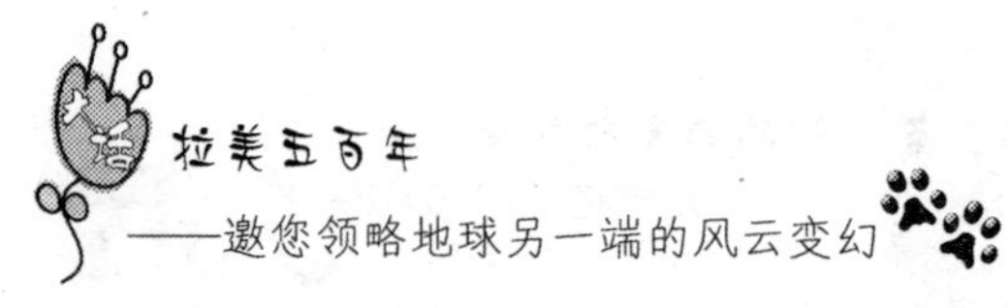

（这场仗是我后面的一个重点话题），结果硬是一直统治巴西到1889年，才被反对废奴的军队发动政变搞下台，巴西帝国这才灭亡。

佩德罗二世理性温和，开明进步，人称“高尚的佩德罗”（Pedro，O Magnânimo），是一位好皇帝。算上早年他“被摄政”的那些日子，在位长达五十九年，在位时间放在世界范围内估计也能排进前十名，遇上这么一位好皇帝，也算是巴西老百姓的福气了。

图5.1　巴西帝国皇帝佩德罗二世

（111）

和巴西帝国不同，原西属拉美殖民地的独立可都是真刀真枪打出来的。老百姓在被发动起来打仗的时候，没少接受民主共和思想的宣传。所以，君主制这一套在西属拉美很短命，没经过几年的折腾就寿终正寝，原西属的拉美国家都走向共和了。

这道政体选择题的第二问是另一个二选一：联邦制还是集中制。

简单地说，所谓联邦制，就是说组成国家的各个地区享有比较大的自主权，比如美国，各个州能在不违背联邦宪法的前提下，制定某些只在本州内实施的法律；又如德国，各个州的一把手也叫“总理”，在本州内的行政自主权很大；所谓集中制就是说国家的大权大多集中在中央，地方上除了颁布一些执行办法之外，没有多少的自主空间，比如法国，又如设立港、澳两个特别行政区之前的我国。

一般说来，联邦制比较适合于历史上没有统一的传统，或者全国各地区情况差异很大的国家，相反的话则是集中制更合适。

拉丁美洲各个国家的发展轨迹基本上也符合这个规律：由于独立的拉丁美洲国家一般都比较小，后来大多搞了集中制；而为数不多的几个大国则逐渐走上了联邦制的道路。

墨西哥最早的联邦制尝试是在1824年到1836年，后来从1857年开始正式确立联邦制，直到今天；阿根廷的联邦制是从1853年开始搞的，直到今天；委内瑞拉是1854年至今；巴西是1889年至今；哥伦比亚在1863到1886年期间也搞过联邦制。

除上述四个半国家（哥伦比亚已经废除了联邦制，所以算半个）以外，拉美各国搞的都是集中制。

应该说，对于拉丁美洲这些有着两三百年封建殖民统治背景的国家，地域虽然不广大，但是地形很复杂，而且居民的向心力也不高，不管集中制是否适合具体国情，但是还是有它的好处的，起码避免了分裂。

但是集中制也会带来另外的一些问题，比如政策缺乏弹性等。此外，跟集中制有着密切关联的一个话题就是独裁者，拉美称为“考迪罗”（Caudillo）。这个话题太大了，因此，我就不在建国之路这里多说了，后面会专门另辟一章，大讲特讲考迪罗。

简单总结一下拉美建国之路的第一道选择题——政体问题。

第一问：君主制还是共和制。答案：原西属的拉美各国基本选择了共和制，原葡属的巴西选择了君主制。

第二问：联邦制还是集中制。答案：建国之初大多是集中制，后来大国选择了联邦制，小国坚持了集中制。

能答出集中制时期有种现象叫“考迪罗”的，另外加分。

（112）

说完了政体问题，我现在跟大家一起来看看第二道题：如何平衡新的社会里各方各面的利益，选择谁掌握国家的权力。

整体说来，在拉丁美洲的新国家里，主要的利益群体有四个。

最上层是大种植园主、大矿山主和大商人、大买办。这批人在殖民时代过得就不错，唯一的美中不足是没有政治权力。现在独立了，他们自然希望一切维持原样，唯一要改动的就是把原来坐在统治者位子上的伊比利亚人换成自己。

其次是军队。拉丁美洲继承了伊比利亚军队热心参政议政的光荣传

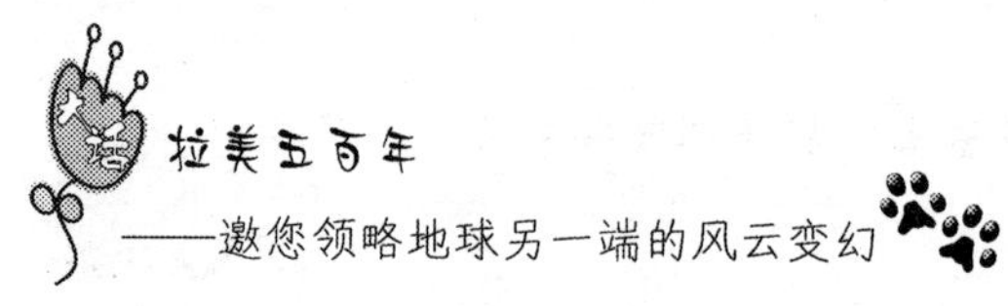

统，人家可不是“两耳不闻窗外事，一心只管干保安的”。军队在拉美新社会里也要说话，如果没人听的话，那也好办，不用抗议不用示威，俺们直接搞政变。

第三是中产阶级。当年不这么叫，叫“中层社会”，主要是城市里的小商人，小业主，小职员、熟练工人和农村里的小地主以及自耕农。这批人财产不多，人数不少，他们最想要的就是守住自己的一亩三分地，老婆孩子热炕头地过安稳日子，所以说他们是稳定社会的中坚力量。

最后是下层群众。包括城市里的非熟练工、城市贫民和失业者，矿山里的矿工，农村的雇农，种植园里的雇工和奴隶等，大家共同的特点是日子过得苦。尽管他们中的每个个人在政治上和经济上都谈不上什么影响力，但是总数庞大，一旦统治阶层完全忽视他们的利益，肯定会发生社会动荡。

从拉丁美洲独立开始，这四类人就在新的国家里开始了无休止的博弈。

由于利益群体的种类太多，无论是政治博弈还是政变内战，搞起来都太麻烦——治国可不是下四国军棋，那样的话很容易搞昏头。所以，后来拉美社会力量就重新排列组合，形成了两派。

首先是保守派。保守派 = 一切既得利益者 + 一切知足常乐者。这些人的共同特点就是希望维持现状。上述第一类人（有钱人）和第三类人（中产阶级）往往是保守派。而且，不像中文，无论英语还是西班牙语里的“保守”（conservatives，conservador）都是中性词，不含贬义，所以人家一直充满自豪地自称“保守派”。

然后是自由派。自由派 = 一切不满现状者。这些人的共同特点就是希望改变现状，获得财富和发展的机会。上述第二类人（军队里的那些苦出身）和第四类人（下层群众）往往是自由派。

当然，事实情况会更为复杂一些：自由派不全是没念过书的大老粗，闹得久了，人家也有很多自己的利益代言人，比如城市里那些刚刚参加工作的穷律师。

据史料记载，拉美各国独立之后几十年，保守派和自由派从头发上都能分出来——保守派一般留着干净的短发，自由派则大多留长发。

留长发倒不是因为要显得叛逆，而是理发的人工很贵，俺们自由派还都没钱剃头呢！

（113）

我现在开始兜售自己的“社会利益调节层次论”。

当一个社会各方各面的利益平衡得比较好的时候，大家就相安无事，齐心协力奔小康，这算是社会调节的第一层次。

一旦出现了问题，首先是要搞改革，从某个具体的制度一直到国家宪法，改来改去争取改好，这算是社会调节的第二层次。

如果实在改不好了，就发生激烈的社会变革，比如，不正常的政权更迭，甚至政变，这算是第三层次。

政变还算快刀斩乱麻，如果有些矛盾连政变都解决不了的话，那就得内战了，这就是第四层次。

所以说美国很厉害，人家也有利益平衡得不好的时候，但往往在第二层次（改革）时就化解了，最多搞个宪法修正案，但拉美国家呢，经常是一口气上升到第四层次（内战）。

关于第一层次，拉美人民齐心协力奔小康的事情，我就不在这里细说了，反正本篇后面还有专门描述拉丁美洲十九世纪经济发展的章节。

关于第二层级——改革，这个就比较乱了。社会变革的一个重要标志就是修宪——连国家的根本大法都变了，别的东西还能不变么？据美国历史学家统计，独立后的头一百五十年里，拉美的不到二十个主要国家一共颁布了一百八十到一百九十部宪法。

相比之下，拉美几个主要国家的情况还好：巴西1824年的宪法一直用到1889年帝国完蛋；阿根廷1853年的宪法用到1949年，到了1956年又接着用；墨西哥的1857年宪法一直用到1917年；智利的宪法从1833年用到1925年。相反，那些中小国家的宪法一天到晚变来变去，比如委内瑞拉，150年间通过了22部宪法，平均五六年一部，比詹姆斯·卡梅隆出片的速度快很多。

关于第三层次，我只能说，拉美国家政权变革的平均速度比修改宪法还快，甭说詹姆斯·卡梅隆那种精雕细琢的导演了，就是王晶和朱延平这两位烂片大导演捆在一起都赶不上人家，我就不细说了，大家只要知道那些国家的政权变得快、很快、非常快就可以了。

那么第四层次，也就是内战。

这么说吧，对于拉丁美洲来说，十九世纪就是一个内战的世纪。主要的内战列表如下：

时间	战争
1826～1829年，1837～1840年	中美洲内战及混战
1828～1830年	智利内战
1835～1845年	巴西“破衫汉战争”
1839～1842年	哥伦比亚的“最高层战争”
1847～1901年	墨西哥的卡斯特战争（玛雅人起义）
1854～1867年	墨西哥内战+外战
1851～1861年	阿根廷内战
1859～1863年	委内瑞拉的“联邦战争”
1890～1891年	智利内战
1899～1902年	哥伦比亚的“千日战争”

怎么样，厉害吧？这还是数得着的，数不着的就不好统计了。比如，光是1840年6月到10月，秘鲁军人就前后暴动十三次；阿根廷的拉普拉塔河（Rio de la Plata）地区1852到1862年暴动一百一十七次；哥伦比亚（除了上表里的“最高层战争”之外）在十九世纪内发生全国性叛乱十一次，等等。

顺便说一句，后面会说到，对于拉丁美洲来说，二十世纪还是一个内战的世纪。

二、分分合合的中美洲

（114）

在前面的第四篇《独立时代》中，我没有介绍中美洲各国的独立情况。这是因为相对于拉丁美洲的其它主要国家来说，中美洲几个小国的独立过程不仅复杂又混乱，而且一直延续到了1825年拉美独立运动基本结束之后。

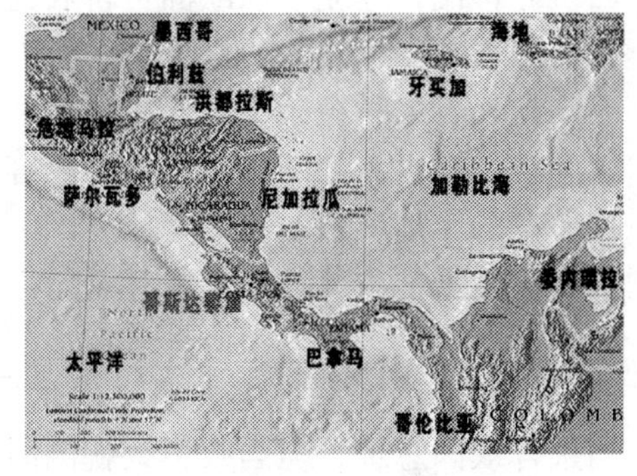

图5.2　中美洲

在殖民地时期，中美洲归新西班牙总督辖区的危地马拉都督府管辖，下设六个行省：恰帕斯、危地马拉、洪都拉斯、萨尔瓦多、尼加拉瓜和哥斯达黎加。墨西哥独立之后，受这个北方邻居的影响，中美洲各殖民地也陆续开始了独立的进程。

1821年9月初，恰帕斯省首先宣布脱离西班牙，与墨西哥合并，然后其余五个行省立刻跟风宣布独立。当时的墨西哥执政者伊图尔维德希望借此机会，将危地马拉都督辖区完全合并到墨西哥，于是就向危地马拉都督发出了呼吁。

但是危地马拉六个行省意见不一致：四个希望加入墨西哥，哥斯达黎加希望加入南边的大哥伦比亚，而萨尔瓦多则希望独立。看到大家的意见反正也统一不起来了，1822年6月，伊图尔维德干脆派军队开进危地马拉都督辖区，强行占领了整个中美洲。

1823年3月，伊图尔维德政权垮台，刚刚独立不久的墨西哥国内又乱成一团糟，中美洲各行省开始闹独立。7月1日，原危地马拉都督辖区的国民议会宣告，脱离墨西哥正式独立，组成“中美洲联合省”（Provincias Unidas del Centro de América）。10月份，这一决议得到五个行省的批准，只有恰帕斯决定留在墨西哥。于是，它就成了今天墨西哥最靠南、最落后、局势最动荡、起义最活跃的恰帕斯州。

“中美洲联合省”在1825年改名“中美洲合众国”（República Federal de Centro América），这是一个短命的国家。别看中美洲五个地区面积不大，人口不多，但是地理条件和经济社会状况差异很大，联合建国之后就不断发生内部冲突。

在土地肥沃、劳动力众多的危地马拉和萨尔瓦多，殖民时代的西班牙地主们建立了以大地主为基础的强大的封建结构；相对贫瘠的洪都拉斯和尼加拉瓜则发展出商业和贸易经济；哥斯达黎加吸引了缺少资本的西班牙移民，建立了以欧洲自耕农为基础的较民主的政治结构。五个地区的国情各不相同，所以分裂的势力就比较强大。

代表着大种植园主和天主教会利益的保守派，和代表着新兴资产阶级利益的自由派之间更是水火不相容：保守派希望建立中央集权制，维持原有的土地制度，维持教会和军人的特权；自由派主张取消教会特权，实施土地改革，建立联邦制。

1825年，萨尔瓦多人曼努埃尔·何塞·阿尔塞在自由派的支持下当选合众国总统，但当政不久就倒向保守派，第二年，联邦政府和危地马拉的自由派地方政府发生冲突，后者被保守派的联邦政府颠覆。

有如滔滔江水般绵延不绝的中美洲混战就此开始。

（115）

合众国总统阿尔塞先后击败了自由派掌权的危地马拉和萨尔瓦多，暂时控制了全国局势。可自由派也不是好惹的，洪都拉斯人莫拉桑率领着自由派开始反击。

1829年4月，莫拉桑率领的洪都拉斯和萨尔瓦多自由派联军开进合众国首都危地马拉城，推翻了阿尔塞政府，驱逐了危地马拉大主教，把阿尔塞本人轰到了墨西哥，混战暂时告一段落。1830年，莫拉桑当选总统，两年后通过内战驱逐了萨尔瓦多的保守派政府。由于担心危地马拉的保守派控制全国，1834年他把国家首都迁到萨尔瓦多。

1834年莫拉桑连任。1836年到1837年，危地马拉发生霍乱，危地马拉的保守派通过教会散布谣言，煽动印第安人说“自由派有意通过霍乱来灭绝印第安人，夺取土地”，引发危地马拉印第安人造反，混战再次开始。莫拉桑亲自领兵前去镇压，可是被拉斐尔·卡雷拉（Rafael Carrera）领导的危地马拉印第安人军队击败，莫拉桑本人逃到萨尔瓦多避风头。

保守派和自由派这么打来打去，打得大家都撕破了脸，干脆就不再在一个锅里吃饭了。

1838 年 4 月 30 日，尼加拉瓜宣布永远脱离中美洲合众国。5 月 30 日，中美洲合众国联邦国会通过一项决议，宣布各国可以自行决定同联邦间的依附关系。8 月 30 日哥斯达黎加独立，11 月 5 日洪都拉斯独立。1839 年 2 月 1 日，莫拉桑的总统任期结束了，但新的总统选举看来也没必要举行了—— 4 月份，卡雷拉夺得危地马拉的统治权，13 日宣布国家独立。这样一来，中美洲合众国就只剩下萨尔瓦多一个成员国了。

1841 年 2 月 18 日，孤家寡人的萨尔瓦多只好“被独立”，中美洲合众国存在了十几年就完蛋了。

中美洲合众国完蛋了，但是在各国掌权的人，不管是保守派还是自由派，都对邻国的战友给予支持，在邻国冲突时提供援助，再加上还有人希望恢复通过武力恢复合众国的，于是，中美洲继续打仗。

1842 年，莫拉桑来到哥斯达黎加，当选总统。他想重新统一中美洲，就筹划着首先进攻尼加拉瓜，但是他本人却被哥斯达黎加的保守派给搞掉了。这一年的 9 月 15 日，也就是中美洲联合省成立二十一周年的纪念日之际，莫拉桑被处死。

保守派的卡雷拉在危地马拉建立的政权比较稳固。但是在尼加拉瓜、洪都拉斯和萨尔瓦多，则不断发生自由派试图推翻保守派的政变。此外，由于自由派占优势，这三国具有较强烈的联邦主义情绪，一再地试图恢复中美洲联合省。

1842 年，这三国建立起一个松散的邦联，但是两年后因内部纷争而解散。

1851 年，萨尔瓦多和洪都拉斯的自由派组成联军，希望恢复合众国，但被卡雷拉指挥的一支由危地马拉军队和萨尔瓦多、洪都拉斯和尼加拉瓜保守派组成的联军给灭了。

1852 年 10 月，由萨尔瓦多、洪都拉斯和尼加拉瓜三国组成“中美洲联邦”（Federación de Centro América），这个政权享年大约一个月。

1885 年，危地马拉总统瓦里奥斯（Justo Rufino Barrios）为统一中美洲而对萨尔瓦多进行了军事征讨，但很快失败。

1896 年，由萨尔瓦多、洪都拉斯和尼加拉瓜组成了“大中美洲共和国”（República Mayor de Centroamérica），存在两年。

1921 年由萨尔瓦多、洪都拉斯和危地马拉组成“第二中美洲联邦”（Federación de Centro América），坚持了大约一年之后解体。

中美洲就这么一直乱着，合了分，分了合，内战、外战加混战。

从前面说的五个小国的不同国情来看，很难说统一就比独立更好，而且每个国家里都有保守派和自由派，五个小国的国内都乱成一锅粥，更别说统一了。

后面还会说到，中美洲的这种混乱一直延续到 20 世纪。

三、枪口上的乌拉圭

（116）

我在第四篇《独立时代》总结拉美各国独立情况的时候，除了中美洲之外，曾经还留了个乌拉圭的尾巴，放到现在来说。

这是因为乌拉圭的情况太特殊了——它地处拉普拉塔河口，是个战略位置很重要的地区。1516 年初，西班牙探险家胡安·迪亚斯·德索利斯［我在本书很早之前提到过这个人，就是后来被拉普拉塔流域的土著人给抓住吃掉了的那个倒霉蛋］发现了乌拉圭。但是因为它在拉普拉塔河以东，所以从葡属巴西去乌拉圭比从西属拉普拉塔去容易。这样一来，西班牙和葡萄牙就开始争夺乌拉圭，直到 1726 年，西班牙人才打败了葡萄牙人，夺取了乌拉圭。

这就是为什么教科书上说，1726 年西班牙才建立了对乌拉圭的统治。

1814 年，乌拉圭趁着西属拉美各地起义的一窝蜂，在民族英雄何塞·格拉瓦西奥·阿特加斯（José Gervasio Artigas）的领导下，摆脱了西班牙的殖民统治。

1821 年，那个唯恐天下不乱的葡萄牙国王若昂六世不是正在巴西避难嘛，就趁着西班牙和西属拉美殖民地乱成一锅粥的机会，把个乌拉圭给兼并了，改名为西斯普拉廷省（英语，Cisplatine）。

1825 年 4 月，乌拉圭的爱国者在阿根廷政府的支持下宣布起义，8 月 25 日宣布国家独立，到了 10 月份，又宣布与阿根廷合并。

这样一来，巴西不干了。12 月份，巴西向阿根廷宣战，第一次乌拉圭战争就此爆发。

这个仗一共打了五百天，巴西把它叫做“西斯普拉廷战争”，阿根廷叫它“东拉普拉塔战争”。

巴西是挑起这次战争的一方，所以一开始占据主动，可是没多久，就在陆战和海战中双双失利，一时间，巴西的处境很艰难。阿根廷的情况也没好到哪里去——由于国内有不少地方分离主义者反对阿根廷为了乌拉圭打这场仗，结果阿根廷也是骑虎难下。

这么一来，1827 年 5 月，巴西和阿根廷和谈，规定乌拉圭仍属巴西，第一次乌拉圭战争的上半场结束。

阿根廷没脾气了，可是英国又来添乱。

话说英国自从十七世纪崛起之后，在全世界到处扩张，当然也没少打拉丁美洲的主意。可是因为西班牙和葡萄牙对拉美控制得很严，英国折腾来折腾去，只不过在加勒比海搞了些小岛。

英国不甘心，就伺机在拉普拉塔地区动手脚。1806 年，英国入侵布宜诺斯艾利斯，结果失败。于是，后来英国就把染指拉普拉塔地区的重点放在了乌拉圭的蒙得维的亚（今乌拉圭首都）附近。

巴西和阿根廷罢兵不战，英国就没有浑水摸鱼的机会了。于是，英国就怂恿阿根廷继续闹，第一次乌拉圭战争的下半场就此开始。

由于有英国撑腰，这次阿根廷打得很顺利——1828 年，驻扎在乌拉圭的巴西军队被赶跑了。8 月 27 日，巴西和阿根廷在蒙得维的亚签订和约，乌拉圭成为了一个独立国家。

不过，乌拉圭的战争才刚刚开始。

(117)

1835 年，乌拉圭出现了两个对立的政党：保守派的“白党（Blancos）”和自由派的“红党（Corolados）”，大家看过前面的拉美建国选择题，估计会猜到，乌拉圭的这两派肯定和别的国家一样，彼此的政治斗争闹得特别厉害吧？

嘿嘿，其实这样还算猜错了——何止政治斗争啊，乌拉圭的这两派后来直接动手干起来了。

红白两党旗鼓相当：自由派的红党领袖叫利维拉（Fructuoso Rivera），大本营在蒙得维的亚，支持者是新兴资产阶级，后台老板是阿根廷的自由派。

保守派的白党领袖叫奥利维（Manuel Oribe），大本营在克里托，支持者是大种植园主，后台老板是巴西、英国、法国，还有阿根廷的保守派。两党用臂章的颜色相区别。

从 1835 年两党先后成立之初开始，两个党就干上了。

1839 年，乌拉圭总统，红党领袖利维拉趁着阿根廷自由派抬头的机会，把乌拉圭前总统，白党领袖奥利维给流放了。可是红党忘了，阿根廷保守派的老大，独裁者胡安·曼努埃尔·德罗萨斯（Juan Manuel de Rosas）还在台上呢！没过几个月，罗萨斯接受乌拉圭白党的要求，出兵进攻乌拉圭。

第二次乌拉圭战争（西班牙语又叫 Guerra Grande,“伟大的战争”）就此爆发。

1842 年，罗萨斯的军队占领了乌拉圭大部分国土。1843 年 2 月，罗萨斯和奥利维的联军包围红党根据地，乌拉圭首都蒙得维的亚，一场现代历史上罕见的围城战就此开始。

图 5.3 德罗萨斯

这场围城战，前后历时长达九年。法国作家大仲马（Alexandre Dumas，père）就称它为“新的特洛伊”战争（new Trojan War），由此可见它的漫长。

围城战开始的时候，蒙得维的亚城里只有四万两千多人，其中包括大量的欧洲侨民。由于当时谣传阿根廷军队要杀光他们，所以各国侨民奋起自卫。

4 月 1 日，法国志愿军首先成立；随后，意大利人也组织了自己的志愿军。意大利志愿军的第一任首领叫戴维·瓦卡雷扎，但是由于军队表现不佳，被称为“懦夫军团”，蒙得维的亚的市领导就出面撤了瓦卡雷扎的职，换了城里的另一个意大利人，一个当时教数学的老师来执掌军队。这位数学老师的名字，叫朱塞佩·加里波第（Giuseppe Garibaldi）。

是的，大家没看错，这个意大利数学老师、志愿军首领，就是后来意大利独立运动的领导人，大名鼎鼎的意大利民族英雄加里波第。说实话，我第一次查到这个史料的时候，也惊讶得不得了——我只能说，事情太巧了，世界太小啦！

加里波第上任之后，对军团进行了彻底改组。他重新设计了黑色军旗，绣上喷发中的维苏威火山。由于意大利军团没有统一的制服，大家不得不从一家肉类加工厂搞来屠夫的红色工作服来充数。

最初，加里波第很讨厌这种红制服，感觉穿上它就像是杀猪的。但是他很快就喜欢上了它，加里波里说，“绯红色的上衣，配上一条色彩鲜艳的小领巾，显得十分潇洒。”（——嘿嘿，意大利人，啥时候都忘不了时装秀。）这样一来，当地的老百姓就把这支意大利军团称为“红衫军”。

这也就是后来威震欧洲的“意大利红衫军”的开端。

(118)

加里波第领导意大利军团展开反攻，昔日的“懦夫军团”在新统帅的指挥下脱胎换骨，突围出城，占领了巴拉那河上游的萨尔托城。9月20日，阿根廷独裁者罗萨斯命令手下的将领乌尔圭扎率军三千人立即夺回该城，乌尔圭扎率兵猛攻三天，不能攻克，只好收兵。

1846年2月7日，双方又在圣安东尼奥展开一场大战。当时，乌拉圭派阿纳克莱托·梅迪纳将军带着五百骑兵增援萨尔托，加里波第则亲率步兵一百八十六人和骑兵一百人到城外的圣安东尼奥去接应。不料消息走漏，加里波第的意大利军团遭到阿根廷军队的包围。

阿根廷上校戈麦斯接到的命令是必须生擒加里波第，所以他没有下死手。他在战场正面投入了一千五百骑兵和三百步兵，侧翼还有掩护。但是意大利人占据了有利地形，奋战整整一天，挡住了阿根廷人的进攻，天黑后顺利突围。

史料上都说，“圣安东尼奥这一战为加里波第赢得了举世威名”。(说起来，这长达数小时的奋战，也是罗马时代之后的意大利军队所能炫耀的为数不多的几次“大战”之一吧!)

此后，由于阿根廷独裁者德罗萨斯在乌拉圭的问题上跟英国法国发生了争执，英国、法国和巴西先后与保守派掌权的阿根廷日渐疏远，德罗萨斯开始顶不住了。

1851年10月，阿根廷恩特雷里奥斯省的军政长官乌尔基萨（Jose de Urquiza）和巴西以及乌拉圭的里韦拉红党政府结成反德罗萨斯同盟，率领联军进入乌拉圭，打败了德罗萨斯的军队，解了长达九年半的蒙得维的亚城之围。

1852年2月，乌尔基萨率军进入阿根廷，在布宜诺斯艾利斯附近的卡塞罗斯山战役中消灭了德罗萨斯的部队。战败的罗萨斯只好逃到英国，第二次乌拉圭战争到此彻底结束。

两次的乌拉圭战争，让巴西和阿根廷这两个南美大国都吃了亏。打来打去，两国也看出来了，与其围着这块地方争来夺去，还不如让它独立，这样一来，两个大国之间也能有个缓冲地带，省得动不动就抄家伙火并。

所以，第二次乌拉圭战争结束之后，乌拉圭总算摆脱了阿根廷的统治，彻底独立了。为了跟巴西搞好关系，乌拉圭把一部分北方领土让给巴西，把两国之间的边界划到了夸雷姆河。

虽然此后，乌拉圭红党与白党之间的权力斗争，和因此带来的国内政局动荡依然闹腾个不停，但乌拉圭总算不会动不动就打仗了。所以说，乌拉圭总算初步安定下来了。

乌拉圭这地方属于拉普拉塔河口地区，境内还有条内格罗河，土地肥沃，而且地处南美洲的温带，所以特别适合农业生产。

后来的乌拉圭就成为了南美的农业出口大国。十九世纪末二十世纪初，欧洲局势动荡，农产品价格高。乌拉圭靠出口农产品狠狠地发了一笔财，那时的乌拉圭因为经济宽裕、生活安宁，号称“南美洲的小瑞士”。

这么说来，乌拉圭好歹也算过过几天好日子。

四、哥伦比亚大梦碎

（119）

前面说过，1819 年 2 月 17 日，在委内瑞拉和新格拉纳达地区两个地区举行的联合国会上，通过了成立哥伦比亚共和国的决议。为了和今天的哥伦比亚相区别，人们一般称这个国家为“大哥伦比亚共和国”。

1821 年 5 月，大哥伦比亚在临时首都库库塔召开立宪会议。8 月 20 日，会议通过和颁布了大哥伦比亚的第一部宪法，在政体方面宣布实行中央集权的共和制。这次会议还选举玻利瓦尔为共和国的第一任总统，副总统是德桑坦德（de Santander）。

1822 年 6 月 16 日，玻利瓦尔和此前受他委派的部将苏克雷并肩解放厄瓜多尔，随后，厄瓜多尔宣布加入大哥伦比亚。这是大哥伦比亚共和国最大的时候，包括了今天的哥伦比亚、厄瓜多尔、委内瑞拉和巴拿马四个国家。

按玻利瓦尔的打算，这个大哥伦比亚还要不断扩张，直到把整个西属南美洲都统一到一起，建立起一个跟后来的美利坚合众国不相上下的哥伦比亚合众国。

可是此后这个大哥伦比亚不仅没有再扩大，反而很快四分五裂了。

四分五裂的原因，跟建国之路前面那三篇里说的情况大同小异：内斗，但主要不是保守派和自由派的分歧，而是集权派和联邦派的内斗。

玻利瓦尔本人是铁了心的集权派，副总统德桑坦德则是联邦派，自从两人搭伙治理大哥伦比亚开始，双方的争斗就没停止过。

1826 年 4 月，委内瑞拉地区的执政者派斯（Paez Antonio）和反对桑坦德的新格拉纳达地区的执政者们吵吵嚷嚷要求各自单独建国，经过玻利瓦尔调解，才算暂时不闹了。

1828 年 4 月 2 日，大哥伦比亚的国民代表会议在奥卡尼亚召开。国会上，玻利瓦尔的集权派和德桑坦德的联邦派发生了尖锐冲突。8 月 27 日，玻利瓦尔断然下令，解除了德桑坦德的副总统职务，开始搞“一言堂”。德桑坦德这批人立刻指责玻利瓦尔是独裁者，这么一来，玻利瓦尔名誉扫地，连他的支持者们也开始离心离德了。

（120）

1829 年 11 月，委内瑞拉宣布退出大哥伦比亚。眼看自己毕生的梦想就要毁于一旦，玻利瓦尔在 1830 年 1 月宣布辞去总统职务——尽管玻利瓦尔有这样那样的问题，但是从他为了统一的梦想而放弃独裁的机会这一点来看，他的确是个为了理想而奋斗终生的英雄。

玻利瓦尔辞职之后，大哥伦比亚的分歧非但没有因此停止，反而因为没有了能控制大局的人而愈演愈烈。5 月 31 日，基多地区宣布退出大哥伦比亚，成立厄瓜多尔共和国。

辞职的玻利瓦尔退居富查，因为梦想破灭而沮丧至极、一病不起。12 月 17 日，解放者玻利瓦尔在圣马尔塔因肺结核而去世，年仅四十八岁。据说他临死的时候绝望地说，“我们（拉丁美洲老百姓）永远不会幸福，永远不会。”

玻利瓦尔一生献身南美解放事业，百折不挠，出生入死，身经前后四百七十二战，赢得南美洲北部地区独立。他宁愿放弃独裁机会，也要统一西属南美，可惜梦想最终破灭，英年早逝，说起来也是一位悲剧式英雄。

1831 年，成了孤家寡人的哥伦比亚，像中美洲的萨尔瓦多一样“被独立”，带着巴拿马地区一起改名新格拉纳达共和国，直到 1861 年才把国名改回哥伦比亚。

从大哥伦比亚分裂之后，拉丁美洲各国就只有进一步分裂的份儿了，再也没有几个国家成功统一的例子了。

说完大哥伦比亚的破碎，拉美建国初期的主要内容也就讲完了，除了两个尾巴：

第一个尾巴是海地岛（原名伊斯帕尼奥拉岛）的分裂。

前面说海地革命的时候曾经说过，在独立运动期间，海地曾经被杜桑和他的追随者们统一过。但是，这个岛屿西部曾经是法国殖民地，东部则基本上一直是西班牙殖民地，文化和历史的差异让加勒比地区的这么一个海岛都不能统一起来。

1844 年，在被海地统治了二十二年之后，胡安·杜瓦特（Juan Pablo Duarte）领导的海地岛东部起义军“赶跑了海地殖民者”（这是历史教科书上用的原话，我感觉怪怪的——原来海地这么个小破国还当过“殖民者”哪!)，建立了多米尼加共和国。

多米尼加是西班牙语“星期日、休息日”的意思，据说哥伦布第一次登陆美洲的日子就是星期日，多米尼加因此得名。今天的加勒比地区有两个多米尼加，现在说的是“多米尼加共和国”，此外还有一个群岛国家叫“多米尼加联邦”，因为曾经是法国的殖民地，所以也按照法语的发音，叫做“多米尼克”。

（121）

第二个尾巴是关于拉美这些新国家的外交。

一般来说，新兴国家要想得到国际社会的一致承认，往往不太容易——你刚从某个国家独立出来，我们想要承认你的话，也总要考虑考虑你原来的宗主国的态度吧？

但是和欧亚的很多国家相比，拉美各国获得国际社会的承认就容易了很多——它们原来的宗主国西班牙和葡萄牙已经从全球帝国变成了软柿子，欧美各国没必要看他们的脸色，还是尽快跟拉美国家建交，发展国际贸易要紧。所以拉美独立运动结束不出十年，英美法俄等大国就都很快地和这些新国家建立了外交关系。

就连罗马教廷，都没有给西班牙和葡萄牙这俩天主教大国什么面子——1827 年，罗马教廷就开始批准拉美新国家呈报的主教候选人名单了，1833 年西班牙国王费尔南多七世去世之后，教廷更加无所顾忌，从 1835 年承认新格拉纳达开始，很快就承认了拉美各国。

说到建国时期的拉美外交，还有一个重要话题就是大名鼎鼎的“门罗主义”。

1823 年 12 月 2 日，美国第五任总统门罗在提交给国会的咨文中宣称：

一、美国不干涉欧洲列强的内部事务或它们之间的战争；

二、美国承认并且不干涉欧洲列强在拉丁美洲的殖民地和保护国；

三、欧洲列强不得再在南、北美洲开拓殖民地；

四、欧洲列强任何控制或压迫任何美洲国家的企图，都将被视为针对美国的敌对行为；

五、“美洲是美洲人的美洲”

……

简而言之一句话：你们欧洲谁当家俺不管，可你们欧洲也别来插手俺们美洲。

这个咨文后来被称为“门罗宣言”，成为了美国直到今天的拉丁美

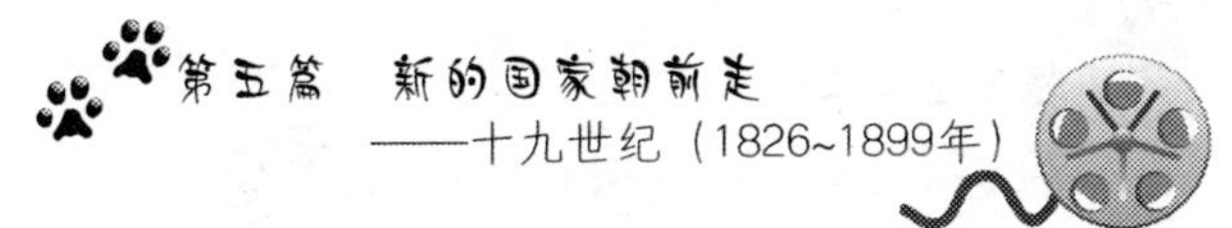

洲外交政策的基础，史称“门罗主义”。

对于门罗主义，历来有不同的解读：

支持门罗主义的人说，门罗主义避免了拉美国家再次沦为欧洲列强的殖民地；反对门罗主义的人说，门罗主义使拉美国家成为了美国的经济殖民地。

大家一眼就能看出来，这两伙人说的其实是一个意思：拉丁美洲不再是欧洲列强的地盘了，可是它们实际上也没彻底独立——以后它们就姓美国了。

不过，门罗主义刚提出的时候还只不过是美国的一厢情愿——十九世纪的美国还没牛到在拉美到处指手画脚的地步，我在后面谈到这一时期的经济发展时会说到，英国才是十九世纪拉美各国的幕后老大。拉美真正成为美国的后院是在二十世纪，美国的翅膀长硬了之后。

到了二十世纪初，美国第二十六届总统西奥多·罗斯福发扬了美国人民心直口快藏不住话的光荣传统，直截了当地这样解读门罗主义，“…speak softly and carry a big stick.”（直译：“柔声说话，带根大棒子”；意译的话更好懂：“俺们美国对待拉美就是六个字：胡萝卜加大棒！”）

五、考迪罗初次登台亮相

（122）

“考迪罗”（西班牙语，Caudillo；葡萄牙语，Caudilho）是拉丁美洲一个非常重要的历史名词。它可以指某些人，也可以指某些制度，还代表某些政治理念。如果用最简单的中文对这个词的含义加以描述的话，那就是“军事独裁”，而那些依靠强大的军事实力建立或维护着独裁制度的统治者本人，也被称为“考迪罗”。

考迪罗的含义，有广义和狭义之分。广义的考迪罗，既包括皮萨罗那样的征服者，也包括玻利瓦尔那样的解放者；狭义的考迪罗，则只指拉美各国独立后出现的军事独裁者。

拉美独立之后，几乎所有的原西班牙殖民地国家都出现过考迪罗。我这一章的内容，就是首先介绍几个大名鼎鼎的考迪罗，然后再分析一下考迪罗出现的原因。

拉丁美洲第一个，也是十九世纪最著名的考迪罗，是在前面的乌拉圭战争中亮过相的胡安·曼努埃尔·德罗萨斯（Juan Manuel José Domingo Ortiz de Rozas y López de Osornio，这个 Rozas 后来被他本人改写成 Rosas）。

1793 年 3 月 30 日，德罗萨斯出生在阿根廷拉普拉塔河（Rio de la Plata）地区的最大的牧场主之一的家庭里，可以说是出身豪富。可能是自幼娇生惯养的结果，从少年时代开始，德罗萨斯就养成了桀骜不驯的性格——他曾经因为跟父母吵翻了，干脆离家出走，这么一个豪门子弟一度靠给别人赶骡子为生。

后来，德罗萨斯来到布宜诺斯艾利斯，在二十二岁时开了家腌肉工厂。因为他很能干，再加上跟父母重归于好之后，得到了家里大力的财务支持，这家工厂很快就成了整个布宜诺斯艾利斯最大的腌肉工厂之一，以至于遭到了同业们的合力排挤，强迫它关了门。

腌肉厂关门之后，德罗萨斯又拿出一大笔钱买土地，成了一个大牧场主。

当时的牧场主们最讨厌的就是那些成天骑着马，在潘帕斯草原上跑来跑去的高乔人。这批高乔人懒散惯了，而且没受过教育，脑袋里根本没有“私有财产”这个词——他们饿了就从农场主们的牧群里偷来小牛犊宰了吃，往往只给倒霉的农场主留下一张牛皮。

为了对付这些以“你的就是我的，我的还是我的”为人生信条的高乔牛仔，很多牧场主都组织武装，到处打击这帮强盗。德罗萨斯是个例外——通过大碗喝酒大块吃肉的手段，他跟这帮“绿林好汉”成了铁哥们。

1820 年，刚刚独立不久的拉普拉塔联合省局势动荡，德罗萨斯就把他那批高乔弟兄组织起来维持治安，一时间，他成了拉普拉塔地区众望所归的民众领袖。老百姓都相信，有德罗萨斯领导，拉普拉塔地区就能走向稳定和繁荣。

1829 年，德罗萨斯在联邦派的支持下当选拉普拉塔的省长。1833 年到 1834 年，他发动了“荒漠远征”，进攻阿根廷南部的土著居民，为 1826 年正式改组成联邦共和国的阿根廷夺取了大片土地。

顺便说一句，1830 年代初，当时正坐着“贝格尔号”进行环球航行的进化论创始人达尔文在阿根廷地区遇见了德罗萨斯。二十岁出头的达尔文对德罗萨斯的评价极高，觉得他既有魄力，又有能力，简直就是自己的偶像。

达尔文在自己的记录中举了个例子：当时德罗萨斯规定，为了维护治安，星期日不允许任何人带刀出门。结果有一次因为疏忽，他自己在星期日带了把刀出门，德罗萨斯以身作则，干脆关了自己的禁闭。

（123）

1835 年，德罗萨斯被阿根廷议会授予“la suma del poder”（西班牙语，“最高执政者”）的称号，他就此开始了为期十八年的独裁统治。

德罗萨斯的统治要点，归纳起来就是一句话，“一个中心，两个基本点”：中心是维护自己的独裁统治；一个基本点就是团结和保护所有支持他的人，和所有可能支持他的人；另一个基本点就是对政敌实施无情打击。

德罗萨斯团结的主要对象是阿根廷的穷苦老百姓，他自称“人民的人（英语，man of the people）”，非常注意保护那些原来不招人待见的高乔人，也保护包括非洲后裔在内的阿根廷各族人民。为了解决当时阿根廷居高不下的失业问题，德罗萨斯采取了跟赵匡胤一样的做法——招兵，大规模招兵，把失业的老百姓都变成了自己的专政机器，再用资本家和大地主的钱养兵，这个举动得到了全国穷苦老百姓的一致拥戴。

为了团结更多的人，德罗萨斯甚至把殖民时代被赶走的天主教耶稣会的教士们都邀请了回来。耶稣会教士们对德·罗萨斯感恩戴德，把他的画像挂在教堂里，用咱们中国的古话说，就是让德罗萨斯“配享耶稣”。

与此同时，德罗萨斯对政敌可是毫不留情。

为了巩固自己的统治，德罗萨斯成立了一个叫 Marzocas 的武装组织，专门对付政敌。不出几年的工夫，凡是想跟他唱反调的人，不是被抓了被杀了，就是被迫流亡到国外去了。

由于德罗萨斯虽然名义上自称是个联邦主义者，实际上却是个中央集权派。因此，那些流亡到智利和乌拉圭的政敌们，就团结了大量的联邦主义者，准备找机会把德罗萨斯搞掉。

我在前面说过，1839 年，德罗萨斯发动了第二次乌拉圭战争，结果因为有加里波第这样的牛人镇守，蒙得维的亚久攻不克，成了现代的特洛伊。趁着德罗萨斯焦头烂额的机会，反对派们开始动手了。

1851 年 10 月，阿根廷恩特雷里奥斯省的军政长官德乌尔基萨（Jose de Urquiza）和巴西以及乌拉圭的里韦拉红党政府结成反罗萨斯同盟，反对德罗萨斯。

1852 年 2 月 3 日，德罗萨斯在卡塞罗斯（Caseros）被德乌尔基萨的军队打败，腹背受敌，只好交出权力，流亡英国。

1877 年 3 月 14 日，德罗萨斯在英国去世，享年八十五岁。

长久以来，对于德罗萨斯一直存在着两种截然不同的评价：欧美主流和阿根廷的亲英美派把他描绘成一个专制魔王，简直是杀人放火无恶不作；可阿根廷的底层老百姓把他看成民族英雄和救星。

如果让我评价的话，对于这位拉丁美洲第一个考迪罗，很难简单地用“好人”或者“坏人”来评价：一方面，他的确是个军事独裁者，不仅残酷镇压国内政敌，还武装干涉乌拉圭；可同时，他也的确是“人民的人”，给高乔人和其他穷苦老百姓带来了和平和财富，还顶住了欧洲列强对阿根廷的窥伺，占领了南部地区，实现了国家的统一。

阿根廷人对德罗萨斯的评价，也显示了阿根廷国内的政治走向：由于阿根廷历届政府的反对，他的灵柩长期被迫停在英国，直到 1989 年，逐渐向贫苦老百姓靠拢的阿根廷新政府才将他的灵柩迁回祖国。

顺便说一句，也有历史学家认为，在德罗萨斯之前统治布宜诺斯艾利斯地区的胡安·奎洛加（Juan Facundo Quiroga）才是拉丁美洲的第一个考迪罗。

（124）

和德罗萨斯齐名的另一个拉美考迪罗，是被称为“巴拉圭独立之父”，统治巴拉圭长达二十四年的何塞·加斯帕尔·罗德里格斯·德·弗朗西亚·伊·维拉斯科（José Gaspar Rodríguez de Francia y Velasco），简称弗朗西亚博士。

毫无疑问，弗朗西亚博士是拉美独立二百多年以来所有的考迪罗中最有文化的：他是哲学硕士和神学博士，会讲五种语言（瓜亚尼语、西班牙语、法语、拉丁语和英语）。据说在当时的巴拉圭，货真价实的博士全国一共才两人。（——别问我，我不知道另一个人是谁。）

1811年5月14日，巴拉圭宣布独立，由于有文化——在此之前他已经在神学院教了二十六年的拉丁文——弗朗西亚博士被任命为国会秘书。

事实证明，弗朗西亚博士不仅有文化，而且搞政治也是一把好手——在随后的两年时间里，他领导巴拉圭纵横捭阖，摆脱了巴西和拉普拉塔（后来的阿根廷）两大势力的控制。

1813年10月1日，由于实现了国家真正独立的这个功绩，弗朗西亚博士被国会任命为执政官之一——当时的巴拉圭国会仿效古罗马的习惯，任命了两名执政官，弗朗西亚博士和富尔亨西奥·耶格罗斯（Fulgencio Yegros），两人分别执政一个月，然后两班倒。

1814年10月1日，国会任命弗朗西亚博士为为期三年的独一无二的执政官。1816年6月1日，他再被国会任命为巴拉圭的终身执政官，弗朗西亚博士对巴拉圭的独裁统治就此开始。

同德罗萨斯类似，巴拉圭的考迪罗弗朗西亚博士也是一个两手抓、两手都很硬的狠角色。

从1816年开始，他禁止巴拉圭举行群众集会，在随后二十多年的独裁统治期间，囚禁了五百多名反对者。

他没收天主教会的财产，接管教会的财务监督权；强行向富人摘捐款摊派，强行征购大地主的土地，然后再以非常低廉的租金把土地租给没有地的农民——四万九千人因此得到了土地（相当于当时巴拉圭全国人口的百分之十三）。巴拉圭农民的生活水平就此大大提高，而且土地改革让这个小国的农牧业一下子飞速发展起来——几年时间之内，巴拉圭就从一个牛肉进口国变成了出口国。

几年之后，弗朗西亚博士不得不限制肉牛的养殖数量，因为牛太多了，眼看就要把全国的牧场都吃光了——巴拉圭的农业生产多样化也就此发展起来了。

弗朗西亚博士的独裁政府效率惊人——中央政府除了他本人之外，只有警务部长一名、财务部长一名、政治秘书一名（行使司法部长和内政部长的职权）、“贫民保护人”一名，外加一个小小的秘书处，总数只有十个人不到。在地方上，他把全国分为二十个地区，每个地区的官员只有三名：一个地区领导人，一个税务官，外加一个法官，而且这三人还是当地老百姓选出来的。

与此同时，弗朗西亚博士严惩腐败，他亲自检查那二十个税务官的账本，甚至把他不称职的亲弟弟都给开除出了公务员的队伍。他本人也很清廉，在他去世以后，巴拉圭政府按照他生前颁布的法律，把他那点微不足道的个人财产也都充公了。

除去为了维护国家稳定，弗朗西亚博士的军费开支不算少以外，可想而知，这么小的一个政府根本花不了多少钱。于是，巴拉圭政府在他的统治下，尽管不断减税减税再减税，却一直能保持收支稳定，还能用收上来的税金搞教育，老百姓的负担也就微乎其微了。

在弗朗西亚博士的独裁统治下，巴拉圭的发展速度惊人。一个证据就是，1798年的巴拉圭只有十万人，到了1830年，人口猛增到三十七万五千人——短短三十二年的时间，不管巴拉圭的老百姓怎么努力生娃，也没生出来三倍的人——巴拉圭新增人口的主要来源，就是从周边国家迁移过来，想过上好日子的移民。

从某种程度上说，弗朗西亚博士比玻利瓦尔和圣马丁还要伟大——他是拉丁美洲唯一一个既领导了国家的独立运动，又带领新独立的国家走向富强的人。

在巴拉圭的史料中，他被看作民族大英雄和英明的领导者。

当然，在欧美主流的史学作品中，对弗朗西亚的政绩只字不提，只说他是个残暴地对待政敌的独裁者而已。

弗朗西亚博士为巴拉圭的繁荣富强奠定了基础，直到19世纪60年代的巴拉圭战争（我将在后文大书特书这场大战）把巴拉圭人辛辛苦苦半个世纪积攒下来的家底全部摧毁为止。

（125）

如果说德罗萨斯和弗朗西亚博士这两位，至今还属于那种毁誉参半、颇有争议的考迪罗的话，那么我下面要介绍的第三位著名考迪罗，从他在世直到今天都是毫无争议的伟大人物，他就是厄瓜多尔的加布里埃尔·格雷戈里奥·加西亚·莫雷诺（Gabriel Gregorio García Moreno）。

莫雷诺当权时的厄瓜多尔，跟拉美的其它国家一样，也是个保守派和自由派斗得你死我活的国家。保守派一切向西班牙看齐，自由派则把美国当成灯塔。

图5.4　莫雷诺

莫雷诺本人属于保守派，厄瓜多尔保守党就是他在1869年创建的。1859年到1865年，1869年到1875年，他两次当选厄瓜多尔总统，在这十多年的时间里，莫雷诺在厄瓜多尔实行的也是由军队支持的独裁统治，所以他也是个货真价实的考迪罗。

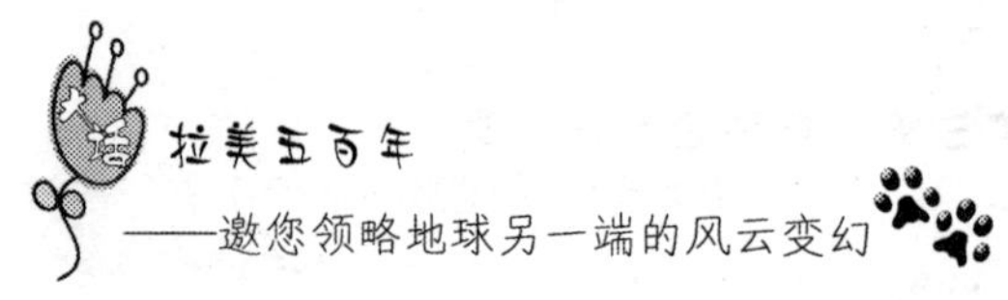

说起莫雷诺在厄瓜多尔的治国，最著名的特色就是他的“教权统治”。

他本人是个虔诚的天主教徒，虔诚到了狂热的地步。因此，莫雷诺当权时，天主教的势力渗透到了厄瓜多尔生活的方方面面。他甚至在1869年颁布宪法，规定厄瓜多尔人只能信仰天主教，几乎把这个安第斯小国变成了一个神权国家。

如果仅仅是因为这个，莫雷诺当然算不上一个伟大人物，他真正的功绩是发展经济、保障民生和兴办教育。

莫雷诺第一次当政的时候，接手的是个国库里空空如也，欠了一屁股外债的烂摊子。为了扭转经济状况，莫雷诺打出了一套组合拳：通过紧缩银根来遏制通货膨胀；通过严惩腐败来增加国民收入；通过政府投资来刺激经济活动。经过第一个任期里的努力，厄瓜多尔政府的财政状况就得到了根本性的改观。

与此同时，莫雷诺在厄瓜多尔大搞基础建设：铺设供水系统、架设电话线路、修公路、建铁路，既改善了这个小国的交通通讯环境，也增加了就业，刺激了经济。

莫雷诺还开设了很多公立医院，与此同时，关闭了全国的妓院。

最值得一提的是莫雷诺在当政期间大力兴办教育，他开办大学，开办传播农业和手工业知识的多所专业学校，在他当政的那个时期，厄瓜多尔是南美洲教育事业最发达的国家。

1875年，莫雷诺第三次当选，他在随后写给罗马教皇庇护六世的信里说，他有预感，自己活不长了——反对他的自由派肯定不会放过他。

果然，这一年的8月6日，一个叫福斯蒂诺·拉约（Faustino Rayo）的厄瓜多尔裔哥伦比亚籍自由派分子，手持大刀冲进了莫雷诺在基多的办公室，向他连砍六刀，莫雷诺当即被杀害。

莫雷诺被认为是厄瓜多尔伟大的爱国政治家和教育家，也是天主教会的朋友。在他不幸遇刺之后，厄瓜多尔仍然在继续庆祝那些纪念他的节日。

（126）

除了德罗萨斯、弗朗西亚博士和莫雷诺这三个人以外，拉丁美洲这一时期的考迪罗还有很多，其中比较著名的有：

何塞·赫瓦西奥·阿特加斯（Jose Gervasio Artigas，乌拉圭独立之父、民族英雄，在前面的“枪口上的乌拉圭”中出现过）。

何塞·塔德奥·莫纳加斯·布尔戈斯（José Tadeo Monagas Burgos，委内瑞拉考迪罗）。

安东尼奥·莱奥卡迪奥·古斯曼·布兰科（Antonio Leocadio Guzmán Blanco，委内瑞拉的另一个考迪罗）。

何塞·拉斐尔·卡雷拉·特鲁西奥斯（José Rafael Carrera Turcios，危地马拉考迪罗，在前面的“分分合合中美洲”出现过）。

由于这些人的经历都差不多，我就不再一一介绍他们的生平和事迹了。

还有另外两个著名的考迪罗，将在后面的章节里出场，并且扮演重要的角色，一个是墨西哥的圣塔·安纳，一个是巴拉圭的小洛佩斯。他俩的情况容我稍后再说。

考迪罗是拉美历史上的重要角色。通过对前面这三位考迪罗的介绍，我已经展示了拉美考迪罗的一些普遍特色：一方面关心下层群众，严惩腐败，发展经济；一方面独断专行，对政敌毫不留情。用一个学术词汇来概括，就叫“民粹主义者”。

因此，不同的人站在不同的立场上，对考迪罗就会给出了完全不同的评价：

下层群众只看到考迪罗们严惩腐败、发展经济的一面；既得利益者只看到考迪罗们独断专行、迫害政敌的一面。

其实，这不过是同一枚硬币的两面而已，这枚硬币的名字，叫“实现自己的抱负，巩固自己的统治。”

关于原西属拉美国家盛行考迪罗的原因，主流观点认为主要是两点：

首先，独立后的拉美各国政治动荡，需要强有力的独裁者，才能稳定局势。

温和、民主的政治家在动荡时代往往是没有价值的。前面说过，拉美独立之后，又是保守派又是自由派，又是联邦派又是集权派，打得乱七八糟。这种时刻，只有“施展雷霆手段，方显菩萨心肠”，考迪罗们应运而生。

其次，受天主教传统的影响，拉美民众一般相信权威，崇拜权威。

说实话，我对这个所谓的“主流观点”倒不怎么认同。写这本书的时候，有不少朋友把天主教和落后划等号，把新教和先进划等号。可是我看到的事实却未必如此：这个世界上也有法国这样发达的天主教国家，也有很多落后的非洲新教国家。

就拿“崇拜权威”这一点来说吧，美国独立战争胜利后，信奉清教的美国老百姓公推华盛顿当国王。要不是华盛顿高瞻远瞩加高风亮节，说不定现在的美国还是“美利坚王国”呢！

所以我觉得，“动荡”就是考迪罗兴起的根本原因——反观这一时代的巴西，因为有个顺理成章、众望所归的巴西帝国在统治，社会发展相对平稳，就没有出现过考迪罗。

拉美独立初期的这些考迪罗，由于和独立运动都有些或深或浅的关系，所以一方面在老百姓心目中具备一定的威望，一方面自己也经受过民主思想的熏陶。于是这样一来，这些考迪罗或多或少都对社会的发展和人民的幸福起到过积极的作用。

在后面的章节里，我还会介绍二十世纪的考迪罗，由于独立运动的影响早已在上百年的时间里逐渐消散，那时候的考迪罗就往往乏善可陈，变成“反动、专制和残暴”的代名词了。

六、动荡不休墨西哥

（127）

说完了建国初期的中南美洲，现在我要开始说墨西哥了。

说实话，查墨西哥的史料时，我越查越后悔——光是墨西哥这一个国家的事情就足够我写一本书的了，现在把它的事情放到拉丁美洲这么大的一个筐里，真是觉得有些憋屈了。

因为纵观墨西哥的历史，不仅科尔蒂斯征服阿兹特克的过程跌宕起伏，独立运动的事迹波澜壮阔，就连墨西哥独立之后，也是折腾了个翻天覆地，没有一天清净过。

让我们接着前面第四篇《独立时代》的“多洛雷斯的呼声”时说过的，墨西哥实现独立之日说起。

1821 年 2 月 24 日，墨西哥土生白人的领袖伊图尔维德公布了宣布墨西哥独立的“伊瓜拉计划”。

图 5.5 伊图尔维德

大家还记得伊瓜拉计划的主要内容吗?“它一方面满足了人民对独立的渴望，一方面又对宗主国出生的人给予生命和财产的保护；一方面给土生白人参政权，一方面又维护了教会和军官们的利益。”

总而言之一句话，伊瓜拉计划的核心思想就是：

“和稀泥。”

伊图尔维德就依靠这么一个和稀泥的计划，实现了墨西哥的独立。

独立之后，由于君主制的思想在墨西哥根深蒂固，伊图尔维德希望欧洲能够派个王子来当墨西哥的皇帝，在墨西哥实施君主制——而且，相比西属美洲各国，事后证明巴西的君主制还是挺成功的。

但是当时的欧洲，没有任何一个王室愿意出人。没办法，1822 年 5 月 19 日，墨西哥国会宣布建立帝国，伊图尔维德自己当皇帝，称为奥古斯丁一世（Agustin I）。

伊图尔维德登基之后，接手的是一个烂摊子——多年的独立战争把国家的经济打得一塌糊涂，西班牙人撤退的时候又卷走了金银财宝。没办法，这位奥古斯丁一世皇帝只好继续发挥他和稀泥的特长，开始拆东墙补西墙：

为了取悦大地主和大资产阶级，伊图尔维德宣布减税；可是减税带来的直接后果就是国库空虚，军队发不出饷钱；为了给军队发饷，伊图尔维德开始大量印票子，结果导致通货膨胀；为了对付通货膨胀，伊图尔维德开始向欧洲列强借钱，用欧洲的硬通货平抑通胀，可是墨西哥国库又没钱还欧洲的账；为了向欧洲还账，伊图尔维德开始向上层人士和教会强行摊派贷款……

这样一来，这位阿古斯汀一世皇帝就成功地在不到半年的时间里得罪了所有的人。

这时候，西班牙保王党的残余军队还在维拉克鲁斯坚守。墨西哥军队发不出饷钱，当时正在前线跟西班牙人打仗的将领圣塔·安纳就向皇帝抱怨，伊图尔维德烦透了，干脆把圣塔·安纳撤职。

圣塔·安纳立刻动手发动兵变。他打出的旗号是反对君主专制，于是，墨西哥各地的农民起义再次爆发，全国各阶层都把矛头指向了伊图尔维德。

图 5.6　圣塔·安纳

这么一来，伊图尔维德的稀泥就再也和不下去了，1823 年 3 月 19 日，这位奥古斯丁一世皇帝被迫退位，随后流亡意大利和英国。

1824 年 6 月底，伊图尔维德秘密潜回墨西哥，准备找机会东山再起，结果在 7 月 14 日被捕，19 日被处决，结束了他稀里糊涂的一生。

（128）

伊图尔维德的帝国倒台以后，墨西哥成立了共和国。

不用我说，大家也能猜到，接下来的墨西哥肯定跟其他原西属拉美国家一样，保守派和自由派对着干。

对着干的结果，就是墨西哥的国家首脑像走马灯一样换个不停。我手头有一个表，罗列了墨西哥从1823年建立共和国开始，到1855年国家终于安定之前的所有国家首脑名单。

这个名单太长了，我就不把它抄下来了。粗略地数了数，这三十二年间，墨西哥前前后后换了三十七任国家首脑。

无语了。

这三十二年间，墨西哥最强有力的统治者是圣塔·安纳，他就是我在前面介绍十九世纪拉美考迪罗时，留到后面重点介绍的两人之一：

安东尼奥·德圣塔·安纳－佩雷斯（Antonio de Padua María Severino López de Santa Anna y Pérez de Lebrón），简称圣塔·安纳，出生在墨西哥的一个西班牙殖民者的家庭里，伊达尔戈发动起义的那一年从军，在西班牙殖民军里服役。

1821年，圣塔·安纳宣布效忠伊图尔维德，后来就成了墨西哥独立的开国元勋。跟伊图尔维德闹翻之后，圣塔·安纳的地位逐渐提升，从1833年开始担任墨西哥联邦共和国的总统，多次被迫下台，又多次重新执政，从1833年到1855年，圣塔·安纳十一次担任墨西哥总统，也就是说，前面说过的墨西哥那37任国家首脑中有三分之一都是他一个人。

作为一名军人，圣塔·安纳就是当时墨西哥的吕布——倒不是说他向吕布一样能打，而是像吕布一样经常换东家：他曾经为墨西哥独立派攻打西班牙保王党殖民军，也曾经和农民起义军一道打击保王的墨西哥独立派；他曾经代表墨西哥联邦共和国在美墨战争中作战，也曾经说服英国人充当美墨之间的调停人；他曾经表示效忠后来的墨西哥帝国皇帝马克西米连，也曾经同时表示愿意跟起义军一起推翻这个皇帝，等等等等。

一来二去，地球人都知道了这个圣塔·安纳完全靠不住，所以，后来所有的人都疏远了他。1855 年，他被迫流亡国外，直到 1874 年才回国，两年后在贫病交困中死去。

在随后的几段里，作为军人的圣塔·安纳还会出场，不过就不是主角了。

圣塔·安纳是十九世纪拉丁美洲最臭名昭著的考迪罗之一，因为他集中代表了考迪罗所能具备的缺点：独裁统治、滥用武力、反复无常、好乱乐祸，等等等等。

不管怎么说吧，我还是觉得圣塔·安纳也有他独特的价值：他本人就是当时墨西哥国家的一个缩影，用两个字来概括，就是——折腾。

（129）

墨西哥从 1810 年起义前后，一直折腾到 1855 年，这四十多年间折腾的成果主要有两个：一是墨西哥的独立，实现了民族的独立自主；二是成功地把国土面积缩小了百分之五十，极大地简化了国家治理的难度。

墨西哥独立的事情早就讲完了，现在就来说说墨西哥领土的大幅缩水是怎么一回事。

简单说来，墨西哥领土的缩水分成三个阶段：德克萨斯革命、美墨战争、加兹登购地。

按时间顺序，我们就从德克萨斯革命说起。

话说墨西哥独立之后，由于国家穷得叮当响，所以没有钱扩充军队。而墨西哥北部（也就是今天美国的西南部）人烟稀少，为了防御印第安人的袭击，墨西哥政府放宽了移民政策，允许美国人进入国境，移民到自己的北部地区。

1822 年，第一批美国移民到达，大约三百人，所以俗称“老三百”，跟咱们这儿那些上山下乡的老三届不同，老三百是自愿来开发边疆讨生活的。由于相对富有的墨西哥老百姓一般不愿意迁到荒凉的北边，所以没出几年，来自贫穷的美国的移民数量就大大超过了墨西哥移民。

意识到这个问题之后，墨西哥政府开始下力量整治。

1830 年 4 月 6 日，墨西哥总统安纳斯塔西奥·布斯塔曼特（Anastasio Bustamante）一口气颁布了一堆政策：禁止美国移民继续迁往德克萨斯地区、免除过去颁布的“外来移民可以免十年物业税”的政策、提高从美国进口的货物的关税、德克萨斯的美国移民必须遵守墨西哥关于禁止奴隶制的规定，否则墨西哥就要武力干涉等等。

这些政策听上去有鼻子有眼的，可是，那是 1830 年，美国本土还成天枪战呢！谁理睬墨西哥总统啊！所以那些移民根本不把这些政策当回事。

到了 1834 年，在德克萨斯讲英语的人口大约有三万多人，而在墨西哥出生的只有七千八百人。此外，废奴的政策也是废纸一张，直到 1836 年，德克萨斯还有大约五千名奴隶。

德克萨斯的美国移民越来越多，大家的底气越来越足，对墨西哥政府的怨气也越来越大。比如：

美国宗教自由，但墨西哥要求全民信仰天主教；美国不要求老百姓向教会交钱，墨西哥则要向教会缴纳什一税；美国移民希望多种棉花，出口到欧洲去赚钱，可由于国内还存在粮食不足的情况，所以墨西哥政府要求移民们统统养牛或者种玉米；美国移民希望德克萨斯能有个自己的首府，但墨西哥指定的首府远在柯阿维拉；更可气的是，墨西哥派到德克萨斯来的士兵都是些犯人（良家子弟谁愿意到这么个鸟不拉屎的地方来当兵啊!），搞得大家也弄不清楚，这帮家伙究竟是来维持治安的还是破坏治安的。

一来二去，大家的不满越来越严重，就把矛头都指向了墨西哥 1830 年的那些政策。1833 年 4 月，德克萨斯的美国移民召开代表大会，要求墨西哥政府改变关于移民、司法等政策，还要求把德克萨斯设成一个单独的州，大家公推移民首领奥斯丁到墨西哥城去请愿。

(130)

奥斯丁他就去了。当时墨西哥的老大就是前面说过的考迪罗圣塔·安纳，这是他在墨西哥第一次当政。

第一次当政的圣塔·安纳还是比较民主的，当即同意了移民们的大部分建议，但是否决了德克萨斯单独建州的要求。奥斯丁就给老百姓写信，建议大家伙自己建州，圣塔·安纳得知以后，把奥斯丁关进了监狱。

1834 年，由于墨西哥财政穷得揭不开锅了，所以圣塔·安纳开始解散州立法机关，撤销州兵（这个词现在在美国也在用，被翻译成“国民警卫队”：National Guard），放弃了 1824 年时颁布的建立联邦制的墨西哥宪法，逐步开始搞中央集权，对于那些种棉花却不肯种粮食的庄园主，则统统抓起来。

1835 年，墨西哥正式从联邦制改为中央集权制（估计是为了省钱）。德克萨斯老百姓开始搞串联，在这年 6 月份组织了一次反徭役反摊派的小暴动。于是，圣塔·安纳也顾不得没钱了，先后两次派“大军”到德克萨斯，累计大约五百人。

7 月份，奥斯丁被释放了，他 8 月份回到德克萨斯。与此同时，德克萨斯人准备在 10 月份搞更大规模的暴动。

暴动还没开始，撤销州兵的命令就下达到了德克萨斯。驻扎在圣安东尼奥的墨西哥将领多明戈·乌加特切阿上校命令德克萨斯人交还墨西哥政府以前安放在冈萨雷斯的一门火炮，德克萨斯老百姓不干，面对乌加切特阿派来的一百名骑兵，十八个德克萨斯人把火炮给埋起来了，开始召唤志愿民兵。

这一百名墨西哥骑兵渡不过当时正在涨水的瓜达罗佩河，只好在河对岸干等着。1835 年 10 月 2 日，得到了增援的德克萨斯人发动了攻击，这就是德克萨斯革命打响的第一枪，史称冈萨雷斯战役，战役的结果是墨西哥骑兵撤走，而德克萨斯人唯一的损失，是有个民兵在侦查的时候从马背上摔下来受了点伤。

10 月 10 日，德克萨斯人进攻墨西哥在当地的军事据点巴西堡，激战三十分钟，巴西堡投降。此战德克萨斯方以一人受伤的代价，击毙大约二名墨西哥士兵，击伤三到七人，击退二十人。

接下来的一系列“战役”我就不细说了，反正基本上每次都是个位数的军队作战，最多不超过两位数。

不过，由于基本上来说，每次个位数大战都是德克萨斯人取胜，所以搞来搞去圣塔·安纳也坐不住了，1835 年 12 月，圣塔·安纳亲率六千零一十九名墨西哥士兵——其中大部分是新兵，连枪都不会放——从圣路易斯伯托西进入德克萨斯，准备攻击德克萨斯的政治中心贝克萨城。

谁也没想到，德克萨斯的这个冬天特别冷，1836 年 2 月 13 日一天的降雪量甚至达到了四百一十毫米，一些来自温暖的尤卡坦州的士兵竟然被活活冻死了。

2 月 23 日，圣塔·安纳的主力军到达圣安东尼奥，开始围攻德克萨斯人的战略要地阿拉莫。此时，面对大约两千四百名墨西哥军人的是大约二百六十名德克萨斯的民兵。

大名鼎鼎的阿拉莫战役就此展开。

（131）

其实，阿拉莫战役的过程本身没有太多可说的，二百六十个民兵据险死守十三天，在消灭了大约四百到六百名墨西哥军人之后全体阵亡，阿拉莫失守，就这么点儿事。

阿拉莫战役的著名之处就在于，它证明了一点——美国人不怕死。

长期以来，我们都认为美国人打仗怕死，其实，这是种误解。

我们觉得美国人怕死，其实是因为美国人太有钱了，一打仗，就是航母、坦克、飞机、大炮齐出动，炸弹、导弹原子弹呼呼地往下扔，所以犯不着刺刀见红，奋勇堵枪眼、舍身炸碉堡什么的。

但是实际上，一旦遇到必须拼命的时候，美国人一样不怕死。大家只要想想二战期间，那些在中途岛海域上空冒着日本军舰的密集炮火，在没有战斗机护航的情况下奋不顾身地俯冲投弹的美国轰炸机飞行员；那些在太平洋的岛屿上，手持火焰喷射器一个散兵坑一个掩体跟日本人拼命的海军陆战队；以平均一天坠毁一架半飞机的损失飞跃驼峰航线，给中国输送抗战物资的美国运输机飞行员，等等，大家就能知道，美国佬一样彪悍得很。

阿拉莫战役是美国人第一次向世界证明他们不怕死的战役，而且，阿拉莫战役的与众不同之处还在于，这二百六十个民兵是在内无粮草、外无救兵的情况下死扛，战斗到最后一刻的，这种事迹放到全世界都不多见，何况是在美国。

大家可以对比一下，我前面提到的加里波第，率领军队在乌拉圭的圣安东尼奥据守了才一天，就算是个“举世闻名”的战绩了呢！

直到今天，阿拉莫战役依然被视作美国陆军历史上的神话，被美国人认为是自由意志下勇气和牺牲精神的象征。阿拉莫博物馆每年有多达二百五十万的参观者，简直就是美国的爱国主义教育基地。

关于这场战役的故事曾多次被拍成电影。其中最著名的是 1960 年约翰·韦恩自导自演的《边城英烈传》（原名：The Alamo，这中文名字翻译得可真够劲！），以及 2004 年丹尼斯·奎德主演的《围城十三天：阿拉莫战役》（原名还是 The Alamo）。大家想了解此役细节的话不妨去看看。

据说，那二百六十人左右的民团并不都是在战斗中阵亡的——有些人是被俘后被墨西哥人杀死的。这下子，德克萨斯老百姓怒了，喊出一句口号：“Remember the Alamo！”（“记住阿拉莫！”）

我所推崇的历代史学大家中，唯一尚在人世的冰冷雨天（俞天任）先生曾经说，美国人不像咱们，成天把口号挂在嘴边。他们喊出来的最厉害的口号就是“Remember 什么什么”。

的确，1941 年日本鬼子偷袭了珍珠港，美国人怒了，喊出一句“Remember the Pearl Harbor！”结果不出四年，就把在太平洋上张牙舞爪了六七十年的大日本帝国给灭了；2001 年恐怖分子炸了世贸双塔，美国人怒了，又喊出一句“Remember 9/11！”结果没过几年，萨达姆和塔利班两伙人的老巢都被美国人给端了，本·拉登也只好东躲西藏钻山洞，最后还是被搞死了。

（132）

1836年，德克萨斯的美国移民们喊出这句“Remember the Alamo!”结果可想而知。

4月20日，圣塔·安纳率领的一千二百名墨西哥军人，和山姆·休斯敦（Sam Huston）率领的九百名德克萨斯民兵在圣哈辛托（San Jacinto）河边遭遇。次日下午，激战开始，一共才打了十八分钟，圣塔·安纳亲自统领的一千二百名墨西哥正规军，就被高喊着“Remember the Alamo!”的德克萨斯民兵给打垮了——德克萨斯民兵以伤亡九人为代价，杀死或俘虏了全部一千二百名墨西哥军人（用军事术语来说就是“全歼”，双方损失大约是一比一百二十）。

5月14日，被俘的圣塔·安纳被迫签署《韦拉斯科条约》，承认德克萨斯的独立。

这个合约，让墨西哥损失了一百万一千平方公里的领土。

不过，随后墨西哥以圣塔·安纳签署条约的时候已经被政府停职为由，不断与德克萨斯共和国发生边境摩擦，当摩擦愈演愈烈，特别是美国邀请德克萨斯加入美国之后，墨西哥和德克萨斯之间的矛盾，就变成了墨西哥和美国的矛盾。

德克萨斯虽说是独立了，并且宣称南边的格兰德河就是它和墨西哥之间的边境，但是一方面南边的墨西哥不承认它的独立，另一方面北面的美国又总冲着它抛媚眼——毕竟都是美国人的国家嘛!

一来二去，谁都能看出来，德克萨斯这么个共和国是不能独立生存下去的。

1845年，美国宣布假如德克萨斯共和国愿意加入美利坚合众国的话，就承认格兰德河是德克萨斯的南部边境。以这件事为契机，德克萨斯正式加入了美国，成为了美国的第二十八个州，也是当时美国面积最大的一个州。

这下一来，墨西哥人不干了，除了以战争为威胁之外，墨西哥政府也开始了积极备战。

对于美国来说，打就打，没什么好怕的。而且，当时的美国总统，民主党的詹姆斯·波尔克（James Knox Polk，1795～1849年）还巴不得打仗呢——一旦开战，墨西哥守不住它的北方领土新墨西哥和加利福尼亚。这些地盘说不定就也是美国的了。

顺便说一句，美国当时的扩张倾向还是很厉害的。当时的美国流行着一个词，叫做“Manifest Destiny”（维基百科上把它翻译成“昭昭天命”），意思是说美国有老天爷赋予的责任，应该不断扩张。

这么说来，墨西哥这就要自己找上门来，让美国继续实践它的“昭昭天命”了。

图5.7　美利坚合众国的“昭昭天命”

1846年4月24日，墨西哥骑兵越过美墨边境，进攻了格兰德河附近的一支美国部队，战斗正式打响。5月13日，美国向墨西哥宣战，5月23日，墨西哥向美国宣战。美墨战争就此全面展开。

（133）

美墨战争的过程实在没什么好说的，一句话，墨西哥太菜了。

美军兵分数路同时南下：在太平洋地区，美国海军将领约翰·D.斯洛特（John D. Sloat）占领了加利福尼亚；斯蒂芬·瓦特·科尔尼（Stephen Watt Corney）的部队占领了圣达菲；泰勒（Taylor）率领的美军主力跨过格兰德河，1846年9月在蒙特雷战役中获胜。

像上次德克萨斯革命一样，后来被美国人放回来的圣塔·安纳继续亲征；1847年2月22日，也像上次德克萨斯革命一样，圣塔·安纳继续战败。

温福德·斯科特（Winford Scott）率领的另一路美军沿海岸进攻，从维拉克鲁斯地区登陆，入侵墨西哥谷地，最后占领了墨西哥城。

首都都被人家给占了，墨西哥只好歇菜。1847 年 1 月 13 日两国正式停战。

1848 年 2 月 2 日，两国签署《瓜达罗佩 · 伊达尔戈条约》（用墨西哥独立的守护女神和墨西哥独立之父来命名，墨西哥人的脸都丢到太平洋里去了）。美国获得了包括加利福尼亚（不包括加利福尼加半岛）、内华达和犹他的全部地区，科罗拉多、亚利桑那、新墨西哥和怀俄明的部分地区，总计面积约一百三十七万平方公里。

作为补偿，美国向墨西哥支付一千八百二十五万美元（相当于 2000 年的六亿两千七百万美元）。

这场战争中，美国人损失一万三千人，其中战死的只有一千七百人，其余的都是病死或受伤后伤口感染死的；墨西哥人大约损失了两万五千。

据美国退伍军人事务部宣称，最后一名参战的美国士兵于 1929 年 9 月 3 日，以九十八岁的高龄逝世。

顺便说句跟拉美没有直接关系的题外话：

其实，战争期间的美国国内并不团结，执政的民主党一心主战，在野的辉格党却坚决反战。两者之间矛盾的核心不是别的，还是关于奴隶制。

代表南方大种植园主利益的民主党一心希望从已经宣布了废奴的墨西哥手里夺取土地，好扩大自己的蓄奴领土范围；代表北方新兴资产阶级利益的辉格党则担心美国打赢了之后，蓄奴州的力量更加强大。所以，尽管美军在前线一个劲儿地高奏凯歌，后方国会里的辉格党领袖亚伯拉罕. 林肯还在没完没了地质询。

美墨战争也加剧了美国国内蓄奴和废奴之争，有人甚至认为，美墨战争就是美国南北战争的前奏。

美墨战争完事了，但墨西哥的领土损失还没完事。

战争结束后，美国人本来想获得墨西哥的梅西亚河谷地区，好修建南太平洋铁路，但是墨西哥死活不答应。1853 年 7 月，美国驻墨西哥大使加兹登根据总统皮尔斯的指示，以再次入侵为威胁，强行购买这片土地。

墨西哥被美国打怕了，1853 年 12 月 30 日，双方签订条约，圣塔.安纳政府以一千五百万美元的代价把科罗拉多河、希拉河和格兰德河之间的梅西亚谷地卖给美国。

1854 年 4 月 25 日，美国国会把这个价码压到一千万美元，然后宣布成交。

加兹登购地，让墨西哥再次损失了七万七千平方公里的土地。

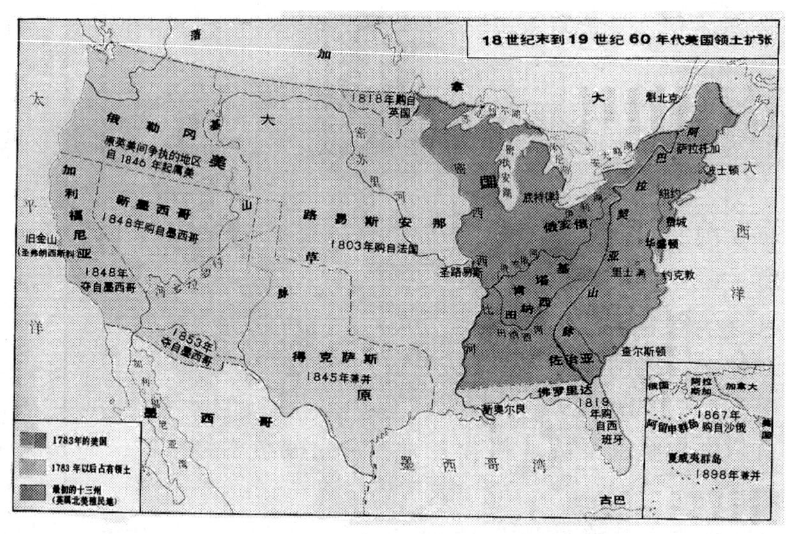

图 5.8　从美国的扩张看墨西哥领土的丧失

（134）

现在和大家一起算笔账：

德克萨斯革命，墨西哥损失土地一百万一千平方公里。

美墨战争，墨西哥损失土地一百三十七万平方公里。

加兹登购地，墨西哥损失土地七万七千平方公里。

三者相加，墨西哥一共损失二百四十四万八千平方公里。

对比一下，目前的墨西哥合众国领土面积一共一百九十六万平方公里。

也就是说，墨西哥独立之后的一大半领土，都在1835年到1854年这不到二十年的时间里被美国人给抢走了。

对美国也好，对墨西哥也好，我都没有特别的好感或憎恶，因此，如果要让我评价谁是谁非的话，唯一的标准就是当地人民的生活幸福与否。

这么说吧，如果现在非要让加利福尼亚、德克萨斯、新墨西哥和科罗拉多那些地方脱离美国，并入墨西哥的话，估计当地的老百姓能跟你拼命。

就这样，墨西哥丧权失地的事情说完了，但是墨西哥国内的折腾还没完。

由于墨西哥的这个考迪罗圣塔·安纳实在是太菜了，把这么大的家业败到这个份儿上，1855年，他老人家终于被轰下台，继任者是马丁·卡雷拉（Martin Carrera）。

这个卡雷拉不是什么重要角色，我就不费口舌了。值得一提的是稍后出场的一个猛人：后来的墨西哥总统贝尼托·巴布罗·胡亚雷斯（Benito Pablo Juárez）。

图5.9 墨西哥总统胡亚雷斯

1806年3月21日，胡亚雷斯出生在印第安农民家庭——也就是说，他是墨西哥历史上第一个印第安总统。年轻时的胡亚雷斯曾经当过律师，后来从政，1847年到1852年任瓦哈卡州州长。1854年，他参加了推翻圣塔·安纳的斗争。

1855年，他在新政府里担任司法部长，参与制定了1857年的墨西哥新宪法，这个宪法也标志这墨西哥改革的开始。

1857年底，以苏洛阿加为首的保守派反对改革，发动叛乱。1858年2月，胡亚雷斯任临时总统，领导了残酷的“革新战争”。到1860年1月为止，胡亚雷斯用铁腕手段平定了保守派的叛乱。

1859年，胡亚雷斯颁布“改革法”，实行政教分离，驱逐教皇使节和违抗命令的教士，没收除了教堂以外的教会财产，剥夺教会的世俗权力，禁止教会占有不动产。

1860年6月，胡亚雷斯正式当选总统，在他的任内，通过对教会财产的再分配，限制了大地产制，改善了印第安人的生活条件，实施了一系列的社会改革。

胡亚雷斯是个铁腕的领导人。1861年，由于墨西哥财政困难，胡亚雷斯宣布两年之内暂停偿还一切外债。对胡亚雷斯改革早就心存不满的西班牙、英国和法国，以索债为由，趁着美国正在内战（1861年到1865年）的时机，出兵入侵墨西哥。

到了1862年4月，英国和西班牙被胡亚雷斯打跑了，但是法国在那个好大喜功的拿破仑三世（牛人拿破仑志大才疏的侄子）的命令下还在坚持，胡亚雷斯被迫率军逃入山区，法国人占领了墨西哥城。

拿破仑三世希望把墨西哥恢复成一个帝国，于是搜罗来搜罗去，找到了哈布斯堡王室的一个自由派的大贵族，前奥地利大公爵斐迪南·马克西米连·约瑟夫·冯·哈布斯堡－洛林（Ferdinand Maximilian Josef von Habsburg－Lothringen），简称马克西米连。

（135）

这位马克西米连出身显赫无比——他是奥地利大公爵弗朗茨·卡尔和巴伐利亚维特尔斯巴赫王室公主苏菲的二儿子，奥地利皇帝弗朗茨·约瑟夫一世的亲弟弟。

如果这么说让大家觉得莫名其妙的话，那我就换个简单的说法：

大家都知道那个大名鼎鼎的茜茜公主吧？这个马克西米连就是茜茜公主的小叔子。

其实，马克西米连本来在欧洲也是养尊处优过得好好的，但是架不住拿破仑三世的忽悠，还有他那个想当皇后想疯了的老婆，比利时国王利奥波德一世的宝贝公主夏洛特的枕边风，脑袋一热就答应了。

马克西米连作出的这个决定，遭到了他们家——哈布斯堡王室的一致反对。地球人都知道，墨西哥乱得一团糟，马克西米连接受这个皇位简直就是找死。

看到马克西米连铁了心要去，哈布斯堡家族做出了一致决定——取消他本人和他后代的奥地利皇位继承权。

马克西米连痰迷心窍，眼睛里全是镶金嵌钻的墨西哥皇冠，哪还管什么奥地利皇位啊，眼睛不带眨一下就出发了——事实证明，他的确没有做好接手墨西哥皇位的准备：在横跨大西洋的轮船上，马克西米连根本就没去了解墨西哥的情况，而是撰写了一套“法院礼仪指南”。

1864 年 5 月 28 日，这位皇帝陛下在维拉克鲁斯登陆。到了墨西哥他才知道，这个皇帝可不是好当的——一切全靠法国军队撑腰，人家墨西哥的民选总统胡亚雷斯还带着人在山里打游击呢！而且墨西哥老百姓也不认他这个法国人弄来的这个冒牌货。

见势不妙，马克西米连亮出了自己的自由派招牌：继续保持胡亚雷斯的土地改革，政教分离，扩大选举权等一系列政策，还一度打算招安胡亚雷斯。他上蹿下跳忙活了这么多事情，只得到了一个结果：热脸贴上了人家胡亚雷斯的冷臀部。

1866 年，由于国内抵制再加上美国人反对，拿破仑三世开始逐步从墨西哥撤军。这下子马克西米连慌了，他老婆夏洛特（当时叫墨西哥皇后卡洛塔）跑回欧洲到处游说，在巴黎、维也纳、罗马一路游说过去，结果碰了一路钉子。夏洛特也知道这个墨西哥帝国没几天蹦头了，干脆留在欧洲不回去了。

图 5. 10　枪决马克西米连皇帝（莫奈的名作）

老婆跑了，马克西米连可是铁了心，誓与帝国共存亡。法国人撤走之后，胡亚雷斯迅速反击。1867 年 2 月，马克西米连退守克雷塔罗，后来突围失败，在 5 月 11 日被捕。

1867 年 9 月 16 日，马克西米连以颠覆墨西哥共和国的罪名被枪决，终年三十五岁差半个月。

摧毁了墨西哥帝国之后，猛人胡亚雷斯继续当总统，着手战后恢复工作。1871 年，他第四次当选总统，次年 7 月 18 日，因心脏病突发去世，享年六十六岁。

胡亚雷斯是墨西哥历史上绝对的猛人：以印第安人的身份当选总统，发起了全面的社会改革，打赢了墨西哥最血腥的内战，打赢了墨西哥最长时间的外战，击退了英、法、西三个欧洲国家的武装干涉，消灭了墨西哥的傀儡帝国。在墨西哥历史上，这位老大甚至被老百姓当成神仙来看待。

胡亚雷斯死后，经过几年的政治调整，1876 年，胡亚雷斯生前的一个部将——何塞·德拉克鲁斯·波费里奥·迪亚斯·莫里（José de la Cruz Porfirio Díaz Mori，简称迪亚斯）夺取了总统的职位，由此开始了他对墨西哥长达三十六年的独裁统治。

关于迪亚斯独裁的事情，我会放到下一篇，介绍二十世纪的墨西哥时再说。现在要说的是，迪亚斯的独裁统治，反动也罢，有功也罢，总而言之，墨西哥的政局动荡和内战外战，总算是告一段落了。

七、三国毁灭巴拉圭

（136）

墨西哥的事情告一段落了，请大家跟着我掉头南下，再次前往南美，看看那里发生了什么事。

写通俗历史就是这样：说得好听点，叫“把握时代的脉搏”；说得难听点，就是“好乱乐祸”——稳定繁荣没得可写，最多一句“国泰民安，太平无事”；但是乱世就不同了，尤其是打仗，随便谁都能写好长好长的一大段。

接下来的这件事情，我就准备写好长好长的一大段。

多年前我刚开始接触历史的时候，认为世界上最惨烈的战争就是二战。不过后来历史看得多了才知道，论规模，那当然是二战最大；但是要论惨烈的话，那二战就只能靠边站了——太早的不算，纵观从1800年到现在两百多年间的世界战争史，最惨烈的战争莫过于我即将开始描述的这一仗——巴拉圭战争（又叫三国同盟战争）。

这一仗惨烈到什么程度？

一句话概括：这一仗不仅让巴拉圭独立后半个多世纪的建设成果毁于一旦，而且让这个南美小国几乎亡国灭种，甚至可以说，直到今天巴拉圭都没能从这场战争的失败中彻底恢复过来。

有这么可怕吗？那我们现在就来看看这场惨绝人寰的战争吧！

前面介绍拉丁美洲的考迪罗时，曾经提到过巴拉圭独立之父——弗朗西亚博士，这位铁腕考迪罗统治巴拉圭一直到1840年他去世。

弗朗西斯博士去世前，将政权交给了自己的侄子卡洛斯·洛佩斯（Carlos Antonio Lopez，又称老洛佩斯）。

老洛佩斯也是一个考迪罗，而且跟他叔叔类似，他也称得上治国有方——他对内大搞基础建设，铺设铁路，建立工业基础；对外实行经济开放，强调经济和文化的交流。在老洛佩斯的统治下，巴拉圭的人口增加到八十多万，经济持续增长，建立了相对完善的工业基础体系，成为了当时整个南美唯一的一个拥有比较完整的工业体系的国家，也是当时整个拉美地区唯一的一个没有外债的国家。

1862年，老洛佩斯去世，他的儿子索拉诺·洛佩斯（Francisco Solano Lopez，又称小洛佩斯）继任巴拉圭总统。

图5.11　巴拉圭总统小洛佩斯

小洛佩斯是老洛佩斯的长子，1826年7月24日出生在巴拉圭亚松森的马诺拉（Manora）地区。十五岁那年，他爹老洛佩斯当上了总统，四年之后，十九岁的小洛佩斯就被他爹任命为巴拉圭陆军的总司令。

1845 年，当时还在围攻乌拉圭蒙得维的亚的阿根廷考迪罗德罗萨斯曾经封锁了巴拉圭河通往大西洋的河道，巴拉圭随即对阿根廷宣战。小洛佩斯就此在国际舞台上亮相，通过和德罗萨斯之间的斡旋，成功化解了纠纷。

有人也许会奇怪，不就封锁了个河道嘛，值得宣战吗？

绝对值得。

巴拉圭是个夹在巴西和阿根廷两个南美大国之间的内陆小国，没有出海口，对外的经济交流只能靠巴拉圭河和巴拉那河两条河道联通，而这两条河先后汇入拉普拉塔河，在阿根廷的布宜诺斯艾利斯附近入海。因此，巴拉圭的经济命脉就时时刻刻掌握在阿根廷手中。

(137)

1845 年巴拉圭跟阿根廷之间的这一仗尽管没打起来，但是小洛佩斯因此认识到，没有出海口就是巴拉圭国家发展的致命伤。

1853 年，小洛佩斯受他父亲的派遣，以全权大使的名义在西欧各国考察了两年，系统地学习欧洲的科技、工业和军事知识，购买了先进的舰船军械，聘请了大批科学家、工程师和医生等技术人员到巴拉圭，准备在国内实施大规模的欧洲化运动。

年轻气盛的小洛佩斯很有想法，也很狂妄：这次欧洲之行他曾经访问巴黎，受法国国王拿破仑三世的邀请检阅法国军队时，他曾经说“凭我的瓜拉尼部队（巴拉圭居民是瓜拉尼人——作者注）足以对付巴西、阿根廷和乌拉圭的来犯，就是玻利维亚想来插一脚都没关系。”

滔天大祸的祸根就此埋下。

小洛佩斯回国后，仿照军国主义的普鲁士的方式，建立轮流征兵制度，用欧洲方法进行轮训，在这个只有八十万人的小国里建立了一支一万八千人的常备部队，在战时，巴拉圭军队能够迅速扩充到四万五千人，这还不算各省的民兵。

1859 年，小洛佩斯出面调停了阿根廷中央政府和布宜诺斯艾利斯省之间的激烈冲突，促成双方签署《圣何塞德弗雷斯条约》（Pact of San Jose de Flores）。一时间，小洛佩斯在南美的人气高涨。

1862 年，老洛佩斯去世，小洛佩斯继任总统。拥有南美最强军队的小洛佩斯底气十足，准备解决和巴西、阿根廷之间的边界问题。

其实早在殖民时代，由于西班牙和葡萄牙在拉美占的地盘太大，土地多得用不过来，所以根本就没有把边界划清楚。拉美各国独立之后，由于沿袭殖民时代的行政区划，很多国界也都模糊不清。所以，国界问题就是笔糊涂账，不到万不得已的时候，谁也不想去碰这个“外交雷区”。

小洛佩斯这一上台，立刻就拿边界问题说事，多次照会阿根廷和巴西两国政府，要求划清边界。阿根廷也好，巴西也好，都不愿意平白无故给自己惹麻烦，所以态度就都比较软，做出了一些退让。

小洛佩斯这下子就更狂妄了，他把两个大国的退让看成退缩，把别人对他的尊敬当做畏惧。他以拉普拉塔流域的国际仲裁者身份自居，就差开个“国际居委会”，专门调解国家间的邻里纠纷了。

小洛佩斯的“国际居委会”还没开门，就有“住户”找上门来了。

这次来的邻居是乌拉圭。

我在前面的“枪口上的乌拉圭”里面谈到过，乌拉圭前后经历了两次战争，才算初步安定下来。

不过，这个安定的确也够“初步”的——第二次乌拉圭战争结束后，乌拉圭国内的红白两党继续关起门来闹腾。

1863 年，当时在台上的白党和当时在野的红党爆发激烈的政治斗争，引起内乱。红党照例去找自己的后台老板阿根廷，期望阿根廷出兵介入，帮助自己夺权；白党则照例去找自己的后台老板巴西，希望巴西出兵镇压红党的动乱。

眼看第三次乌拉圭战争又要开打。

（138）

看到这种局面，乌拉圭政府可怜巴巴地请小洛佩斯出面，希望他能在红党和白党，巴西和阿根廷之间斡旋斡旋，把乌拉圭从战争的边缘解救出来。

眼见“住户”找上门，小洛佩斯的精气神立刻就来了。他不顾拉普拉塔地区的局势错综复杂，一口答应担当调解人。

这个自封的拉普拉塔地区“居委会主任”，即将把自己的国家带入毁灭的深渊。

巴西的反应很迅速——它以保护侨民为由，调兵进驻巴乌边境，这个举动当然刺激了阿根廷。但是，巴西毕竟是个大国，搞起国际关系来还是很有一手的：它在调兵的同时，秘密向阿根廷提议，举行外交会谈。

阿根廷接受了提议，跟巴西签署了秘密协议，约定共同处理乌拉圭问题。

也就是说，没等“居委会主任”出面，要打架的俩小子的家长们自己就已经关起门来把问题解决了。

这还不要紧，申请调解的那个“住户”也不厚道——乌拉圭担心小洛佩斯的能量不够，说话没人听，就又邀请了巴西帝国的皇帝佩德罗二世出面，与小洛佩斯一起当这个“人民调解员”。

本来这也没啥，在调停国际纠纷时，多国出面分头调停的例子数不胜数，最近的例子就是朝鲜半岛的“六方会谈”。可是，小洛佩斯听到邀请巴西皇帝出面的消息之后，大发雷霆，觉得自己被乌拉圭给涮了，很没面子。

遥想我当年，雄姿英发，羽扇纶巾，应班里一个漂亮学姐的要求，登门替人家修电脑。谁曾想我披挂整齐，踌躇满志地攥着螺丝刀敲开学姐宿舍门的时候，发现同班的一个猥琐男正满头大汗地撅在电脑桌前忙活着呢。因此，我完全能够理解小洛佩斯这种失落的心情。

还没完，巴西随后向乌拉圭提出了个最后通牒，要求乌拉圭在六天之内接受巴西的解决方案，否则就要开仗。小洛佩斯本来以为，巴西的这个举动肯定会惹毛阿根廷，可没想到阿根廷站在一旁抽烟喝茶挖鼻孔，全当不关自己的事。

小洛佩斯尽管狂妄，但并不是个傻子。事情发展到这个份儿上，他已经猜到，巴西和阿根廷之间应该有秘密协议。

自封的“居委会主任”继续发挥他的想象力——今天阿根廷默认巴西吞并乌拉圭，明天巴西就可能默认阿根廷吞并自己，这还了得?!

于是，小洛佩斯跳将出来警告巴西，如果巴西敢以武力进攻乌拉圭，那巴拉圭就参战!

由于有和阿根廷的密约在先，巴西陆军对于小洛佩斯的警告置若罔闻，长驱直入乌拉圭。

1864年11月12日，小洛佩斯宣布与巴西断交。就在断交当天，巴拉圭的战舰就捕获了巴西的一艘名叫欧琳达侯爵号（Marques de Olinda）的蒸汽船，把船上的巴西马多克索（Matto Grosso）的新省长费德里克·坎波斯（Federico Carneiro Campos）给抓了。

巴拉圭战争就此开始。

（139）

战争初期，巴拉圭处于攻势。

1864年12月27日，小洛佩斯发动闪电战，攻占了巴西的马多克索省，获得大批军火、粮食与其它补给。小洛佩斯这招是拉丁美洲的“围魏救赵”之计，他想以逸待劳，坐等巴西军队回军救援。

没想到，巴西军队没回军，反而加紧对乌拉圭的进攻，一举平定乌拉圭红党的动乱，扶植白党首领贝南西奥·弗洛雷斯（Venancio Flores）建立了亲巴西的新政府。

乌拉圭的新政府立刻宣布加入巴西阵营，反过来向巴拉圭宣战。

1865年1月，小洛佩斯向阿根廷借道，准备从阿根廷的格林德斯省（Corrientes）经过，攻打巴西。阿根廷不答应——没法答应，与巴西有密约在先，如果答应借道的话，那不就等于跟巴西宣战了嘛！

小洛佩斯狂妄至极，在3月19日向阿根廷宣战，4月14日入侵格林德斯，还捕获了阿根廷的两艘战舰。

眼看这个自封的“居委会主任”单挑三个邻居，5月1日巴西、阿根廷和乌拉圭三国的代表，在布宜诺斯艾利斯签署了《三国联盟对抗巴拉圭秘密条约》（The Secret Treaty of the Triple Alliance against Paraguay）——小洛佩斯太张狂了，三个国家准备一举把他解决掉。

这个密约谈得很细，三个国家把联军部队的指挥体系、战后的边界划分、甚至巴拉圭战后赔偿的事情都写得清清楚楚。

条约第7条规定，三国联军对抗的不是巴拉圭人民，而是巴拉圭总统小洛佩斯。

条约第8条规定，同意确保巴拉圭的独立，并保证其主权与领土的完整。

条约第9条规定，第八条的有效期为五年。（也就是说，五年之后，大家就保证不了巴拉圭的主权独立和领土完整咯！）

条约第14条规定，所有的战争支出应该由巴拉圭人民偿付。（尽管第七条里说得很清楚，战争的对象是小洛佩斯，但是估计让他一个人赔三家，他也赔不起，所以又拽上巴拉圭老百姓一起还债。）

条约第17条规定，若战后的巴拉圭新政府拒绝接受此条约的内容，三国同盟有义务凭借任何手段，甚至是长期驻军，逼其就范，以确保条约内容之施行（也就是说，第八条和第九条里说的，保证巴拉圭主权独立和领土完整，是有前提条件的）。

条约第18条规定，为免唤起巴拉圭人民与小洛佩斯同仇敌忾之心，在达到主要军事目的之前，本条约必须保持机密。

条约第19条规定，这个密约不需要经同盟国国会的批准，一经签署立即生效施行（三个国家的国会通得过通不过都难说）。

从上面这些自相矛盾的条款来看，这个三国密约充满了“二十二条军规”式的黑色幽默。

顺便说一句，别管怎么黑色幽默，这个密约的保密性还是很强的，一直到了1886年才被英国驻乌拉圭代表公之于众。尽管那时的国际关系也充满了尔虞我诈，但是国家之间基本的道义守则还在，还没到发展到一次大战那样打红了眼，什么都不管不顾的地步。一时间，欧美各国对这三个国家秘密签订灭亡他国的条约都瞠目结舌，纷纷表示了道义上（也仅限于道义上）的强烈谴责。

随着巴拉圭对阿根廷的宣战，和三国密约的签订，巴拉圭战争正式升级成为南美三国同盟与巴拉圭之间的全面战争。

（140）

全面战争这种事情，跟一场战斗，或者一个战役是不一样的：能够决定战斗和战役成败的因素有很多，比如统帅的部署是否得当，将领的指挥是否正确，战士的表现是否勇敢，后勤的准备是否充分，地形的状况是否有利，甚至连刮风下雨或者走了狗屎运歪打正着之类的事情都能决定一次战斗，乃至于一个战役的成败。

但是全面战争就不同了——一般来说，它的时间比战斗和战役长得多，情况也复杂得多。各种各样的相关条件相互影响，足以抹平上面各种因素对于战争成败的影响。因此，对于旷日持久的全面战争来说，决定成败的因素只有一个：

交战双方的综合国力。

（那些认为“正义战争必胜，侵略战争必败”的小朋友，建议你们先去补习一下中学历史课本，我就不在这里费口舌给你们讲解了。）

说得更明确点，爆发全面战争的时候，只要把交战双方的人口数量、资源数量、国土面积和战略纵深、科技发展水平和工农业生产能力，按照世界上随便哪个研究所的“综合国力计算公式”算一下，谁的得分高，谁就能打赢。古今中外，绝无例外。

那么，三国同盟之战的双方综合国力对比是怎么样的呢？

兵力：三国同盟十九万二千；巴拉圭八万。

人口：三国同盟一万零二十；巴拉圭八十万。

国土：三国同盟一千一百一十九万平方公里；巴拉圭五十二万六千万平方公里。

行了，不用再看什么工业生产能力和科技发展水平了，只要看了上面三组数据，用脚趾头都能想到，巴拉圭没戏唱了。

前面说过，在巴拉圭战争初期，小洛佩斯曾经先发制人，在1864年12月27日和1865年4月14日先后占领了巴西的马多克索省和阿根廷的格林德斯省，但是巴拉圭毕竟是个小国，打完这两场战役之后需要休整一下。过了一个多月之后，小洛佩斯再次发动进攻。

1865年6月11日，小洛佩斯在里亚切罗（Riachuelo）地区发动海战，进攻巴西的舰队，企图彻底控制巴拉纳河。但是在战斗过程中，巴拉圭的两艘战舰因故抛锚，挡住了河道，失去了机动能力的巴拉圭舰队被巴西舰队击败。由于巴拉圭国内没有修理欧洲战舰的技术，而且又没有出海口，所以说这个小国没有恢复舰队战斗力的能力。

这样一来，只不过经过里亚切罗这一次海战，巴拉圭的舰队就基本瓦解了。

8月17日，三国联军开始局部反攻。9月19日，巴拉圭陆军上校埃斯莱加里维亚率领的军队在乌鲁瓜亚纳（Uruguayana）被迫向包围他的三国联军投降，巴拉圭大败。这场仗结束后，小洛佩斯只好下令从阿根廷撤军，采取战略防守态势。

从1865年10月到1866年4月，小洛佩斯没有采取任何重大的军事行动——巴拉圭的部队需要休整编组。但是到了这个时候，巴拉圭国力弱小的问题就爆发出来了，它区区80万的人口，无法为军队提供足够的兵员，万般无奈之际，小洛佩斯只好把老人和孩子都征召入伍。

与此同时，人多地广的三国同盟加紧军备，比巴拉圭强大得多的国力开始逐渐转化成第一线的战斗力。

（141）

1866年4月16日，三国联军攻入巴拉圭国境之内。

1866 年 5 月 2 日发生了艾斯特罗·贝亚格（Estero Bellaco）战役，5 月 24 日发生了图尤蒂（Tuyuti）战役，这两场战役中，联军的人数几乎都是巴拉圭的两倍，因此，战役的结局可想而知。

光是为期一天的图尤蒂战役，巴拉圭参战的不到两万人中伤亡总数就达到了一万三千三百五十人，却仅仅消灭了联军四千人。

图尤蒂战役是整个三国同盟战争的转折点，小洛佩斯就此丧失了挽救巴拉圭败局的机会，巴拉圭军队主力尽失，再也无力组织有力的抵抗。历史学家马斯特曼写到："图尤蒂战役可以说是灭绝了巴拉圭的西班牙种族后裔，在队伍前列的士兵是这个国家所有上等家族的男子，他们几乎全部阵亡；许多家族，特别在首都，没有留下一个丈夫、父亲、儿子或者兄弟。被留在亚松森的所有男子，包括老人、印第安人、奴隶、和少年现在全部被编入国家军队稀疏的行列中。"

1866 年 9 月 22 日的库鲁巴提（Curupaity）战役，巴拉圭军队依仗炮台，消灭了大批阿根廷部队，这也是巴拉圭的最后一次胜利，从这以后，这个内陆小国就兵败如山倒了。

到了 1867 年初，巴拉圭的正规军只剩下了一万五千人，巴西和阿根廷的一线军队则补充到了四万八千人。战争的局势已经完全明朗了。

1867 年 7 月 17 日，巴西收复马多克索，彻底切断了巴拉圭的陆上补给线。缺乏补给的巴拉圭军队又发生了天花和霍乱，非战斗性减员也越来越严重。

丢失马多克索之后，小洛佩斯把军队集结到了巴拉圭境内的乌梅达（Humaita）。乌梅达是巴拉圭首都亚松森的门户，丢掉此地，则亚松森必将失手。

1867 年 8 月 15 日，联军开始包围乌梅达，1868 年 5 月完成合围，1868 年 7 月 24 日，小洛佩斯被迫放弃乌梅达，突围逃跑。

联军乘胜追击。1868 年 12 月 21 日，发动鄂多罗罗（Ytororo）战役，12 月 27 日，发动阿瓦伊（Avay）战役，1869 年 1 月 5 日，巴西部队首先攻入巴拉圭首都亚松森。

不甘失败的小洛佩斯组织了一万三千人的一支游击队，由儿童、老人、妇女和伤兵担任主力，甚至连八岁的孩子都戴上假胡子参战。12月28日，小洛佩斯的游击队翻越阿玛巴依（Amambay）山脉进入巴西，又在1870年1月初返回巴拉圭，据守科纳（Cora）山区。

1870年3月1日，盟军包围了小洛佩斯的最后据点，小洛佩斯腹部中弹，说了一句“我与国家共存亡”之后，被盟军士兵用大刀砍死。

三国同盟之战至此彻底结束。

历时五年的战争给巴拉圭带来了毁灭性的打击：

先说人口，巴拉圭人口从战前的八十万锐减到二十万。这种导致一个国家人口损失百分之七十五左右的战争，恐怕在整个人类历史上都非常罕见吧！

由于大部分精壮男性都死在了战场上，剩下的二十万人口中，男性不到百分之十，这还包括了小男孩、老头和伤兵。因此，战后的巴拉圭被迫在事实上恢复了一夫多妻的社会制度，一个男人必须负责十几个女人的生育。战后五十年，有百分之八十的新生儿都是同父异母的私生子。

因为这场战争杀人太多，所以人们又把三国同盟战争称为“灭绝战争”（英文，The Extermination War）。

（142）

除了人口的损失之外，战后的巴拉圭被迫把巴拉圭河以北的土地割让给巴西，把比尔格马约以南的土地割让给阿根廷，要不是当时的美国总统拉斯福德·海斯（Rutheford Hayes）出面调停，巴拉圭中部的维拉·奥西丹达（Villa Occidental）省恐怕也保不住。加在一起，巴拉圭总计损失土地十六万平方公里。

经过这场战争，巴拉圭的基础设施几乎完全被摧毁，经济活动陷于停顿。同时，战败的巴拉圭被迫赔偿九亿比索给巴西，四亿比索给阿根廷，九千万比索给乌拉圭。

巴拉圭国库里没有这么多钱，英国的银行趁机介入，以巴拉圭三十万公顷的土地为抵押，贷款三十万英镑。

巴拉圭这下子也成了背负外债的国家了，到了 1907 年，巴拉圭对英国的债务连本带利一共七百五十万英镑。

在军事方面，战后的巴拉圭遭到巴西军队占领六年，直到 1876 年阿根廷与巴拉圭签订边界协议之后才结束。巴拉圭的军队则完全解散，军事设施基本被毁。

巴拉圭政局更是一片混乱——从 1811 年巴拉圭独立到 1870 年战败，将近六十年间巴拉圭一共只有三个统治者，可从 1870 年到 1912 年的四十二年内，却出了二十个总统，其中没有一个能完成法定的任期。

顺便提一下这场战争对三个同盟国的影响：

巴西因为打仗，对英国的外债增加了；巴西的陆军则因为战功，逐渐摆脱了帝国政府的控制，羽翼渐丰，逐渐发展到 1889 年发动政变，推翻了巴西帝国。

阿根廷因为打仗，刺激了国内的经济，保守派的政府也因此得到了巩固，但是也欠了更沉重的外债。

乌拉圭是两个大国身边的小喽啰，出力不多，损失不大，最大的收获是自己的国家独立彻底得到了巴西和阿根廷两个强大邻居的保证。

巴拉圭战争的前因后果都说完了，最后总结一下吧。

从军事角度来说，小洛佩斯的指挥没什么可说的——双方的实力如此悬殊，甭说小洛佩斯，就是诸葛亮来了也没戏。值得一提的是，这场仗大量使用了步枪、机枪、高爆炸药、大炮等现代化武器，以前拿破仑时代那种步兵排好队放枪的情形也不见了，都改用什么散兵坑、战壕之类的新玩意——也就是说，从作战样式来看，巴拉圭战争跟美墨战争完全不一样，倒像是后来第一次世界大战的预演。

从政治角度来看，小洛佩斯单挑三个邻居，当然是个不可原谅的错误。他发动战争的初衷是一劳永逸地解决出海口的问题，这的确是为了巴拉圭的国家利益，可是他对巴拉圭当时的国力做出了完全错误的估计，盲目乐观、狂妄自大，最终把巴拉圭和他本人都拖入了万劫不复的深渊。

即便有些左翼的拉丁美洲知识分子认为，小洛佩斯代表了巴拉圭人民“不屈不挠的奋斗精神和英勇顽强的英雄气概”，但我还是认为，他是导致了六十万巴拉圭老百姓死于非命的罪魁祸首。

战后的巴拉圭，同它那些邻居一样，也沦为了英国的债务奴隶和欧洲的初级产品生产地。

整个十九世纪、整个拉丁美洲唯一一次的国家全面工业化的尝试就此以失败告终，甚至于直到今天，巴拉圭的工业化水平都还没有恢复到战前的状况，这就是我在本章开始时说，“直到今天的巴拉圭都没能从这场战争的失败中彻底恢复过来”的原因。

从这个角度来看，小洛佩斯可谓百死难辞其咎。

八、南美混战太平洋

（143）

一场三国同盟之战打得巴拉圭几乎亡国灭种，而这场大战结束之后没几年，南美的西半边又开战了。

这次的参战选手有智利、秘鲁和玻利维亚，因为战场主要是在太平洋沿岸，所以它有个很唬人的名字——美洲太平洋战争。

尽管南美的这一仗不如后来的太平洋战争那么波澜壮阔、跌宕起伏，但是也称得上旷日持久，把参战国折腾了个死去活来。

这场战争的目的是争夺世界上最干燥的地方——阿塔卡马沙漠。

阿塔卡马沙漠介于南纬十八度到二十八度之间，南北长约一千一百公里，东西宽约一百公里，东边挨着安第斯山，西边紧靠太平洋——我是不是写昏了头了，世界上最干燥的地方竟然靠着大海？

没错，阿塔卡马沙漠还真的是紧挨着大海。

阿塔卡马沙漠的西边是太平洋，有一股叫“秘鲁寒流”的洋流带来了南极附近冰冷的海水，导致沙漠附近的空气下冷上暖，气象学上称这种情况叫“逆温层”，非常不利于雨滴的凝结；同时，来自亚马逊盆地的潮湿气团，又被沙漠以东的安第斯山脉挡住。算来算去，阿塔卡马沙漠附近没有任何一个下雨的气象条件，因此，尽管这地方多雾，有时候空气的相对湿度能达到百分之七十，但它还是成了世界上最干旱的地方。

阿塔卡马沙漠究竟干旱到什么地步呢？

整个沙漠的平均年降水量在五十毫米以下，北部地区更是在十毫米以下；这片沙漠的两大居民点：伊基克（Iquique）和安托法加斯塔（Antofagasta），平均每个世纪下两到四场雨；沙漠里的某些地方，从十六世纪后期西班牙人开始在这里搞了气象记录以来，干旱了差不多四百年，直到1971年才下了场雨，下一场还不知道要等到猴年马月；沙漠里的一个小镇阿里卡（Arica），年平均降水量零点六毫米，也就是说，这镇子上还有没有亲眼见过上一次下雨的活人都很难说。

有人可能会问了——水是生命之源，阿塔卡马沙漠干成这样，那人都怎么活啊？

真是“只有享不了的福，没有吃不了的苦”，住在这的老百姓靠从安第斯山铺水管引水生活，像阿里卡这种地方，更是利用天气多雾的特点，张了成百上千张遮天蔽日的“捕雾网”来收集雾气中凝结的水。据说运气好的时候，每张网每天能收集一百七十升水，而且这方法还特环保。

别管它有多环保，如果把像我这样的人丢到那个鬼地方，还不如直接把我宰了比较省事。

阿塔卡马沙漠干燥到这个份上，再加上仅有的土壤也是强酸性，极其贫瘠，所以，除了几个居民点之外，它就成了世界上唯一没有任何生命迹象的地方。以至于美国国家宇航局的火星探测车都在这里搞试验——科学家们认为，这里是地球上最像火星的地方，说不定条件还不如火星呢！

十九世纪时当然没有火星探测车，那么这三个国家争夺这个地方干什么呢？

（144）

别看阿塔卡马沙漠寸草不生，人家这地方却盛产一种矿物——硝石。

我对化学一窍不通，就不解释硝石的成分和特性了，大家只要知道一点：所谓“一硫二硝三木炭”，硝石是做火药的重要原料就够了。

我在前面谈三国同盟之战的时候说过，西班牙当年统治拉美的时候，由于地广人稀，很多地方的行政区划不是很清楚。等到拉美独立之后，由于各国的边界基本上都是在沿袭殖民时代的行政区划，所以有些边界也没有划清楚。

阿塔卡马沙漠也是这种情况，由于土地贫瘠、人烟稀少，尽管当时玻利维亚、智利和秘鲁三个国家都宣称对它拥有主权，实际上谁也没把这地方当回事。

到了十九世纪后期，情况开始变了——人们在阿塔卡马沙漠发现了大量的硝石资源，而当时的欧洲，正是战云密布，各国拼命扩充军备的时候，所以硝石的市场前景极其广阔。这样一来，三个国家就都对阿塔卡马沙漠眼红了。

1874 年，智利和玻利维亚签订了边界条约，智利宣布放弃南纬二十四度线以北的沙漠主权，玻利维亚则答应在随后的二十五年时间之内，对智利和英国合营的矿业公司执行优惠税率。应该说，这是一个两全其美的合约。

可是刚过了四年，情况就变了。

1878 年，玻利维亚政府为了筹措军费，单方面增加智利和英国合营的矿业公司的纳税额。矿业公司当然不干了，人家搬出四年前的条约，宣布拒绝缴纳多出来的税款。

玻利维亚政府随即下令，没收了矿业公司经营的矿山，公开拍卖。

1879年2月，火冒三丈的智利政府出兵，在14日占领了玻利维亚最大的港口安托法加斯塔。玻利维亚下令全国动员，当时秘鲁和玻利维亚走得很近，1873年两国还签署了秘密的军事同盟条约，于是秘鲁也下令全国动员。

1879年4月5日，智利正式向玻利维亚和秘鲁宣战。

由于这一仗的实际起因是对阿塔卡马沙漠硝石资源的争夺，所以也被称为“硝石战争”。此外，由于阿塔卡马沙漠地区也有些富含磷酸盐的天然肥料——鸟粪，所以这场仗的另一个别名叫“鸟粪战争”。

硝石战争的第一阶段，以海战为主。

战争开始时，三个国家的海军规模都不大，但相对而言智利海军要比对方大很多——光它一个国家的海军，就是两个对手加在一起的两倍。

智利就凭借着相对强大的海军迅速封锁了玻利维亚和秘鲁两国的海岸。

1879年5月，智利舰队在秘鲁首都利马击败了秘鲁海军的小股力量。但与此同时，趁着智利海军主力舰队远在利马的时机，秘鲁海军的主力突然出现在伊基克附近海域，一举击沉了智利的一艘老战舰“艾斯米拉达”号。

10月8日，智利舰队和秘鲁舰队发生了遭遇战，这也是拉美历史上第一次铁甲舰决战。智利舰队突入到对手六百米附近的海域，发动密集攻击，打烂了秘鲁的主力铁甲舰“胡阿斯卡”号。

海军是个特别费钱的军种。秘鲁和玻利维亚都不是强大的国家，所以舰队的规模很有限，仅仅损失了“胡阿斯卡”这么一艘军舰，两国就彻底不能跟智利海军对抗了，智利就此掌握了战争的制海权，硝石之战的海战阶段就此结束。

（145）

1879年11月，七千名智利士兵在六艘军舰的护送下，在伊基克附近登陆，同秘鲁和玻利维亚的联军展开陆战。

相对而言，秘鲁陆军的装备水平还凑合，但玻利维亚就实在是太差劲了——部队里大量的印第安人脚蹬凉鞋，身着杂七杂八的民族服装，而且没有火器，统统手持弓箭和弩机，看样子不像是来打仗的，倒像是来参加印第安风情旅游节彩妆游行的。

这么一来，战局的发展可想而知。

到了1880年，这一仗其实已经打完了——论海战，秘鲁海军全军覆没；论陆战，玻利维亚失去了全部的沿海领土，智利也准备见好就收，所以，6月三个国家各派代表举行谈判。

正当外交官们还在谈判桌上扯皮的时候，一个意外发生了。

出于人道主义的考虑，智利允许秘鲁用运输船把智利俘虏的秘鲁伤兵运走，但是由于伤兵太多，秘鲁自己的船不够用，智利就把自己的"罗阿"号军舰借给对方运伤员。

7月3日，完成了任务的"罗阿"号，拖着一条装满秘鲁送给智利的水果的秘鲁驳船返航。突然间，驳船发生了爆炸，把"罗阿"号也给伤着了。

这件本是双方互相表示友好的美事，却以这么个意外的结局收场。

智利政府认为这是秘鲁人的阴谋——看你们可怜，我们才好心好意帮忙的，你小子倒跟老子玩阴的啊？

于是，智利决定攻占利马。

1881年1月15日，在先后取得了两次莫克瓜战役、塔克纳战役和阿里卡战役等一系列胜利之后，两万六千智利军队向利马发动总攻，全无斗志的秘鲁守军抵抗了两天就全部跑光光，秘鲁的首都就这样被智利给占了。

在此之后，双方又打打停停，断断续续折腾了两年，战争才算彻底结束。

这场美洲的太平洋战争，前后打了四年。结果是智利的完胜：除了海战之外，在陆地上，玻利维亚和秘鲁两国的十二万联军被五万智利军队击败。

1883 年 10 月 20 日，秘鲁和智利在利马北面的安孔（Ancon）城签订《安孔条约》，秘鲁将包括伊基克在内的塔拉帕卡省割让给智利，并将阿里卡和塔克纳（Tacna）两地区交智利管辖十年。十年后这个问题悬而未决，直到 1929 年，在美国的居中斡旋下，秘鲁才收回了塔克纳地区，阿里卡地区则被秘鲁以六百万美元的价格让给了智利。

战败的秘鲁闹得一塌糊涂——先是发生了七个月的内战，然后经济倒退了十多年。

（146）

玻利维亚更惨，1884 年被迫与智利签订了《瓦尔帕莱索协定》，1904 年又签了个《和平友好条约》，把自己从安第斯山脉到太平洋之间所有的沿海领土（称为安托法加斯塔省）都割让给智利了，从此，这个国家成了和巴拉圭一样的内陆国，经济发展遭受了严重的影响。

从那时到现在，玻利维亚要求获得出海口的努力一直没停过。论文的，它没少跟智利谈判，1978 年谈崩了两国断交，到今天还只保留着领事关系；论武的，我下一篇会讲到的“格兰查科战争”，也跟这个有密切的关系。

不管怎么努力，到今天玻利维亚也没有一个属于自己的出海口，还得看智利的脸色行事，但玻利维亚的海洋梦却一直没有破灭。直到今天，玻利维亚还有一支三千六百人的海军舰艇部队和五百人的海军陆战队，成天在梯蒂卡卡湖和玻利维亚的内河里操练。在一年一度的海军节上，拖车还会拉着小型军舰，雄赳赳气昂昂地在拉巴斯的广场上接受检阅呢！

关于硝石战争还有一个值得说说的尾巴——南美战场上的中国人。

1860 年，太平天国的李世贤在福建失利，三万多走投无路的余部被迫选择了当“契约华工”，也就是俗称的“猪仔”。

1862 年，一万多太平军猪仔被运到伊基克附近当硝石矿工，每天做十四小时的苦工，病死和自杀的很多。

1867 年 3 月，在硝石战争期间，伊基克的太平军余部发动起义，与前来镇压的秘鲁军队作战，打死多名秘鲁军官，俘虏秘鲁的印第安士兵二百名。随后，太平军余部以湖南人翁德容和广东人陈永碌为首领，派人联系智利军队的司令西拉皮佐少将，表示愿意与智利军队合作。

西拉皮佐少将派人带来了智利总统的亲笔信，给予太平军余部及其家属智利国籍，并许诺在战争结束后把伊基克交给太平军。

1878 年，已经被改编成智利“第六边境纵队”（俗称“褐衣军”）的太平军余部，操着大刀等冷兵器正式参战。

6 月份，他们在波内达要塞打了一场针对秘鲁和玻利维亚的伏击战，不到两千名中国人对四千多敌人。太平军余部在战斗中俘虏了要塞司令和三百多秘鲁军人，击毙玻利维亚军人数百人，俘虏印第安雇佣兵一千人。

1879 年，太平军余部在第二次莫克瓜战役中，以四百人伤亡的代价，夺取玻利维亚秘鲁联军的大炮四门，军旗十五面，战马两百匹，毙敌人数不详。

看来，中国内战的残兵败将也比拉美军队厉害很多……

战争结束以后智利政府决定将伊基克赠给太平军余部，成立一个自治镇，条件是太平军余部继续帮助智利攻打秘鲁，但太平军没有接受这个条件，而是融入了当地社会。据说，今天的伊基克当地人中有四分之一的人有华人血统。

没有去过伊基克，姑妄听之，姑妄听之。

九、曲曲折折现代化

（147）

从这一篇《新的国家》开始后不久，我就一直在说打仗，恐怕会给大家留下一个印象——拉美独立之后的前八十年没干别的，光打仗了。

其实，除了打仗之外，拉美各国好歹也算开始了经济建设。因此，我就在本章集中地说说这几十年拉美各国的经济基础和建设情况：地理困境、大地产制、单一经济、资金问题、对外贸易和主要成就，等等。

首先说说地理困境。

俗话说“要想富、先修路”——交通搞不好的话，经济就发展不起来，而拉美复杂的地理环境，造成这个地区的交通极其成问题。举几个例子：

前面讲拉美独立却难以统一时，提到过厄瓜多尔这个安第斯山小国的情况：这个小国的港口城市瓜亚基尔距离首都基多不过二百七十四公里，可是海拔竟然相差两千八百七十六米。这就导致从瓜亚基尔经陆路向基多运一吨货物的运费，比从瓜亚基尔经海路沿太平洋东海岸南下，绕过麦哲伦海峡，再沿着大西洋的西海岸北上一直走到纽约的运费还贵。

类似地，对巴西的里约来说，从阿根廷进口小麦的运费比从英国进口还贵；巴西北部的居民从欧洲买东西，就算加上运费也比从本国的南部地区买东西还便宜。

地理条件这么差，那就搞基础建设呗！

独立之初的拉美，交通设施的建设也不是一般的差：

1820 年代，从巴西的里约到内陆的马托·格罗索（Mato Grosso）的省会库亚巴（Buiaba），靠两条腿的话要走八个月；同一时期，从布宜诺斯艾利斯到安第斯山脚下的城市门多萨，距离大约一千五百公里多一点，坐马车的话要半个月，坐牛车则要整整一个月。

其次说说大地产制。

我在前面的第四篇“独立时代”中讲到，西属拉美的独立运动旷日持久，破坏巨大，对社会经济的影响是很大的，再加上独立运动只是一次政治革命，没有对原有的大地产制、教会经济等封建生产关系加以触动。所以说，独立运动一方面破坏了生产，另一方面还没能变革生产关系，基本上没给社会经济带来什么好处，导致大地产制依然如故。

比如，1840 ~ 1848 年间的桑切斯·纳瓦罗家族，在墨西哥占有一千六百万英亩土地（相当于于六万四千七百平方公里），成为墨西哥历史上最大的地主；1858 年，阿根廷的安乔雷纳占地一百六十万英亩（相当于六千四百七十平方公里），而且是阿根廷水草最丰美的土地。

大地产制必然带来低效率——土地这么多，随便雇人种种就够自己和家人一辈子享用不尽的了，谁还花心思筹措资金、招募农民、加强管理、扩大产量啊！

于是，大地产制的结果就是一方面很多土地闲置，另一方面大量的无地农民失业。

（148）

第三个话题是单一经济。

与英国在北美的殖民地不同，当年西班牙和葡萄牙对拉美的殖民统治基本上就是掠夺，最大的特点是忽视，甚至限制殖民地的手工业和工业的发展，从而把拉美建成了单一化的经济结构。这个情况，我在前面的第三篇“殖民时代”中有过描述。

独立的拉美各国也继承了单一的经济结构，只专注于某些贵重金属或农产品的出口。这样一来，国家的经济结构就是畸形的，一到两种初级产品（主要是矿产品和农产品）的出口额占去了国家出口总额的一半以上。一旦国际市场上某种初级产品的价格出现大幅波动，这个国家的出口就会遭遇灭顶之灾。

以秘鲁为例：这个昔日的印加帝国首都所在地可不是个鸟不拉屎的地方，恰恰相反，它是个鸟儿拉屎的地方——秘鲁的太平洋沿岸地区盛产鸟粪。由于排粪的这些海鸟的主食是富含蛋白质的小鱼小虾，所以这些鸟粪都是些富含磷酸盐的好东西。当时的欧洲正缺肥料，秘鲁就开始了大量的鸟粪出口。

大规模的鸟粪出口开始于 1841 年，十年内年产量增加到三十五万吨，占到了秘鲁全国出口总值的百分之六十，1840 到 1880 年，秘鲁累计出口鸟粪两千万吨以上，创造利润二十亿美元，秘鲁的经济繁荣得五颜六色、乱七八糟。

1880 年前后，鸟粪资源逐步枯竭，同时，由于德国科学家发明了用化学工艺，人工生产磷酸盐的方法，秘鲁的鸟粪出口宣告结束，政府欠下巨债，国内经济崩溃。

然后，智利通过美洲硝石战争占领了阿塔卡马沙漠，从这里出口磷酸盐，开始了自己的从繁荣到破产的循环。

1850年之后，随着欧洲第二次工业革命带来的产业升级，对拉美的农产品需求扩大，由于欧洲大部分国家的粮食基本能自给自足，所以主要需求的是糖类、烟草、可可、咖啡，以及后来的香蕉。

这样一来，拉美各国的单一经济情况进一步加剧：以巴西为例，1850年前后的里约还是粮食出口地，但是随着咖啡的大量种植，到了1860年，里约就变成了粮食进口地。

接下来是资金问题。

不知道大家是不是还记得我在第三篇“殖民时代”中谈到伊比利亚掠夺拉美贵金属的描述（第六十九段）。从那个比较通俗的描述中，我简要地说明了资金对于经济发展的重要性，简单来说，资金就是经济运行的血液——没有资金的话，就没有办法把土地及资源、设备、人力和信息等经济发展的要素整合起来，经济也就没法得到发展。

当时的拉美，绝对不缺土地和资源，也不太缺人力，最缺的就是钱——本来拉美盛产金银，但是黄金白银都被西班牙和葡萄牙拿走了。没办法，各国只好向欧洲列强借钱，于是，英国人就上门了。

（149）

提到拉美的经济建设，就不能不提英国。这倒不是说英国为拉美的经济发展帮了多少忙，而是说它对拉美的影响非常大。

我在前面零零星星地说过，英国自从光荣革命之后，逐渐强大起来，在全世界到处侵略扩张，当然也没少打拉丁美洲的主意。不过，由于当时的拉丁美洲被西班牙和葡萄牙看得很严，不许英国染指，所以英国只能想了别的办法——替西班牙和葡萄牙王室做生意。

后来说到拉美独立的时候，我曾经说到，十九世纪初，随着拿破仑的横空出世，欧洲大陆乱了套，英国人就趁着这个机会再次染指拉美。

1806年6月25日，威廉·贝雷斯福德（William Beresford）率领一千六百五十名英军进攻布宜诺斯艾利斯，西班牙总督不战而逃，两天后英国人占领了这座城市。可是刚到8月11日，就被一个叫圣地亚哥·德利尼埃尔（San Diego de Lenoir）的西班牙下级军官率领的三千名爱国者给打跑了。

1807年2月3日，英军又趁乱占领了蒙得维的亚，6月26日，约翰·怀特洛克（William Whitlock）指挥的一万两千英军再次进攻布宜诺斯艾利斯，7月5日英军兵分十四路发动进攻，两天内伤亡被俘无数，不得不在7月7日投降。

英国人对拉丁美洲的这么多次武装侵略，唯一的成果是在1833年占领了阿根廷南部鸟不拉屎的马尔维纳斯群岛（英国人称它“福克兰群岛”，一个半世纪之后阿根廷为此还跟英国人打了一场），实在是成效不大。

一来二去英国人也明白了，还是经济渗透更靠谱。

现在刚刚独立不久的拉美各国找欧洲人借钱，天下第一的英国当仁不让，很快就成为拉美最大的债主。

从1822年到1826年，英国向新独立的拉美各国提供前后十笔贷款，总计两千一百万英镑。随后贷款额还进一步增加，比如1850年到1870年，光是秘鲁就借款五千一百八十四万英镑，墨西哥借款一千六百九十六万英镑。

拉美各国借来了这么多钱，可惜，大多都没有用到正路上去。以墨西哥借的这一千六百九十六万英镑为例，百分之七十用在军事用途上，百分之三十用来还旧债，没有一分钱用在发展经济上；秘鲁的那五千一百八十四万英镑借款，用在经济发展上的也只有百分之四十五，不到一半。说起来，这么多拉美国家，向英国借了那么多钱，只有哥斯达黎加、玻利维亚和圣多明各，分别把三百四十万、一百七十万和七十五万七千英镑的借款全部用在了公共工程和经济建设上。

借来的这些钱没有用来发展经济，可想而知，经济发展不起来，还债就成了个大困难。

从1825年开始，拉美各国向欧洲借的钱，除了巴西之外，普遍延迟还债二十五年以上——巴西用每年财政收入的百分之四十来还债，才算扛了过去。

再后来，拉美各国还了旧债欠新债，拆了东墙补西墙。直到今天，英国这个“欧洲黄世仁”还没从这帮“拉美杨白劳”身上把钱都要回来。

（150）

有人可能会奇怪，常言道，借钱的是孙子，欠钱的是爷爷，明知道拉美那帮穷鬼还不上，英国还那么屁颠屁颠地借钱给人家干什么呢？

举几个例子大家就明白了：

前面说过的，从1822年到1826年，英国向拉美各国提供借款两千一百万英镑。可扣除了预付利息和代理费，实际到账只有七百万英镑。不过，还钱的时候可是要一分钱不少地还两千一百万。

1824年，布宜诺斯艾利斯政府从巴林兄弟银行借款一百万英镑，实际到账只有五十七万。而且，布宜诺斯艾利斯政府收到的是汇票，还账时得还黄金。

由于英国是大债主，所以佩德罗一世当皇帝时的巴西，跟伦敦签订条约，规定巴西从英国进口的商品关税为百分之十五，并保证从其它国家进口商品的关税不低于该比例。

1800年到1850，世界贸易额增长两倍，但拉美和英国之间的贸易额增长三倍以上。1815年到1820年，每年智利和英国之间只有两三艘贸易船，1847年就增长到了三百多艘。

看到借钱的好处了吧？所以英国政治家乔治·坎宁（George Canning）在当大英帝国外交大臣的时候说，“西班牙美洲自由了，如果我们不是悲哀地处理不当的话，它就是英国的了。”

说完资金问题，紧接着的话题就是拉美的对外贸易。

大债主英国当时在拉美鼓吹一种观念——提倡门户开放，反对贸易保护。

这种观念最早是英国经济学家亚当·斯密（Adam Smith）在1776年出版的《国富论》里提出来的。它的大意就是说，咱们哥俩好，现在都敞开自己国内市场的大门，随便卖东西，共同繁荣呗！

这种话听上去好听，可实际上，由于拉美的经济水平比英国落后很多，拉美的产品在英国是没有竞争力的；相反，质优价廉的英国产品就能大量涌入拉美各国，把这些地方变成倾销地，直接冲垮拉美本土的工业萌芽。

比如，1821年墨西哥宣布开放市场，把英国产品的关税统统定为百分之二十五，结果刚到第二年，光是瓜达拉哈拉一个城市就有两千名手工业者失业。

其实，早年的英国为了保护自己稚嫩的民族工业，实施的贸易保护比谁都厉害：从十四至十九世纪上半叶英国都有规定，不准在海岸线五英里范围内剪羊毛，为的是遏制羊毛输出，保证作为纺织业原料的羊毛的低成本；1666年英国出台安葬法，专门对裹尸布作出规定——只能用国产的厚呢绒，不得使用进口的薄棉布，否则牧师不主持葬礼；1721年又颁布禁令规定，凡使用或展示进口棉布均会被罚款，举报人可获奖，罚款额和举报奖都相当于当时大半年的人均收入。

就这样，英国"靠压制自由贸易成就了自己的毛纺织业，靠进口替代催生了麻织业和丝织业，靠市场独占的环境引发了棉纺织业的异军突起"。

大家看到这些是不是觉得有些眼熟——2009年的哥本哈根气象峰会也是这么个路数——发达国家当年排放了很多很多温室气体，现在经济发展起来了，就不许俺们穷国排。

当然发达国家也有人家的道理：如果现在穷国不节制，最后的结果就是大家一起完蛋。所以说，国际间很多事情都是这么一笔笔说不清道不明的糊涂账。

（151）

说了这么多拉美经济的问题，其实也不能说这就是十九世纪拉美经济建设的全部——经过七八十年的发展，拉美的经济还是取得了一些成就的。

比如基础设施建设：1876 年尼加拉瓜第一次有了电报线，到了 1890 年，电报线长度就达到了两千四百七十八公里。

比如农产品生产：尼加拉瓜 1880 年生产了四百五十万磅咖啡，到 1890 年就增长到一千一百三十万磅；1800 年巴西食糖年产量为两万吨，1810 年翻倍，1850 年达到十万吨，1880 年超过二十万吨。

比如畜牧业：阿根廷 1825 年养了大约七万头牛，1850 年，光是牛和马的屠宰量就增长到三十万头牛，同时阿根廷也成为了欧洲羊毛的主要原产地。

比如对外贸易：这几十年除了折腾来折腾去的墨西哥之外，拉美各国年平均出口增长率也能有个个位数。

比如工业化：到了 1889 年，阿根廷布宜诺斯艾利斯地区有了四百家工厂，雇佣了一万一千工人，到了 1895 年，工厂数量增长到两万三千家，雇佣了十七万工人——从每个工厂的平均雇工数来看，还是以小作坊为主，但毕竟为阿根廷的国内工业发展贡献了力量。

比如城市化：到十九世纪末，像布宜诺斯艾利斯、墨西哥城、里约热内卢都成为了世界上人口最多的城市之一。

又比如社会发展：随着各国的经济发展和文明进步，拉美各国都相继废除了奴隶制：从最早的阿根廷（1813 年）到哥伦比亚（1821 年），再到 1870 年的巴拉圭和 1888 年的巴西，各国大多通过温和的国家赎买的方式，废除了这个落后野蛮的社会制度。

以上就是十九世纪拉美各国经济建设的基本状况：从大地产制到单一经济，从资金问题到对外贸易等等，总而言之，这一时期拉美各国的经济建设可以说是有得有失，以失为主。

动荡的政治环境、复杂的地理条件、落后的大地产制、薄弱的基础建设、脆弱的单一经济、恶性的资金循环，使得拉美各国的经济要么是原地踏步——比如墨西哥；要么是周而复始——比如秘鲁；要么就是阿根廷这样——通过农产品的出口成为了发达国家，但是后来到了二十世纪，随着农产品价格的降低，又从发达国家跌落到发展中国家去了；甚

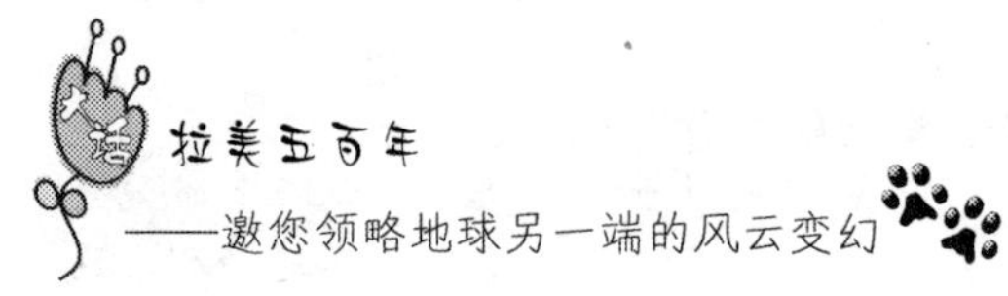

至还有巴拉圭这样，一场仗把国民经济打得倒退了几十年的。

相比之下，也就是巴西，由于国内政局相对平稳，土地和资源异常丰富，还算发展得不错。

下一篇谈到二十世纪的拉美经济发展时，我们会看到，二十世纪的情况和十九世纪的也差不多。

十、古巴搭上独立末班车

（152）

说完了经济建设之后，我准备在这一篇里谈的最后一个话题是美西战争和古巴独立。

拉丁美洲的独立运动，从1810年到1826年前后闹了个波澜壮阔、此起彼伏，连智利那种犄角旮旯的地方都闹到了。但是奇怪的是，加勒比海的第一大岛——偌大的一个古巴却风平浪静，波澜不惊，除了几次小打小闹的起义之外，基本上就是独立运动的世外桃源。

说起来，造成这种情况的原因还挺复杂。

首先，在殖民时代，古巴是西班牙本土和拉美殖民地之间的中转站，也是西班牙在拉美的主要军事根据地，因此，西班牙在古巴的殖民力量很强大。

其次，由于是中转站，拉美独立运动期间的古巴也就成了被打跑了的西班牙殖民者的避难所。1810年到1826年期间，从拉美其它地方跑到古巴来定居的西班牙殖民者及其家属多达两万多人。一时间，古巴亲西班牙的情绪高涨。

最后，古巴的大种植园经济在当时占据统治地位，所以很多土生白人都是大种植园主，这些家伙当然反对独立运动了。这样一来，古巴独立运动的主力只能是黑人，除非古巴的黑人有杜桑那样打仗的天才，再加上海地那样混乱的局面，否则就没法翻过天来。

事实上，古巴的黑奴何塞·安东尼奥·阿庞特（José Antonio Appoint）曾经在1812年发动过起义，坚持了才两个多月就失败了。

再后来，到了1821年，古巴的一小撮土生白人发起过一个叫“玻利瓦尔太阳和光芒”的社团，密谋搞独立，很快失败。

1827年到1830年，另一撮土生白人们又搞了个独立社团叫“黑鹰社”，还没来得及发动起义，就被当局给取缔了。

就这样，古巴的独立运动长期停留在小打小闹的水平上。最大的一次起义发生在1841年，这一年，因为奴隶主虐待黑奴，爆发了“埃斯卡莱拉”（Escaleras，西班牙语“梯子”的意思，因为当时的奴隶主把黑奴捆在梯子上抽打）事件，古巴的黑奴纷纷起义，但由于殖民者的力量很强大，这次起义很快就被镇压下去了。起义者里面有七十八人被判死刑，三百余人被活活打死，四百人被流放，一千二百九十二人被监禁。

殖民者这么凶，古巴的黑奴也只好老实了。

由于独立运动的动静小，古巴的经济也就没有遭受到其它拉美国家那样的毁灭性打击：

1792年，古巴有养殖牲畜的大牧场三百九十九个，1817年增长到了两千一百二十七个。

1817年，古巴有七百七十个咖啡种植园。后来尽管咖啡不是古巴的主要经济作物了，但随后几十年之内的古巴咖啡产量一直还不低。

1836年，古巴有三百零六个卷烟厂，出口烟草四百八十八万七千吨，1846年，烟草种植园增长到九千一百零二个，古巴成了名副其实的烟草王国——大名鼎鼎的哈瓦那大雪茄，大家都听说过吧？

不过，跟牲口、咖啡和烟草相比，古巴最出名的还是蔗糖。

1790年，古巴的蔗糖出口量大约一万四千吨，后来由于独立运动把盛产蔗糖的海地给搞成了一片焦土，所以蔗糖生产的重心就转移到了巴西和古巴。1805年，古巴的蔗糖出口量增长到了三万四千吨。1827年，古巴拥有五百一十个甘蔗种植园。到了1850年，蔗糖占古巴全部出口货物数量的三分之一，出口金额则占到了百分之六十。

就这样，风平浪静的古巴成了西班牙的聚宝盆。

（153）

话说到这里，大家肯定能想到——本来有好大一个西属美洲供自己剥削的西班牙，现在丢了那么多的地盘，像点样的殖民地就剩下了这么个古巴，肯定会对它展开敲骨吸髓、掘地三尺的盘剥。

1849年，西班牙在古巴征税一千二百五十万比索，1850年长到了两千七百一十四万，1867年更是长到了三千二百八十五万，连宰个牲口都要交百分之二十五的屠宰税。

征税这么多，老百姓可支配的收入就减少了，生活压力越来越大；同时，由于征税太多，生产的成本也就越来越高，搞得物价水平也来了个水涨船高。比如买一个黑奴，1840年只要四百比索，1860年的价格就长到了一千比索。

由于征税导致的物价升高，古巴的产品逐渐在国际上丧失了竞争力。1860年前后，美国停止进口古巴的皮革和咖啡，改去买其它地方出产的便宜货。这样一来，刚到1862年，古巴的咖啡生产就萎缩到仅能满足境内消费的地步。

来自宗主国西班牙的掠夺，严重影响了古巴的经济发展。曾经繁荣一时的加勒比明珠变得经济萎缩，民生凋敝。

眼看是活不下去了，古巴就派出代表去找西班牙王室诉苦。从1866年10月到1867年2月，古巴殖民政府派出的十三人代表团和西班牙王室代表谈了小半年，最终失败：摊派给古巴的苛捐杂税不仅一分钱没减少，反而还增加了百分之十。

这样一来，古巴的土生白人对西班牙彻底绝望，开始酝酿起义。

古巴起义的导火线跟拉美大规模独立时的情况差不多，也是宗主国内部先乱了套。

1868年，西班牙女王伊莎贝拉二世已经亲政二十五年了。跟她那个同名的祖先（伊莎贝拉一世）相比，这位二世女王实在太差劲：政局动荡，二十五年间换了三十四个政府；亲近教会和军队里的那些极端保守派，让新兴的资产阶级和老百姓极其恼火；而且她的生活作风也很成问题——据说她所有的孩子都不是她老公的，等等。

一来二去，西班牙上上下下都对她非常不满——说起来，得罪了别人也就算了，可伊莎贝拉二世连军队都没笼络好。人家军队当然不是好惹的，1868 年 9 月，军队发动政变，推翻了她的统治，建立了共和国。历史上把这件事称为西班牙的“光荣革命”。

趁着宗主国乱套的机会，古巴开始发动起义。

1868 年 10 月 10 日晨，以卡洛斯·曼努埃尔·德塞斯佩德斯（Carlos Manuel de Céspedes）为首的三十八名种植园主在古巴奥连特省亚拉附近的蒂玛哈瓜制糖厂宣布起义，发表了《独立宣言》（又叫《亚拉号召书》），强调“自由和平等”。后来人们仿效伊达尔戈的多洛雷斯呼声，照猫画虎地称德塞斯佩德斯宣布起义的举动为“亚拉的呼声”（Grito de Yala）。

德塞斯佩德斯和其他种植园主解放了各自的奴隶，并把他们武装起来，开始动武。

古巴独立战争的第一阶段——“十年战争”就此开始。

（154）

宣布起义后的第二天，德塞斯佩德斯率领一百四十七个人的起义队伍去攻打小镇亚拉，结果伤亡惨重，小镇没打下来，一百四十七个起义者被殖民军打得只剩下了十二个。

德塞斯佩德斯只好带着残兵败将东奔西跑，过了些日子，跟一个叫路易斯·马卡诺的起义军人会合。这个马卡诺手下有三百来人，这么一来，起义军总算有了支像样的队伍，一举攻克巴亚莫城。

起义军的声势越来越大，到了 11 月底，德塞斯佩德斯的队伍滚雪球一样地增长到了一万两千人，把古巴东部搅了个天翻地覆。

1868 年底，古巴殖民地的西班牙都督终于下令征讨。巴尔马塞达将军统领的殖民军很是厉害，1869 年元旦刚过，就在萨拉迪地区大败起义军，击毙两千人。1 月 15 日，巴尔马塞达占领巴亚莫，丢了据点的起义军只好东躲西藏地开始打游击。

4月10日，起义军在奎马罗召开了制宪会议，选举德塞斯佩德斯当了个没有地盘的古巴共和国总统。

接下来几年的时间里，德塞斯佩德斯带着人不断地打游击，不断地开会。1873年10月27日，起义军在比哈瓜尔召开会议，因为德塞斯佩德斯反对军队西进，而且在废除奴隶制的问题上态度不坚决，被起义军免去了总统的职务。大家改选萨尔瓦多·西斯内罗斯·贝当（Salvador Cisneros Petain）当总统。

所谓换人如换刀，西斯内罗斯新总统上任三把火，刚到1874年1月，就在一个叫胡努冷·梅洛尼斯的地方打败了殖民军，2月又在一个叫拉斯·关息·马斯的地方再败殖民军。

本来形势一片大好，可是起义军随后又开始内讧，围绕着进军路线这个问题争吵不休，结果暂停西进，留在古巴东部到处乱打，丧失了一举解放古巴的大好机会。

到了1877年初，西班牙增派殖民军两万五千人，9月，起义军大败。

1878年2月8日，占了上风的起义军主和派宣布解散国民议会，成立了中央委员会。10日，与西班牙委任的古巴都督马丁内斯·坎波斯（Martinez Campos）在桑洪签订了《桑洪条约》，宣布起义军和殖民当局和解，双方各退一步：起义军答应不再造反，西班牙答应减轻赋税，解放奴隶。

《桑洪条约》之后，古巴独立运动的第一阶段——“十年战争”宣告结束。安东尼奥·马塞奥（Antonio Maceo）等主战派流亡海外。由此，古巴国内也形成了主张独立的自由派和主张维持现状的保守派。

“十年战争”的结果是两败俱伤。

十年以来，西班牙在战争中连被打死的，带得了热带传染病死的，总计十四万人，同时花费军费七亿比索，相当于在古巴收的二三十年的税都赔进去了。

与此同时，由于战火蔓延，古巴的支柱产业——制糖业遭受了毁灭性的打击，还欠下了几千万美元的外债，失业率剧增，古巴被折腾得跟海地差不多了。

不过，古巴的战乱才刚刚开始。

（155）

1879年8月26日，以何塞·马塞奥、拉斐尔·马赛奥和吉耶尔莫·蒙卡达为首的一批自由派里的激进分子，因为反对《桑洪条约》，又在奥连特省的圣地亚哥再次发动起义，参加者大约六千多人，坚持到转年10月，被西班牙殖民军最终击败，很多人也不得不流亡海外。这场仗后来被称为“小战争”。

“小战争”结束之后，古巴老百姓又搞了很多规模更小的战争，从1880年一直闹到1895年，基本上没停过。

小打小闹了十五年之后，古巴又要闹个动静大的了。

1895年2月24日，圣地亚哥、巴亚莫等地同时爆发起义。这次的指挥者是何塞·马蒂－佩雷斯（José Martí y Perez，1853～1895），他被称为杰出的革命民主主义者，是卡斯特罗时代的古巴民族偶像。这次古巴各地的同时起义，就是他三年以来东奔西走、四处筹划的结果。

3月25日，马蒂和戈麦斯－巴埃斯在多米尼加发表《蒙特克里斯蒂宣言》，号召全体古巴人民团结一致进行战斗。4月，马塞奥兄弟等人也结束流亡，返回古巴。这批人的回归使得更多的人加入起义军。5月5日，领导人们在圣地亚哥附近开会，决定建立新政府，准备向西部进军。

5月19日，起义军在多斯里奥斯遭遇殖民军，马蒂中弹阵亡。

9月，古巴的共和国临时政府宣布成立，戈麦斯－巴埃斯和安东尼奥·马塞奥分别担任起义军的正副司令。10月22日，马塞奥领兵一千人从巴拉瓜出发，正式开始西征。

马塞奥采取避实击虚、灵活机动的打法，在马尔颠波大败西班牙殖民总督坎波斯，三个月行军两千三百六十公里，作战二十七次，以四千五百人击败殖民军十一万，于1896年1月22日抵达古巴西部的曼图亚，西征胜利结束。

西班牙人也不好惹：1896 年 2 月，韦勒尔出任古巴总督，采用坚壁清野的方法打击起义军，起义军坚持不住。12 月 7 日，马塞奥阵亡，戈麦斯 - 巴埃斯率领军队又被迫开始打游击。

又经过几个月的战斗，起义军总算打破了韦勒尔对根据地拉斯维利亚斯的包围。

西班牙终于无计可施了，只好召回韦勒尔，在 1897 年 11 月 25 日允许古巴自治。

到了 1898 年初，起义军已经拥有五万三千兵力，占领了三分之二的国土，西班牙在古巴的统治已经名存实亡。

不过，这一阶段的独立战争给古巴带来的损失也是惊人的——经济损失就不说了，光是在战争中因为饥荒而被饿死的人口，就有三十万人之多。

眼看古巴的独立战争就要胜利结束的时候，美国人插手了。

(156)

大家别看二战以后的美国，到处指手画脚，耀武扬威，一副天老大俺老二的样子。在二战之前，美国基本上也就是个躲在暗处，一天到晚等着河蚌和水鸟打架的“二流子渔翁”的角色。

“二流子渔翁”的光辉战绩中，最著名的就是第一次世界大战了：英法德俄四大高手在欧洲过招，美国在一边干看着。等到俄国被揍趴下了，英法也被德国打了个奄奄一息，而德国也是“杀人三千，自损八百”，眼看快要撑不住了的时候，美国这才出手，几个月就逼得德国投降。自己呢，损失不大，纵身一跃跻身世界一流强国的行列，弄得丘吉尔在自己洋洋洒洒数百万言的《世界危机》里，写美国人的还不到十页。

大家还记得吧，前面的美墨战争也是类似：美国先不出手，让那个德克萨斯共和国打头阵。

对于古巴，美国其实也是垂涎已久了——用不着多么复杂的理论，大家只要看看世界地图就能知道，古巴离美国有多近。如果说拉美是美国的后院的话，那古巴就是美国的“柴火垛”。

等到古巴和西班牙从1868年打到1898年，快烧没了的“柴火垛”眼看就要独立了，美国终于出手了。

1898年2月15日，一艘美国以“保护侨民”为由派到古巴，此时正停泊在哈瓦那海面的美国军舰“缅因”号突然爆炸沉没，舰上的三百五十四名官兵中有二百六十六人丧生。其实，谁也不知道“缅因”号的爆炸原因是什么，后世很多人都认为，是军舰上的美国兵自己管理不善，搞得弹药库起火酿成的。

但美国政府一口咬定，这是西班牙人的阴谋！一句新口号开始流行：“Remember the Maine!”（“记住缅因号!”）

美国人一使用这个句型，大家就都知道，西班牙要倒霉了。

1898年3月25日，美国政府向西班牙政府发出最后通牒，要求西班牙立即同古巴起义军停战。西班牙政府呢，本来就已经焦头烂额了，当然极力想避免和美国发生战争，就答应了美国的全部要求。可是，欲加之罪，何患无辞，4月11日，美国总统麦金莱要求国会授权他对古巴进行武装干涉。4月19日，美国国会两院批准了总统的要求。

没办法，西班牙政府在4月23日向美国宣战，4月25日，美国也向西班牙宣战。美西战争就此爆发。

为了跟古巴的起义军取得联系，美国总统威廉·麦金莱把一封信交给了个叫罗文的信使，罗文完成了使命，这也就是前几年被大肆鼓吹的《把信送给加西亚》。那本畅销书对“做事不必用大脑，老板让干啥就干啥”的没脑子员工进行了不遗余力的鼓吹，因此深得全世界霸权式老板的赞扬和推广。

不过，美西战争爆发后，古巴的起义军就只能把主角的位置让给美国和西班牙的正规军了。

这场仗的主战场有两个——菲律宾和古巴。菲律宾不属于拉美，我就不多说了，只说古巴战场。

战争开始后，美国派出两支舰队封锁古巴沿海，西班牙则派出六艘军舰，避开了美国舰队的封锁，抵达古巴圣地亚哥港，准备支援正在古巴打仗的西班牙陆军。

5 月 24 日，桑普森指挥的美国大西洋舰队七艘军舰开始封锁圣地亚哥港，后来封锁舰只增长到二十四艘，这么一封锁，西班牙的军舰没起到什么作用，反而成了瓮中之鳖。

6 月 22 日，美国陆军第五军的一万七千人在海军炮火的掩护下，在圣地亚哥登陆。在古巴起义军的配合下，从 7 月 1 日开始，由后来当上了美国总统的西奥多·罗斯福率领的美军开始进攻圣地亚哥。可是，他们遭遇到了人数只有美军十分之一的西班牙守军的顽强抵抗——西班牙守军依托战壕的优势，以微小的代价在一天之内击毙击伤美军一千三百八十五人。一时间，美国人在陆地上无法前进。

突破口最终出现在了海上。

(157)

1898 年 7 月 3 日，企图突围的西班牙舰队和美国舰队在圣地亚哥附近海域开战。双方军舰数量的比例是西班牙的九艘对美国的二十四艘，战局可想而知——仅仅四小时之后，美国以两艘军舰轻伤，死伤各一人的微小代价，击沉西班牙军舰七艘，俘虏两艘，击毙六百人，俘虏了包括舰队司令塞尔维拉本人在内的一千八百名西班牙军人。一句话，西班牙舰队全军覆没了。

7 月 11 日，美军完成了对从陆地和海洋两方面对圣地亚哥的合围，7 月 16 日，被团团围困的西班牙守军只好开城投降，两万四千万人成了美国人的俘虏。

仗就这么打完了。

10 月 1 日，美国和西班牙开始了谈判，谈到 12 月 19 日，双方签订了《巴黎和约》。

合约规定：

第一条：西班牙放弃对古巴主权的一切要求和权利。

第二条：西班牙将其管辖的波多黎各岛、西印度群岛中的其它岛屿以及马里亚纳群岛中的关岛让给美国。

第三条：西班牙把菲律宾群岛让给美国，……美国付给西班牙二千万美元。

等等。

这样一来，古巴在名义上独立了。可事实上，古巴被美国军事占领了三年，直到1902年5月20日，美国将古巴政权交给1901年12月31日当选的古巴总统埃斯特拉达·帕尔马，并且宣布撤军之后，古巴才算真正独立。

不用说，“真正独立”后的古巴成了美国的小跟班。

关于古巴独立，最后要说的是华工的作用：

1840年以后，中国被迫打开了国门，东南沿海很多老百姓为生计所迫，成了欧美的“契约华工”——也就是俗称的“猪崽”——漂洋过海去美洲当苦力。

从1847年英国帆船“阿盖尔公爵”号从厦门贩卖三百六十五名“契约华工”（途中死亡三十五人）到哈瓦那开始，华工就开始了在古巴的血泪史。1847年到1859年，到达古巴的华工有四万两千五百零一人，运送途中死亡的则有七千七百二十二人。

华工在古巴过着暗无天日的生活，不仅要拼命干活，而且像奴隶一样动辄就被工头带上枷锁镣铐。为了反抗，仅1856年这一年，华工中就发起了两起暴动，还有一百二十九名华工奋起杀死了工头。

1868年古巴起义刚开始的时候，就有一千余名华工参加了起义，他们在战场上发扬了咱们中国人奋不顾身不怕牺牲的光荣传统。在1870年初的战斗中，五百四十八名装备简陋的华工对抗两千余全副武装的西班牙殖民军，一个叫塞巴斯蒂安·谢安的华工，光用枪托就砸死了三个敌人。

1874年2月16日，在前面提到过的拉斯·关息·马斯战役中，也有五百名华工参战，并且担当了最为危险的殿后的任务。

在长达三十年的古巴独立战争中，华工自始至终参加了战斗。

1959年古巴革命胜利之后，为了纪念在三十年战争中牺牲的华工烈士们，哈瓦那树立起了“华人纪功碑”，用贡萨洛将军的话说：“在古巴的独立战争中，没有一个中国人成为叛徒，也没有一个中国人成为逃兵。”

古巴的三十年独立战争说完了，十九世纪的拉美历史也就说完了——简直就是折腾个没完的一百年啊！不说废话了，接下来我就为您揭开拉美二十世纪的新篇章。

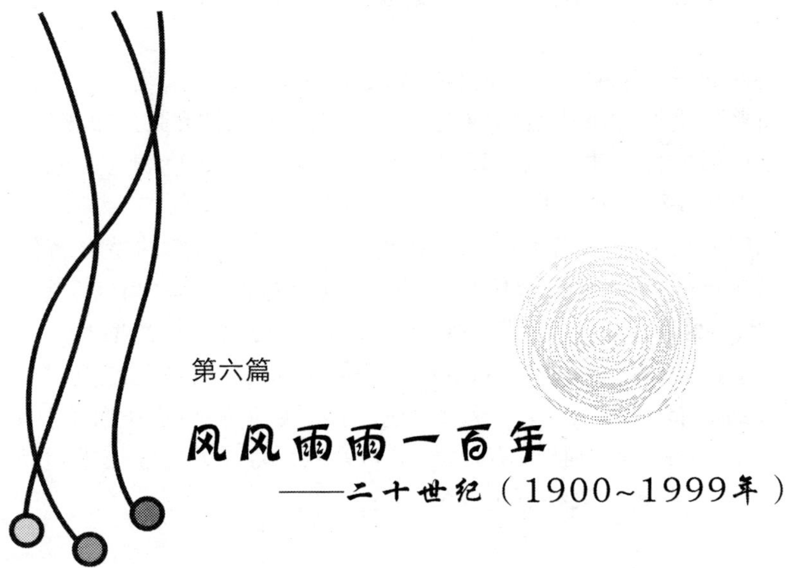

第六篇

风风雨雨一百年

——二十世纪（1900~1999年）

一、运河催生巴拿马

（158）

拉美二十世纪历史的开篇，按时间顺序，我就从巴拿马和运河说起。

如果大家看看世界地图的话，会不会觉得拉丁美洲大陆的形状有些像梅斯蒂索女郎的身材呢？臀部丰满（巴西东北部），腰很细（中美洲），腿很长（南美南部）。

这样一个大陆轮廓，就导致任何想要东西向横穿拉美大陆的航线都变得很漫长：比如要从美国的东海岸航行到西海岸，加拿大那边的海里都是冰，轮船走不过去，所以船只就只好一路南下，远道绕过南美大陆最南端的合恩角，差不多快到南极洲了，才能掉头北上。耽误的时间，消耗的资源都很要命。

自然而然地，大家就想从中美洲那个纤细的“女郎腰部”打主意——能不能凿条运河，让船不用绕到南极去呢？

早在西班牙征服美洲的时候，阿兹特克帝国的征服者埃尔南·科尔蒂斯就曾经提出过修建运河的主张。后来，德巴尔沃亚征服了巴拿马，凿运河的可能性越来越大。1523 年，西班牙国王查理一世（也就是神圣罗马帝国皇帝查理五世）正式提议开凿中美洲运河。

当时西班牙人列出了四个备选地点：墨西哥南部的特万特佩克地峡、哥伦比亚西北的阿特拉托河附近、尼加拉瓜地峡和巴拿马地峡。1534 年，西班牙国王卡洛斯一世下令对巴拿马地峡进行勘察，西班牙人就沿着山脊铺了一条鹅卵石的驿道，算是标出了开凿的地点。

等到了十八世纪，开凿运河的事情才被西班牙提升到了日程上。1771 年，勘查了特万特佩克地峡，1779 年，勘查了尼加拉瓜地峡，到了 1814 年，西班牙最终决定开凿运河。

可这时候，运河又开凿不了了——拉美独立战争开始了，整个拉美兵荒马乱，运河的事情只好靠边站。

1825 年，新成立不久的中美洲合众国正式向美国提出了援建运河的请求。1826 年 6 月，玻利瓦尔又在巴拿马召开的国际会议上，提出了相同的请求。刚好在同一时期，美国人也有了在中美洲开凿连通太平洋和大西洋的运河的计划。

这样一来，美国和拉美一拍即合，开始从西班牙人最初的四个备选地点里挑选运河的开凿地。

相比之下，巴拿马地峡最窄（才六十一公里宽），尼加拉瓜地峡有尼加拉瓜湖和圣胡安河，这两个地点就从四个备选方案中脱颖而出；后来，从 1850 年到 1855 年，哥伦比亚又在巴拿马建造了横跨地峡的铁路，由于有这么个交通上的优势——可以用铁路运出开凿运河时挖掘出的土方，巴拿马就成为了开凿运河的首选方案。

不过，巴拿马运河毕竟是个耗资巨大，旷日持久的巨型工程，因此，哥伦比亚也好，美国也好，都是反复论证，长期准备，迟迟没有动手，结果，运河的开凿最后倒被法国人抢了先。

（159）

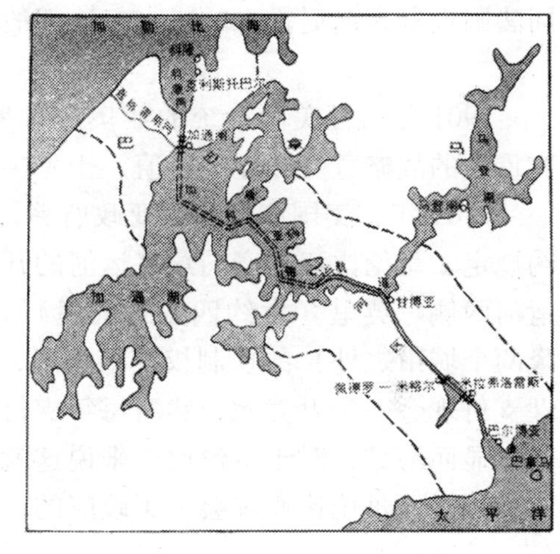

图 6.1　巴拿马运河区

最先动手开凿巴拿马运河的是法国人斐迪南·德雷赛布（Ferdinand de Lesseps）。他是一个法国驻埃及的外交官的儿子，年轻时在埃及生活，自己也担任过法国驻埃及的外交官。1869 年，连通地中海和红海的苏伊士运河完工，德雷赛布也在这时候知道了巴拿马运河的开凿计划。

德雷赛布自己没有参与过苏伊士运河的开凿。但是，虽说没吃过猪肉，好歹见过猪跑，苏伊士运河可是在德雷赛布的眼皮低下凿成的。于是，这个已经六十多岁的法国人就踌躇满志地准备开始搞这个巴拿马运河。

德雷赛布首先在巴黎筹集资金，然后向哥伦比政府购买运河的开凿权。1879 年，已经七十四岁了的德雷赛布组织了“巴拿马洋际运河环球公司”。1880 年 1 月 1 日，预算六亿五千八百万法郎的巴拿马运河正式开始动工。

事实证明，光看过猪跑是远远不够的。

德雷赛布低估了地形对工程的影响，而且也没有估计到气候对开凿的破坏作用：由于地形复杂，巴拿马运河要挖掘的土方量远远超过苏伊士运河；巴拿马地处热带，属于热带雨林气候，天气闷热潮湿，动不动就是暴雨洪水，工程经常被迫中断，甚至重来；再加上当地的什么疟疾啊，黄热病之类的热带传染病四处蔓延，很多工人染病死亡，等等，导致工程进度远远落后于预期，工程费用也因此一再超支。

到了 1889 年 2 月 4 日，法国人不得不宣布工程失败，这个“巴拿马洋际运河环球公司”就此破产。十年的时间，两万多工人的性命，连

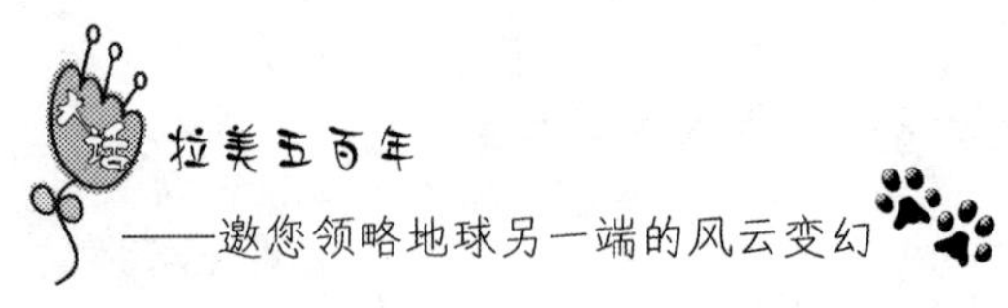

同法国投资人前后投入的二十亿法郎的资金，一起打了水漂。

1901 年就任美国总统的西奥多·罗斯福认为，这条运河对美国具有重大的战略意义和经济价值，于是决定接手这个项目。

1903 年，美国和哥伦比亚政府签订了《海－艾尔兰条约》。这个条约规定，哥伦比亚政府同意将运河的开凿权转让给美国，并且将运河和运河两侧三英里（大约四点八公里）之内的土地（除了巴拿马城和科隆两个城市之外）的控制权交给美国；美国则需要向哥伦比亚政府一次性支付现金一千万美元，然后每年支付二十五万美元的报酬就够啦！

显而易见，对于哥伦比亚来说这就是个卖国条约。

结果，哥伦比亚议会不买政府的账，没有通过这个条约。

美国可不愿意善罢甘休，既然条约没通过，那就别怪老子不客气咯！

美国开始煽动巴拿马地区的亲美势力发动叛乱，然后出动军舰进行武装干涉。经美国人这么一折腾，1903 年 11 月 3 日，巴拿马宣布脱离哥伦比亚独立。哥伦比亚想有所动作，可美国军舰随后在巴拿马附近海域继续搞军事演习，哥伦比亚政府惹不起美国，只好忍气吞声地承认巴拿马独立。

1903 年 11 月 18 日，美国和巴拿马签订了《海－布诺－瓦利拉条约》，美国人还是出一千万美元，取得了从 1904 年 2 月 23 日起，对于运河十六点一公里宽度内地区的永久租借权。

跟前一个条约相比，美国人这次占的便宜更大。

（160）

这么一来，还没完工的巴拿马运河就成了美国人自家的生意了。1904 年，美国政府以四千万美元的价格，收购了那个已经破了产的法国运河公司，成立“地峡运河委员会”，开始了巴拿马运河的第二次施工。

美国人施工的第一件事，不是挖土方，而是打蚊子。

前面提到过，法国人开凿运河的时候，前后十年之内有两万多工人得黄热病死去。古巴医生胡安·卡洛斯·芬莱后来发现，黄热病传播的元凶是蚊子。

于是，“地峡运河委员会”的负责人，美国海军上将约翰·C. 怀特就责成威廉·C. 乔戈斯医生带着人，执行了一套被称为“巴拿马运河开凿期间的新卫生措施”的打蚊子方案。

经过一年多坚持不懈地打蚊子，到了1905年，巴拿马地区的黄热病基本被消灭了，动工最大的障碍就此被克服掉了。

再说工程本身：美国的第一任总工程师叫约翰·芬德莱·瓦拉斯，由于组织不力，加上1904年时蚊子还很猖獗，咬死了很多人，瓦拉斯干了一年就被辞退了。换上的第二位总工程师叫斯蒂文。

斯蒂文挺重视基础设施建设的——他改造了巴拿马地峡的铁路，用来运出开凿出的土方，还改善了工人的住房。斯蒂文干了两年，然后主动辞职了。

1907年，乔治·华盛顿·郭达斯上校成为了运河的第三任总工。站在前人的基础上，郭达斯的工作总算取得了突破性的进展。

巴拿马运河地区的地形要比苏伊士运河复杂得多——苏伊士运河附近地势平坦，运河也就不需要船闸，因此工程的土方量也小。巴拿马地区的地形要复杂得多，不仅有山地，而且还有条天然的查格里河，别看旱季水不多，可一到雨季就涨水，因此一年之内的水位变化很大。这样，巴拿马运河就没法建成一条不需要船闸，也能让河水和海平面高度一致的运河。

于是，第二任总工程师斯蒂文就选择了“用船闸建造梯级运河”的方案，但他还没来得及实施就辞了职，于是这个方案就由第三任总工郭达斯来执行。

郭达斯首先用一座大坝拦住了查格里河，形成一个叫嘎顿的人工湖，然后用大坝拦水发出的电力给船闸供电；最后，郭达斯开始挖掘梯级运河，建设船闸。

又过了六年的时间，直到1913年10月10日，美国总统伍德罗·

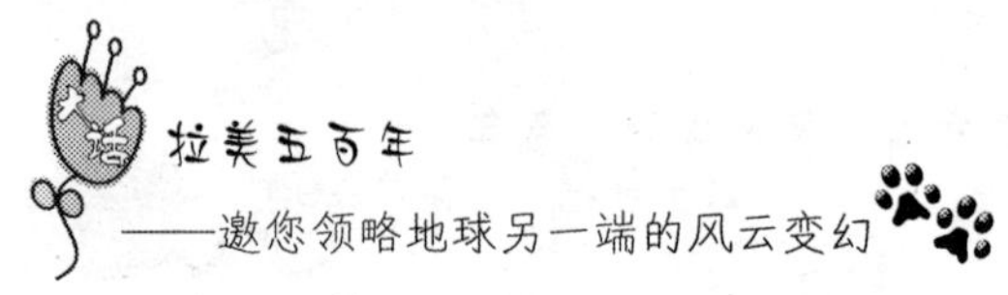

威尔逊启动大坝闸门，宣布巴拿马运河正式竣工。

巴拿马运河的施工，前后耗时三十三年，比苏伊士运河多花了二十三年；从资金投入来看，法国人花了二十亿法郎（约合三亿美元），美国人又花了三亿七千五百万美元，加起来相当于苏伊士运河（三亿六千九百万法郎）的十二倍；挖掘的土方量达到两亿五千九百万立方米，相当于法国人德雷赛布最初估计的三倍半，也相当于苏伊士运河的三倍。至于人命，从官方宣布的死亡人数来看，法国开凿时期是两万多，美国时期是五千六百零九人，不过有人估计实际死亡人数大约七万，但是话说回来，与苏伊士运河的死亡人数（大约十二万）相比，终究还是要少一些。

（161）

付出如此大代价修成的巴拿马运河，总长八十二公里，最宽处三百零四米，最窄处也有一百五十二米。从它建成的那天起，就体现出了巨大的经济价值。

在美国东西海岸之间行船，使用巴拿马运河可以将航程缩短八千海里（约十四万八千公里）；从欧洲向西到达澳洲或者东亚的船只，使用巴拿马运河至少也可以缩短航程两千海里（约三千七百公里），经济价值可以说是惊人地巨大。此外，巴拿马运河的流量成了世界贸易的晴雨表：经济繁荣时流量就上升，反之则下降。

巴拿马运河的战略意义也很大：它遏制大西洋和太平洋之间的交通要冲，虽然不能说是“兵家必争之地”吧——这地方几十年间一直是美国人控制着，别人不是不想争，而是争不了——但战略意义不言自明。举个例子吧！二战时的日本，砸锅卖铁也要造“大和”和“武藏”这两艘七万吨级的巨舰，其战略考虑就是因为巴拿马运河。

巴拿马运河虽然最窄处也有一百五十二米，但当时最大的船闸只有一百一十英尺（三十三点五米）宽，因此美国的军舰如果比这个距离宽的话，就通不过船闸。所以，当时集中在美国东海岸的造船厂，最多只能建造五万吨左右的战列舰——再大的就过不了运河了，要是绕合恩角，就得多走一万五千公里，那还打什么仗啊！因此，日本造这么两艘七万吨的大家伙，就可以在太平洋上横行无阻。（——不过，后来事实证明，“巨舰大炮”被“航空决胜”给取代了，日本的这两艘巨舰没有发挥出作用。）

再举个例子，二战期间美国在东海岸造出的航母，参加太平洋战争也都要通过运河。这条运河为美国打赢太平洋战争立了大功。

最后聊聊关于巴拿马运河的后话吧：运河通航以来，关于运河的一切都是美国说了算：“巴拿马运河管理委员会”控制着有关航行的一切事务，总负责人是美国人，巴拿马人只能当个挂名的副手，运河的领航员也全部都是美国人。

这条运河这么重要，巴拿马人当然看着眼红了，从巴拿马独立以后，为了收回运河，巴拿马人就没有停止过努力。直到 1977 年 9 月 7 日，内外交困的美国总统吉米·卡特和巴拿马签订了《巴拿马运河条约》，规定美国在 1999 年 12 月 31 日前将运河的主权归还巴拿马。

很多美国人对这个条约很恼火，巴拿马军队的司令官曼纽埃尔·诺列加就威胁说，如果美国国会不批准这个条约，他们就把船闸给炸掉，谁也别想要。没办法，1978 年 1 月 30 日，美国参议院外交委员会以十四票对一票批准了这个条约。

1989 年 12 月 20 日，美国总统老乔治·布什曾经以保护美国侨民为由，派遣三万多军队入侵巴拿马，推翻政府，生擒诺列加。当时拉美国家纷纷抗议，怀疑美国政府想借机废除《巴拿马运河条约》。

事实证明，美国人说话还是算数的。1999 年 12 月 14 日，美国和巴拿马举行了运河管理权交接仪式，12 月 30 日下午五点，运河管理大楼前的星条旗被降下，美国兑现了归还巴拿马运河的承诺。

据说，由于巴拿马运河不够宽，目前的美国正计划在中美洲另找地方开凿更宽的运河，好让巨型油轮和大型航母通过。

二、墨西哥再次开了锅

（162）

我的这本书按照时间顺序，在拉美南北之间来回游荡。说完了中美洲，又该北上聊聊墨西哥了。

上一篇谈到墨西哥的时候说过，1876 年，猛人总统胡亚雷斯的部下迪亚斯夺取了墨西哥总统的职位。

迪亚斯上台时打出的旗号是“不要再选举了”——的确，独立之后的墨西哥选举了那么多次，结果是越选越乱，把国家搞得一塌糊涂，老百姓更是一天安稳日子都没过成。迪亚斯的上台，好歹让这个动荡不休的国家总算安稳下来了。

到 1910 年，迪亚斯已经统治墨西哥长达三十四年。这三十四年间，由于政局安定，墨西哥的成就总算有一些，比如铁路建设，引进外资什么的。

图 6.2　迪亚斯

不过，跟成就相比，问题更多，而且随着时间的推移越来越多。

外国资本把持了墨西哥经济命脉：矿山资本的百分之九十七是外国的，其中美国是最大头，一家就占了百分之七十五；橡胶投资的百分之九十八是外国的；石油投资的百分之九十是外国的。

产业结构不合理：墨西哥的经济支柱是矿山、垄断的公用事业和大种植园农业，作为新兴产业的工业则很少。

土地高度集中：外国人占有了将近百分之二十的土地，不到二百个墨西哥权贵家庭占有了全国百分之二十五的土地，比如下加利福尼亚地区的乌勒地产，占有土地13 325 650英亩土地（相当于 2 万平方公里），科阿维拉的德拉加尔萨庄园占有11 115 000英亩土地（相当于 1.73 万平方公里）。与此同时，百分之九十五的农村人口没有一寸土地。

老百姓的生活水平日益下降：整个十九世纪，大种植园雇工的平均日工资是零点三五比索，几十年基本没变过，相反，玉米和辣椒的价格上涨了一倍多，菜豆的价格则上涨六倍；城里人也没好到哪去：每天工作十一到十二个小时，没有星期日，住处既肮脏又简陋。

在政治方面，迪亚斯和极少数克里奥尔人把持政权，梅斯蒂索人毫无政治地位。

久而久之，迪亚斯政权已经不能单靠稳定来维持自己的统治了。

1900 年，三个无政府主义的知识分子在自己办的《新生》（西班牙语，*Regeneracion*）杂志里抨击迪亚斯政府，后来被驱逐出境。

1906 年，卡纳内阿联合铜矿公司的三千名工人举行了罢工，抗议墨西哥工人和美国工人之间的同工不同酬现象，结果引发了冲突，公司保卫向工人开枪，打死了几十人。迪亚斯的部队反应不够快，还是靠了美国派出的二百七十五名亚利桑那别动队队员才镇住了罢工。

半年之后，维拉克鲁斯的奥莉萨巴（Orizaba）也发生了工人罢工，后来也开了枪，死了人，闹了个沸沸扬扬。

其实，单靠这些社会底层的工人举行些零星的罢工，还真动摇不了迪亚斯的统治。

后来的问题出在了迪亚斯自己的身上——他一味依靠欧美垄断资本的干预，导致墨西哥本国上层资产阶级的利益遭到了损害。迪亚斯统治的社会基础越来越脆弱，墨西哥的社会革命就要到来了。

（163）

挑头闹事的是弗朗西斯科·I. 马德罗（Francisco I. Madero）。

马德罗他们家是科阿维拉州的巨富——光是他们家的索诺拉土地公司（Compañia de Tierras de Sonora）就有土地一百四十五万英亩（相当于两千两百多平方公里），此外他们家还有铁矿和煤矿。

图 6.3　马德罗

本来，他们家过得好好的，但是由于迪亚斯放任欧美资本侵入墨西哥，马德罗家的压力变得很大——迪亚斯给予英国的特拉华里罗（Tlahualilo）公司无限制用水权，这使得英国人种棉花的成本比马德罗

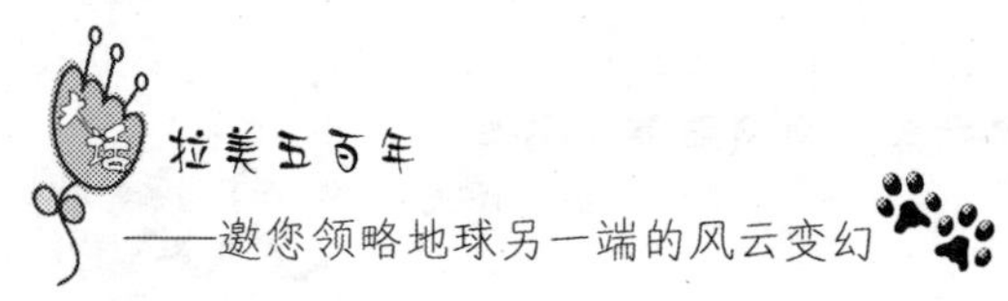

家低了很多；迪亚斯还允许洛克菲勒大陆橡胶公司和美国橡胶公司合并，然后搞倾销，把橡胶价格从每磅一美元降低到二十五美分，搞得马德罗家的橡胶没了销路。

一来二去，马德罗对迪亚斯当然非常非常地不满。

1908 年，迪亚斯在接受美国的《皮尔森杂志》(*Pearson's Magazine*) 记者詹姆斯·克利尔曼（James Creelman）采访时说，“我已经耐心地等待着墨西哥共和国的人民做好准备，在每一次选举中选择和改换他们的政府，而没有武装革命的危险，没有对国家信誉造成破坏，没有使国家进步受到干扰。我相信，这一天已经来到……无论我的朋友和支持者们怎么说，在我这一届任期期满之后，我就退休，我不再谋求连任……”总而言之一句话，迪亚斯他老人家要交权不干啦！

马德罗立刻采取行动：1909 年，他在报纸上号召进行政治改革，并且宣布参加 1910 年总统竞选。除了他以外，帕特里希奥·莱瓦（Patricio Leyva）等人也宣布参加地方选举。

1910 年，马德罗宣布作为“反对连选连任党”（Antireelectionist Party）的成员参加竞选，口号是“有效的选举，反对连选连任”。不过，马德罗毕竟是个豪门公子哥，当人们问他如何解决经济问题时，他竟然回答说，墨西哥人民需要的是自由，不需要面包。

事实证明，迪亚斯是个老狐狸，他对美国记者的那番话纯属引蛇出洞。1910 年，迪亚斯宣布再次参加竞选。

马德罗一下子软了。他不再提什么政治口号，反而改口说，能当迪亚斯的副手就行。

迪亚斯不理马德罗这一套，在大选的前一天把马德罗抓进了监狱。

大选结束之后，迪亚斯宣布他本人获得选票一百万张，而马德罗的得票是两百张，自己第八次当选墨西哥总统。

被关在监狱里的马德罗瞅了个机会跑到美国去了。他在德克萨斯的圣安东尼奥制定了革命计划，然后在 1910 年 10 月回到墨西哥，宣布《圣路易斯波托西计划》，提出的政治口号是“要求迪亚斯辞职，改革选举制度。”——跟之前一样，这个公子哥还是对经济问题不闻不问。

1910 年 11 月 20 日，马德罗正式号召墨西哥人民起来进行社会革命。

轰轰烈烈的墨西哥革命就此开始了。

（164）

打响墨西哥革命第一枪的是奇瓦瓦州的农民领袖托里维奥·奥尔特加（Toribio Ortega）。他本来计划在 11 月 20 日正式起义的，但是由于政府事先知道了他们的行动计划，起义就被提前到了 11 月 14 日。在这一天，奥尔特加领着六十个弟兄正式开始起义。

随后，帕拉尔（Parral）镇的商人吉列尔莫·巴卡（Guillermo Baca）带领四十个人开始攻打镇政府。再以后，从南到北，墨西哥各地纷纷爆发起义，大有星火燎原之势。

经过几个月的战斗，帕斯夸尔·奥罗斯科（Pascual Orozco）和潘乔·比利亚（Pancho Villa）成为了墨西哥北部起义军的首领。

1911 年 2 月，马德罗来到奇瓦瓦，接过革命的领导权，下令攻打美墨边境的华雷斯城（Juarez）。尽管没打下来，但是风起云涌的起义也迫使迪亚斯的政府军队节节败退。4 月 1 日，迪亚斯被迫承诺终止连选连任，进行土地改革，并要求与革命军进行停火谈判。

图 6.4　比利亚

可是这些承诺来得太晚了，迪亚斯已经失去了筹码，没有资格再坐在赌桌上了。4 月，迪亚斯和马德罗之间的谈判宣告失败。

这时候，革命军内部出现了不同意见——马德罗主张停火，因为美国总统塔夫脱（Taft）的两万军队已经进驻美墨边界，再打的话美国人就可能干涉了。奥罗斯科和比利亚则不服从命令，再次攻打华雷斯城。

事实证明，奥罗斯科和比利亚是对的——美国人这时候还没插手。

经过短短三天的战斗，革命军在1911年5月10日占领了华雷斯城。

5月21日，马德罗和迪亚斯签署了《华雷斯城条约》，墨西哥北部的战争告一段落。

根据这个条约，迪亚斯下台，迪亚斯时代的外交部长德拉巴拉（de la Barra）成为临时总统。马德罗有权任命十四个临时州长，原来的法官、市长、警察和司法人员则一概不动，革命军则需要被解散。

1911年5月26日，迪亚斯登上开往巴黎的“伊比兰加号”（Ypiranga）轮船，开始了流亡生活（四年后他死在巴黎）。临走时，迪亚斯说，“马德罗放出了一头老虎，让我们看看他能否制伏它。”

马德罗用自己的实际行动回答了迪亚斯——他没能制伏这头老虎。

就在迪亚斯走的同一天，马德罗颁布了战争结束后的第一个宣言，宣布“《圣路易斯波托西计划》的第三条（指“将非法得到的土地还给原来的主人”——作者注），不可能会充分地得到满足。”

墨西哥老百姓响应马德罗的号召起来闹革命，可不是只想废除连选连任，大家伙两眼里盯着的都是土地。现在革命还没完全成功呢，马德罗就宣布了这么句话，可想而知，墨西哥革命绝不可能就此收场。

（165）

墨西哥革命开始的时候，北方的革命军领导者是前面说过的奥罗斯科和比利亚两个人，南方则是小地主出身的埃米里亚诺·萨帕塔（Emiliano Zapata Salazar）。经过几个月的浴血奋战，萨帕塔的革命军打下了墨西哥南部的不少地盘。就在迪亚斯离开墨西哥的当天，萨帕塔带领的四千名士兵，挥舞着瓜达洛佩圣母（——还记得吗？墨西哥独立运动的守护神）的旗帜开进了库艾纳瓦卡（Cuernavaca）城。

图6.5　萨帕塔

《华雷斯城条约》和马德罗的宣言，给了萨帕塔和他的弟兄当头一棒——大家伙把脑袋拴在腰带上闹革命，为的不就是土地吗？现在可好，不让分地，骑在大家头上的官老爷们还是迪亚斯时代的原班人马。谁能答应啊？

6月7日，马德罗来到墨西哥城，萨帕塔特地赶到火车站来迎接他。第二天，萨帕塔见到马德罗，竭力想让这个公子哥明白土地改革的重要性。马德罗却对此不屑一顾，一味要求萨帕塔尽快解散他的军队。萨帕塔大吃一惊——政府里管事的还是迪亚斯时代的原班人马，政府军也还是迪亚斯时代的那支军队，现在要把革命军给解散了，谁还听你这个没人没枪的马德罗的啊?!

但是没办法，萨帕塔只是个地方革命军领袖，左右不了大局。8月9日，旧军官维多利亚诺·韦尔塔（Victoriano Huerta）带领一千多正规军开进萨帕塔的根据地莫雷洛斯州，29日，南方革命军领袖萨帕塔被宣布为逃犯。

1911年10月，马德罗赢得了迪亚斯时代之后的第一次总统选举，11月就职。不过，面对千头万绪的这么一个大摊子，马德罗显得手足无措：为了有效管理，他大量任用迪亚斯时代的旧政府人员；为了维护经济，他用军队驱赶罢工工人；为了维持秩序，他要求农民拿出书面证明才能要回土地……总而言之，对于工农大众来说，马德罗上台后的情况跟迪亚斯时代基本一个样。

科阿维拉州州长贝努斯蒂亚诺·卡兰萨（Venustiano Carranze）发牢骚说，马德罗“向反革命分子递交了一个死亡了的革命运动，为此还要再战斗一次。”

11月，被“新政府”宣布为逃犯的萨帕塔宣布了《阿亚拉计划》。在这个计划里，萨帕塔号召推翻马德罗，把土地还给人民。

嗯嗯，看到这里，请大家注意了——在拉丁美洲五百年的历史上，这还是第一次有人白纸黑字地提出了土地革命的号召。单凭这一点，称萨帕塔是拉美历史上划时代的人物也毫不过分。这也是为什么到了1994年（我没写错，就是1994年），墨西哥恰帕斯州再次发生农民起义时，起义者仍然自称“萨帕塔农民起义军”的重要原因。

由于有了土地革命的伟大纲领，到了1912年1月，萨帕塔的起义行动席卷墨西哥南部六个州，这次真的是星火燎原了。

1912 年 3 月，北方革命军两领袖之一的奥罗斯科正式与马德罗反目，宣布了包括土地改革在内的一系列革命主张。5 月，旧军队首领韦尔塔和北方革命军另一领袖比利亚，根据马德罗的命令击败了奥罗斯科。随后，韦尔塔反过手来，捏造了个罪名，把比利亚这个昔日战场上的对手关进了监狱。比利亚在蹲了七个月的大牢之后，逃到了美国的德克萨斯。

革命军的三大领袖一个跟自己反目（萨帕塔），一个被打败（奥罗斯科），一个成了逃犯（比利亚），马德罗这下子只好依靠旧军人韦尔塔来维护自己的统治了。

（166）

1913 年 2 月，迪亚斯的侄子菲利克斯 · 迪亚斯（Felix Diaz）策划了一起政变。墨西哥城到处竖起了街垒，汽车当街焚烧，马匹到处乱跑，上千居民死于流弹，尸体当街腐烂，商店关门，全城缺粮，老百姓只好吃老鼠度日。

这段日子被称为“灾难性的十天”（西班牙语，Decena Tragica），估计从特诺奇蒂特兰被毁灭，墨西哥正式建城以来，这么惨的日子还是前所未有的。

一筹莫展的马德罗把宝都压在了韦尔塔身上。韦尔塔则向这位总统保证，他将带来和平。

韦尔塔没有食言，2 月 20 日，他发动政变，逮捕和处决了马德罗，自己当上总统，开始靠武力来推行他韦尔塔统治下的和平。

马德罗就这么死了。这个满腔革命热情的公子哥，既无明确的目标，也没有正确的策略，稀里糊涂地把自己弄到了众叛亲离的地步。他这条小命没了不要紧，可怜的是墨西哥老百姓又要继续遭受独裁和战乱的蹂躏了。

韦尔塔的政变让剩下的两大革命军领袖，比利亚和萨帕塔都怒不可遏，但是这俩人一南一北，影响力都不够覆盖全国的。

所以，这时候又出来了一个反对韦尔塔独裁统治的牛人，前面出过场（发过一句牢骚）的科阿维拉州州长贝努斯蒂亚诺·卡兰萨。

卡兰萨本来是个保守分子，比韦尔塔也革命不到哪里去，但是他很不高兴看到韦尔塔搞独裁。当他与韦尔塔谈判失败之后，就组织起了武装力量，在科阿维拉州挑头起事。随后，比利亚回国，在奇瓦瓦州起事；在北方的索诺拉州，一个小地主阿尔瓦罗·奥夫雷贡（Alvaro Obregon）也聚众起义。

这样一来，1913 年到 1914 年的墨西哥，就陷入人民战争的汪洋大海了：北方有卡兰萨、比利亚和奥夫雷贡三支起义军，南方的萨帕塔越闹越欢，韦尔塔维持着一个风雨飘摇的中央政府，又得不到美国总统伍德罗·威尔逊的承认。墨西哥的混乱，快赶上同一时期的我国了。

图 6.6　奥夫雷贡

1914 年 4 月，美国军舰“海豚”号在墨西哥坦皮科（Tampico）海岸寻衅闹事，随后在 4 月 21 日占领了墨西哥东部重要港口维拉克鲁斯，伺机推翻韦尔塔政府。韦尔塔只好把兵力集中到东部，抗击美国入侵。

趁这个机会，比利亚在 6 月占领了墨西哥城北面的交通要地萨卡特卡斯（Zacatecas）。这一仗比利亚以三千人的伤亡，给韦尔塔的军队造成了九千人的损失。

内忧外患的韦尔塔走投无路，只好在 7 月 15 日宣布辞职，登上了迪亚斯三年前乘坐的同一艘“伊比兰加”号轮船逃亡欧洲。

韦尔塔跑掉了，但墨西哥的形势比三年前更乱了——三年前迪亚斯下台的时候，好歹还有个全国众望所归的马德罗主持大局。现在，群龙无首的首都墨西哥城迎来了货真价实的权力真空。北方的卡兰萨和奥夫雷贡合作，算是一路，比利亚是另一路，再加上南方的萨帕塔，三路大军谁也不服谁，争着抢着赶往墨西哥城，颇有些“先入咸阳为王”的味道。

（167）

还是卡兰萨跑得快，8 月 20 日卡兰萨首先到达墨西哥城，召集立宪大会。可是立宪大会发生了分裂，比利亚和萨帕塔两派暂时联合，对抗卡兰萨和奥夫雷贡。经过一系列讨价还价，大会拥戴了个义帝楚怀王之流的傀儡欧拉利奥·古铁雷斯（Eulalio Gutierrez）做墨西哥总统，气呼呼的卡兰萨则跑到维拉克鲁斯另立中央，萨帕塔占据南方，比利亚据守奇瓦瓦，墨西哥迎来了自己的三足鼎立时期。

不过，墨西哥的三国时期为时很短：1915 年 4 月，比利亚被奥夫雷贡在塞拉亚（Celaya）用欧洲的堑壕战术打垮，一万四千人被消灭，随后比利亚又在莱昂失利。这一年 10 月，卡兰萨军队在得到美国总统威尔逊的许可之后，穿过美国领土，在墨西哥的阿瓜普里塔（Agua Prieta）设伏。11 月 1 日到 3 日，比利亚中了埋伏，最后的一万两千军队几乎全军覆没，比利亚带着几百人逃进深山。

惨遭失败的比利亚认为自己的失败就是因为美国答应给卡兰萨借路，于是决心对美国人实施报复。他先是拦截了美国库西（Cusi）矿业公司人员乘坐的火车，杀了十五个美国技术员，然后又在 1916 年 3 月份进攻美国新墨西哥的哥伦布市，杀死美国老百姓十七人。

美国总统威尔逊大怒，斥责比利亚是匪帮，并命令约翰·帕欣将军率领五千美军远征墨西哥。

1916 年 4 月和 5 月，美军攻占比利亚的老巢奇瓦瓦，比利亚再次隐藏起来。

与此同时，萨帕塔的那支力量，也抵挡不住卡兰萨的猛烈进攻。到了秋天，萨帕塔被迫解散了自己的二万正规军，只留下五千人，在墨西哥南部打起了游击。

到了 1917 年，看起来形势明朗了——比利亚消失不见了，萨帕塔也撑不了几天了，卡兰萨可以统一全国了。于是，他在克雷塔罗（Queretaro）召开立宪大会，颁布了墨西哥的《1917 年宪法》。

虽说卡兰萨是个保守分子，但是经过这四年的革命熏陶，再加上形势所迫，《1917 年宪法》还是有不少进步之处的：比如第二十七条，宣布政府拥有矿物和水资源，私人财产应从属于公众福利，政府有权征用土地，并承认公众对土地的所有权——这就为土地改革奠定了基础；又比如第一百二十三条，决定制定劳工法。后来的劳工法规定了最低工资和最长工作时间，还规定了工伤保险、退休金和社会福利，工人可以成立工会，罢工的权利也得到了保障；再比如第一百三十条，规定教会不能成为法人，不能拥有土地；教士不能参政，教会不能参与小学教育等。

宪法颁布之后，1917 年 5 月，卡兰萨当选墨西哥总统。

到了 1918 年，大规模的墨西哥内战总算结束了，只剩下了些收拾残局的仗。

1918 年，世纪瘟疫——西班牙大流感肆虐墨西哥，全国人口病死了四分之一，萨帕塔只剩下了两千人，子弹只剩下了六万发。1919 年 4 月 10 日，萨帕塔去跟卡兰萨手下的叛将会面，没想到中了计：他自己的部下倒戈，杰出的墨西哥农民起义领袖萨帕塔身中两枪而死，终年四十岁。

萨帕塔牺牲了，比利亚的日子也到头了。1917 年 2 月美军撤走之后，元气大伤的比利亚又跟卡兰萨苦苦对抗了两年，最后被迫受了卡兰萨的招安。

1923 年 7 月 20 日，已经无兵无权了的比利亚被暗杀，身中九弹而死，终年四十五岁。

萨帕塔死了，比利亚也倒台了，卡兰萨终于觉得天下是老子说了算了。于是，1919 年他决定不再让墨西哥搞军人政治了——他试图提名自己人英格纳西奥·伯尼拉斯（Ignacio Bonillas）当总统候选人。

谁想到，一波刚平一波又起，卡兰萨的决定，给自己招来了杀身大祸。

（168）

萨帕塔是死了，比利亚是完了，但卡兰萨忘了，身边还有一个猛人——白手起家的小地主奥夫雷贡。

看到卡兰萨独断专行，总统宝座没有自己的份，奥夫雷贡就联合了两个索诺拉老乡，阿道弗·德拉韦尔塔（Adolfo de la Huerta）和普鲁塔科·埃利亚斯·卡列斯（Plutarco Elias Calles）在 1920 年 4 月 8 日发动政变，卡兰萨随后在 5 月 21 日被自己的警卫打死。

卡兰萨死后，奥夫雷贡和他的老战友们上台，墨西哥内战才算最终结束，和平的社会变革就此开始了。

经过十年的内战，墨西哥几乎变成了一片废墟：铁路瘫痪、电报系统崩溃、农业和采矿业的产值下降一半、外债达到十亿美元、军费开支占国家预算百分之六十。

1920 年当选总统的奥夫雷贡，首先解决革命的核心问题——土地。四年间，他把三百万英亩（相当于一百二十一万四千公顷）土地分配给了十四万农民；1924 年当选总统的卡列斯，则进一步分配了八百万英亩（相当于三百二十三万七千公顷）的土地。

两人当政期间，建立工会，推广农村教育，从 1920 年开始的八年间建立了三千多所农村学校。

由于学校直接冲击了天主教会对老百姓头脑的垄断，再加上《1917 年宪法》对教会权力的限制，1928 年，神父们发动了克里斯特罗起义（起义的名称源自 Cristo，西班牙语“基督”的意思），导致了将近十万人的死亡，最终以双方的妥协告终。

1928 年 7 月，奥夫雷贡再次当选总统，但 7 月 17 日，他被神父们在圣安吉尔（San Angel）暗杀了。埃米利奥·波特斯·希尔（Emilio Portes Gil），帕斯夸尔·奥尔蒂斯·鲁维奥（Pascual Ortiz Rubio）和阿维拉多·罗德里格斯（Abelardo Rodriguez）先后当了二年的总统。

1928 年到 1934 年六年期间，那三个总统都是摆设，真正在幕后垂帘听政的是卡列斯。他创建了国民革命党（Partido Nacional Revolucionario，PNR），在暗中操纵一切。随着时间的推移，卡列斯本人也变得越来越保守。

1934 年，国民革命党的主席，卡列斯的学生拉萨罗·卡德纳斯（Lazaro Cardenas）上台，他清除了内阁里的卡列斯分子，用自己的墨西哥工人联合会取代了卡列斯的墨西哥区域工人联合会，安排忠于卡列斯的将领们退役，到了1936年，干脆借工人游行的机会，把卡列斯给流放了。

卡德纳斯大权在握，将总统任期改为六年，以便大展身手，推进社会革命。他分配了五千五百万英亩（相当于两千二百二十五点八公顷）的土地，建立了村社信用银行，把墨西哥的社会革命推到了顶端。

卡德纳斯最厉害的一手发生在1936年。这一年，在墨西哥的外国石油公司里工作的工人们举行罢工，要求提高工资，改善工作条件。墨西哥的工业仲裁委员会裁决工人有理。外国石油公司不服，上诉到墨西哥最高法院，但墨西哥最高法院维持原判。外国的石油公司仗着财大气粗，干脆拒绝服从判决。

卡德纳斯以此为由，宣布没收十七家外国石油公司，组成墨西哥石油公司（Petroleos Mexicanos，PEMEX）。

（169）

美英政府当然不干了，出面替石油公司向墨西哥政府提出强烈抗议。随后的谈判中，美英政府要价二亿美元，卡德纳斯答应赔偿一千万美元，经过一番讨价还价，最后赔偿额定在两千四百万美元。由于价格太低，美英随即抵制墨西哥的石油和白银出口，搞得墨西哥的这两个拳头出口产品，产量分别下降了百分之六十和百分之五十。

可是，没收石油公司这件事情却得到了墨西哥全国上上下下的热烈支持。连跟政府格格不入的天主教会都在国家大教堂升起墨西哥国旗，以示支持。老百姓更是踊跃捐款，帮国家支付那两千四百万美元的赔款。

据美国大使约瑟夫斯·丹尼尔斯（Josephus Daniels）说，他看到墨西哥的家庭妇女聚集在首都的索卡洛广场，把手镯、耳环、黄金、白银，和从玉米、牲口到结婚戒指等所有值钱的东西都捐献给了国家，场面挺感人的。

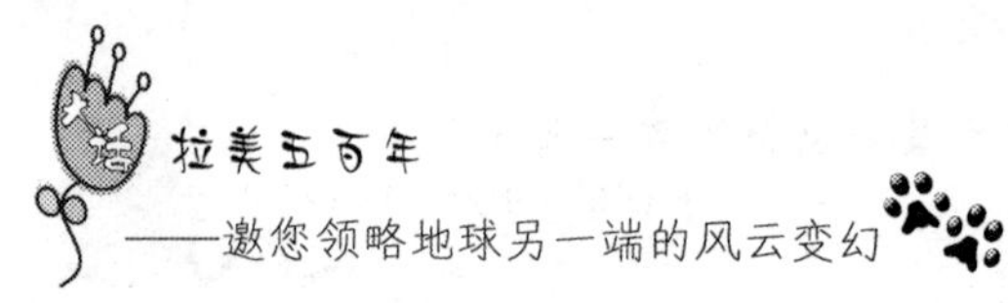

到了1940年，历时三十年的墨西哥革命总算告一段落了。百分之二十三的土地被分配给了农民，六到十岁儿童的入学率从百分之三十增长到百分之七十。

不过，这次革命仍然很不彻底：百分之六十二的土地仍然掌握在拥有一千公顷或者更多土地的农场主手里，百分之二十七的人仍然穷得买不起鞋（恰帕斯州和塔瓦斯科州买不起鞋的人则有百分之七十五），除了首都以外，百分之八十的人住在没有室内水管或下水道的房子里。墨西哥革命党（1946年改名墨西哥革命制度党）从1929年开始一党专政到2000年。

同拉美其它地区一样，墨西哥独立时也没有完成社会革命，没有解决土地问题。这就导致了墨西哥后来的1857年改革和1910年革命。这两次变革或多或少改善了墨西哥的情况，但付出的代价是巨大的——光是1910年开始的这次革命，墨西哥死于非命的人口就有上百万，以至于直到今天，还有很多人认为这次革命得不偿失。

我自己也不好下定论，还是借用美国历史学家迈克尔·冈萨雷斯（Michael Gonzales）的话概括一下墨西哥革命吧：

“革命的民众性和农民性证明了这是一场社会革命。冲突激起无数的农民、工人以及不满的乡绅反对独裁者迪亚斯、他的支持者和军队。革命赶走了旧势力，建立了新国家，使历史性的社会改革和经济改革成为可能。革命的国家给予了农民成百上千公顷土地，实现了外国石油公司的国有化，有效地扩大了公共教育。即便最后没有消除贫困、实现民主和经济独立，整个事件仍然具有革命性。”（迈克尔·冈萨雷斯：《墨西哥革命，1910～1940年》，新墨西哥大学出版社2002年版。）

三、格兰查科战争

（170）

说完了墨西哥，咱们再次掉头南下，看看南美丛林中发生的又一场战争——格兰查科战争。

格兰查科，是西班牙语 Guerra del Chaco 或者英语 Grande Chaco 的音译，意思是“大峡谷”。

格兰查科地处南美大陆的中心，东起巴拉圭河和巴亚那河，西到安第斯山脉东麓，北接亚马孙盆地，南临萨拉多河和潘帕斯草原，总面积大约六十五万平方公里。1864 年到 1870 年的巴拉圭战争结束之后，格兰查科的大部分归了巴西和阿根廷，而北查科的二十六万平方公里，则在名义上归玻利维亚和巴拉圭，而实际上两国的边界很模糊。

边界模糊的主要原因是北查科纯粹是片鸟不拉屎的地方——它是南美，乃至于世界上最荒凉的地区之一，基本上是片半沙漠的干旱区，据说，南美地区有据可查的最高气温就出在北查科。说得具体点，北查科的西部是纯粹的荒原，东部则是荒原加荆棘丛林，偶尔有点白坚木。在相当长的时间之内，除了牧草之外，北查科唯一的经济价值就是从这些白坚木里提取的丹宁。

玻利维亚和巴拉圭两个国家都声称对北查科地区拥有主权。说起来，各有各的道理。

从历史上看，北查科属于当年西班牙的拉普拉塔总督辖区，而玻利维亚共和国是原来的都督辖区的继承人。也就是说，从“法理”上讲，北查科应该归玻利维亚；可是从现实上看，从来没有玻利维亚人住在北查科，相反倒是巴拉圭的主体民族——瓜亚尼人在北查科大量定居，不光放牛，还在白坚木里大量提取丹宁。也就是说，从“实际占有”这个层次讲，北查科应该归巴拉圭。

虽说各有各的理，但从拉美独立开始，两国谁都没动真格的——毕竟是片鸟不拉屎的地方而已嘛！

可是，1884 年的硝石战争结束后，情况开始变得不一样了：玻利维亚一下子没了出海口。在那个年代，海权就是国家富强的根本保障，而出海口又是海权的根本保障。为了获得出海口，玻利维亚就盯上了北查科——巴拉圭河流经北查科，从这里可以前往大西洋。

这下一来玻利维亚和巴拉圭就有比较直接的利益冲突了。可是，当时谁也没想打仗，再加上美国、阿根廷，还有比利时国王利奥波德从中斡旋，两国之间的冲突就被控制在了打嘴架的阶段。

打了几十年的嘴架，仗也没打起来——出海口也好，牧草和丹宁也罢，都不值得让俩国家直接开战。直到后来，一种真正重量级的东西终于让两个国家的冲突从嘴仗升级到热战。

它就是石油。

(171)

1922年，美国的美孚石油取得了玻利维亚的石油开采和冶炼权，但由于玻利维亚没有出海口，石油只能从巴拉圭和巴西运出来。巴拉圭在英国和阿根廷的支持下，对玻利维亚石油征收高额的过境关税，还不许玻利维亚在巴拉圭铺石油管道，两国就此结下了梁子。

1928年，在北查科西边的安第斯山麓发现了石油，玻利维亚一下子开始密切关注北查科，随后，进一步的地址探勘表明，这里不仅有石油，而且储量还很大。玻利维亚感到，对于自己来说，这个油田的控制权、运输石油的管道和出口石油的港口，三者都很必要，缺了哪一样，眼皮底下这宝贵的石油资源就会被邻国给偷走，而眼下，玻利维亚这三者一样都没有，形势紧迫啊！

巴拉圭比玻利维亚还急，从三国同盟战争结束后，巴拉圭就已经变得又小又穷了，现在在北查科发现的石油，是国家复兴的唯一希望。更何况，一百多年来要不是俺们瓜亚尼人在北查科辛辛苦苦地放牛，辛辛苦苦地伐木，辛辛苦苦地开发这片土地，你们玻利维亚能知道这里有石油？现在有好东西了，你们就想不劳而获，把俺们赶走？休想！

两国随即派兵进入北查科的争议地区，1928年12月5日，双方发生武装冲突。经过当时的国际联盟，加上一些美洲邻居的调解，总算没有爆发大规模的战争，可停战协议也没签下来，两个国家就这么僵持着。

当时，玻利维亚和巴拉圭两个国家各打输过一场战争，从整个拉美来看，两国都属于又穷又弱的小国。但是，由于玻利维亚境内有油田，而且还是美国美孚石油开采着，所以，玻利维亚得到了美孚石油公司的大量贷款，跟巴拉圭比起来显得财大气粗，厉害得很。

战争开始前，玻利维亚从西欧北美采购了大量的先进武器：什么坦克、水冷式重机枪、威尔克斯小型山炮、施耐德重型榴弹炮、甚至还有包括“霍克Ⅱ型”在内的六十架战斗机。

相比之下，巴拉圭军队就惨了很多。亡国灭种的三国同盟战争结束之后，巴拉圭连常备军都没了——不光是三国同盟不让巴拉圭搞军队，而且战后的巴拉圭经济一塌糊涂，全体老百姓都得从事农业生产，才能勉强填饱肚子，实在养不起军队。打起仗来，国家预算又没钱，搞得空军只有为数很少的一些老式飞机，陆军更惨：每三到七人才有一杆阿根廷淘汰下来的旧毛瑟枪，剩下的人只有弯刀。

赶在开战前几个月，巴拉圭从阿根廷政府得到了一项秘密贷款，于是，巴拉圭开足马力从世界各地大肆搜罗便宜货——都是些什么马德森轻机枪啊、斯托克斯－布兰迪迫击炮啊之类的货色，炮弹还都是阿根廷白给的。

1932 年 6 月 15 日，玻利维亚出兵占领了北查科荒漠中的亚吉萨卡咸水湖地区，随即向巴拉圭宣战，格兰查科战争正式爆发。

8 月，巴拉圭进行了全国动员，于 1933 年 5 月 10 日正式向玻利维亚宣战。

（172）

战争开始的时候，玻利维亚的军队是由欧洲人指挥的，军事顾问德国人汉斯·孔特（Hans Kundt）实际上就是军队的指挥官。

汉斯·孔特在练兵方面是个好手，可打起仗来就不行了——第一次世界大战期间他最多只在东线指挥过一个团。他不重视空中侦查，看不起侧翼掩护，甚至连炮火覆盖和机枪压制都不当回事，只是一味地强迫玻利维亚士兵端着步枪往巴拉圭人的战壕冲锋。可想而知，成千上万的玻利维亚士兵就这样白白送了死。

1933 年底，汉斯·孔特被撤职，由佩尼亚兰达将军接任。

巴拉圭的指挥官是本国人何塞·费利克斯·埃斯蒂加里维亚（José Félix Estigarribia）中校，他的头脑灵活得多：巴拉圭国小人穷，他就尽

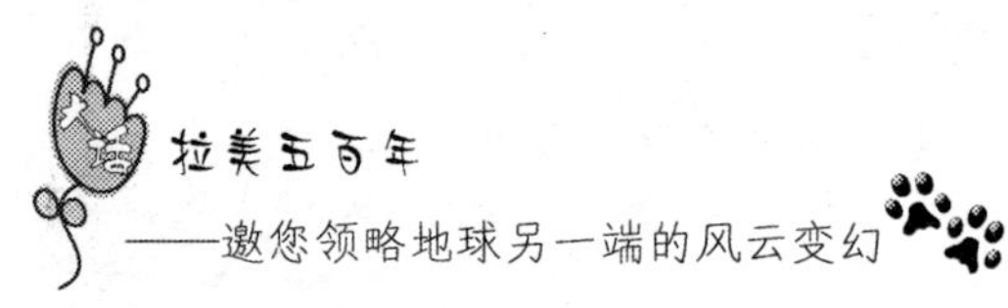

量避免第一次世界大战那样的堑壕战，而是按照两位白俄顾问——巴莱耶夫将军和厄恩将军——的建议，建立“岛屿”式防御阵地，互为犄角，同时还尽可能地搞机动作战，动不动就包围人数比自己还多的玻利维亚军队。

此外，巴拉圭的很多军人在一战期间为了混口饭吃，曾经作为法国的志愿军上过欧洲战场。这批老兵也把迂回包抄、分进合围之类的战术用得炉火纯青。

这样一来，玻利维亚军队最初在人数、装备和训练方面的优势就被他们愚蠢的军事指挥给抵消掉了。

不过，跟军事指挥相比，最终决定了格兰查科战争结局的，却是地理条件以及后勤。

前面说过，北查科地区是一片荒原，温度很高，干旱缺水；有些地方荆棘丛生，没有道路，这就给军队移动、后勤补给都造成了严重的困难。

事实证明，玻利维亚花在购买先进武器方面的钱打了水漂：比如坦克吧，来自发达国家的先进坦克，没法在荆棘密布的灌木丛里前进，还得先靠步兵开路；由于缺油，坦克经常开不动；更可笑的是，由于北查科地区气温太高（早晨的荫凉地里都有三十八度），玻利维亚坦克兵只能把所有的舱门都打开好散热，结果，巴拉圭军队直接把手榴弹丢到座舱里，就把坦克给打废了。至于那些花了大钱买来的重机枪、山炮和重型榴弹炮，则因为搬运不便，不仅没有发挥出应有的作用，而且往往变成了军队的累赘。

空军的情况也没好到哪里去。由于战术指导思想的落伍，玻利维亚那些先进飞机大多被用来炸巴拉圭人的战壕。但是那个时代的飞机，载弹量毕竟有限，所以也没取得什么效果；对于战争真正起到关键作用的桥梁和道路，倒不在玻利维亚飞机的轰炸目标之列。到了战争后期，玻利维亚空军除了给被巴拉圭团团围困的陆军空投补给之外，就没有什么价值了。

由于对后勤问题的重视不足，再加上不熟悉地理情况，玻利维亚军队经常因为供水线路被对方切断而丧失战斗力，被巴拉圭人团团包围。

实在是渴得太厉害，只要巴拉圭人给他们一杯水，有些玻利维亚军人就缴枪投降了。

应该说，巴拉圭军队也犯了不少错，比如空军也没起到什么作用，但总体说来，犯的错毕竟比对手少一些。这样一来，战局就向巴拉圭一方倾斜了。

1932 年 6 月 15 日战争爆发。1933 年 10 月，巴拉圭顶住了玻利维亚的进攻，开始反攻。1934 年底，巴拉圭开始攻入玻利维亚境内。1935 年 6 月，巴拉圭军队推进到了油田附近的维拉－芒兹要塞外围，从而占领了所有有争议的地区。

战争就要结束了。

（173）

可是在这时候，无论巴拉圭还是玻利维亚，军人和政客都还在叫嚣着打仗。

巴拉圭政客们要求向玻利维亚本土进军，夺下整个油田，夺下肥沃的低地省份，用一个“胜利的和平”给贫穷的巴拉圭带来财富；玻利维亚军人则直接搞掉了民选政府，准备扩编军队，展开新一轮的军备大采购。

别看两伙人嘴都很硬，其实大家心里都清楚，谁也打不下去了。

巴拉圭本来就穷，不来个全民种地就活不了，现在打了三年仗，花了好多军费不说，连粮食都不够吃的了，何况还抓了三万名玻利维亚俘虏，吃饭问题就更严重了，至于向玻利维亚本土进军，那也就是说说而已——要进军玻利维亚本土，就要翻过东蒂勒拉山脉，那可不是件容易的事。

玻利维亚的情况更惨：打了三年，败了三年，北查科彻底被巴拉圭占去了；砸锅卖铁买来的武器不是坏了就是被抢了；军队士气低落、政治局面动荡；为了借钱买武器，把矿产都抵押给外国了。总而言之，实在打不下去了。

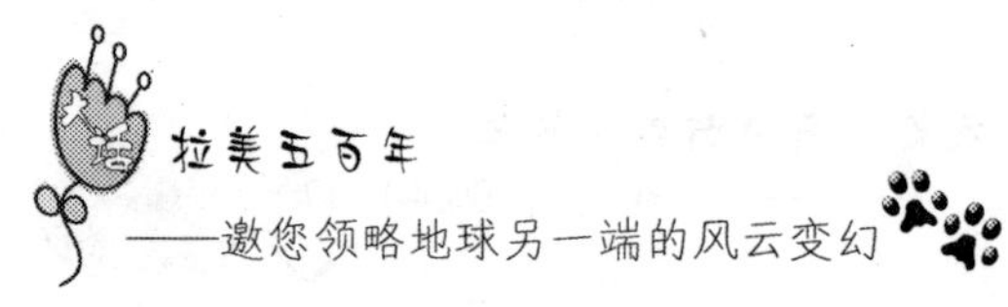

于是，到了1935年6月，双方在美国和阿根廷等国的调停下，宣布停火。7月21日，双方签订了《布宜诺斯艾利斯和约》。南美其它国家的大使们组成了国际仲裁委员会，裁定了北查科地区的归属：十八万平方公里归巴拉圭，玻利维亚只拿到了剩下的八万平方公里，但保留了战前就拥有的，通过巴拉圭境内的瓜亚尼河进入大西洋的航运权，另外还获得了使用巴拉圭的卡萨多港的权力。

格兰查科战争打完了，从表面看是巴拉圭赢了，但实际上，双方都不是胜利者——三年多的仗，双方加在一起死了差不多十万人（其中玻利维亚死的人占多数，大约六万），花费的军费更是不可计数。战后双方的政局进一步动荡：

玻利维亚丧失了名义上的大片领土，算上在硝石战争中丢掉的沿海省份，两次战争让玻利维亚的版图减少一百二十六万九千平方公里，缩水一半以上，都赶上墨西哥了。1936年5月，瑞鲁瓦·托鲁上校领导的左翼阵线取得了政权，开始了连绵不绝的政变。

巴拉圭经济上的损失也很惨重，国家财政再次破产，同样连绵不绝的政变一直闹到1954年，独裁者斯特罗埃斯纳（Alfredo Stroessner）上台。

要说这一仗的胜利者，那就是借此加强了对两个国家的资本控制和经济剥削的美英垄断资本了。

有人可能会问——巴拉圭拿到了盛产石油的北查科地区了啊！怎么还说它失败了呢？

哦，这是因为，战后发现，此前石油探勘的结果是错的——实在不好意思，这地方没什么石油。也就是说，两个国家白打了。

就是这么回事。

四、又见考迪罗

(174)

在本篇“风风雨雨一百年”的开篇，又是一连串的暴打：从巴拿马到墨西哥再到格兰查科，从南到北折腾个不停。

说完了暴打之后，按惯例，我要回头说说政治和经济方面的事情了。

二十世纪前半期拉美政治的最大特点，是又有一大批个性鲜明、独立特行的考迪罗在各国纷纷登场亮相。

大家还记得拉美各国独立初期时，出现那么多考迪罗的原因所在吧？

——政局动荡。

二十世纪前半期的情况也差不多，拉美各国社会矛盾日益尖锐，考迪罗们再次集中出现。

这次社会矛盾的集中爆发，主要是经济上出了严重问题。

二十世纪的第一个十年，拉美各国的经济运行还算正常，尽管只是欧美列强的原材料产地吧，但是只要欧美市场需求旺盛，再加上列强持续对拉美投资，“出口”和“投资”这拉动 GDP 的三驾马车中的两架跑得还够快，拉美各国的日子就还能过得下去。

1914 年，第一次世界大战爆发了。欧洲五大强国打成了一锅粥，这下一来，对拉丁美洲的投资就减少了：以巴西为例，1913 年，欧洲列强发放的公共债务有一千九百万美元，1914 年下降到四百二十万美元，到了 1915 年，干脆下降到零。

投资少了，但出口的形势还不错：委内瑞拉开始出口石油，加上秘鲁出口的铜矿，玻利维亚出口的锡矿和智利出口的硝酸盐，都是战争期间的紧俏物资。

一次大战把偌大一个欧洲给打穷了。战争结束之后，欧洲丧失了对拉美产品的购买力，美国接过了接力棒。除了大量购买拉美的初级产品之外，美国也开始增加对拉美的投资。1926 年到 1928 年，美国投资十亿美元，号称“百万美元的舞曲”（the dance of the millions）。借助于美国的投资，巴西、阿根廷和墨西哥这几个拉美的大国，也逐渐开始了工业现代化的进程，一切都显得还算比较美好，直到 1929 年。

1929 年，经济大萧条开始了。

大家都是从念书的年纪过来的，相信谁都都没少在课本里看到对经济大萧条的描述，连美国和西欧那些老牌强国都被大萧条搞得吃不上饭。可想而知，靠着强国的投资和进口活着的拉丁美洲就彻底完蛋了。

从 1929 年到 1932 年，拉美出口的各种初级产品的价格平均下跌百分之五十以上，像阿根廷，出口额从 1929 年的十五亿三千七百万美元，跌到 1932 年的五亿六千一百万美元，硬是从发达国家的行列掉回到了发展中国家的队伍，到今天都没回去。

别的国家也没好到哪里去：1929 年到 1933 年，巴西的出口额下降百分之五十九点五，乌拉圭下降百分之八十，古巴下降百分之九十，整个拉丁美洲下降的平均数是百分之六十五。

这日子没法过了。

投资没了，出口没了，要想维持经济，自然只有靠最后一架马车——内需。

为了拉动内需，拉美开始了“进口替代工业化”和“进口替代农业”的过程。说得通俗点，就是原来要从外国采购的东西，统统改成自己生产自己用。这么一来，像巴西、墨西哥、智利、古巴、秘鲁、委内瑞拉、哥斯达黎加和危地马拉等国的经济终于慢慢恢复了。

没有恢复，或者恢复得慢的国家呢？矛盾尖锐，政局动荡，考迪罗们就此趁乱上台。

(175)

跟拉美独立之初的那些考迪罗们相比，二十世纪的这些后生晚辈，没有经受过拉美独立运动的洗礼，没有领导国家走向富强的政治抱负——他们基本上都是些反动落后的独裁者，再加上拉美独立于欧亚大陆之外的封闭性，很多考迪罗就成了目光短浅，不学无术的烂人，搞出了五光十色，惊世骇俗的“光辉业绩”。

篇幅所限，我只准备介绍几个最有特色的考迪罗。

第一位，就是多米尼加大名鼎鼎的特鲁希略。

拉斐尔·莱昂尼达斯·特鲁希略·莫利纳（Rafael Leonidas Trujillo Molina），幼年资质平平，十六岁开始当了个收发摩尔斯电码的电报员。

图 6.7　特鲁希略

1916 年，由于多米尼加共和国还不上美国的债了，美国就出兵占领了这个岛国，还建立了一支多米尼加伪军。

两年后，特鲁希略瞅准机会参加了伪军，由于胆大心细，精明能干，1924 年美军撤走的时候，特鲁希略上校被美国人任命为伪军的头头。

1930 年，多米尼加爆发了反对总统埃拉西奥·巴斯克兹（Horacio Vásquez）的叛乱，特鲁希略受命镇压叛乱。可是当反叛军进逼首都圣多明各的时候，特鲁希略选择了跟反叛军合作，孤立无援的总统只好下台跑路。

在这一年 5 月 16 日举行的总统选举中，标榜中立的特鲁希略以百分之九十五的高票当选。这个得票率显然高得不正常，所以很多人都怀疑特鲁希略是通过军队操纵的选举，但是凡是敢公开这么怀疑的人，都被特鲁希略轰到国外去了。于是，8 月 16 日，身披写着“Dios y Trujillo”（西班牙语，“上帝和特鲁希略”）绶带的新总统宣誓就职，时年三十八岁。

特鲁希略就此开始了对多米尼加长达三十一年的独裁统治。

特鲁希略在这个小岛国大搞个人崇拜：1931 年 8 月 16 日，特鲁希略当政一周年时，他宣布解散其它政党，让他的“多米尼加党”成为了全国唯一合法的政党。到了 1936 年，多米尼加首都圣多明各被改名为“特鲁希略城”（Ciudad Trujillo）。随后，报纸上开始提出“特鲁希略万岁”（Viva Trujillo）的口号，教堂里也被迫贴出了“Dios en cielo, Trujillo en tierra”（西班牙语，“天上有天主，地下有特鲁希略”，或者译为“天老大，特鲁希略老二”）的标语，他的马屁班子甚至提名他获得诺贝尔和平奖（当然负责发奖的瑞典人没理他。）

一人得道，鸡犬升天。1955 年特鲁希略办了个博览会，花了三千万美元，他的宝贝女儿安葛丽塔（Angelita）当选“博览会皇后”，他的半文盲老婆则被称为“作家和哲人”。

1937 年，为了驱逐境内的海地人，特鲁希略从 10 月 2 日到 8 日期间，派出军人在多米尼加和海地边境上到处拦截肤色较深的人。拦住之后就要求对方用西班牙语说“荷兰芹”（perejil）。由于海地人讲法语，只能把“荷兰芹”念成 pèsi，这下就露了馅，立刻会被多米尼加军人用砍刀砍掉脑袋。六天期间，大约一万七千到三万五千海地人被杀，史称“荷兰芹大屠杀（英文，Parsley Massacre）”。

顺便说一句，特鲁希略倒台后，新政府答应向海地赔偿，总计五十二万五千美元，向每名受害者家属赔三十美元，但由于海地政府贪污严重，最后每个人收到的赔款是两美分。

（176）

特鲁希略统治多米尼加长达三十一年。在他的统治下，多米尼加没有政治自由，也没有什么公民权利，谁敢说特鲁希略的坏话就抓谁，更重要的是，经济现代化的大部分成果，都被特鲁希略和他的家族给贪污了。

不过，特鲁希略也不是一无是处：在他的统治之下，多米尼加的医疗、教育、交通建设等方面都有一定的发展。他还在全国各地建设国民住宅，建立国民退休年金政策。1935 年，他和海地达成了边界协定，1941 年终结了 1906 年多米尼加和美国签订的海关条约，1947 年，还清了多米尼加所有的外债。

别管特鲁希略多么践踏人权，美国人看他还是挺顺眼的，尤其是 1959 年古巴革命之后，为了对抗古巴，美国人加紧扶植特鲁希略政权。

可是 1960 年，胆大包天的特鲁希略得寸进尺，居然图谋行刺美国人支持的委内瑞拉民选总统贝坦科特（Rómulo Ernesto Betancourt Bello），就此跟美国人撕破了脸。

1961 年 5 月 30 日，特鲁希略被美国中央情报局的特工刺杀在圣多明各。

跟特鲁希略齐名的考迪罗，是尼加拉瓜的老索莫查（Anastasio Somoza García）。

老索莫查出生在尼加拉瓜一个富有的咖啡园主的家庭里。他早年留学美国费城，后来回国从商，没干出名堂。1926 年，三十岁的老索莫查开始参加自由派的武装斗争。

尼加拉瓜内战结束后，老索莫查正式从政。1934 年，他刺杀了尼加拉瓜游击队领袖桑地诺（Augusto Nicolás Calderón Sandino），又在两年后发动政变，推翻了他妻子的叔叔萨卡萨（Juan Bautista Sacasa），就此上台。

老索莫查曾经大力发展尼加拉瓜的农业多样化，帮助国家减少了对香蕉出口的依赖。但与此同时，他流放了很多不同政见者，以权谋私，占有大批土地和许多企业。

老索莫查大搞愚民政策，据说，有人曾经向他建议大办教育，说这样会对国家有好处，但老索莫查直爽地回绝了："我不想要受过教育的民众，我要的是公牛"。

1956 年，老索莫查在连任前夕被刺杀。

老索莫查比特鲁希略厉害的地方在于，他不是一个人——被刺以后，他的大儿子路易斯·索莫查（Luis Somoza Debayle）和二儿安纳塔西奥·索莫查（Anastasio Somoza Debayle）先后于 1956 年到 1963 年期间，和 1967 年到 1972 年，1974 年到 1979 年期间统治尼加拉瓜，这父子三人统治尼加拉瓜将近半个世纪，直到 1980 年小索莫查才被桑地诺阵线游击队给搞掉。

看到这里，可能特鲁希略也好，索莫查父子三人也好，都还没有让大家觉得拉美的这批考迪罗有什么太五光十色，惊世骇俗的业绩。没关系，真正的牛人这就登场了。

（177）

这位牛人就是萨尔瓦多独裁者，马克西米连诺·赫尔南德斯·马丁内斯（Maximiliano Hernández Martínez）。

马丁内斯 1931 年当了萨尔瓦多总统阿劳霍（Arturo Araujo）的副总

统兼国防部长，同年 12 月，他发动军事政变上台，成为了萨尔瓦多的总统和独裁者。

图 6.8　马丁内斯

1932 年，萨尔瓦多的松索纳特省发生了大起义，印第安人和梅斯蒂索人起来反对马丁内斯的独裁统治。马丁内斯毫不手软，搞了大屠杀，在这么个中美洲小国里一口气杀了三万多人。随后马丁内斯宣布戒严，禁止一切进步活动。

说句良心话，马丁内斯还是挺想把国家搞好的，不过作为一个忠实的伏都教信徒，这位老大治理国家的方式很不对头。

为了祈祷国泰民安，他在总统府举行降神会，请来一堆伏都教巫师跳大神。

为了儿童健康地成长，他听从巫师们的建议，不许全国的儿童穿鞋。因为据说这样，儿童们可以“更好地吸收地球的有益气体和地球的波动。”——当然，这个规定执行起来没什么难度，萨尔瓦多穿得起鞋的孩子屈指可数。

为了防治在首都日益蔓延的天花，他下令把全城的路灯都用红纸包了起来，作为最重要的防疫手段。

为了防治黑人影响国家的顺利发展，他颁布种族隔离法，禁止黑人入境。

马丁内斯坚信人可以“轮回转世”，但别的动物不行。所以他说，“杀死一只蚂蚁的罪过比杀死一个人的更大，因为人死了可以转世，但蚂蚁死了就是永远地死了。”——从这个观点出发，马丁内斯主动“帮助”他的不少政敌提前完成了转世。

别管别人怎么看，马丁内斯跟特鲁希略一样，深受美国政府的支持和青睐，所以他当了十几年总统，稳如泰山。

直到 1944 年，萨尔瓦多搞起了大规模的学生运动，3 月又发生了全国总罢工。马丁内斯终于混不下去了，只好辞职，流亡国外。

马丁内斯是当时那批考迪罗里面活得最久的：1966 年，旅居洪都拉斯的马丁内斯被一伙极右翼的恐怖分子刺杀，终年八十四岁。

除了特鲁希略、索莫查和马丁内斯三个人之外，这段时间的拉丁美洲，从东到西、从南到北，考迪罗大有雨后春笋，遍地开花之势。

我整理了一下，列出来供大家赏评。

中美洲：

古巴：格拉多·马查多（Gerardo Machado）1926～1933年。

富尔亨西奥·巴蒂斯塔（Fulgencio Batista），1933～1944年，1952～1959年。

危地马拉：豪尔赫·乌维科（Jorge Ubico）将军，1931～1944年。

洪都拉斯：蒂武西奥·卡里亚斯·安蒂诺（Tiburcio Caria Andino）将军，1931～1947年。

南美洲：

阿根廷：何塞·乌理武鲁（Jose Uriburu）将军，1930～1931年。

阿古斯汀·胡斯托（Agustin Justo），1932～1938年。

玻利维亚：戴维·托罗（David Toro）和赫尔曼·布什（German Busch），1936～1939年。

巴西：热图利奥·瓦加斯（Getúlio Dornelles Vargas），1930～1945年，1951～1954年。

巴拉圭：拉斐尔·佛朗哥（Rafael Franco）上校，1936年。

何塞·菲利克斯·艾斯蒂加利亚（Jose Felix Estigarribia）将军，1937～1940年。

乌拉圭：加夫列尔·特拉（Gabriel Terra），1933～1938年。

秘鲁：路易斯·桑切斯·赛罗（Luis Sanchez Cerro）上校，1931～1933年。

奥斯卡·贝纳维德斯（Oscar Benavides）将军，1933～1939年。

委内瑞拉：埃莱亚萨·洛佩斯·孔特雷拉斯（Eleazar Lopez Contreras）将军，1935～1941年。

厄瓜多尔：没有固定的考迪罗，但1931～1948年间出了十九任总统，均未完成任期。

(178)

上面列出的这些考迪罗，大多是一些依靠政变上台，依靠暴力维护独裁统治，以“维持安定为名”大肆镇压异己分子，在经济建设的过程中中饱私囊的家伙。

但是不管这些家伙怎么践踏人权，他们却几乎都得到了标榜“自由、民主、人权”的美国政府的扶植。这是为什么呢？

我尝试着按照不同的时间段来解释这个问题。

大萧条时代，美国的首要任务是摆脱经济萧条，因此，美国就需要一个稳定的，能够持续提供廉价资源的拉丁美洲，考迪罗们的统治为这种稳定和不对等的贸易提供了保障。

第二次世界大战时期，美国要求后院不能起火，而考迪罗们统治下的拉美各国起码能保持政治上的安定。

第二次世界大战结束，冷战开始，美国的首要威胁来自苏联，而考迪罗们能够保证拉美各国不跟着苏联走。

这就够了。

所以，富兰克林·罗斯福时代的美国国务卿科德尔·赫尔（Cordell Hull）曾经这样跟他的总统谈到某个考迪罗：“是的，他也许是个狗杂种，但他是我们的狗杂种。”

好玩的是，多米尼加人坚持赫尔说的狗杂种是他们的特鲁希略，而尼加拉瓜人则坚持说的是他们的索莫查——俺们村的地主被大老爷点了名，俺们这些当长工的也特别有面子是不是？

在这么一大批考迪罗里面，有两个比较另类——考迪罗中的另类，应该说是正常人里的同类了，值得单独拿出来说一说。

第一个是巴西总统热图利奥·多尼利期·瓦加斯（Getúlio Dornelles Vargas）。

瓦加斯出身大农场主家庭，早年当过律师，后来从政。1930 年，他作为自由派的代表，参加总统竞选失败，于是就发动军事政变，当上了总统。

图6.9　瓦加斯

瓦加斯虽然是靠政变上的台，但他当政以后，大力发展工业，保障劳工权益：大名鼎鼎的淡水河谷铁矿公司就是他建立的，他还建成了巴西的沃尔塔雷东达钢铁厂，奠定了巴西石油工业的基础，将银行和保险业国有化；与此同时，他用宪法规定了最低工资标准，确立了八小时工作制，规定了带薪年假，制定了退休金计划，立法禁止雇佣童工，成立了许多工会，到了1944年，巴西全国的工会成员有五十万人之多。

在政治方面，1934年7月他颁布了新宪法，在巴西历史上第一次给予妇女选举权。

可是另一方面，他为了推行自己的政策，在1937年11月解散国会，废除1934年宪法，禁止一切政党活动，建立集权政府。

看到这里，大家是不是觉得，瓦加斯和拉美独立之初的德罗萨斯，还有弗朗西亚博士很像？——是的，人们也把瓦加斯称为“民粹主义的政治家”。

1945年10月，瓦加斯由于半年前和苏联建交，被美国支持的军人发动政变搞下了台。1951年瓦加斯复出，赢得大选，再次当选总统，进一步推行他的国有化和工业化政策。但是由于经济不景气、政府出现丑闻，再加上美国人反对他的国有化，1954年8月2日，里约发生了针对他的政治谋杀，但没有成功。

8月24日，拒绝交出权力的瓦加斯写下遗嘱之后，开枪自杀，终年七十一岁。

长期以来，瓦加斯被巴西底层群众看成巴西历史上最伟大的总统。

（179）

跟瓦加斯相比，另一个考迪罗名气更大：阿根廷的胡安·多明戈·贝隆（Juan Domingo Perón）。

图 6.10　贝隆和夫人

跟瓦加斯一样，贝隆也是个民粹主义政治家。他出身农民家庭，早年从军。1943 年 5 月，一批军官在阿根廷发动军事政变，贝隆也参与其中。政变成功后论功行赏，贝隆被封为劳动和福利部长，次年 2 月成为副总统和陆军部长。

1945 年 10 月 9 日，贝隆被军队内部的反对者给搞倒了，还被抓了起来。但工会组织立刻组织了大规模示威，10 月 17 日贝隆被释放，并在 1946 年 2 月 24 日的大选中当选总统。

上任后的贝隆体现了一个民粹主义政治家的特色：一方面关心下层群众，一切依靠劳工，与此同时，以人民的名义独断专行：他自称代表了"没有衬衫的人"，组建阿根廷的劳工总同盟，扩大工会的规模；1947 年颁布了第一个五年计划，没收美英在阿根廷的资产，推进阿根廷的工业化和经济的国有化；同时，在第二次世界大战结束之后，公然包庇纳粹战犯，把阿根廷变成了纳粹余孽的天堂。

贝隆把自己的政治路线称为资本主义和社会主义之间的"第三条道路"，人们后来把它称为"贝隆主义"。

提到贝隆，就不能不提他的第二任妻子，伊娃·贝隆（María Eva Duarte de Perón），她的支持者称她为艾薇塔（Evita），而大家一般通称她为"贝隆夫人"。

贝隆夫人是私生女，早年在娱乐圈混饭吃，1945 年嫁给贝隆，在 1946 年的大选中大显身手：她在公众面前强调自己的穷苦出身，在劳工和妇女团体里为丈夫拉选票。我粗略地计算了一下，要论对自己老公当上总统所做的贡献，贝隆夫人大约相当于三到四个希拉里·克林顿。

贝隆当选之后，贝隆夫人成为了她丈夫的劳工部长。可惜的是，1952 年贝隆夫人死于子宫癌，年仅三十三岁。

1976 年，英国音乐剧超级大牛人安德鲁·韦伯（Andrew Lloyd

Webber）写了部纪念贝隆夫人的音乐剧《艾薇塔》（Evita），其中的主打歌《阿根廷，别为我哭泣》就此风靡全球。直到今天，这首歌还是纪念贝隆夫人的最热门歌曲。

顺便提一句，不知道从什么时候开始，“阿根廷，别为我哭泣”这句话成了阿根廷足球队每次在世界杯上被淘汰之后，国内的阿迷们一定要哭丧着脸说上几十遍的话，简直成了咒语。

我一直不明白，那帮阿迷们想说的是“我坚强，我不为阿根廷哭泣”，跟这句“阿根廷，别为我哭泣”完全不是一个意思。难道是说，阿根廷队被淘汰了，他们就不活了，临死前让阿根廷人民想开点儿，别为地球另一边的这帮铁杆球迷们哭泣？

搞不懂，您就不能来句新鲜的，起码说句通顺的吗？

贝隆夫人一死，贝隆的人气值下跌很多。1955 年 9 月，贝隆因为经济衰退，高度腐败，被军事政变推翻。

下台后的贝隆流亡到巴拉圭，后来定居马德里。

贝隆下台后的阿根廷政局动荡、经济低迷、社会矛盾日益激化。1973 年 9 月 23 日，返回国内的贝隆再次当选总统，并于次年 7 月 1 日逝世。

顺便说一句，贝隆死后，他的第三任妻子，夜总会歌女出身的伊莎贝尔继任总统。连贝隆都搞不好阿根廷这个烂摊子，伊莎贝尔就更别提了。1976 年 3 月 24 日，四面楚歌的伊莎贝尔被军事政变推翻。

五、革命的年代

（180）

我在前一章拉拉杂杂地说了这么多的考迪罗。这批借着大萧条上台的独裁者，除了个别人物以外，都是些杀人不见血、吃骨头不吐渣的家伙。

大家都听说过，“哪里有压迫，哪里就有反抗。”——拉丁美洲走到这一步，老百姓肯定要起来反抗。

可是托洛茨基说，如果人们只是因为贫困和受压迫就要起来革命的话，那全世界人民就别干别的了，成天都得闹革命——实际情况大家都清楚，革命可不是随时随地发生的。

究竟谁说错了呢？

谁都没错，有压迫就有反抗，但反抗并不意味着一定要革命。比方说，你强迫俺干活，那老子就成天偷工减料磨洋工，来个非暴力不合作，也算是一种反抗嘛！

因此，拉丁美洲老百姓在这些考迪罗的压迫之下，真正拿起枪来闹革命的次数不多，而每次革命都是天时地利人和齐备的结果。

整体说来，二十世纪拉美的第一场革命，就是前面提到过的墨西哥1910年革命。但是这场革命时间太早，动静太大，所以我在前面专门辟了一章去介绍。

在本章里，我主要介绍拉美新一批考迪罗上台之后，各国陆续发生的社会革命：先说发生在已独立国家里的前后四次革命，再说这一时期的游击队和加勒比地区的独立情况。

1940年前后，历时差不多三十年的墨西哥革命总算尘埃落定，归于平静了。短短几年之后，墨西哥南面的中美洲小国危地马拉，就又掀起了拉丁美洲的另一场革命。

先来说说革命的背景。

独立之后的危地马拉是个落后的农业小国，咖啡和香蕉的出口占到全国外贸总收入的百分之九十，工业发展则微不足道。可以毫不夸张地说，危地马拉就是人们常说的那种“吃饭靠上树”的国家。

作为农业国家，老百姓最关注的当然就是土地问题了。可是由于独立后的危地马拉维持了殖民时代的封建土地所有制，土地集中的现象非常严重：1940年前后，危地马拉全国的一半土地属于只占全国人口百分之三的大地主，占全国人口百分之五十七的农民则没有土地，只能到大地主的种植园里去当雇工，受剥削受压迫，情况和农奴差不多。

政治上，梅斯蒂索人和印第安人没有选举权，国家机器都掌握在地主手里。总统们则是靠军队起家，大搞独裁统治。1931 年，前面列表里出现过的豪尔赫·乌维科（Jorge Ubico）将军成为了危地马拉的考迪罗。

乌维科实施新闻管制，禁止一切政党，随意杀害政敌，不许组织工会。更有甚者，1934 年乌维科颁布了"游民法"，规定凡耕种自己的土地或租佃土地不足二点五公顷的农民，每年至少要到大地主或外国公司的种植园里做一百八十天的雇工，干不足天数者被视为"游民"，要被关进监狱或接受劳动改造。由于大部分农民没有土地或土地很少，这个法令事实上就是把农民变成了农奴。

（181）

为了维持自己的统治，乌维科和他之前的危地马拉历代统治着们投靠欧美列强，把经济命脉交给跨国垄断资本。

第一次世界大战前，德国资本家是这个中美洲小国的太上皇，对德出口占到了危地马拉出口总额的一半左右。一战期间，德国忙着打仗，顾不过来了，美国资本就乘虚而入。1915 年，对美出口占到了危地马拉出口总额的百分之六十，1941 年则上升到百分之九十二点三，同一时期，对美进口占到了全国进口总额的百分之七十八点五，危地马拉的外贸几乎完全被美国垄断了。

美国资本控制危地马拉的主要工具是三个公司：联合果品公司（United Fruit Company）、中美洲铁路公司和危地马拉电力公司，其中联合果品公司是其它两家的母公司。于是，这个表面上看来不过是倒卖香蕉的组织，就成了危地马拉独裁统治的后台老板。

提到这个联合果品公司，可以说是大名鼎鼎，或者说臭名远扬。它成立于 1899 年，最开始只是收购亚非拉第三世界国家生产的香蕉和菠萝，倒卖到欧美去的水果贩子，但是很快就成了有权有势，在第三世界说一不二的"黑老大"。那架势，跟几百年前的两个东印度公司差不多。

1901 年，联合果品开始为危地马拉政府代办国际邮电。1904 年，联合果品获得危地马拉政府的许可，承建首都到巴里奥斯港的部分铁路，建好后由联合果品的子公司——中美洲铁路公司租借九十九年。随后，联合果品获得了更多的租借权和优惠政策，获得了大量土地，到了1940年，联合果品在这个小国拥有土地五十万英亩（相当于两千多平方公里）。危地马拉的进出口运输也全部被联合果品公司垄断，电力则被联合果品公司的另一个子公司——危地马拉电力公司垄断。

至于联合果品公司的老本行（卖水果），就更不用说了——香蕉收购价格人家说了算，运输费用人家说了算，它甚至在种植园里建立了自己的法庭和警察队伍，成了危地马拉的国中之国。

一来二去，连危地马拉的政局都被联合果品公司给操纵了，乌维科也好，别人也罢，谁想要坐稳自己的位置，都要联合果品公司点头才行。

危地马拉的老百姓被欺负到这个份儿上，再不起来造反就活不下去了——二十世纪三十年代初印第安人发动武装斗争，1940年部分军官密谋政变，但是都迅速失败了。

1944年6月，英美盟军在诺曼底登陆，纳粹德国的崩溃指日可待。受到这个消息的鼓舞，危地马拉圣卡洛斯大学的学生开始罢课游行，要求独裁者乌维科下台。随后，爆发了全国性的罢工和抗议。乌维科本来想调动军队镇压，但是军队也宣布拒绝支持他，没办法，7月1日乌维科灰溜溜地下了台。

乌维科下台之后，他手下的一个叫庞塞的军官掌权，继续实施独裁统治。10月20日，两个军人：阿本斯（Arbenz）和阿兰纳，再加上一个商人叫托里略的，发动武装起义，击败政府军。危地马拉的社会革命就此开始。

图6.11 阿本斯

（182）

旧政府军被击败，同年12月危地马拉举行了全国大选，知识分子阿雷瓦洛（Juan José Arévalo Bermejo）以百分之八十五的支持率当选总统，阿本斯则被任命为国防部长。

阿雷瓦洛上台之后，开始搞改革：1945年3月颁布了新宪法，随后相继通过了社会保险法，劳动法和石油法，对劳苦大众的合法权利给予了保证，限制了外国资本在危地马拉的权利。

1950 年，阿雷瓦洛总统任期结束，在随后的大选里，阿本斯当选总统。

阿本斯将阿雷瓦洛启动的改革推向深入，采取了一系列激进措施，危地马拉的改革逐渐变成了货真价实的社会革命。

阿本斯知道，危地马拉革命的根本问题是土地问题，所以，1952 年 6 月，国会正式宣布开始土地改革，“地主和外国公司占有的地产，凡面积超过二百二十英亩（约九十公顷）的土地，如果耕种面积没有达到三分之二，就予以征购。按 1952 年 6 月地主们报税时申报的地价，以百分之三的年息分二十五年赎买，赎买来的土地由政府分给无地或者少地的农民。”

当时联合果品公司占有危地马拉四分之一的土地，利用率只有百分之八，在土地改革中自然是首当其冲。不过，阿本斯的确是条汉子：以身作则，他自己的土地也被征购了一千七百英亩。

随后的几年时间里，阿本斯政府根据这条法令，强行征收联合果品公司的限制土地四十一万三千五百七十三英亩，占了同期征收的全部土地的将近百分之三十，而补偿给联合果品公司的是一百多万格查尔（危地马拉货币单位）的土地债券，跟废纸差不多。

为了限制联合果品公司的势力，阿本斯政府在中美洲铁路公司控制的铁路线旁边，修了条平行的公路，还准备盖一个水电站，与危地马拉电力公司竞争。1952 年，阿本斯政府支持联合果品公司的危地马拉工人，要求联合果品公司为开除的员工支付补偿金，还支持中美洲铁路公司的工人罢工，到了 1953 年 10 月，阿本斯干脆把中美洲铁路公司控制的铁路线收归国有，随后收回联合果品公司控制的各个港口的主权。

阿本斯搞土改，搞国有化，十万人得到了一百五十万英亩的土地，国内经济和老百姓的生活水平自然高了不少。但是这么个搞法，美国当然怒了，而且简直是怒不可遏。

说起来，1945 年乌维科被搞下台，阿雷瓦洛当政的时候，美国对危地马拉革命的干涉并不多，只是支持危地马拉国内的反对派做做手脚而已。这是因为，一方面阿雷瓦洛的改革很温和，只是提高了劳苦大众的福利，并没有没收联合果品公司的土地，更没有搞全国土改；另一方面，美国刚打完二战，还有西欧那么个大规模的烂摊子要去收拾，也没工夫管自己眼皮底下的这个小国。

现在阿本斯上台，这么个搞法，直接侵犯了联合果品公司，乃至于美国的利益，而更重要的是，冷战已经开始了，美国最大的对手换成了苏联。这个阿本斯尽管不是共产党，但他搞土改、允许危地马拉共产党在国内公开活动，而且跟苏联走得很近，隔三差五就跟共产主义阵营开个会，喊个口号什么的，太危险了。

于是，美国政府宣布阿本斯成了共产党的工具，危地马拉成了共产主义的桥头堡。1954 年 3 月，在加拉加斯召开的第十届泛美会议上，美国国务卿杜勒斯操纵会议通过了反对共产主义威胁的第九十三号决议，宣布当共产主义企图控制某国政府时，美洲各国有义务联合采取紧急行动。

(183)

干涉行动就此展开：联合果品公司出钱，美国中央情报局出行动方案，危地马拉地主们出力：一个危地马拉前军官阿马斯（Castillo Carlos Armas）出面组织人手，在洪都拉斯、尼加拉瓜等地练兵，组织起了两千人的“危地马拉解放军”，清一色的美式装备，连人员都是美国顾问帮着训练出来的。

1954 年 6 月 18 日，阿马斯从洪都拉斯出兵，兵分两路进攻危地马拉。

阿马斯进军的同时，美国驻危地马拉大使也出面活动，收买了阿本斯政府的一些军官，使得这批人不战而降。6 月 27 日，阿本斯被迫交出权力，流亡国外，7 月 8 日，阿马斯当上了临时总统。

阿马斯上台之后，立刻废除 1945 年宪法，停止土地改革，把一百五十万英亩的土地还给联合果品公司和危地马拉的大地主，把交通的垄断权还给中美洲铁路公司，外加很多新的优惠：比如规定联合果品公司的所得税率不超过百分之三十，而且这个优惠税率一直适用到1981年。

随后，阿马斯逮捕阿本斯的支持者，取缔工会和农会，重新建立独裁统治，直到1957年他本人遇刺身亡。

历时十年的危地马拉革命，就此以失败告终。

说起来，从1945年到1954年这十年，称得上是危地马拉老百姓日子最好的十年。

这十年期间，国家的GDP翻了四倍，外贸额翻了四倍，实现了粮食自给，人均收入增长了一半，工人的最低工资翻了四倍，私人投资增长了十三倍。要不是冷战刚开始的美国人神经过敏，生怕这个中美洲小国改变颜色，投靠到苏联的阵营里去，这次革命也就不会夭折了。

为了避免不必要的麻烦，我就不多做评论了，直接开始说下一场革命。

下一场革命发生在玻利维亚。

玻利维亚，是南美洲混得最惨的国家——1880年代输了硝石战争，1930年代又输了格兰查科战争。两场败仗让玻利维亚没有了出海口，丧失了一半国土，想过日子就只能靠挖矿。

三大家族式的锡矿公司（阿拉马约：C. S. Aramayo；帕蒂尼奥：S. I. Patiño；霍赫希尔德：M. Hochschild）控制了玻利维亚的经济命脉，其中帕蒂尼奥公司的老板（也叫帕蒂尼奥）更是一个人就占有了玻利维亚全国财富的47%，他的年收入超过政府的年收入，是货真价实的富可敌国。每年他给他一个儿子的零花钱，比玻利维亚全国的教育经费都多。

与此同时，二十万矿工却在湿度达到百分之九十五的矿坑里作业。他们中的百分之六十有肺结核，靠酒精和古柯叶自我麻醉。矿工下矿之后的平均寿命只有十年，然后就死于尘肺病、肺结核、酒精中毒或毒品过量。

农村的情况更惨：占全国人口百分之八的地主阶层，占有全国百分之九十五的土地，人均占地五百公顷以上。由于欠债，农民们经常被迫

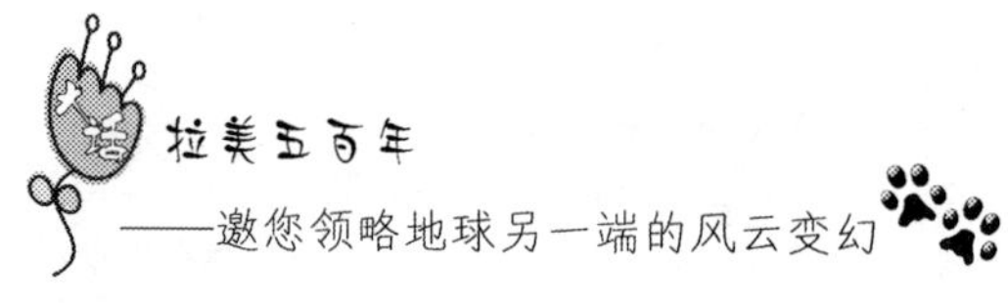

无偿为地主劳动。

总而言之，1950 年的玻利维亚不像个二十世纪的国家，倒跟中世纪差不多。

第二次世界大战结束后，全世界殖民地和半殖民国家先后掀起了要独立、要民主的社会运动，这是当时的国际大趋势，玻利维亚也不例外。

1951 年，左翼的佩斯·埃斯登索罗（Victor Paz Estenssoro）当选总统，但右翼的乌里奥拉·戈伊蒂亚政府拒绝政权交接，而是把权力交给了军人执政委员会，逼得埃斯登索罗被迫流亡国外。

1952 年 4 月 8 日，安东尼奥·塞勒姆将军和托雷斯·奥蒂斯将军准备派军队进驻首都，镇压左翼准备发动的叛乱。

可他们没想到，自己的军队调动令成了玻利维亚革命的导火索。

(184)

1952 年 4 月 8 日，就在两名将军发出调动令的当天，玻利维亚首都苏克雷的工人们开始举行示威游行，军队随即倒戈支持工人。次日，军队和工人一起攻击苏克雷的军事机构和公安设施，史称“4 月 9 日革命”。

革命当天，左翼的“民族主义革命运动”(Movimiento Nacional Revolucionario，简称 MNR，“民革运”）宣布拥戴流亡的埃斯登索罗为总统，组织新政府。不久，埃斯登索罗回国，开始领导玻利维亚革命。

1952 年 4 月 17 日，新政府主持成立了玻利维亚总工会；7 月，颁布了新选举法，规定玻利维亚的成年公民都拥有选举权；10 月 31 日，宣布将三大锡矿公司收归国有；1953 年 7 月，下令解散旧军队，建立新军队；8 月 2 日，颁布土地改革法，没收大庄园主的土地分配给农民，帮助印第安人重建村社；1956 年 1 月，颁布教育法。

与此同时，政府制定了经济发展计划，发展轻工业和机器制造，组织石油勘探，开发东部地区，发展农牧业，取得了一些成就。

1956 年，埃斯登索罗的总统任期到期，由于宪法规定不能连任，就由他的同事西莱斯（Hernan Siles）继任。1960 年，埃斯登索罗再次当选。

不过，玻利维亚的革命措施也就到此为止了——到了五十年代末，执政的“民革运”日趋保守，主张与美国结盟，废除工人监督，冻结工人工资，逐渐招致了老百姓的不满。1964 年，埃斯登索罗的总统任期再次到期，他试图篡改宪法，谋求连任，结果到了 11 月，副总统巴里恩托斯（René Barrientos）发动政变，埃斯登索罗和“民革运”被迫下台，玻利维亚的革命就此结束。

玻利维亚革命的结束，可不是美国绞杀的结果——美国在玻利维亚没有多么重大的利益，也不认为这个靠锡矿过日子的安第斯山脉国家有什么战略意义，所以不仅没有反对革命，而且还给了“民革运”资金、技术和其它支持，“支持民主和自由事业”嘛！

玻利维亚革命的结束，归根结底是民革运的埃斯登索罗那帮人不争气，把个人利益置于国家利益之上，最后触犯众怒，被迫下台。

相对温和的玻利维亚革命雷声大，雨点小，而且虎头蛇尾：土地改革做得不彻底，锡矿收归国有不成功——新成立的“玻利维亚矿业集团公司”资金不足、设备简陋、技术缺乏、效率低下，几十年间一直处于惨淡经营的境地。

只要再多说一个事情，就能证明玻利维亚革命的成果的确是微乎其微：1967 年，拉美的职业革命者切格瓦拉来到了玻利维亚，发动游击战，准备解放革命后依然备受压迫的玻利维亚人民，结果死在了这里。

如果说危地马拉失败的革命，揭开了二战后拉美革命时代的序幕；玻利维亚虎头蛇尾的革命，只不过是小打小闹的话，那么，接下来的第三场革命，则是家喻户晓，妇孺皆知了。

现在，让我们把目光聚焦到加勒比海的古巴。

（185）

二十世纪初古巴独立之后，经历了一连串的独裁统治：先是埃斯特拉达·帕尔马（Tomas Estrada Palma），然后是赫尔拉多·马查多（Gerardo Machado），再然后是富尔亨西奥·巴蒂斯塔（Fulgencio Batista）。

巴蒂斯塔第一次执政是1933年靠政变上台，直到1944年大选落败下台；1952年3月，巴蒂斯塔再次靠政变上台，解散议会、废止1944年以后的进步法律，制定"宪法条例"，颁布反劳工法。1953年，宣布左翼的古巴人民社会党为非法政党，予以取缔。1954年，禁止罢工和群众集会。几年之内，古巴有几万反对者被捕被杀，几十万人流亡海外，几百万人失业，社会矛盾激化到了有个火星就会爆炸的地步。

1953年7月26日，时年二十六岁，出身种植园主家庭的律师菲德尔·卡斯特罗（Fidel Alejandro Castro Ruz）率领着一百六十四个人攻打圣地亚哥的德古巴市郊区的蒙卡达兵营，打响了古巴革命的第一枪。

卡斯特罗出师不利，很多同伴被击毙，他本人也被捕。在受审期间，卡斯特罗发挥了他作为律师的口才特长，发表了著名演讲《历史将宣判我无罪》，随后被判处十五年徒刑。

与此同时，古巴出现了名为"7·26运动"的政治组织，在这个组织的压力下，巴蒂斯塔被迫在1954年11月提前释放了卡斯特罗和他的同伴。

1955年，卡斯特罗和他的弟弟劳尔迁居墨西哥，组建军队，准备打回海岛去，解放全古巴。在墨西哥期间，两兄弟结识了一个满腔革命激情的阿根廷年轻医生格瓦拉。

1956年11月25日晚，卡斯特罗率领八十二名战士从墨西哥出发，由于风浪太太，直到12月2日才在古巴登陆，被早有准备的巴蒂斯塔军队打了个正着，八十三人的队伍只剩下了十二个，其中包括卡斯特罗兄弟俩和格瓦拉。

这十二个人随后在古巴开始打游击，在马埃斯特拉山区（Sierra Maestra）建立了革命根据地。与此同时，哈瓦那大学的学生、首都的工人和市民也开始举行武装起义。

图6.12　格瓦拉

据守在马埃斯特拉的卡斯特罗建立了民族民主反帝统一阵线，宣布没收地主土地，大搞土改，这个举动赢得了古巴老百姓的支持。到了1958年初，卡斯特罗有了两千多人的队伍。

1958年5月，巴蒂斯塔在镇压了各个城市的罢工和起义之后，组织了上万人的军队，对马埃斯特拉山区展开总进攻。两个月之后，政府军被充分利用了地形，开展了俘虏教育的卡斯特罗游击队击败。

8月底，游击队展开反攻，卡斯特罗的部下，善于搞统一阵线的卡米洛·西恩富戈斯少校团结了学生武装“3.13革命指导委员会”、“人民社会党”和其它零散的武装力量，先占领了拉斯维利亚斯省的重镇福缅托，又在1958年12月30日占领省会圣克拉拉。

1958年12月31日，巴蒂斯塔被迫流亡国外。

1959年1月1日，卡斯特罗兄弟俩亲自指挥的起义军占领了古巴东部重镇圣地亚哥。次日，西恩富戈斯和格瓦拉指挥的军队进入古巴首都哈瓦那，政府军投降。经过六年的武装斗争，卡斯特罗领导的游击队，用“农村包围城市”的办法，赢得了古巴的政权。

（186）

1959年1月3日，临时革命政府在圣地亚哥成立，2月，卡斯特罗担任政府总理，兼任武装部队司令，古巴的社会改革就此开始了。

1959年6月，卡斯特罗颁布《土地改革法》。规定政府有权征购一千英亩以上的大地产，对于蔗糖和稻米种植园，征购的下限则是三千三百三十三英亩（回顾一下，相比危地马拉征购土地的下限——二百二十英亩，古巴的土改政策够温和的了）。

与此同时，卡斯特罗开始大办义务教育，免费医疗，开始全面提升古巴老百姓的生活水平。

现在一说到古巴革命，大家都把它当成一次社会主义革命。其实，天地良心啊！卡斯特罗上台时，根本就没想把古巴变成社会主义国家。

当时的古巴有个共产党，叫古巴人民社会主义党（Partido Socialista Popular，PSP）。卡斯特罗不仅不是这个党的党员，而且他和这个党之间的关系还很紧张：古巴人民社会主义党曾经和巴蒂斯塔政权合作过，而且它还认为卡斯特罗是个“资产阶级的冒险家”。

1959年4月，上台刚两个月的卡斯特罗就访问美国。

古巴的国民经济主要依靠蔗糖出口，而蔗糖的最大买家是美国。为了保护本国的蔗糖产业，美国每年会分配给古巴一定的蔗糖贸易配额。卡斯特罗这次去，就是希望得到美国的支持，增加蔗糖贸易的配额的。

但是美国政府因为此前跟巴蒂斯塔政权走得很近，对卡斯特罗推翻巴蒂斯塔非常不满意，所以就把卡斯特罗的要求给拒绝了。

尽管这样，卡斯特罗仍然向美国保证，古巴将继续成为美国领导下的美洲国家组织的成员，不会废除美国在古巴关塔纳摩建立军事基地的权力和相关的条约，古巴继续欢迎美国的投资，并保证美国在古巴的战略利益。

但是美国的艾森豪威尔政府极其强硬，对卡斯特罗的主动示好置之不理，反而把在古巴的专家和技术人员都撤走了。到了1959年9月，还把美国驻古巴的大使也给召回了。

卡斯特罗被搞得没办法——国家建设需要钱，设备维护需要专家和技术人员。美国人不合作，他只好去找苏联人。

1960年2月，古巴和苏联达成了一个贸易协议，约定双方在随后的四年内完成二亿美元的贸易——其实，这个贸易额比巴蒂斯塔时代，古巴和苏联之间的贸易额还小，但是，倔驴一样的艾森豪威尔政府认定这是古巴转向苏联阵营的明显标志。

于是到了6月，德士古、壳牌和标准石油公司，联合拒绝了古巴延期支付石油进口费用的请求，美古关系进一步恶化。

卡斯特罗只好再去找苏联，跟赫鲁晓夫达成了用蔗糖换石油的协议，第二天，艾森豪威尔就宣布降低古巴的蔗糖进口配额。

为了报复美国，1960年10月12日，古巴宣布没收境内的外国石油公司。

为了报复古巴，10 月 14 日，美国宣布对古巴实施除了药品之外，所有商品的禁运。

1961 年 1 月 4 日，美国宣布与古巴断绝外交关系。

就这样，由于艾森豪威尔的猪头，把本来能成为盟友的古巴彻底推进了苏联的怀抱。

（187）

美国人的猪头才刚刚开始——苏联人的势力渗透到了自己家门口，这还了得？

从 1960 年开始，美国中央情报局开始集合古巴的流亡分子，进行军事训练，在 1961 年初成立了拥有七个营和若干支援部队的“2506 突击旅”。

1961 年 4 月 4 日，新上台的美国总统肯尼迪在国防部和中情局的联席会议上，批准了入侵古巴的计划，代号“冥王星”。

4 月 17 日，一千二百人的“2506 突击旅”在美国飞机和军舰的掩护下，在古巴中部拉斯韦利亚斯省的南部，一个被美国人叫做猪湾（bay of pigs）的地方登陆了。

这就是美国入侵古巴的“猪湾事件”。

当时三十四岁的卡斯特罗亲自来到前线指挥战斗。经过三天三夜的战斗，用美式装备武装起来的一千二百个废物被古巴军队全歼——一百一十四人被击毙，一千一百一十三人被俘虏。

猪湾事件是美国外交政策的重大失误——由于严重低估了卡斯特罗的能量，美国轻率地发动了这次进攻。结果不仅是损兵折将，肯尼迪政府在国际国内颜面尽失，更重要的是，古巴就此和美国彻底决裂，由于担心美国再次入侵，古巴和苏联越走越近。

为了和苏联发展关系，1961 年 7 月，卡斯特罗领导的“7・26 运动”，与“人民社会党”和学生们的“3・13 革命指导委员会”正式合并，建立社会主义革命统一党。1965 年 12 月，改组成古巴共产党（Partido Comunista de Cuba，PCC）。

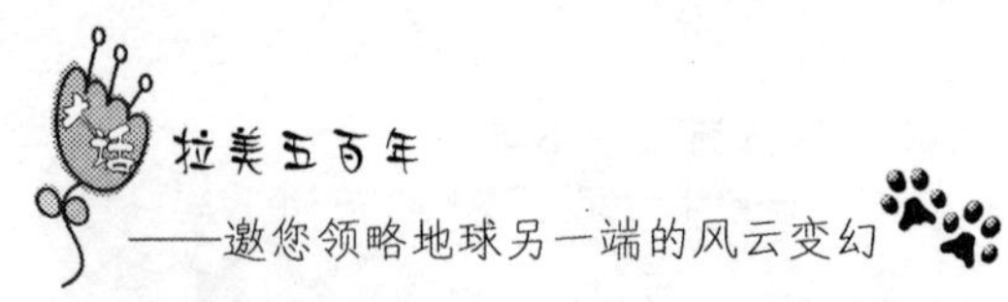

实际上，由于建党的目的只是和苏联搞好关系，所以这个党的组织很松散，1975 年之前，连党代会都没开过。

1962 年 5 月，古巴正式宣布加入苏联阵营。

猪湾事件和古巴加入苏联阵营，直接导致了更严重的危机——1962 年古巴导弹危机。

1962 年 7 月初，古巴的国防部长劳尔·卡斯特罗访苏，苏联答应向古巴提供军事援助。

8 月 31 日，美国的高空侦察机发现古巴在安装苏联的防空导弹，还发现了向古巴运送地对地导弹的苏联船只。9 月 4 日，白宫公开了这些情况。

苏联方面立刻予以否认：赫鲁晓夫给肯尼迪写信，保证在美国的中期选举前不会干任何损害两国关系的事情，塔斯社也在 11 日发表了类似的声明。肯尼迪没有认识到这个问题的严重性，就把这个事情暂时放到一边去了。

到了 10 月份，美国仍然不断发现苏联在古巴建立中程导弹基地的证据，尤其是 14 日，美国的 U－2 侦察机拿到了苏联在古巴建立六个中程导弹基地的确凿证据。16 日，刚拿到证据的肯尼迪立刻召开紧急国家安全委员会会议——苏联人把中程导弹部署到古巴，那这些导弹就能迅速打到美国本土，情况太严重了。

经过四天的讨论，会议决定成立以肯尼迪本人为首的国家安全委员会执行委员会，并立刻封锁古巴附近海域。

眼看第三次世界大战就要开打了。

（188）

当然，第三次世界大战没打起来。

10 月 22 日晚 7 时，肯尼迪发表电视讲话，呼吁赫鲁晓夫“停止和取消对世界和平和我们两国稳定关系的这种秘密鲁莽并富有挑衅气味的威胁”，要求苏联放弃世界霸权的计划，结束危险的军备竞赛，从古巴撤走导弹并保持克制。

10月23日，美洲国家组织开会，同意了美国的封锁政策。同一天，苏联政府发表声明，“强烈抗议美国侵略古巴和别国的行径，坚决谴责这些行动并阻止美国政府发动热核战争。”

10月24日，由八艘航空母舰和六十八个飞行中队护卫的美国舰队开始封锁古巴附近海域。

苏联政府一下子软蛋了，立刻通知美国，十二艘原计划前往古巴的苏联船只已经停止了前进。同时，苏联政府表示，如果美国保证不入侵古巴，苏联可以将导弹从古巴撤出——苏联明白，自己实在不是美国的对手，开始给自己找台阶了。

美国人也不愿意打仗。27日，肯尼迪要求苏联在四十八小时之内从古巴撤走导弹，美国就取消隔离措施。

第二天，肯尼迪得到了赫鲁晓夫在电视讲话中的公开回复：苏联政府已经下令拆除导弹，加以包装，运回苏联。

古巴导弹危机，历时一个星期。别看我在这里站着说话不腰疼，显得很轻巧，其实当时包括美苏领导人在内的全世界都紧张坏了。10月24日前后，两个超级大国都曾经动过使用核武器，发动第三次世界大战的念头。只是肯尼迪和赫鲁晓夫毕竟都不是希特勒，最后大家选择了克制。

这次危机，美国人逼得苏联服软认输，赚足了风头；苏联呢？先是睁眼说瞎话，否认往古巴运了导弹，等到谎言被戳穿以后，又只好低头认输。憋了一肚子的气的苏联，从此下定决心跟美国搞起了军备竞赛，就这么一直搞一直搞，一直搞到二十九年后寿终正寝。

苏联跟本书关系不大，我还是回过头来说古巴。

导弹危机期间，古巴对美国的态度比苏联还强硬——反正你都在猪湾搞入侵了，索性大家就统统撕破脸。卡斯特罗就表态，大不了打核战争。反正光脚不怕穿鞋的，要死大家一起死。

可是苏联家大业大，不敢像古巴这样把什么都豁出去，所以赫鲁晓夫不顾古巴的强烈反对，把导弹撤走了。

这么一来，古巴领导人觉得自己被老大给卖了。卡斯特罗对米高扬说，导弹撤走之后，古巴人“被一种失望、混乱和痛苦的感觉吞噬了。”格瓦拉则更是怒气冲冲地说，“美国人想消灭我们的肉体，但赫鲁晓夫的退让，却毁灭了我们的精神。”

米高扬毫不示弱，“我们看见你们准备漂亮地死去，但是我们相信，这不值得漂亮地死去。”

就这样，到头来大家谁都没死。苏联人撤走了导弹，美国人没有再入侵古巴，古巴呢，老老实实地继续搞建设。

（189）

导弹危机过去了两年多。

1965 年 4 月，古巴领导人惊讶地发现，古巴社会主义革命统一党中央委员会委员，中央政治局委员和书记处书记，古巴共和国工业部部长，中央计划委员会主任，古巴国家银行行长，切·格瓦拉同志不见了。

10 月 3 日，在古巴共产党中央委员会的成立大会上，卡斯特罗当众宣读了格瓦拉的告别信，人们这才知道，格瓦拉走了。

写到这里，我终于要好好说说这个格瓦拉了。

几十年来，格瓦拉不仅是个职业革命家，而且成了流行文化的偶像。即使是篇幅浩繁、人物众多的《大话拉美五百年》，不单独好好说说他老人家，也实在说不过去。

1928 年 6 月 14 日，埃内斯托·拉斐尔·格瓦拉·德拉塞尔纳（Ernesto Rafael Guevara de la Serna）生于阿根廷罗萨里奥的一个显赫家庭里。他爸爸这一支的祖上当过西班牙殖民政府的巴拉圭都督，他妈妈那一支此前提到过，出过西班牙最后一任的秘鲁总督。

1948 年，格瓦拉进入布宜诺斯艾利斯大学学习医学，就学期间游历了南美各地，亲眼目睹了底层人民的苦难。1953 年 6 月毕业后，他妈妈担心他被贝隆政府抓壮丁，去军队当军医，就让他离开阿根廷，再次到处去游历。

1953 年 7 月 7 日格瓦拉出发，12 月 24 日到达危地马拉，他在这里又经历了前面提到过的，阿马斯推翻阿本斯，结束危地马拉革命的事情。在这个过程中，格瓦拉成为了共产主义者，此外，他还获得了一个绰号“切”（西班牙语 che，用于人们打招呼，类似于“喂!”）。

1955 年，格瓦拉在墨西哥城见到了正准备打回加勒比，解放全古巴的卡斯特罗兄弟。大家一见如故，格瓦拉就加入了卡斯特罗的队伍，参加了“7 · 26 运动”，后来又在马埃斯特拉山里打起了游击，直到 1959 年初古巴革命胜利。

古巴革命胜利之后，格瓦拉历任很多要职：他第一个职位是卡瓦尼亚堡军事监狱的检察长，据说，他在任期间处死了六百多巴蒂斯塔时代的政客和警察；1959 年 10 月，不懂经济学的格瓦拉被任命为古巴国民银行行长，后来兼任中央计划委员会主任，1961 年，又兼任了工业部长。

格瓦拉是个绝对的原教旨革命主义者——把革命看得高于一切，而蔑视一切享受。他生活节俭，从不去夜总会，从不去海滩，连电影都不看，一到周末就去甘蔗园参加义务劳动。

作为一个革命者，他这样艰苦朴素，以身作则当然是很不错的，但问题是，作为一个领导人，他也用原教旨主义去要求别人，这下子就麻烦了。

在经济建设中，他主张取消一切物质刺激，比如加班费，涨工资什么的，按他的构想，老百姓只要展开足够多的“劳动竞赛”，就能够保持旺盛的干劲；他甚至一度想取消货币，在古巴提前实现按需分配的共产主义。

在对外关系上，他觉得苏联在导弹危机前后的表现太软蛋了，所以古巴要比苏联更革命，对苏联要强硬，他还主张输出革命，希望古巴老百姓勒紧裤带，援助亚非拉第三世界的革命运动。

卡斯特罗也是个革命者，可是，他是个理性得多的革命者。所以，一来二去，两个人的分歧越来越严重。

于是，1965 年 4 月 1 日，格瓦拉给卡斯特罗留下了一封热情恳切，但是有很多不满的告别信以后，只身乘飞机离开古巴，前往非洲的刚果（金）。

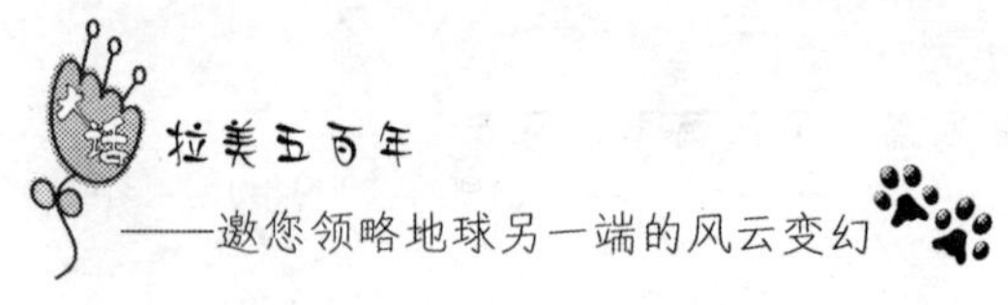

(190)

4月23日，三十七岁的格瓦拉抵达刚果（金），参加了反政府的游击队，准备继续在这个非洲国家闹革命。七个月以后，屡战屡败的格瓦拉只好离开刚果（金），在坦桑尼亚、捷克斯洛伐克和民主德国到处游荡。

在此期间，卡斯特罗曾经多次力邀格瓦拉回古巴，但都被格瓦拉谢绝了。

我猜测，原教旨主义革命家格瓦拉应该是觉得，卡斯特罗领导下的古巴，又涨工资又发加班费，还拍电影印小说，已经“变质”了。

1966年11月，格瓦拉来到玻利维亚，带领游击队员在丛林里打起了游击。

得知格瓦拉来了，我在前面提到过的那个玻利维亚总统，靠政变推翻“民革运”上台的巴里恩托斯下令杀死格瓦拉。美国中央情报局也派遣特工人员来帮忙。

1967年10月8日，由于游击队的叛徒告密，玻利维亚的特种部队在伊奎拉地区（La Higuera）的游击队营地里生擒格瓦拉。第二天，格瓦拉被枪毙，时年三十九岁。

格瓦拉的死讯传到古巴时，卡斯特罗下令全国哀悼三天。此后，格瓦拉的遗骨几经辗转，终于在1997年10月17日，安葬在了他生前曾经战斗过的古巴城市圣克拉拉。

格瓦拉活着的时候，知名度并不高。他死了以后，为了震慑拉丁美洲层出不穷的游击队，美国中央情报局把他尸体的照片四处宣扬，没想到，格瓦拉的革命事迹因此不胫而走。

那可是六十年代哎！那个年代可不光是拉丁美洲的革命年代，它也是全世界的革命年代：中国的事情就不用我啰嗦了，法国爆发了“红五月革命”，西欧有嬉皮士运动，美国的反越战运动更是搞得如火如荼。

格瓦拉就此一下子成为了西方各国革命青年的共同偶像。什么“革命”、“叛逆”、“独立思考”、“为了理想而奋斗而牺牲”，总之，六十年代一切最酷最 in 的字眼都能跟格瓦拉联系起来，围绕着格瓦拉那张带着贝雷帽、目视远方的著名头像开发起来的周边产品，从棒球帽到T恤衫，从海报到像框，一时间铺天盖地，比甲壳虫和猫王还流行。

中国开放之后，格瓦拉也在“70 后”中间好好地火了一阵子。

格瓦拉的故事差不多讲完了。对于这个充满了理想主义和浪漫色彩的原教旨主义职业革命家，我就不多做评论了，免得招惹爱国革命青年们的非议——如果现在还有这样的人的话。

对于格瓦拉，我还是用中国前总理周恩来的一段评价做结尾吧！事先声明，这些话句句都是周恩来说的，有据可查，跟我毫无关系。

“所谓格瓦拉的‘游击中心’，就是跑到那里放一把火就走。就像我们的盲动主义似的，脱离群众，没有党的领导……

格瓦拉在刚果（金）东部的时候……他不是帮助人家打游击。而是把游击队集中起来，对抗刚果的雇佣军……脱离群众，打阵地战。(失败后）格瓦拉坐船回到了坦桑尼亚，走掉了，给人家惹了一场祸，使人家遭到了失败。格瓦拉离开刚果，回到古巴，后又转到玻利维亚山地……完全是搞盲动主义，不找群众，甚至把群众抓起来做俘虏，怕人家走漏消息。武器没地方存，存在山洞里。这样怎么能发动游击战争?

……他每天都有日记，写得一清二楚，就是采取大烧、大杀，脱离群众最后被俘，反动派把他杀了，因此，全世界都闻名了。……现在我们知道，不止拉丁美洲，甚至非洲、日本都有这种情况：不但挂毛主席的像，也挂格瓦拉的像。青年就是崇拜英雄嘛。知识分子开始辨别不清，尤其在初期找出路的时候，各种想法都有。……他们就看不到格瓦拉失败的教训，而觉得他是一个‘英雄’”。

这段话节选自周恩来 1971 年 5 月 31 日《在外事工作会议上的讲话》。

（191）

跟浪漫主义的原教旨革命家格瓦拉相比，卡斯特罗是个头脑清醒的政治家。背靠着苏联这棵大树，凭借着古巴岛优越的自然条件，古巴的经济发展上轨道了，而且特别关注民生。

先说文化教育：1960 年代的十年内，古巴的学校增加四倍，教师增加二倍，基本消灭文盲，成为了西半球识字率最高的国家。1971 年，古巴全国八百万人口的四分之一在各种学校接受教育，1973 年全国出书八百种，发行两千八百万册，在整个拉美，人均图书生产量位列第一。

再说医疗卫生：卡斯特罗上台后，很快宣布古巴实施全民的免费医疗。以 1965 年为例，古巴全年人均医疗费用十九点一五美元，要是跟美国比，这个数目当然微不足道，但是放在拉美就很厉害了——与之形成对比的是，墨西哥全年人均医疗费用一点九八美元，厄瓜多尔只有可怜巴巴的六十三美分。

最后说住房：卡斯特罗政府保证每个家庭的住房支出不超过家庭收入的百分之十，为此，政府修建了很多廉租房，租给老百姓。同时，卡斯特罗也规定，任何人的房产不能超过一处，房产可以继承，但不能买卖。

与此同时，古巴的电影、美术、文学和音乐等等的文娱事业也在迅速地发展。

民生不错，整体的经济指标也很不错：整个七十年代，古巴的 GDP 年增长率是百分之六；八十年代是百分之五，放在整个拉美来看，这绝对是非常了不起的成就。

有人可能要问了，卡斯特罗也不是神仙，古巴为什么能搞得这么好？

原因很简单——古巴的背后站着苏联这么个大家伙。

冷战期间，美国和苏联展开全面竞争，在全世界划分势力范围。本来，苏联没指望能在美国的后院开个旁门，但是没想到，运气来了挡都挡不住，天上掉下个卡斯特罗，古巴投入了自己的怀抱。

想想吧，这个古巴，距离美国佛罗里达最近的地方才二百一十七公里，身体好的划个木头船都能过去，相当于苏联一下子在美国的眼皮底下建起了个桥头堡，苏联能不照顾好这个拉丁美洲小兄弟吗？

几十年间，无偿的技术援助、军事援助和经济援助就不说了，光是高价收购古巴的蔗糖，低价卖给古巴的石油，就是一笔天文数字。

古巴的经济发展和国计民生就是靠这个搞起来的。

二十世纪八十年代末期，苏东巨变，到了 1991 年，苏联自己都解体了。

冤大头一样的老大哥不在了，可是老大哥时代畸形的国民经济结构还在，美国的贸易制裁也还在，古巴的经济一下子就垮了，一年之间，古巴的 GDP 下降了百分之三十四。

不过，事实证明卡斯特罗虽然老了，但脑筋可一点都不顽固。苏联解散以后，古巴开始搞经济改革，评估和重组国有企业，允许私人开办企业，邀请外国人来投资，加大第二和第三产业的投资力度，大力发展旅游业。

到了 1994 年，古巴的经济开始止跌反升，尽管回升的速度不快，每年只有几个百分点，尽管老百姓的生活水平还不高，但总算是挺过来了。

（192）

古巴的革命讲完了，我下面要讲的革命发生在南美洲：1970 年的智利。

革命前智利的情况，跟拉美其它国家差不多：首先是土地集中：占农村人口百分之十的地主拥有农村百分之八十的可耕地，其中三千三百个最大的地主占有全国可耕地面积的百分之七十三；其次是债台高筑：1970 年底，智利外债高达四十亿美元；第三是经济垄断：十五个家族控制了全国的金融业；然后是国际资本的盘剥掠夺；最后是劳苦大众赤贫：全国九百万人口中至少有将近七十万处于极端贫困线以下。

革命前智利的情况跟其它拉美国家最大的差异，是它的劳工组织——工会比较成熟：1970 年工会总成员六十九万，占所有打工者的百分之三十八。套用一句老话来说，就是“无产阶级形成了自己的组织”。

这样一来，智利的革命就没有搞危地马拉、玻利维亚和古巴那样的武装斗争——革命力量是通过合法手段上台执政的。

1970 年 9 月 4 日，智利社会党领袖阿连德（Salvador Allende）领导的，由包括智利社会党、智利共产党等六个党派组成的左翼的“人民联盟”，在大选中以一百零七万票获得百分之三十六点二的相对多数。11 月，阿连德就任智利总统，开始搞改革。

图 6.13　演讲中的阿连德

这个阿连德个人的政治倾向是社会主义，他的改革也被称为“智利的社会主义之路规划”。因此，尽管阿连德上台之后说，“我们的革命是在资产阶级框架内进行的。也就是说，必须尊重已有的资产阶级法律，包括宪法。……我们能作的是逐步修宪，制订新的，革命的法律”。但是西方还一致认定他搞的就是共产革命。

阿连德改革的核心是土地改革。在前任弗雷政府的基础上，阿连德没收了所有超过八十公顷（下限远高于古巴，而与危地马拉接近），有基本灌溉系统的土地。

与此同时，阿连德搞了针对包括美国出资的五大铜矿在内的大型工矿企业和银行的国有化。

阿连德还开征了针对超额利润的“溢利税”，通过对贷款和原材料的限制，和对物价的限制，逐步挤垮中小企业，将它们收归国有。

阿连德还彻底改造了医药卫生体系，改革了教育体系，提高工资，大幅度增加社会福利。

与此同时，阿连德还宣布延期偿付外债。

总而言之，阿连德的改革是全方面的，针对外国资本、地主和一切有产者。尽管阿连德没有准备把智利变成一个社会主义国家，但说它是共产革命，似乎也不为过。

阿连德执政的头一年，改革的形势一片大好：GDP 增长百分之八点六，工业产值增长百分之十二，工资平均上涨百分之三十三，最贫困阶层的收入上升百分之六十六，而通货膨胀率从百分之三十四点九降到百分之之二十二点一，失业率从百分之八降到百分之三点八。

一时间，阿连德简直成了活神仙，国内外的右翼力量都被迫闭嘴了。

（193）

不过，好景不长，到了 1972 年一切都变了。

其实，1971 年的经济奇迹是两个因素造成的：为了活跃经济，阿连德政府执行了非常积极的货币政策（通俗地说，就是印了太多的钞票）；同时，智利最主要的出口商品——铜的国际市场价格迫近历史最高峰，每吨六十六美元。

到了 1972 年，饮鸩止渴的货币政策开始导致恶性通货膨胀：全年通货膨胀率达到百分之一百四十，光 8 月这一个月，一揽子基本消费品的价格就上涨了百分之一百二十。阿连德政府采取了冻结物价的政策，其结果用脚趾头也能想得出来：国家的正规零售渠道无货可售，而黑市上各种基本消费品价格继续疯狂上涨。

同时，国际铜价降到了每吨四十八美元，智利出口额下降百分之二十四，阿连德政府给老百姓的高福利也维持不住了。

1972 年 10 月，智利爆发了针对阿连德政府的第一次大规模罢工浪潮，随后，罢工和示威活动此起彼伏。到了 1973 年，全国的社会秩序基本上陷入了混乱。面对混乱的时局，阿连德既不愿意放弃改革的政策，也不愿意搞彻头彻尾的共产主义革命。他只能在左翼和右翼之间来回摇摆，希望找到一条中间路线。

可是，通货膨胀、出口萎缩、失业增加、福利下滑，等等，问题都在眼前明摆着。阿连德回天乏术，逐渐地走投无路了。

1973 年 6 月 29 日，罗伯托·索帕（Roberto Souper）上校发动了一次未遂政变。8 月 22 日，皮诺切特将军（——我在后文再大书特书这个老家伙）取代了普拉兹将军，就任陆军总司令。

图 6.14 皮诺切特

1973 年 9 月 11 日，皮诺切特指挥军队发动了军事政变，智利首都圣地亚哥淹没在军队和工人武装之间战斗的火光当中，军队甚至出动飞机轰炸了总统府。阿连德总统本人在发表了最后的讲话——“叛徒们势力强大，他们能够消灭我们，但是不能阻止社会进步……历史属于我们！”——之后，也在总统府前中弹身亡。

随后的一个星期内，圣地亚哥的首都体育场内关了五千多名政治犯，所有的重要企业都被军管，1973 年底的不完整资料表明，被杀的工人、农民和学生达一万人之多。

皮诺切特建立了自己的军事独裁统治，智利的革命就此结束了。

写到这里，简单总结一下二战后拉美的这四次革命吧：危地马拉和智利的被扑灭了，玻利维亚的自己熄灭了，古巴的成功了。

这四次革命的时间距离现在都太近，而距离现在太近的历史，往往就成了“灯下黑”。即使写历史的人自认为看得清楚，也往往会由于很多现实因素的影响，而无法表达得清楚。因此，我只准备用一句话总结这四次革命：

为了追求幸福、平等和自由，拉丁美洲的老百姓，的确努力过。

拉美老百姓的努力当然不只这四次革命。在那些革命条件不成熟的地方，拉美人民选择了另外一种反抗的方式——不生气，不着急，老子进山打游击。

（194）

对于拉美来说，游击队并不是个新鲜事物——拉丁美洲面积辽阔、地形复杂，从欧洲人的征服时代，到独立运动时期，再到拉美各国建国之后，形形色色的游击队就层出不穷。

不过，像 1960 年代这样，游击队从南到北，遍地开花的情形还是前所未有的。究其原因，六十年代的世界革命大趋势固然重要，1960年格瓦拉出的一本小册子《论游击战》（西班牙语，Guerrilla Warfare）也功不可没。

从1959年，阿根廷出现了一个叫唬人（Uturuncos）的短命游击队开始，在整个六十年代，拉美各国成立了大大小小二十五个游击组织。尽管很多游击队很短命——不到一年就消失了，但也有不少坚持了十年以上的。

到了1980年代，拉丁美洲的十九个主要国家里，有十七个国家有游击队，只有卡斯特罗当政的古巴和又穷又小的海地没有。

我手里有一个美国人整理的表格，列出了1959年以来有名有姓的四十九个游击队的基本情况，太乱了，就不在这里跟大家啰嗦了。只想说一句，多年前第一次看《百年孤独》的时候，看到里面的奥雷良诺·布恩地亚脑子一热就出去参加游击队了，还觉得不可思议。现在才明白，拉美人民的革命传统真不是说着玩的。

这大大小小的四十九个游击队，绝大多数都是些无名之辈，算来算去，除了后面要细说的哥伦比亚游击队以外，最出名的有这么三个。

第一个全名叫“何塞·卡洛斯·马里亚特吉思想光辉道路的秘鲁共产党（西班牙语，Partido Comunista del Peru Por el Sendero Luminoso del Pensamiento de Jose Carlos Mariategui）”，简称“光辉道路”（西班牙语，Sendero Luminoso）。

“光辉道路”是1970年前后（也有的说是1964年），从苏联支持的秘鲁共产党里分离出来的，创立者是秘鲁阿亚库巧省的前大学教授阿维马埃尔·古兹曼（Abimael Guzmán）。

1980年以前，“光辉道路”走的是合法路线。到了1980年，秘鲁的军政府倒台，秘鲁开始了民选政府时代。深知自己无法通过竞选上台的古兹曼，带领队伍在安第斯山区打起了游击。

古兹曼的游击一打就是十二年，最厉害的时候占据了秘鲁全国的三分之一，据秘鲁政府事后调查，“光辉道路”在这十二年期间至少造成了三万人死亡。1992年，古兹曼本人在首都利马，被新上任的民选总统藤森谦也捕获，“光辉道路”就此一蹶不振。

这个“光辉道路”和我国有些说不清道不明的历史渊源，我说不好，就不说了吧！相信大家都能理解，呵呵。

顺便说一句，秘鲁还有一个名气稍小一点的印第安人游击队，叫图帕克·阿马鲁革命行动（西班牙语，Movimiento Revolucionario Tupac Amaru，简称 MRTA），从 1975 年闹到 1993 年，因为 1992 年冲进日本驻秘鲁大使馆，劫持六百名人质，并和秘鲁政府对峙了一百二十七天，最后十四名劫持者被全部击毙而轰动一时。

第二个游击队是 1961 年在尼加拉瓜成立的桑地诺民族解放阵线（西班牙语，Frente Sandinista de Liberacion National，FSLN），后来修成了正果。我在后面介绍二十世纪后半段的中美洲时会详细介绍这个组织。

第三个是所有四十九个游击队里面的小字辈，1994 年在墨西哥南部潘帕斯地区成立的“萨帕塔民族解放军”（西班牙语，Ejécito Zapatista de Liberación National，简称 EZLN）。这是一个与时俱进的新型游击队，暴力色彩不强，却充分利用了信息时代的先进技术，被维基百科亲切地誉为“世界上第一个后现代主义革命”。关于它的事情，我还是放在后面再说吧！

（195）

在这一章的末尾，捎带提一句加勒比地区吧！

加勒比地区的土地，主要是以大小安的列斯群岛为主的一些海岛。在殖民统治期间，由于西班牙占领的地盘实在太大，所以人家对除了古巴和伊斯帕尼奥拉（后来改名海地）这两个大岛之外的加勒比地区，基本上不屑一顾。

西班牙不要的残羹剩饭，就成了英国、法国和荷兰眼中的宝贝。几百年的时间里，加勒比地区的其它海岛就成了这三个国家的殖民地。

严格来说，英国和荷兰的殖民地讲的是日耳曼语族的语言，不能算成拉丁美洲。但是由于这些地区在地理上与拉美国家非常接近，所以一般也就被划进来了。

在革命的年代里，加勒比的很多殖民地海岛也纷纷独立。六十年独立的有牙买加、特立尼达和多巴哥以及巴巴多斯；七十年代是巴哈马、格拉纳达、多米尼克、圣卢西亚以及圣文森特和格林纳丁斯；八十年代则是安提瓜和巴布达，以及圣基茨和尼维斯联邦。

按照维基百科的说法，至今加勒比海还有一共十六个地区在英、法、荷、美四国的统治之下。

从整个加勒比来看，不管是已经独立的国家，还是至今被别人统治的地区，由于人口少，气候好，旅游资源丰富，所以基本上过得都不错，起码比拉丁美洲大陆上的大多数国家要强得多。

如果说欧亚大陆和北美是世界的中心，而拉丁美洲只是边缘地区的话，那圭亚那地区就是边缘中的边缘了。

圭亚那地区位于南美大陆东北角，主要是高原。从地理上看，它属于南美洲，但是在几百年的殖民统治时代，圭亚那从东到西分别被英国、荷兰和法国从西班牙的手里给拿了过来。这样一来，圭亚那地区的文化就不像南美，而接近加勒比地区了。

因此，一般都把圭亚那归为加勒比地区。

1966 年 5 月 26 日，英属圭亚那在英联邦内部独立，到了 1970 年 2 月 23 日，英属圭亚那完全独立，成立了圭亚那合作共和国。这个小国一直默默无闻，只是在 1978 年 11 月 18 日，美国邪教——人民圣殿教领袖吉姆·琼斯（Jim Jones）率领包括二百七十六名儿童在内的九百一十三名信徒在圭亚那的丛林中自杀，才稍稍地震惊了一下全世界。

荷属圭亚那是在 1975 年 11 月 25 日独立的，改名苏里南。由于曾经是荷兰的殖民地，所以苏里南和荷兰的关系很密切，至今有三十万苏里南人或者他们的后裔生活在荷兰。尽管只占荷兰全部人口的不到百分之二，但苏里南人却是荷兰足球的“黑色金矿”，光是数得着的世界级球星就出了古利特、里杰卡尔德、温特、戴维斯、西多夫、克鲁伊维特、雷齐格等不下十多位。

到现在，圭亚那地区只有法属圭亚那仍然没有独立，在法国的行政规划中属于海外省，经济发展主要靠法国的支援。

写到这里，漫长的“革命的年代”就要结束了。

二十世纪六十年代是全世界革命的年代。两次世界大战都游离于欧亚主流世界之外的拉丁美洲，也概莫能免。一次又一次前赴后继的努力，证明拉美的老百姓，绝不是逆来顺受的羔羊，也不是任人宰割的鱼肉，他们真的为幸福和自由而奋斗过。

只是由于内部外部多种多样的原因，这些努力大多以失败而收场。

这些革命大多是因为土地集中、外资操控、政治独裁和贫富悬殊造成的。如果不能解决拉丁美洲这些根深蒂固的问题的话，没有谁能够保证，将来的拉美不会再发生这样腥风血雨、天翻地覆的革命。

六、反革命的年代

（196）

辩证法是个好东西。

话说前一阵子我给拉美二十世纪这一篇列写作提纲时，伤透了脑筋——拉美不是两次世界大战的主战场，不能像欧亚非澳那样，用两次大战划分历史阶段。

经过连续一星期每个晚上的苦思冥想，直到“辩证法”这三个金光闪闪的大字浮现在脑海中，我才恍然大悟、茅塞顿开。

福兮祸之所依、祸兮福之所伏；此消彼长、周而复始——拉丁美洲二十世纪的发展脉络，不就是一部活生生的辩证法嘛！

二十世纪初，拉美各国日渐安定，经济缓步发展，现代化初显端倪。

可惜好景不长，1929 年一场大萧条，把拉美各国搞得民不聊生、社会动荡。

考迪罗们趁乱上台，给老百姓带来安定的同时，也带来了政治压迫和经济盘剥。

为了推翻专制、追求幸福，革命的年代开始了。

物极必反、盛久必衰。革命年代的熊熊烈火燃烧了十多年之后，反革命的年代到来了。

提到拉丁美洲的反革命，看过前面段落的朋友们的第一反应应该是考迪罗——鼓吹民粹主义，依靠军队撑腰，一方面发展经济一方面维护专制。

不过，在革命年代之后，形势发生了新变化——军人们已经不再满足于躲在幕后，用武力支持那些考迪罗了。他们要走向前台，直接掌权。

因此，反革命年代的最大特征就是，军人上台。

就20世纪后半叶而言，拉美国家军人政治的始作俑者是巴拉圭的阿尔弗雷多·斯特罗埃斯纳·马蒂奥达（Alfredo Stroessner Matiauda）。

我在前面的格兰查科战争时说起过，这场仗打得玻利维亚和巴拉圭两败俱伤，获胜的巴拉圭也是经济凋敝，疲弱不堪。1954年8月15日，在战争期间立了功的斯特罗埃斯纳发动政变上台，建立起了军人的独裁统治。

斯特罗埃斯纳统治巴拉圭长达三十五年，被称为拉丁美洲军人独裁的活标本，直到1989年2月3日才被他的儿女亲家安德烈斯·罗德里格斯（Andrés Rodríguez Pedotti）推翻。巴拉圭到这时才恢复了民主选举。

据美国人说，斯特罗埃斯纳在三十五年间为他自己积累了三十亿美元的财富，至于他的功绩呢？我搜索了好久终于发现，伊泰普水电站是他和巴西合资修的。

从1963年开始的十年时间里，继巴拉圭之后，厄瓜多尔、危地马拉、巴西、玻利维亚、阿根廷、秘鲁、巴拿马、洪都拉斯、智利和乌拉圭这十个国家一窝蜂地建立起了军人专政的政权。

轰轰烈烈却短暂的革命的年代就此结束，不那么轰轰烈烈却漫长得多的反革命的年代就此开始了。

(197)

在这么多的军人专政的国家里，有这么几个是值得重点说说的：

第一个是巴西。

1964 年，工党总统若昂·古阿特（João Goulart）被军人们推翻，巴西就此开始了军人专政的时代。

跟以往的考迪罗独裁不同，巴西的军人专政没有出现一个长久唯一的独裁者。相反，军人集团对国家实行专政，但在集团内部实行的是轮流坐庄。先是卡斯特略·布朗库（Castelo Branco）当了三年总统，然后达科斯塔－席尔瓦（de Costa y Silva）当了两年；奥米利奥·梅迪西（Emilio Medici）当了将近五年，埃内斯托·盖泽尔（Ernesto Geisel）当了五年；最后传给若昂·菲格雷多（João Figueiredo）。相对开明的菲格雷多在 1985 年恢复了民主选举。算起来，军人一共掌管巴西二十年出头。

这二十年期间，军人们依靠手里的武力，维持住了社会了稳定；同时，依赖欧美的贷款，大搞工业化。1964 年到 1974 年间，巴西每年的 GDP 增长率差不多是百分之十，被称为“巴西奇迹”。

这个“巴西奇迹”的确称得上是个“奇迹”——它的特点是，“增长而不发展”——经济增长，但财富日益向高收入阶层集中，普通老百姓的生活水平不升反降：到了 1974 年，巴西国民收入的百分之七十五归百分之十的富有阶层所有，最贫穷的那百分之五十的人口只占有全部收入的百分之十。

之所以造成这种结果，当然跟军人们确立的分配制度分不开。一个例子就是，当时巴西的所得税实施的是递减税率——赚得越多，缴税的比例越少，一来二去，富人越富，穷人越穷。所以我才说那个年代是“反革命的年代”。

跟巴西类似，阿根廷的军人在 1966 年上台，1973 年，贝隆返回国内，凭借着他巨大的个人威望赶走了军人。1974 年 4 月，贝隆病故，他那个夜总会舞女出身的第三任夫人根本掌管不了这么大一个烂摊子，再加上 1973 年第一次石油危机导致的严重经济困难，军人们再次上台了。

1976 年 3 月 29 日，豪尔赫·拉斐尔·魏地拉（Jorge Rafaél Videla）将军发动政变，把伊莎贝尔·贝隆赶下台，开始了阿根廷新一轮的军人专政。1981 年 3 月，罗伯托·爱德华多·比奥拉·普雷维迪尼（Roberto Eduardo Viola Prevedini）继任，同年 12 月，经过卡洛斯·阿尔韦托·拉科斯特（Carlos Alberto Lacoste）将军的短暂过渡之后，列奥波尔多·福图纳托·加尔铁里·卡斯特利（Leopoldo Fortunato Galtieri Castelli）将军开始统治阿根廷十六个月，然后是当政一个月的阿尔弗雷多·奥斯卡·圣琼（Alfredo Oscar Saint－Jean）和当政半年的雷纳尔多·比尼奥内（Reynaldo Benito Antonio Bignone Ramayón）。

跟巴西那些军人总统相比，阿根廷这帮哥们厉害多了。他们解散了国会和最高法院，逮捕和杀死了反对者和疑似反对者一至三万人（没有确切数据），尸首不是从飞机上扔下去了，就是丢进了万人坑。这个过程被老百姓愤怒地称为“肮脏的战争（英语，Dirty War）”

军人们掌握着所有的媒体，又销毁了一切证据了，所以很多反对者只能被登记成“下落不明”，为此阿根廷还发明了一个新词“desaparacido（作者翻译成‘被消失’）”。

1982 年，为了寻找被消失的亲人，一些可怜的阿根廷老太太在布宜诺斯艾利斯的 5 月广场前发起了每周一次的游行抗议，这些人被称为“5 月广场的母亲（西班牙语，Madresde la Plaza de Mayo）”。照理说，这些手无寸铁的老太太能对军政府有什么威胁啊，但令人发指的是，军政府竟然把为首的一些老太太也给“被消失”了。

阿根廷的军政府尽管可恨，但跟安第斯山对面的邻居相比，就是小巫见大巫了。

（198）

前面说智利革命的时候曾经说过，1973 年 9 月 11 日，智利陆军总司令奥古斯托·何塞·拉蒙·皮诺切特·乌加尔特（Augusto José Ramón Pinochet Ugarte）发动政变，推翻了民选的左翼总统阿连德，就此上台。

皮诺切特对待异己毫不留情：上台伊始，军政府就取缔了所有的左翼政党，对同情左翼和反对政府的人士大肆迫害，在当政的十七年间，没有人确切地知道皮诺切特一共搞死了多少人。据皮诺切特下台后，智利“真相与和解”国家委员会1991年发布的报告说，这段时间内遇害的有两千零九十五人，失踪的有一千一百零二人。另据2004年智利“政治犯与酷刑”国家委员会发布的报告说，至少有两万八千人在军政府统治期间遭到了严刑拷打。

智利的军政府之所以这么厉害，倒不是因为皮诺切特这个人比拉美其它国家的军人独裁者坏多少，而是因为此前的智利和其它拉美国家不一样，没有多少考迪罗专政的历史。为了维护专制，对抗民主传统，皮诺切特的政府就只好来狠的了。

对于那些流亡国外的政敌，皮诺切特也毫不留情。1974年，前任智利陆军总司令卡洛斯·普拉茨在阿根廷首都遇刺，1976年9月，阿连德时期的内阁成员奥兰多·勒特里尔（Orlando Letelier）在华盛顿特区，中央情报局的眼皮底下被汽车炸弹袭击身亡。

除了镇压国内的反对派以外，皮诺切特还有一个反革命的创举——1975年，他发起了“秃鹰行动”（英语，Operation Condor，西班牙语，Operación Cóndor，葡萄牙语，Operação Condor），邀请南美各国军政府联手打击政敌，展开跨国大追击。

1976年，阿根廷、玻利维亚、巴西、巴拉圭和乌拉圭五国联合参加了这个行动。（据说，美国中央情报局也协助了各国之间的沟通和联络。）

上面说的卡洛斯·普拉茨遇刺和奥兰多·勒特里尔遇刺，都是这个秃鹰行动的成果，除此之外，巴西前民选总统若昂·古阿特，阿根廷“肮脏的战争”期间很多“被消失”的人，还有玻利维亚、巴拉圭和乌拉圭军政府的很多政敌，也都是这个行动的牺牲品。

在经济方面，皮诺切特是个彻头彻尾的自由主义者。他一上台，就取消了阿连德时代的工会组织、废除了最低工资、改革养老金体系、大搞国有企业和国有银行的私有化。

让人吃惊的是，这些招数还很灵：1960年到1980年，智利人均

GDP实际增长了百分之三十五，即使是在1980年代，整个拉美陷入经济衰退（所谓“失去的十年”）时，智利经济的增长依然强劲。这些情况，被鼓吹自由主义经济的美国人弗里德曼（Milton Friedman）等人称为“智利奇迹”。

可与此同时，智利的失业率从1973年皮诺切特上台时的百分之四点三，上升到1983年的百分之二十二，同期实际工资水平下降百分之四十，到了八十年代中期，智利仍然有百分之四十五的人生活在贫困线以下。欧美左翼的经济学家们认为，“智利奇迹”的实质，就是牺牲全国百分之九十的人的利益，让剩下的百分之十的人从中获益。

七、《百年孤独》和文学大爆炸

（199）

所谓“国家不幸诗家幸，赋到沧桑句便工。”——拉丁美洲深重的苦难，催生了拉美文学的蓬勃发展。尤其是1960年代到1970年代，拉美一股脑涌现了大量优秀的作家和作品，人们就把这一时期称为“拉丁美洲的文学大爆炸”。

2010年，巴尔加斯.略萨得了诺贝尔文学奖；2011年，大名鼎鼎的《百年孤独》总算出了中文正版。眼见得拉美文学市场又火了起来，在这里为文学大爆炸单辟一章，大家应该没意见吧？

拉美文学爆炸的历史背景就不用多说了——五百年的沧桑巨变、独立后的曲折沉浮、专制与革命、豪富与贫穷，特别是二战以后拉美各国的军人上台，这么沉重的历史积淀和现实冲击，要是没有在文学领域有所表现，那才叫见了鬼。

在1960年代以前，拉美就已经出现了一批文学先驱，比如豪尔赫·路易斯·博尔赫斯（Jorges Luis Borges，阿根廷，1899~1986年）、阿莱霍·卡彭铁尔（Alejo Carpentierl，古巴，1904~1980年）、米格尔·安赫尔·阿斯图里亚斯（Miguel Ángel Asturias Rosales，危地马拉，1899~1974年）、胡安·卡洛斯·奥内蒂（Juan Carlos Onetti，乌拉圭，1909~1994年）以及胡安·鲁尔福（Juan Rulfo，墨西哥，1917~1986

年)。

这批作家的知识背景、生活经历、创作手法、内容题材各不相同，如果非要从他们身上找出共同点的话，那就是两件事：首先，他们都生活在拉丁美洲；其次，他们的写作手法跟欧洲传统的浪漫主义或者批判现实主义都不一样。

以两个名人为例介绍一下：

第一个是阿根廷的博尔赫斯。

我上中学那阵子，中国莫名其妙地流行起博尔赫斯来，但凡自认为有点品位的文学青年都抱着一套八卷本的博尔赫斯全集猛啃。出于附庸风雅的需要，我也买了套三卷还是四卷的精编本看了一暑假。

当时留下的最深印象是：完全不知道这位老大要说什么——什么《曲径交叉的花园》，什么《圆形废墟》，还有什么《布隆迪的报告》都是莫名其妙的。甭说中心思想了，连情节是咋回事都搞不清楚。

其实这就是博尔赫斯最大的创作特色之一——他一生没有经历过什么艰难困苦，所有的素材几乎都来自图书馆里的第二手资料，所以他的作品充满了夸张的幻想，完全像是做梦时的呓语。

中学时代的我对这位老大崇拜得不得了，模仿他老人家的笔调写了不少东西。在收获了老师、同学和朋友们的无数臭骂之后，我终于明白，博尔赫斯属于小众文化，太小众了，他的作品跟现实之间的距离超过我和他老人家之间的距离。

在文学方面改邪归正多年之后，博尔赫斯的文集早就被我抛进了故纸堆。经历过一些人生波澜的我终于明白，如果诺贝尔文学奖真的发给了这位成天做梦的阿根廷大师，那除非是瑞典文学院的评奖人都做梦去了。

再一位是墨西哥的胡安·鲁尔福。

胡安·鲁尔福是记者和编辑，不是专职作家，一辈子的作品只有一部中篇、一个短篇集和几个电影剧本。但就是这么点著作，却让他成为了墨西哥，乃至于整个拉美的文学大师。

原因不是别的，听说过大名鼎鼎的“魔幻现实主义”不？它就是由胡安·鲁尔福定型的。

（200）

现在聊聊魔幻现实主义。

所谓魔幻现实主义，意思就是用魔幻包装的现实主义——听上去像废话。

实际上，这个概括挺精辟的：拉丁美洲积淀了无尽的曲折和苦难，所以魔幻现实主义植根于现实，揭露丑恶、控诉不公；同时，这种揭露和控诉又不是像欧洲的批判现实主义那样，一板一眼地讲故事，发议论——拉美作家打破叙事的时间顺序和逻辑关系，打破现实生活和神话传说之间的界限，用光怪陆离的万花筒去折射现实。透过那些夸张、离奇的描述，呈现的是拉丁美洲真真切切的现实。

胡安·鲁尔福1955年出版的中篇小说《佩德罗·巴拉莫》就是魔幻现实主义的定鼎之作。

《佩德罗·巴拉莫》讲的是在墨西哥农村，一个叫佩德罗·巴拉莫的穷孩子通过巧取豪夺一步步暴富，最后衰老死亡的故事。故事挺简单，但写作手法不简单，什么倒叙、插叙、比喻、夸张、时间倒错、死人说话……语文课本上写着的和没写的修辞手法和叙述方法全用上了，全书显得光怪陆离，不看它三五遍都搞不清各个段落之间的逻辑关系。而搞清楚了之后，就会发现，这本小说就是二十世纪墨西哥农村的缩影。

这本书后来被拍成同名电影，黑白片，气氛比较诡异。

除了《佩德罗·巴拉莫》之外，感兴趣的朋友也可以去看看他的另一个作品，电影剧本《金鸡》（讲墨西哥农村的，不是吴君如演的那个）。这个故事比《佩德罗·巴拉莫》好懂得多，也充满了魔幻色彩，但展现的还是墨西哥农民周而复始的悲剧命运，令人唏嘘啊！

继博尔赫斯、胡安·鲁尔福这批先驱之后，到了1960年代，拉美文学大爆炸的四大主将：阿根廷的胡利奥·科塔萨尔（Julio Cortázar），墨西哥的卡洛斯·富恩特斯（Carlos Fuentes Macías），秘鲁的马里奥·巴尔加斯·略萨（Mario Vargas Llosa）和哥伦比亚的加西亚·马尔克斯

(Gabriel García Márquez) 陆续登场，真正的文学爆炸开始了。

先说说胡利奥·科塔萨尔。

科塔萨尔出生在比利时，四岁时从瑞士迁居布宜诺斯艾利斯。由于幼年体弱多病，科塔萨尔只好与书籍为伍，也就从小培养起了对文学的爱好。

科塔萨尔的文学道路并不平坦：他写的东西没有人看，所以早年主要以翻译为生，直到三十三岁之后才逐渐在杂志上发表了一些“豆腐块”。

后来，随着古巴革命的爆发，科塔萨尔的政治倾向逐渐向左转，再加上他受博尔赫斯和爱伦坡这两个美洲鬼才作家的影响很大，就逐渐形成了想象丰富、构思精巧、文笔优美的特点。

科塔萨尔的作品以短篇小说为主。让他跻身“四大主将”之列的则是他在 1963 年出版的《跳房子》（“Rayuela”）。这本书很怪：作者介绍了两种读法：一是按传统顺序一章一章地读，一是按照作者提供的顺序在各章之间跳着读，最终形成死循环，《跳房子》也就成了博尔赫斯说的那种“永无休止的书”。

1984 年，科塔萨尔死于白血病，享年七十岁。

(201)

拉丁美洲文学爆炸的第二员主将是卡洛斯·富恩特斯。

富恩特斯是墨西哥外交官的儿子，他从五十年代初开始发表作品。1959 年，靠反映墨西哥历史的《最明净的地区》一举成名。

富恩特斯的创作力非常旺盛，一辈子围绕着跌宕起伏的墨西哥历史写了大量的作品。其中的代表作，是 1962 年发表的《阿尔特米奥·克鲁兹之死》

这本书讲的是主人公在墨西哥革命前后的人生变迁——作为革命的新贵，主人公获得了财富和地位，但失去了爱情和友谊。

如果仅此而已，那这本书也就跟数不胜数的那些应景之作没有区别了。《阿尔特米奥·克鲁兹之死》的独特之处在于，它的结构很新颖：

打乱了时间的顺序，用第一、第二和第三人称从不同的角度分别叙述，展示的是主人公多层次、多角度的人生。

下面简单说一下马里奥·巴尔加斯·略萨。

巴尔加斯·略萨是秘鲁人，学生时代的专业是文学和法律，从事的主要职业包括记者、编辑、撰稿人和作家等。

1963 年，巴尔加斯·略萨发表了自己的代表作《城市与狗》。这本书讲的是秘鲁首都利马一所军校里发生的故事，由于展示了军校里太多不道德，甚至是残酷的内幕，小说出版之后就被秘鲁政府列为禁书。《城市与狗》的主线是各个人物大量的独白和回忆，线索复杂交织，是魔幻现实主义的经典作品之一。

除了这本书以外，他在 1965 年完成的《绿房子》、1973 年完成的《庞达隆上尉和劳军女郎》和 1977 年完成的《胡莉萨姨妈和作家》，也都是脍炙人口的名作。

顺便说一句，在秘鲁的军政府倒台以后，巴尔加斯·略萨一度从政，在 1990 年的总统大选中输给了后来大名鼎鼎的藤森谦也。

我前面说的这三大主将，大家记不住也就算了，但最后这一位一定要记住，否则实在说不过去，他就是拉丁美洲文学爆炸主将中的主将，魔幻现实主义的代表性人物，我心目中今天世界上唯一的世界级文学大师——哥伦比亚作家加西亚·马尔克斯。

马尔克斯记者出身，1940 年代开始在一些报纸和杂志上发表“豆腐块”。1967 年，他出版了代表作《百年孤独》，就此蜚声全球，跻身世界级大师之列。这本《百年孤独》也和 1962 年富恩特斯的《阿尔特米奥·克鲁兹之死》、1963 年科塔萨尔的《跳房子》、1963 年巴尔加斯·略萨的《城市与狗》，并称拉美文学大爆炸的四大名著。

《百年孤独》实在是太有名了，我就不在这里啰嗦故事情节了，只谈一下自己的一个感受：不知道为什么，读这本书时我总觉得很压抑——扑面而来的无休止的长句，没有高潮低谷之分的连贯情节，让人喘不过气来。布恩地亚家族七代人孤独而又浑浑噩噩的命运，好像一个没有尽头的轮回，让我觉得就像书中那场旷日持久的暴雨一样令人压抑。

（202）

图 6. 15　加西亚·马尔克斯

马尔克斯绝对是世界级的大师——《百年孤独》之后，1975 年他发表了《族长的没落》，1981 年发表了《一场事先张扬的谋杀案》，1985 年完成了《霍乱时期的爱情》，2004 年完成了《苦妓回忆录》。据说，如今这位年过八旬的大师正在动笔写他的下一部小说。

1982 年，马尔克斯获得诺贝尔文学奖。要按我个人偏激的观点，他可能是诺贝尔文学奖设立以来最没有争议的获奖人选。

除了四大主将以外，巴拉圭的奥古斯托·罗亚·巴斯托斯，阿根廷的曼努埃尔·普伊格和大卫·比尼亚斯，智利的何塞·多诺索，巴西的若热·亚马多、委内瑞拉的萨尔瓦多·加门迪亚和阿德里亚诺·冈萨雷斯·莱昂等人，也都是文学爆炸前后有影响的拉美作家。

拉丁美洲的这次文学大爆炸，一度影响全球，不过，来得也快，去得也快。到了 1980 年代，很多评论家开始讨论“后爆炸时期”——也就是说，他们认为文学爆炸已经结束了。

界定这次文学爆炸究竟是哪年哪天结束的，没什么意义。四大主将中的三个人直到现在还在写作（科塔萨尔死得早），只不过现在的拉美文学界，不会像 1960 年代那样一股脑地出现那么多的牛人和牛文了而已。

拉美文学爆炸时期的这些作品，内容深刻，形式新颖，魔幻现实主义的创作手法深入人心。到了今天，很多人认为魔幻现实主义已经成为了文学创作中的一个常用手法。也就是说，从拉丁美洲这个传统文学世界的犄角旮旯里诞生的这种手法，已经登堂入室，位列仙班了。

最后聊聊魔幻现实主义对中国作家的文学影响吧！

八十年代，魔幻现实主义的作家作品被介绍到中国，之前谁都没见过还有这样写小说的，全都耳目一新。随后，很多中国作家开始跟风效仿。

不过，大部分的跟风作品都是东施效颦而已。魔幻现实主义之所以能在拉丁美洲大行其道，那是因为拉美有它生存的土壤，除了那么沉重而有些荒唐的历史之外，魔幻现实主义也只有跟拉丁美洲那些荒凉的高原、狂暴的大河、茂密的雨林、拥挤的城镇拴在一起才够味。

我小时候曾经看过一个中国的魔幻现实主义跟风小说，书名和作者已经忘了，就记得作者他老人家勇敢地把魔幻现实主义的写作手法移植到了江南小镇。

想想吧，魔幻现实主义的“死人复活、时空倒错、离奇夸张”发生在洋溢着诗情画意的江南小镇之中，我实在想像不出还有哪个小说能比这个更雷人的了。

更有甚者，有些作家连小说的开头都是套用《百年孤独》的经典句式，“多年之后，当王麻子面对切菜刀的时候，他一定会回想起小时候，他爹带着他去吃葱煎包的场景。”

对此实在无语了。

可能是我孤陋寡闻，这么多年以来，中国作家写魔幻现实主义写得够味的，也就是藏族作家扎西达娃（是个男的）一人而已。魔幻现实主义，在中国也就是跟神秘的青藏高原结合在一起，才有类似的味道。

八、中美洲的大混战

（203）

讲完了文绉绉的文学大爆炸，又要开始说暴打了。

这次暴打的发生地在中美洲。

其实，二十世纪后半段的中美洲历史走势，跟整个的拉丁美洲大同小异，也是一系列的革命与反革命的故事，只不过它的步调和整个拉美不太一致，而且搞来搞去格外复杂，所以我在这里单辟一章。

为了把事情说清楚，我准备采用小时候常用的“总分总”结构：首先说说整个中美洲的情况和国家之间的战争，再分头说说几个国家的具体情况，最后做个总结。

中美洲整体的情况，就从1960年说起吧。

1960年12月13日，洪都拉斯、萨尔瓦多、危地马拉和尼加拉瓜四个小国在尼加拉瓜首都马那瓜签署了《中美洲经济一体化总条约》，1962年7月，哥斯达黎加也批准了该条约，中美洲共同市场（英文，Central American Common Market）就此成立。

应该说，建立中美洲共同市场的这个愿望是很美好的：这么几个小国，如果不能协调一致，相互取长补短共同发展的话，永远都只能靠种香蕉卖咖啡过日子。

但问题是，愿望是美好的，现实是残酷的。别看中美洲几个国家面积都不大，人口都不多，但是彼此之间的国情差异特别大：危地马拉和萨尔瓦多工业化程度比较高，洪都拉斯、尼加拉瓜和哥斯达黎加的工业化就差了很多。不仅经济基础不一样，具体国情差得更多。

就拿洪都拉斯和萨尔瓦多来说吧！

相对而言，洪都拉斯地广人稀，而萨尔瓦多地狭人稠，所以长久以来，萨尔瓦多人就到洪都拉斯来“打黑工”讨生活。

1969年，洪都拉斯政府决定大搞农业集约化，把土地集中起来养点牛什么的，免得总靠种香蕉过日子。因此，政府就到处征地，引来了老百姓的不满。

于是政府就出来说话了，我征地是为了大家共同发展，共同富裕，你们有意见不该来找我，得找那些来咱们国家打黑工的萨尔瓦多人去，是他们把你们的土地给抢走的。

洪都拉斯的老百姓一听，恩，有道理，于是就集结起来，把打黑工的萨尔瓦多人给赶走了。

可是说起来，萨尔瓦多人在洪都拉斯打黑工可不是一天两天的事情，有的人祖祖辈辈在这里打黑工，都好几代人了。现在被赶回国内，小小的萨尔瓦多又养不活这么多人，两国之间的矛盾就越来越尖锐，距离开战就只差一条导火线了。

很快，这根导火线就找到了。

1969 年，1970 年墨西哥世界杯的预选赛正进行得如火如荼。不是冤家不聚头，洪都拉斯和萨尔瓦多在淘汰赛阶段正好被抽到一起。

6 月 6 日，在洪都拉斯的首都特古西加尔巴，主队以一比零小胜；15 日，两队移师萨尔瓦多主场，这次的主队以三比零获胜。主场球迷引发了骚乱：让你们把老子赶回来，现在怎么样？不是老子的对手吧?!

当时的足球规则跟现在的不一样，不是两回合看总进球的“客场进球优先制”，而是只论胜负，现在两队各胜一场，按规则还得找时间在第三方搞一场附加赛。

6 月 27 日，两队在中立的墨西哥首都搞了附加赛，结果是萨尔瓦多在加时赛里以三比二获胜。

萨尔瓦多人一下子连喘气都粗了：怎么样怎么样？到底不是老子的对手吧？

就因为这个比赛结果，两国彻底撕破了脸。

（204）

6 月 27 日当天，两国宣布断交。到了 7 月 14 日，以萨尔瓦多空军空袭特古西加尔巴为序幕，两个中美洲的小国着实干了一仗。由于这一战的导火线是足球比赛，所以史称“足球战争”（西班牙语，La guerra del fútbol）。

足球战争规模很小，就这么两个小国参加，一共才打了五天，所以又叫“一百小时战争”。

不过，也别小看这五天，两个小国出动了陆军和空军，在地面和天空中打得很热闹。

的确是热闹，想象不到的热闹。

战争第一天，两国空军展开了激烈的空战。这两支空军可不是一般的落后：谁都没有喷气式战斗机，大家用的都是二战时期的活塞式战斗机——也就是鼻子前面顶着个螺旋桨嗡嗡飞的老家伙。据说，因为飞机年久失修，设备失灵，有些勇敢的机组人员不得不拉开飞机的舷窗，从窗户里用手向外扔炸弹。

战争第二天，萨尔瓦多的一万两千多地面部队突破国境，向洪都拉斯发起猛攻。但是就是这么近的距离，还因为后勤补给跟不上，攻了几个小时就趴窝了。

战争第三天，萨尔瓦多空军再次出击的时候，由于机场管理混乱，造成飞机相撞，机场被自己给整瘫痪了。

战争第四天，两个小国在空中和地面全面开战，受制于弹药不足，打到这天战争就进入了相持阶段。

战争第五天，萨尔瓦多陆军在洪都拉斯境内展开了敌后游击战，准备打持久战，搞人民战争。结果到了这天晚上，受到来自美国和美洲国家组织的国际压力的两个小国就宣布停战了。洪都拉斯军队反应神速，当天晚上 10 点就撤回国内去睡觉了。

别看战争打得快，但和谈可挺慢的——直到 1980 年 10 月 30 日，两国才签署了和约，整整拖了十一年。（——慢归慢，好歹还是签了，想想朝鲜战争吧！到今天还没签订和约呢!）

这场仗一共导致了二千多人的死亡，两个国家就此彻底撕破脸，六到十三万滞留在洪都拉斯的萨尔瓦多人被彻底轰回国内。

要说唯一从这场仗里获益的，也就是两国的军人了——事实证明，靠从飞机窗户里往外扔炸弹，是不能有效地杀伤敌人的。因此，两国都开始疯狂购买先进武器，军人们的腰杆一下子硬了很多。

这场仗的最后一个收获是，短短五天的战争，让中美洲共同市场停摆了十二年，直到 1981 年才恢复。

虽然这场“足球战争”听起来像场儿戏一样，但毕竟也是造成了两千多人死亡的一场灾难。记得我小时候看过一本介绍足球知识的小册子，作者谈到这场仗的时候，把它当成了“足球影响力大大地大”的例子，说得津津乐道的。

现在回想起来，我就特别想把这个幸灾乐祸的作者也从飞机的舷窗里扔出去。

（205）

说完了国际的，现在开始说说中美洲几个小国国内的情况。

先说尼加拉瓜吧！

前面介绍二十世纪拉美的考迪罗时，我曾经提起过，从1930年代起，索莫查家族就开始了在尼加拉瓜的独裁统治。在差不多半个世纪的时间里，老索莫查和他的两个儿子，几乎毫不间断地统治着这个小国。

到了1979年，索莫查家族对尼加拉瓜的掠夺和压迫达到了顶峰：索莫查家族占有了全国百分之二十的耕地，而且是土质最肥沃、交通最便捷的那百分之二十；占有了国家航空公司和国家海运公司，从而垄断了全国的海外运输；占有了大量的工商企业，更甚至，他们家还开血浆厂，用每升一美元的价格收购尼加拉瓜穷苦老百姓的鲜血，然后再以十倍的价格卖到美国去。

索莫查家族另一件令人发指的事情发生在1972年：这一年，尼加拉瓜发生了地震，首都马那瓜几乎变成了一片废墟，而索莫查家族把国际上援助的全部两亿五千万美元的赈灾款侵吞一空，老百姓一分钱都没见到。

索莫查一家把尼加拉瓜老百姓折腾成这样，用脚趾头想也知道，尼加拉瓜要是不闹游击队，那才见了鬼。

1961年，大名鼎鼎的桑地诺民族解放阵线（西班牙语，Frente Sandinista de Liberación Nacional，简称“桑解阵”）成立，这个名字是用来纪念我前面提到过一句的，1930年代被老索莫查杀害的尼加拉瓜民族英雄奥古斯托·尼古拉斯·卡尔德隆·桑地诺（Augusto Nicolás Calderón Sandino）的。

“桑解阵”是个厉害角色，跟索莫查政权一打就是二十年。直到1979年，被自己的倒行逆施搞得众叛亲离了的老索莫查的二儿子，最后被美国人抛弃了。这一年的7月19日，“桑解阵”占领尼加拉瓜首都马那瓜，就此解放了全国。

长达二十年的内战，留给“桑解阵”的是一个不折不扣的烂摊子：二十年的内战造成的经济损失有二十亿美元，还造成了十六亿美元的外

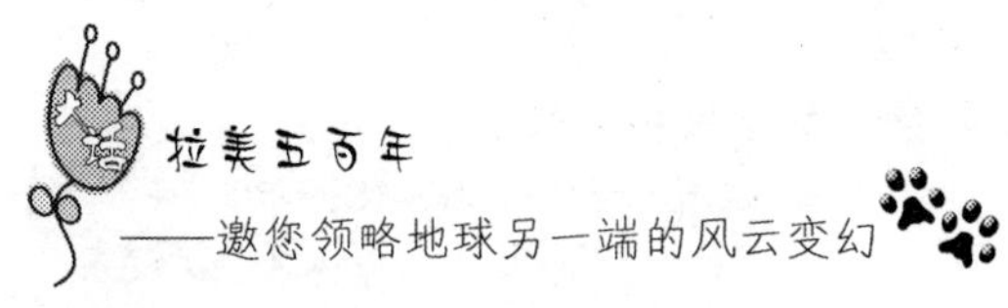

债。相当于全国总人口百分之一点五的四万人在内战中死亡，受伤的则有十万人。内战造就了四万名孤儿和二十万个无家可归的家庭。尼加拉瓜人的平均寿命只有五十三岁，文盲率达到百分之五十二，婴儿死亡率是百分之十二点三，还有百分之七十五的儿童营养不良。

面对这么个烂摊子，“桑解阵”一上台就进行了大刀阔斧的改革：

第一件事是办教育：从 1980 年开始，“桑解阵”搞了“学文化运动”。四年的时间之内，尼加拉瓜的学校数目翻了一倍，文盲率从百分之五十二下降到百分之十二，从学前班到研究生的全部教育一律免费。

第二件事是搞卫生：在短短几年的时间里，“桑解阵”在尼加拉瓜消灭了麻疹、白喉和小儿麻痹，使得婴儿的死亡率下降了百分之五十，尼加拉瓜也被世界卫生组织评为 1983 年的模范国家。

第三件事，也是最重要的一件事：搞土改。

尼加拉瓜的土地改革，先天条件比较好：三百二十万人住在十四万两千平方公里的土地上，每平方公里不到二十三个人，属于典型的地广人稀。头六年，“桑解阵”只要把索莫查家族及其党羽的土地，和被遗弃的土地分给农民就可以了。这六年间，“桑解阵”把两万平方公里的土地分给了八万三千个家庭。六年之后的 1986 年 1 月 11 日，底气越来越足的“桑解阵”通过了新法律，规定政府可以没收任何没有被利用的土地，而不用给赔偿。

除了极个别的情况以外，这个世界上没有人反对办教育和搞卫生，但是搞土改就不一样了。美国政府觉得，搞土改这件事显得太共产主义了，分明就是苏联势力向自己的后院扩张嘛！于是，美国开始干涉尼加拉瓜。

1984 年，美国中央情报局轰炸了尼加拉瓜的港口，1985 年，里根政府宣布对尼加拉瓜开始实施贸易禁运。

这么一搞，“桑解阵”撑不住了。本来在 1984 年尼加拉瓜历史上的第一次民主选举中，“桑解阵”在八个政党中脱颖而出，获得了百分之六十七的选票。但是到了 1990 年，“桑解阵”输给了美国支持的，由二十一个政党组成的全国反对党联盟（西班牙语，Unión Nacional Opositora，UNO），选票比例是四十一比五十九。

“桑解阵”下台了，尼加拉瓜的革命就此告一段落。

（206）

说完了尼加拉瓜，我现在开始说第二个国家：萨尔瓦多。

前面说过，萨尔瓦多曾经被笃信伏都教的考迪罗马丁内斯统治了三十四年。1966 年，马丁内斯下台了，但军政府依然控制着全国，因此，到了 1970 年，萨尔瓦多人民解放军（Ejército Revolucionario del Pueblo，ERP）和法拉本多·马蒂人民解放力量（Fuerzas Populares de Liberación – Farabundo Martí，FPL）这两支游击队相继成立。

整个 1970 年代，萨尔瓦多的内战打得还不算厉害，直到 1979 年 10 月 15 日，下级军官发动了军事政变，把政权交给了文人和军人组成的联合执政委员会。

这个执政委员会还是挺想把国家治理好的，所以，转过年来的 3 月 8 日，他们开始了土地改革。但是谁都没想到，由于各级官员贪婪成性，土地改革变成了他们中饱私囊的土地兼并，结果萨尔瓦多社会矛盾激化，内战就此升级。

经过八年内战之后，到了 1989 年，法拉本多·马蒂人民解放力量占领了三分之一的国土，而在这八年期间，六万萨尔瓦多人死于内战。

1992 年 1 月 16 日，经过了两三年的谈判之后，萨尔瓦多的停火协议最终达成，这个小国的磨难才算告一段落。

接下来是危地马拉。

跟它的几个邻国一样，危地马拉也是长期被考迪罗和军政府统治着。1961 年，危地马拉的两个民族主义军官，马科·安东尼奥·容·索萨（Marco Antonio Yon Sosa）和路易斯·图西奥斯·利马（Luis Turcios Lima）发动起义，成立游击队。危地马拉的内战也开始了。

危地马拉的内战分成两段：第一段是前五年。1966 年，军政府大发善心，允许民主选举，结果民选总统胡里奥·塞萨尔·门德斯·蒙特内格罗（Julio Cesar Mendez Montenegro）上台。游击队认为国家的民主政治时代已经到来了，就暂停了活动。

没想到，军队趁这个机会大肆镇压游击队，到处搜索和捕杀游击队员，一时间，游击队的力量遭遇了重大损失。

1970年，军政府等门德斯刚干完第一个任期，就把他赶下了台。军人们再次走到台前，一下子又统治了十六年。

游击队于是再次组织起来，1982年，各路游击队合兵一处，成立了“危地马拉民族革命联盟（URNG）”。军政府的反应既迅速又残忍，一年之间，军政府杀害了被怀疑和游击队有瓜葛的七万五千人，将四百四十个村庄夷为平地。

1986年，民选总统比尼西奥·塞雷索（Vinicio Cerezo）上台。1990年，和谈开始，直到1996年达成和平协定。

自从1954年阿本斯总统被阿马斯推翻以来，萨尔瓦多三十多年的内战造成了二十万人被杀害，另有二十五万人逃离家园，前往墨西哥。

（请原谅，本段被我写得又匆忙又消沉——面对这些小国如此漫长又如此惨重的内战，实在是轻松、俏皮不起来了。）

（207）

第四个国家是洪都拉斯。

跟前面三个国家相比，洪都拉斯的情况既好一些，又惨一些。

说它好一些，是因为这些年洪都拉斯没怎么打内战；说惨一些，是因为洪都拉斯没打内战的原因，是它太穷了，连内战都打不起。

洪都拉斯的每年人口增长率是百分之三点五，相应的婴儿死亡率则有千分之十一点八，两个数据都位居世界前茅。至于文盲率则有百分之五十三，百分之九十的农村人口和百分之六十六的城市人口处于赤贫状态，这几个数据更是稳居世界前列。这么说吧，在西半球，洪都拉斯的经济状况仅仅强于海地，名列倒数第二。

洪都拉斯的军政府是在1964年上台的，一直统治到1982年。1983年尽管洪都拉斯恢复了文人政治，但国家又沦为了美军的军事基地——没办法，吃美国人的剩饭也比被饿死强吧？

看看中美洲的地图就会发现，洪都拉斯正好和危地马拉、尼加拉瓜和萨尔瓦多这三个打内战的国家都接壤，因此，这里就成了美军的基地。等到1992年前后，中美洲的混战告一段落的时候，美国人终于撤走了，留下了几百颗地雷，外加比地雷多得多的感染了艾滋病的洪都拉斯妓女。

呼，终于要说到哥斯达黎加了。说实话，我从这章开始就盼着说哥斯达黎加，因为——跟中美洲其它的国家相比，哥斯达黎加简直就是一个奇迹，一个神话。

哥斯达黎加的奇迹在于，1948年哥斯达黎加结束了一次短暂的内战之后，总统何塞·菲格雷斯·费雷尔（José Figueres Ferrer）宣布解散军队，并在次年将这件事写进了宪法，从此以后，哥斯达黎加就没有军队啦！

事实证明，没有了军队的哥斯达黎加，也没遭到任何国家的入侵，相反，因为没有了军队，也就没有了军政府，没有了游击队，没有了内战，以至于哥斯达黎加自豪地宣称“教员比军人多”。

常年以来，哥斯达黎加的经济发展位居中美洲前列，远远地把其他几个国家甩在了后面。2007年，这个小国人均GDP超过五千美元，除了香蕉和咖啡以外，甚至还出口电子元件。哥斯达黎加的旅游业和服务业也非常发达，至于文体事业发展，我就不多说了，大家上网查查中国国足和人家的历史对阵成绩就知道了。

一般来说，中美洲指的就是上面说过的这五个西班牙语国家。看到它们，恐怕有些朋友又会拿种族论来说事情了：“你看吧，这些国家都是拉丁民族的后裔为主，所以搞不好，你瞧瞧人家日耳曼人的美国和加拿大!”

我是比较反感种族论的，现在，一个活生生的例子就冒出来了——伯利兹。

伯利兹本来是英国在中美洲的殖民地，1964年1月才在大英帝国管辖下实现了内部自治，1981年才正式独立。作为一个前英国的殖民地，这个小国是中美洲唯一一个以英语为官方语言的国家，境内的白人主要是英国人、荷兰人和瑞士人的后裔，按“道理”来说，这个小国应该富强得不像话吧？

事实上，伯利兹就算在中美洲都算穷的：2000 年前后，这个小国的失业率（百分之九点四）在中美洲首屈一指，百分之三十三点五的人生活在贫困线以下，年 GDP 增长率不过百分之三，吃饭主要靠砍树（伐木），政府的当务之急就是解决贫困问题。

中美洲的事情基本讲完了，做个小结吧：如果想从某个地区来看整个拉丁美洲的混乱、苦难和贫富不均的话，那这里就是最好的缩影，唉！

九、“失去的十年”

（207）

讲完了考迪罗和革命者，革命者与反革命，也讲完了中美洲的一连串暴打之后，按照惯例，又要来讲一讲拉丁美洲的经济话题了。

所谓“失去的十年”指的是拉美的八十年代，不过，我在这一章会把时间拉得更长，只是因为这个词实在有名，所以拿来做了全章的标题。

前面的经济话题是谈到 1929 年的经济大萧条爆发以后，各国的考迪罗上台，用高压政治维持了社会的稳定，同时用进口替代工业化和进口替代农业化逐步恢复和发展拉美的经济。

那就接着这个话题继续说。

到了第二次世界大战期间，特别是美国参战以后，为了保证自己在和德日法西斯作战的同时后院不起火，美国就跟拉美各国签署了一系列的战争时期保障协议，承诺向拉美各国提供必要的物资，开展能维持拉美各国经济的国际贸易。到了 1945 年二战结束之后，在墨西哥查普尔特克举行的第八次美洲国家大会上，这个协议就终止了。

二战之后，西方世界的经济体系是美国主导的，主要就是 1944 年 7

月在美国布雷顿森林开会确定的“布雷顿森林体系”。这个体系由三个主要的部分组成：面向各国政府提供货币政策和资金支持的国际货币基金组织（IMF）；针对第三世界国家提供贷款的国际复兴与开发银行（IBRD，又叫世界银行，World Bank）；主持国际贸易的关税和贸易总协定（GATT，也就是世界贸易组织 WTO 的前身）。

虽然成立了这么多组织，但是一开始，它们跟拉美都没什么关系——作为拉美传统大债主的美国正在忙着在西欧推行马歇尔计划，帮助欧洲复兴；作为拉美传统大买主的西欧正穷得叮当响，买不起东西。

拉丁美洲各国没办法，只好把目光转向国内，大搞进口替代工业化和进口替代农业化，简单地说就是，自给自足，自力更生。

经过努力，拉美的进口替代工业化搞得还算不错：比如巴西，1939 年的工业产值只占全国总产值的百分之十七点九，1963 年就上升到了百分之三十五点三，跟巴西处在同一水平的还有阿根廷、智利和乌拉圭。不过，拉美的工业化发展也十分不平衡：到了 1960 年代末，阿根廷、巴西和墨西哥这三个国家的工业产值就占了整个拉美地区的百分之八十，智利、哥伦比亚、秘鲁、乌拉圭和委内瑞拉五个国家占了百分之十七，剩下的十二个拉美国家，工业产值加在一起才占百分之三。

进口替代工业化还算比较成功的，农业就更惨了：由于拉丁美洲根深蒂固的大地产制，土地集中的现象非常严重：1950 年代，百分之五的拉美人口占有了百分之八十的拉美土地。即使是到了到处革命的 1960 年代，仍然有一千八百万农民（相当于拉美农村人口总数的百分之六十三）一寸土地都没有，另外的五百五十万人拥有的土地不够维持生存的；土地足够维生的有一百九十万人，剩下的人土地过剩（就是说没有充分开垦），其中十万人拥有的土地远远超过平均水平。

土地分配不均衡，开垦率也就很低：二十世纪中期，拉丁美洲土地的开垦率只有百分之十，比如 1960 年的哥伦比亚，大地主占有了全国耕地的百分之七十，却只开垦了六个百分点。

（208）

这么一来，拉丁美洲农业结构畸形的毛病就改不了了：比如智利，1940年从农业出口国变成了进口国，到了1955年，农产品进口额达到全部进口额的百分之二十五，靠挖矿辛辛苦苦赚来的外汇，有百分之十八就消耗在了进口农产品上面。而到了1965年，整个拉美用来进口粮食花的钱，相当于全部进口额的百分之二十。

农业产品单一化的情况也很严重：1960年，光是咖啡这一种产品，就占了哥伦比亚出口额的百分之六十七，萨尔瓦多的百分之四十二，巴西的百分之四十一，海地、危地马拉和哥斯达黎加的百分之三十以上，剩下的，除了大名鼎鼎的香蕉以外，蔗糖、可可、小麦、牛肉、羊肉和羊毛就囊括了拉美其余几乎全部的农产品出口额。

说到这里，大家都看得出来，如果没有外力的介入，拉美的这些诸如经济结构单一、土地兼并严重、缺乏启动资金、社会贫富悬殊等等问题，是很难解决得了的。

到了1955年，情况终于开始起变化了——经过十年的复苏，西欧的经济有了起色，美国有精力关注拉美了。同时，随着冷战的深入，美国也必须要关注拉美，以防止苏联势力对自家后院的入侵。

1958年8月12日，艾森豪威尔政府宣布成立美洲开发银行，以帮助拉美各国经济发展；1960年7月11日，艾森豪威尔政府宣布设立社会进步信托基金，以改善拉美老百姓的生活条件；1960年，随着古巴加入苏联阵营，肯尼迪政府宣布成立“争取进步联盟”（西班牙语，alianza para progreso），号召美洲各国团结起来，加大政府投资力度，支持拉美经济发展。肯尼迪宣布，争取进步联盟存在十年，十年间美洲各国承诺向拉美地区投资八百亿美元，其中美国一家承担二百个亿。

尽管我们都知道，美国搞这套把戏，根本目的是防止苏联势力侵入拉美，而不是为了拉美的繁荣富强，但是讲良心话，这三个举措还是大大地促进了拉美各国的经济发展。

进入1970年代以后，拉美的经济形式进一步好转了，而且看上去不是小好，而是一片大好。

1973 年，第四次中东战争导致了第一次石油危机。石油输出国组织（OPEC，“欧佩克”）宣布石油禁运，不到一年之内国际油价从每桶三美元涨到十三美元。欧美陷入了严重的经济危机。

欧美不行了，石油出口国可有钱了。由于欧美经济衰退，手握着大把石油美元的欧佩克成员国没地方去投资；同样由于欧美经济衰退，急需资金的拉美各国没人来投资，于是，两方一拍即合，大量的石油美元涌入拉美。

不过，由于拉美的工农业基础太薄弱，一下子吸纳不了这么多的资金，于是，这些钱就进入了房地产领域和股市，形成了现在众所周知的一个词——“热钱（hot money）”

热钱带来了 1970 年代拉美经济的虚假繁荣，巴西的 GDP 年增长率竟然高到了百分之十一，墨西哥也有百分之六至百分之八，一时间，全世界经济专家齐声高呼“拉美奇迹到来啦!”

（209）

不过，这个奇迹是建立在热钱的基础上的，所以又被称为“漂浮在石油美元上的奇迹”。拉美本身的经济基础没有这么快的增长，而且，由于政局不稳，很多资本家赚到钱之后，就将利润转到国外，而用新的贷款追加投资，这下一来，拉美经济增长的财务成本居高不下，根本就没有形成良性发展。

与此同时，拉美各国用热钱搞了一系列大型工程，比如巴西的伊泰普（Itaipu）水电站，委内瑞拉的古里（Guri）大坝，阿根廷巴拉圭交界的亚西雷塔（Yacyretá）水力发电大坝，和危地马拉的奇索伊（Chixoy）大坝等等。这些项目建设时间长，投资回报慢，财务风险也就特别大。

1979 年，伊朗爆发了伊斯兰革命，波斯湾局势一下子变得很紧张。再加上一年后爆发的两伊战争，国际油价从 1979 年的十五美元一桶涨到了 1981 年初的三十九美元一桶，第二次石油危机就此爆发了。

宏观经济是种极其复杂的东西——被股市“套牢”的诸位肯定深有感触。它的复杂性的一个表现就是，每当某种看似类似的现象重复发生的时候，大家的对策和事情的结果往往完全不一样。

第二次石油危机的走势就和第一次的完全不一样。

眼看石油危机再次爆发，美国立刻收缩银根（就是升高利率，从而减少经济活动中的流动资金，迫使经济发展放缓），伦敦方面立刻跟进。

拉丁美洲立刻发现，欧佩克的石油美元没了（欧佩克的钱都存进银行去了），欧美的市场需求减少了（欧美的钱也都进了银行），而平均利率从百分之九涨到了百分之十九，自己还不起债了。

为了还债，拉美各国政府疯狂地借入短期高利贷，光 1981 年初的一个月，就从各种国际私人金融机构借入了四十亿美元。

但是跟迫在眉睫的那么多债务相比，这些饮鸩止渴搞来的钱也是杯水车薪。没办法，到了 1982 年 8 月 12 日，墨西哥财长赫苏斯·席尔瓦·埃尔索格（Jusús Silva Herzog）正式通知美国政府和国际货币基金组织，墨西哥无力偿债——没钱了，真的没钱了；11 月，巴西政府也宣布无力偿债。拉美债务危机全面爆发。

这个债务危机来势汹汹：以墨西哥为例：1975 年的墨西哥外债有一百四十五亿美元，1984 年增长到八百五十亿美元，1989 年则达到了一千一百亿美元。与此同时，庞大的外债压力造成国内的物价飞涨：日常消费品价格在十年内增长十五倍以上，而失业和不充分就业率达到了百分之四十五。

墨西哥垮了，别的国家也没好到哪里去，纵观整个 1980 年代，拉美人均年收入逐年下降百分之一点一。到了 1990 年，整个拉美地区外债超过骇人听闻的四千二百亿美元，相当于数年的拉美各国收入总和，单利息支出一项，就相当于拉美每年出口总收入的百分之四十以上。

也就是说，拉丁美洲的经济完蛋了。

(210)

怎么搞成这样了呢？

要想说清楚这个问题，我就得讲些学术性的东西了。

大家一定看得出来，我在写这个通俗历史作品时，一直尽量使用直白易懂的方式，避免搞得太艰涩。因此，现在我也尽量把这些学术性的东西写得更通俗。

经济学是专门研究国计民生过日子的实用科学。一般说来，人们把经济学分成两部分：微观经济学和宏观经济学。

微观经济学研究的是单独的经济个体，比如一个人、一个家庭或者一个企业，应该怎么赚钱怎么花钱才对自己最有利。经过亚当·斯密，阿尔弗雷德·马歇尔等人的不断研究，到了 1930 年代，英国的罗宾逊和美国的张伯伦提出厂商理论之后，微观经济学的理论体系已经基本完善了，也就是说，微观经济学的研究就基本到头了，后来的一些进展只不过是些补充而已。

宏观经济学研究的是整个经济体，小到一个地区、大到一个国家乃至于全世界。由于研究的对象太复杂，所以出现了各种各样的理论和流派，各有各的道理，而且直到今天还在不断地发展。

具体来说，宏观经济学的研究目标，是让整个经济体同时达到这么四重境界：首先是经济成长（用 GDP 等指标来衡量）；然后是充分就业（用失业率等指标来衡量）；第三是物价稳定（用 CPI 等指标来衡量）；最后是政府收支平衡（用财政赤字等指标来衡量）。

为了达到这四重境界，归根结底的一件事就是要让全社会的总需求和总供给相互平衡。换句话说，就是“人尽其才、地尽其利、物尽其用”。

问题在于，这样的境界说起来简单，做起来就难了。社会总需求和总供给哪那么容易就平衡了？就像一个人一样，各系统各器官协调不好，遇到点儿细菌、病毒什么的就病了。

病了不要紧，只要能治就行。当国民经济出问题的时候，不同的大夫就开出了不同的药方。

第一张药方是经济学的奠基人亚当·斯密大师亲自开的。这张药方的名字叫“看不见的手”，简单来说，就是绝对相信市场和自由竞争的力量，只要政府什么都不管，没有任何外力捣乱，经济自然而然地就平稳发展了。

用治病打比方的话，就是这样的：一个人内脏器官衰竭，奄奄一息。“亚大夫”来了，看了一通之后宣布，别管他，只要不折腾他，过一阵子他自然而然地就好了。

谁都知道，人体没那么厉害，不可能什么病都不治自愈。国民经济体也一样，自从1820年代开始，由于社会总供给大于社会总需求，世界上出现了一轮又一轮经济危机，一次比一次厉害，这时候人们再去找“亚大夫”，对不起，他老人家早就挂了，撒手不管了。

这时候第二个大夫就来了，此人的名气一点不亚于亚当·斯密——德国人卡尔·马克思。

“马大夫”开出来的药方叫“计划经济”，简单来说就是，绝对不相信市场和自由竞争的力量，应该什么都归政府管，通过详细周密的经济计划，让社会总供给和总需求协调一致。

也就是说，一个人脏器衰竭，奄奄一息，“马大夫”看了一通之后，在这个病人周身上下插满了管子，用起搏器带着心脏跳动，用呼吸机吹着心肺喘气，用灌肠器推着肠胃蠕动，再给人装一身的铁架子带着人跑，随后宣布，这个人被治好了。

“马大夫”的治疗效果，我就不多说了，大家心里都很清楚：照“马大夫”的药方，非但治不好病人，反而很可能制造出个活僵尸。

（211）

1929年，空前但未必绝后的经济大萧条席卷世界，“亚大夫”的招数不灵，“马大夫”的招数大家不愿意使，于是美国的罗斯福和德国的希特勒这两个外行就只好自己当大夫，乱治一气，结果居然真给治好了，弄得大家都很奇怪——狗屎运也没有这么灵的吧？

直到1936年，第三个大夫站出来解释了治疗过程，大家这才恍然大悟。这个大夫就是英国“超级神医”凯恩斯。

凯恩斯认为，“只要有需求，就会有供给”，因此，他开出的药方是，政府搞赤字财政，增加支出，用政府的需求弥补社会总需求和社会总供给之间的差额，让经济转起来。经凯恩斯这么一解释，大家发现罗斯福的新政和德国的复苏，靠的都是这种手段。

也就是说，一个人脏器衰竭，奄奄一息，"凯大夫"的办法是打一针强心针，让心脏先缓过来，有力量把血液送到全身各个器官，病人就活过来了。

"凯大夫"的治疗方案立竿见影，成效显著，被大家称为"凯恩斯主义"，直到今天仍然经久不衰。前一阵子我国的四万亿，也是凯恩斯主义的实践。

可是二战以后，美国和西欧发现，有时候凯恩斯主义也不灵了。政府刺激了需求，但只带来了通货膨胀，经济发展仍然停滞，就好像打了针之后，病人的肚子胀得老高，血流却不通畅，形成了"滞涨"。

这时候，第四个药方就出来了，它叫"新自由主义"。

就像马克思说的跟亚当·斯密说的正好相反一样，新自由主义的想法跟凯恩斯主义也正好相反，它认为解决社会总供给和总需求之间矛盾的办法是降低社会总需求，通过降低总需求，缓解通货膨胀，然后再进一步调节总供给和总需求之间的关系。为了降低总需求，新自由主义开出了三剂猛药：

首先是放开物价，让物价随便涨，这样一来，谁都买不起东西了，经过一段时间后由于买东西的人越来越少，市场供大于求，物价反而会降下来；然后是压缩政府支出，把政府的需求也降下来；最后是国营事业私有化，用市场的力量去调解原来由国家操持的公共事业。由于这三剂药力道极大，一旦使出来社会经济就会暂时陷入停顿状态，因此它有个广为人知的称呼："休克疗法"。

用人打比方就是，一个人脏器衰竭、奄奄一息。新自由主义大夫来了，第一件事是"解扣子"（放开物价），让人喘气；第二件事是"掐人中"（限制政府支出），最后实在不行就来个"口对口人工呼吸"（国营事业私有化），让病人缓过来。这个方法比当年"亚大夫"的复杂，但性质是一样的，就是让人自己恢复过来。这也就是"新自由主义"名称的由来。

应该说，这三招对于给病人实施急救是很有用的，起码能让人睁开眼。像 1986 年到 1989 年，信奉新自由主义的国际货币基金组织（IMF）用这三招给恶性滞涨的玻利维亚治病，结果大获成功。一时间，休克疗法成了解决一切经济问题的灵丹妙药。

但问题是，这三招用来救急可以，但只能治标不能治本，治治玻利维亚这种小国还可以，因为它经济规模小，能自己缓过来，但是遇到经济问题错综复杂，或者市场化不灵光的国家就不中用了。

国际货币基金组织才不管这么多，逮住个病人就是这三招：解扣子、掐人中，实在不行就口对口。1992 年到 2000 年，刚刚独立的俄罗斯被新自由主义的这三招给治得不仅成功地休克过去了，而且差点就一口气没缓过来直接挂掉；1997 年到 1998 年亚洲金融危机期间，国际货币基金组织给泰国、印尼和韩国也来了这么三招，结果这仨国家被整治得死去活来。

一来二去，甚至有阴谋论爱好者认为，国际货币基金组织的目的就是把这些国家搞完蛋掉。

治病的大夫被病人当成了谋财害命的凶手，也不知道国际货币基金组织作何感想。

（212）

扯远了，现在扯回来。

拉丁美洲从 1980 年经济走下坡，1982 年陷入债务危机，到 1990 年经过了差不多十年的痛苦磨难才逐渐缓过来，也是新自由主义的治疗成果。

有人会问，我现在知道什么是新自由主义了，听上去还挺靠谱的。那为什么治病的良方却成了杀人的毒药了呢？

这个转变的核心就在于，新自由主义生效是有条件的：它一定得在市场经济相对健全的国家使用才有效。

就拿第一招（“解扣子”）来说吧：如果在市场经济健全的国家，所有的商品生产者都是按照市场经济规律，规规矩矩赚钱做生意的。这样如果一放开物价，物价飞涨，市场凋敝，商品生产者们的东西卖不出去，资金无法回笼，那就只有降价这一条路了。

但在市场经济不健全，有很多潜规则的国家，这招就不管用：比如

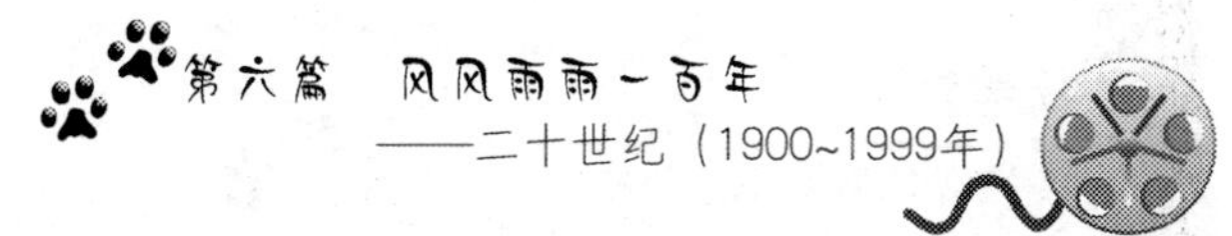

1992 年的俄罗斯，物价放开，价格飞涨，市场凋敝，那些新兴的垄断巨头却用不着降价，因为他们的背后有大银行，甚至是政府撑腰，借给他们钱，让他们的资金链不会断掉。这样一来，对于巨头们来说，涨价就涨价呗！鬼才愿意降价呢！嫌贵就别买，饿死你们这帮穷鬼。

这样一来，“解扣子”就不灵了。类似地，“掐人中”和“口对口”的效果也一样：比如口对口（国营事业私有化），在俄罗斯，很多新贵通过私人关系，以很低的价格拿到了原来的国营事业的所有权，成本这么低，谁还必须按市场规律出牌啊！所以就大肆囤积居奇，谋求暴利。

这就是为什么俄罗斯休克八年毫无成效，反而险些死掉，最后是 2000 年普京上台，放弃了新自由主义政策，改走俄国传统的卖资源路线，才让俄罗斯走出低谷的原因。

俄罗斯毕竟家大业大，靠卖资源能缓过来；拉美这么多国家，没有一个家业能比得上俄罗斯的。可人家俄罗斯还休克了八年呢！所以拉美各国休克了整个八十年代，也就不足为奇了。

到了 1990 年，拉丁美洲总算缓过来了。缓过来的原因也是很拉美风格的——随着 1990 年代初苏东巨变，整个世界出现了全球化的热潮，又带动了对拉美资源的新一轮需求；与此同时，经过十年的挤压，拉丁美洲的市场泡沫被挤压得差不多了，物价回到了正常的水平，所谓物极必反，拉丁美洲总算触底反弹，又缓过来了。

这一缓的时间还不短，将近八年，也就是说，从 1990 年到 1997 年。

有人要问了，那 1997 年以后呢？恩，这个么，为了让本章有个比较光明的结局，1997 年之后的事情我还是放到以后再说吧，唉！

最后再啰嗦一句：辩证法是个好东西，福兮祸之所倚，祸兮福之所伏。乐观地说，拉美这失去的十年也不是什么好处都没有，最起码，由于经济崩溃，拉美各国的军政府基本上都在这十年间灰溜溜地下了台，久违的民主政治又回到拉美来了。

在本章结束的时候我作一个免责声明。以上描述人体急救的相关文字，完全是非医药专业的本文作者为说明经济理论，而做比喻之用，没有任何医学研究价值和临床意义，如有任何人依上述描述对任何人实施类似的行动，其过程与结果均与本文作者无关，本文作者一概不承当其直接责任或任何连带责任。

十、阿根廷捍卫马岛

（213）

前一篇，我说到“失去的十年”导致了拉美各国军政府的倒台。不过，阿根廷情况有些例外：阿根廷的军政府不仅没有搞好国计民生，甚至连本职工作——保家卫国都没干好，结果被老百姓给搞掉了。

直接导致阿根廷军人政府倒台的，就是这个“马岛战争”。

我在前面提到过这个“马岛”——在说拉美十九世纪的经济发展时，我曾经说到，英国在拉美独立之初本来想趁火打劫搞点地盘的，结果两次进攻布宜诺斯艾利斯失败，最后只好占领了一片鸟不拉屎的地方——马尔维纳斯群岛（西班牙语，las Malvinas），英国人给它改了个英国式的名字：福克兰群岛（英语，Falklands）。

从1833年开始，英国和阿根廷尽管对这个群岛的主权存在争议，但谁都没想用武力来解决问题。毕竟，这个群岛的战略价值不大，经济价值更是小得可怜。

但是到了1980年代初，情况不一样了：受到第二次石油危机的影响，阿根廷爆发了严重的经济危机：1981年，阿根廷通货膨胀率达到百分之六百以上，同期的工资涨幅却只有百分之十九点二；GDP下降了百分之十一点四，工业产值下降了百分之二十二点九，老百姓对以加尔铁里（Leopoldo Fortunato Galtieri Castelli）为首的军政府深恶痛绝，一时间，大规模罢工此起彼伏，军政府的统治基础越来越不牢固。

面对这种情况，加尔铁里想到了一个古今中外所有军政府都能想到的主意：制造国际矛盾焦点，转移国内视线。很快地，加尔铁里就盯上了马尔维纳斯群岛，准备发动一场“收复失地”的爱国战争，借此把国内的反对声给消解下去。

粗看起来，英国人应该不会把马岛当回事：别看马岛有一万多平方公里，可是因为地处偏远，气候恶劣，英国在这个群岛上的常住居民才几千人，外加几十万只羊。除了人和羊以外，岛上连个土生土长的哺乳动物都没有，更别提什么自然资源了。横看竖看，加尔铁里都觉得这个破岛不值得英国人拼命的。

再说了，1982 年的英国，早就不是 1833 年占领马岛时的那个日不落帝国啦！经过两次世界大战，印度独立了，英属非洲独立了，昔日的大英帝国已经是个走向没落的小岛国了。就算它要闹，还能把南半球的天戳出个窟窿来啊？

加尔铁里还知道，1981 年，英国的国防大臣约翰·诺特爵士（Sir John William Frederic Nott）已经计划从马岛撤军了，而且同年英国还通过了《国籍法》，马岛居民的英国公民权都受到了限制——种种迹象表明，英国佬不准备要马尔维纳斯了。

加尔铁里算计停当，就让阿根廷的海军司令豪尔赫·阿纳亚（Jorge Isaac Anaya）制定作战计划。阿纳亚很快完成了代号“罗萨里奥（Rosario）”的计划。简单来说，这个计划是这样的：

第一步，出动登陆部队三千人，迫使马岛上的那一小撮英国海军陆战队和警察们投降；

第二步，占领全岛后将战俘和岛上的英国居民统统驱逐出境，登陆部队在四十八小时之内收工回家；

第三步：任命一名军事总督总管马岛行政军务，派遣宪兵五百人实施军管。

计划完毕。

怎么样，是个稳赚不赔的好买卖吧？尽管没有具体史料，但我相信加尔铁里和他手下的那批弟兄们肯定是这么想的。

（214）

1982 年 3 月 19 日，作为马岛行动的前奏，一个阿根廷商人达维多夫，带着六十个人来到南乔治亚岛的利斯港，拆除了一个旧鲸鱼加工厂，升起了阿根廷国旗，赶跑了前来阻拦的英国破冰船“坚忍号”（Endurance）。

南乔治亚岛不属于马尔维纳斯群岛的范围之内，但也是英国的海外领土，所以，3 月 22 日，英国外交部向阿根廷提出了抗议照会。

第二天，阿根廷的军政府开会决定，正式实施“罗萨里奥”计划。

3 月 26 日，阿根廷出动了三支海军特别混合舰队，分别在 4 月 2 日和 3 日实施了登陆突击行动，一举占领了马尔维纳斯群岛及附近岛屿。4 月 4 日，英国在马岛的政府宣布投降。整个占领过程顺利得不像话：阿根廷军队只死了一个人，英国方面也只有一个人受伤。

迄今为止，对于阿根廷来说占领马岛的行动一切顺利，阿根廷军政府通过打一仗来转移国内矛盾的计划看来就要实现了，可是加尔铁里和阿纳亚他们忘了，英国人也是这么想的。

1979 年爆发的第二次石油危机，不仅影响了阿根廷，一样也影响了英国。

虽说 1975 年英国开始开发北海油田，但是到这时候为止北海油田的产量还不高，再加上作为老牌帝国主义国家，英国本身家大业大，所以这次危机把英国的经济也打击得够呛，铁娘子撒切尔夫人领导的保守党内阁也是内外交困，境况比加尔铁里他们好不了多少。

现在阿根廷在南大西洋闹事，哼，老子当年靠发动对外战争转嫁国内矛盾的时候，你小子还穿开裆裤呢！

4 月 2 日，阿根廷登陆马岛的当天下午，英国内阁立刻开会，决定同阿根廷断绝外交关系，并派遣舰队收复失地。

4 月 3 日，英国成立了撒切尔夫人领导的战时内阁。战时内阁决定成立联合作战司令部，下辖第 317 特混舰队司令部（海军上将约翰·菲德豪斯 John Fieldhouse 指挥，下辖两艘航空母舰竞技神号和无敌号）、登陆部队司令部（陆军准将朱利安·汤姆生 Julian Thomson 指挥，即英国皇家海军陆战队第三突击旅，下辖英国皇家装甲团和陆军伞兵团）和第 324 潜艇特混舰队司令部。光是军舰就有六十一艘，排水量达到四十九万吨。

除了这三支部队以外，英国政府还征用了六十七艘英国商船，总排水量超过一百万吨，为部队提供补给，后勤运输线长达八千海里。

4 月 5 日，英国特混舰队从本土和直布罗陀各港口起航，4 月 7 日，英国政府宣布，自格林威治时间 4 月 12 日 4 时起，对马岛周围二百海里海域实施海上封锁。

英国人把这次军事行动命名为“共同作战”（Operation Corporate），而4 月 5 日这天的美国《新闻周刊》，把它称为“The Empire Strike Back”（“帝国大反击”）。

马尔维纳斯群岛战争，（西班牙语，Guerra de las Malvinas，拉丁语系国家又称 Guerra del AtlánticoSur，即“南大西洋战争”；英语，Malvinas War，或福克兰群岛战争英语，Falklands War）就此爆发。

（215）

阿根廷也不是好惹的。从 4 月 2 日登陆马岛开始，十天内阿根廷往马岛上运了一万三千人的部队，并对马岛首府斯坦利港（Stanley Harbor，阿根廷称之为“阿根廷港”，Argentina Harbor）进行了重点部署。

眼看双方剑拔弩张，国际社会做了些和平的努力，当时的联合国秘书长佩雷斯·德奎利亚尔（西班牙语，JavierPérez de Cuéllar）的和平斡旋没有奏效，秘鲁和瑞士分别代表阿根廷和英国进行的接洽也没有奏效。于是，跟这场仗有关的各个国家分别表态站队：

拉美国家一概支持阿根廷，除了跟阿根廷有领土争端的智利以外；西欧国家一概支持英国。至于美国，处境就有些尴尬了：论地域，美国是美洲国家，应该支持阿根廷，但是论渊源，美国跟英国那可是本家亲戚，一番权衡之后，美国还是支持英国，并为英国提供了卫星情报信息。

4月12日，英国按计划完成了对马岛及其附近海域的封锁。随后展开了代号“小鹦鹉”的登陆作战（Operation Parquet）。

小鹦鹉作战的指挥官是英国皇家海军陆战队的少校盖盖·薛利丹（Guy Sheridan）。经过前后四天的准备和作战，薛利丹在空军的支援下，在4月23日轻松收复南乔治亚岛，取得了马岛作战的第一个阶段性胜利。

随后，英国和阿根廷双方的空军齐齐出动，在马岛及周围海域的上空展开了大规模空战。

马岛上有三个机场，但是就算是最大的斯坦利港机场，跑道长度也不够战斗机起飞的，所以阿根廷的空军只好从本土起飞，这就严重地影响到了阿根廷空军的战斗力；类似地，英国的那两艘航空母舰上能起飞的军舰有限，大型轰炸机都是从太平洋中部的阿松森岛（Ascension Island）起飞的，一万两千五百二十公里的往返距离要飞十六个小时，空战和轰炸的效果可想而知。

相比之下，海战的情况就热闹多了。

5月2日下午3点57分，英国皇家海军的征服者号潜艇，在马岛附近海域，冲着阿根廷的“贝尔格拉诺将军”号（General Belgrano）巡洋舰发射了三枚鱼雷。

这艘“贝尔格拉诺将军”号本来是1935年美国人造的“凤凰城”号，躲过了1941年日本对珍珠港的偷袭，参加过整个的太平洋战争，1951年卖给了阿根廷，到了马岛战争这时候舰龄差不多四十七年了，是艘不折不扣的老爷舰。

至于英国海军打它的鱼雷呢？是1925年设计定型的，岁数比阿根廷的这艘巡洋舰还大。

三枚祖爷爷辈的鱼雷中的两枚击中了这艘爷爷辈的军舰，引发了大爆炸，累计造成三百二十三人丧生，占到了整个马岛战争中阿根廷人损失的差不多一半。4点24分，巡洋舰的舰长邦索（Bonzo）下令弃船。

随着“贝尔格拉诺将军”号的被击沉，阿根廷和英国之间彻底撕破了脸，其他国家的和平努力就此完全停止；同时，马岛战争的制海权也被英国人完全控制在了手里。

阿根廷人也不是好惹的：两天之后，阿根廷的三架“超级军旗”战斗机，用法国制造的“飞鱼”式反舰导弹，击沉了英国驱逐舰“谢菲尔德”号，造成二十死二十四伤。

跟英国鱼雷击沉阿根廷巡洋舰不一样，阿根廷导弹打沉英国驱逐舰这件事具有划时代的意义：这可是自从二战后期德国人开发出V－2火箭以来，机载导弹第一次在实战中取得击沉敌方战舰的战果。

阿根廷人乐坏了，总算取得了个像样的战果；法国人乐坏了，倒霉的“谢菲尔德”号驱逐舰给他们的超级军旗战斗机和飞鱼导弹带来了滚滚订单；世界各国的军事评论家们也乐坏了——终于有话题可以让自己出书、上电视咯！

（216）

海空战打得差不多了，5月7日，英国通过了代号为“萨顿”的两栖登陆计划。

为了准备登陆，从5月11日到14日，英国特种部队的突击队员们摧毁了马岛外围的贝卜尔岛上的机场，可这个举动却被阿根廷军政府却误认为英国准备打一场消耗战，结果做出了完全错误的判断，贻误了战机。

5月20日，英军完成了突击登陆部队的集结。次日凌晨，英军对马岛展开了全面的登陆行动，当天上午十点一过，第一批两千八百名士兵和大批的装备、物资登陆成功。英军随即构筑了坚固的防御阵地。

阿根廷这才知道了英军的真实企图，从21日英军登陆当天开始，阿根廷就展开了大规模的空中反击，第一天就出动了各类飞机三十多架七十余架次。在随后的几天里，阿根廷空军先后击沉了英国的“热心”号护卫舰、“羚羊”号护卫舰、“考文垂”号驱逐舰和“大西洋运输者”号大型运输船。

阿根廷的空军给英国的舰队带来了不小的损失，但是由于实力不足，再加上英军的猛烈还击，它没有起到阻止英军登陆的左右。英军在对方猛烈的空袭下，继续扩大登陆战果，到了25日晚上，登陆场面积达到一百五十平方公里，预计第一批登陆的五千多人的部队和三万两千吨作战物资全部登上马岛，战争由此转移到了陆战阶段。

阿根廷陆军在斯坦利港外围设有三道防线，英军登陆部队计划从南北两路向斯坦利港发动钳形攻势，准备后援的第五旅登陆之后，向斯坦利港发起总攻。

5月29日，南路英军到达斯坦利港外围预定区域；次日，第五旅成功登陆；31日，北路英军也抵达预定区域；6月10日，第五旅进入总攻阵地。

6月11日黄昏，英军主力两个旅（第三旅、第五旅）共八个营，向斯坦利港的阿根廷主阵地发起总攻。经过为期三天的激战，14日凌晨，英军突破了阿根廷军队的最后一道防线。

当天下午，阿根廷驻军司令梅南德斯少将向英国皇家海军陆战队摩尔少将投降，双方同意自格林威治时间当日19日起正式停火。与此同时，九千八百名阿根廷军人成为了英军的战俘。

随着6月19日，英国特混舰队夺取南桑德韦奇岛，历时七十四天的马岛战争宣告结束。

在这场战争中，英军损失了二百五十八人，另有七百七十七人负伤，一百零六人被俘；损失战斗机十架、直升机二十四架、另有五艘各类军舰和一艘民船被击沉；阿根廷方面，阵亡六百四十九人，负伤一千零八十六人，被俘一万一千三百一十三人；损失战斗机七十五架、直升机二十五架、巡洋舰和潜艇各一艘，各类民船三艘。

单看损失，双方也差不多，但最终的战争结果可差得太远了——英国人打赢了仗，强烈的爱国主义情绪横扫全国，撒切尔夫人领导的保守党轻易赢得了1983年的大选；阿根廷方面就倒霉了，加尔铁里和他两个后继者的军政府丧权辱国、人心丧尽，没坚持到1984年元旦就下了台。

至于军事方面，由于这场仗是太平洋战争结束后，人类历史上第一次（相对而言）势均力敌的海空战争，它就给全世界的军事评论家带来了饭碗。各国的评论家们喋喋不休地讨论导弹啊，登陆作战啊什么的话题，直到第一次海湾战争爆发。

十一、墨西哥风暴1994

（217）

聊完了南大西洋上的暴打，接下来咱们又要再次北上，说说拉丁美洲最北端的墨西哥了。

这次要聊的话题，不是墨西哥的某个牛人，或是墨西哥的某件大事，而是墨西哥的1994年。因为单单这一年里，墨西哥就发生了太多的事情，简直像刮了一阵龙卷风——光是元旦这一天，就发生了两个举世关注的大事件。

首先是在这一天，北美自由贸易协定正式生效，由加拿大、美国和墨西哥三个国家组成的北美自由贸易区（North America Free Trade Area，NAFTA）宣告成立。

话说从二十世纪八十年代开始，全球化的浪潮席卷全球，尤其是那个欧洲共同体，搞得有声有色。至于日本，尽管没拉到什么像样的喽啰，但是在北美投资设厂，什么汽车组装电子元件，都把美国佬给压制得够呛。

一来二去，美国人也看出来了，再跟西欧日本单挑已经不能稳操胜券了，所以，美国人也放下架子，开始拉大旗招兵买马。

1980年，当时还是美国总统候选人的里根就提出来，要把美国、加拿大、墨西哥和加勒比那些岛国聚到一起，成立“北美共同市场”。三年后，加拿大政府也表达了类似的意愿，于是，两个国家在1985年开始谈判，到了1988年6月2日，两国签署了“美加自由贸易协定”，并在下一年的元旦正式生效。

美国和加拿大走到一起了，接下来美国就开始拉拢墨西哥。这是一

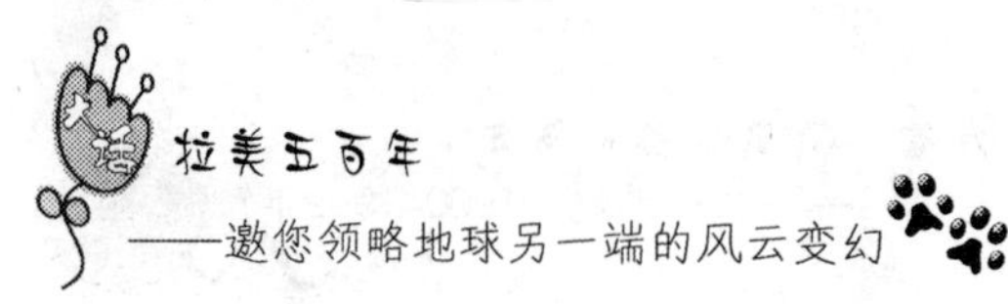

件很麻烦的事情，比当初六个西欧国家建立欧共体还麻烦。

这是因为，欧共体也好，美加自由贸易区也好，都是几个经济水平差不多的国家之间的经济合作。但是，墨西哥是个发展中国家，经济实力跟美国差了好大一截，墨西哥人偷渡到美国当保姆，都比在墨西哥城当白领赚得多，所以，当时很多人都觉得这个新的协定谈不成。

但是，到了 1992 年 8 月 12 日，这个协定居然谈成了，并在 1994 年的元旦正式生效。

这是为什么呢?

原因很简单——贸易协定谈得成谈不成，不是那些偷渡到美国的墨西哥保姆们说了算，而是墨西哥社会的上层说了算。

对于墨西哥社会的上层人士来说，这个北美共同市场的前景太诱人了。

在共同市场内的三个国家之间，货物可以互相流通并减免关税。单靠这一条，墨西哥的廉价货物就能进入美国和加拿大两国的市场，同时，墨西哥上层还可以用零关税或者低关税买到美加的好东西，这么一来，大家觉得太划算了。

于是，北美自由贸易区就这么成立了。这个区域拥有人口三亿六千万，地区的 GDP 总额有六万四千五百亿美元，年贸易额达到一万三千七百亿美元。无论是市场规模，还是经济实力都比当时的欧洲联盟还要大，一时间，它成为了当时世界上最大的区域经济一体化组织。

北美自由贸易区这么厉害这么好，墨西哥的上层社会把它看成是拯救墨西哥的一次天赐良机。那么，墨西哥老百姓的感觉怎么样呢?

(218)

说句良心话，北美自由贸易协定给墨西哥老百姓带来的好处，比给美国老百姓带来的好处要多得多，很多就业机会被从美国转移到了墨西哥，就是一个不争的事实。从北美自由贸易协定签署以后，几年间墨西哥的 GDP 增幅都超过拉美平均水平，也是明显的例证。但是，并不是墨西哥所有的老百姓都把这个自由贸易区看成天堂，相反，一部分人的生活水平反而因此下降了。

问题主要出在农业上。

地球人都知道，不管市场经济怎么发展，信息技术怎么突飞猛进，农业都是一刻也不能缺少的。就算每个人都有台主频1000GHz的电脑，那东西也不能当饭吃。

农业不可或缺，农产品的价格也就不能太高，可种粮的农民也不能受穷（起码发达国家的农民不能受穷），那怎么解决这个问题呢？

发达国家一贯采取的办法是，政府补贴——政府倒贴钱支持农民种粮，这样既保证农产品价格不太高，又保证了农民的收入。像美国，从1930年代开始就这么干了。

毫无疑问，这种政府补贴是违反自由贸易原则的，但又不能不补。所以，历来的国际贸易谈判中，农业补贴都是个不得不谈，但又不容易谈清楚的问题，连WTO框架内的自由贸易协定都存在很多这方面的问题。

北美自由协定也差不多：三个国家没有就此进行共同磋商，而是签了三个分别的双边协定。其中美国和墨西哥的协定，简单来说就是准备分阶段实施农产品的贸易自由化。

这个协定签订后，墨西哥的农业出口每年增幅达到百分之九点四，进口才增长百分之六点九。单从这个数据上看，墨西哥农民占了大便宜。

但是事情并没有这么简单。

跟美国不一样，墨西哥人的主食是玉米（而这东西在美国主要用来喂牲口）。玉米的生产和销售也就成了事关墨西哥国计民生的大事情。

签署了美墨双边农业协定之后，美国政府对本国玉米农民的补贴的确逐年减少，但墨西哥政府做得更干脆——直接把农业补贴给取消了。相对廉价的美国玉米开始冲击墨西哥的市场。

到了2000年，美国全年光是对本国玉米农民的补贴就达到了一百零一亿美元，相当于墨西哥政府当年农业预算的十倍。到了2004年，墨西哥的玉米售价和十年前刚签署北美自由贸易协定时相比，下跌了百分之七十，造成了一千五百万玉米种植者因此而失业。

虽然也有人说，北美自由贸易协定对墨西哥玉米业的冲击程度尚不清楚，但至少有这么一部分墨西哥人认为，北美自由贸易协定就是对墨西哥底层农民的“死刑判决书”。

于是，就在北美自由贸易协定签署的当天，在墨西哥最南端、也是最贫穷的省份恰帕斯州，新的农民起义爆发了。

（219）

1994年元旦，一个自称“萨帕塔民族解放军（西班牙语，Ejército Zapatista de Liberación Nacional，EZLN）”的组织，占领了墨西哥恰帕斯州圣克里斯托瓦尔（San Cristobal）市的政府大楼，宣布发动武装起义。

如果大家是从头看这本《大话拉美五百年》的话，恐怕会记得我在引子里就提到过，十几年前的我从电视上看到这个消息的时候，险些晕倒——都快二十一世纪了，世界上还发生了农民起义这种古典主义的活动。

不过，看过了前面拉丁美洲这么多的风风雨雨，现在的大家恐怕也见怪不怪了吧？

其实，这个用墨西哥农民运动领袖萨帕塔的名字命名的民族解放军，早在1983年就开始秘密准备了。之所以选在1994年元旦这一天起事，就是想借着北美自由贸易协定签署的机会，吸引全世界的眼球——信息时代的农民起义，与历史上那些古典的农民运动毕竟还是有很大不同的。

起义当天，萨帕塔民族解放军宣称“这是我们对建立北美洲自由贸易协定的回答，因为它宣判了墨西哥所有土著人的死刑。”

恰帕斯这个地方，我在前面介绍拉美独立的时候提过几句。当初它没有选择独立，而是加入了墨西哥。跟中美洲那几个小国相比，恰帕斯算是混得不错的，但是放在墨西哥全国来看，这个最南边的州就是最穷的了。

举几个例子吧：1994 年，全墨西哥的中等收入人群占全国人口的百分之二十四，而恰帕斯只有百分之十一；恰帕斯州的人口只占全国的百分之三，却生产了百分之五十四的水力发电，可同时，全州差不多一半的地方没有通电。

这就是萨帕塔民族解放军得以生存的土壤。

起义开始后，萨帕塔民族解放军的武装斗争只坚持了十二天——毕竟快到二十一世纪了，再搞大规模农民起义似乎不太现实——然后就转入和平示威什么的了。

至于政府这方面，1995 年 2 月曾经派军队围剿了那么一下，很快也就改为和平谈判，双方在 1996 年签订了个《圣安的烈斯协定》。随后双方就在恰帕斯那么不死不活地僵持着。

直到 2000 年，执政了七十一年的墨西哥革命制度党下台，新当选的总统文森特·福克斯（Vincente Fox）开始从恰帕斯州撤军，双方的僵持局面得到了进一步的缓和。

不过，萨帕塔民族解放军至今还存在着。2001 年 3 月，为了跟政府谈判，他们搞了个从恰帕斯到首都墨西哥城的和平游行，继续吸引眼球。

为了进一步吸引眼球，萨帕塔民族解放军还开设了自己的网站（我就上去过，为了避免麻烦，就不把网址抄到这里了，大家可以自己搜搜看）。

这个网站上主要的文章都是一个自称“萨帕塔民族解放军副司令员马科斯”的人写的。

图 6. 16　萨帕塔的马科斯

此人经常出现在世界各大传媒上，一贯形象是头戴黑色面罩，嘴里叼着个大烟斗，江湖上人送雅号“墨西哥的格瓦拉”（——恰帕斯农民们给起的）。

据墨西哥政府说，这个马科斯真名叫拉斐尔·纪廉（Rafael Guillén），出身小康之家，毕业于墨西哥自治大学。现

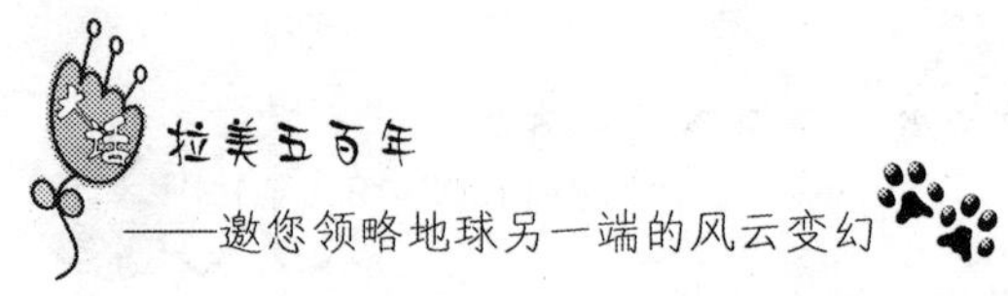

在网上随处可见他的文集，还有翻译成中文的。

这个马科斯也就成了萨帕塔民族解放军的形象代言人。由于这个人和这个网站，维基百科称萨帕塔民族解放军为“世界上第一个后现代主义革命”。

农民起义军还办网站，是够“后现代”的。

（220）

如果光是北美自由贸易协定和萨帕塔农民解放军的话，墨西哥的1994年还不算是特别热闹。到了年底，墨西哥又爆发了严重的金融危机，在一年之内第三次把全世界的目光吸引到了这个仙人掌之国。

1994年12月20日，走投无路的墨西哥政府被迫宣布，墨西哥新比索贬值百分之十五点三。

新比索的贬值，造成了外国投资者的普遍恐慌，大量外国资本逃出墨西哥。短短两天之内，墨西哥失去了四十至五十亿美元的外汇储备。到了12月22日，墨西哥外汇储备近乎枯竭，降低到了少于一个月进口额的水平——也就是说，照此发展下去，1995年2月一到，墨西哥政府就没钱买外国东西了。

墨西哥政府不得不宣布放弃与美元挂钩的汇率政策，让新比索自由浮动。几天之内，新比索贬值将近百分之四十。

墨西哥的货币贬值造成了国内经济的严重动荡，1995年全国GDP负增长百分之六点二，与1994年同期相比下降百分之十点三；与此同时，墨西哥通货膨胀率达到百分之五十一点一，比上年提高了百分之四十七，失业率也创造了1990年代的新高。一句话，在经历了“失去的十年”之后，没出五年，墨西哥的经济又垮了。

怎么搞成了这样呢？

简单来说，主要是这么一系列的原因。

经历了“失去的十年”之后，为了吸引外资发展经济，墨西哥采取了高利率的政策。这招很灵：每年外资流入量达到二百五十亿至三百亿美元。随后，外资的大量流入刺激了经济发展，而经济发展，就使得外国投资者对墨西哥货币的信心越来越高，所以国际炒家就大量购入墨西哥新比索，这就带来了墨西哥实际货币汇率的提升，从而损害了墨西哥出口商品的竞争力。

墨西哥的出口停滞了，但为了吸引外资、刺激经济发展，政府还不得不继续维持高利率，这样一来，流入墨西哥的国际热钱就越来越多。

跟勤劳朴实、省吃俭用的咱们中国老百姓不一样，墨西哥的拉丁人民热情奔放，今天吃饱了就不管明天的。1990 年墨西哥的储蓄率只有百分之十九，1994 年更是下降到了百分之十四，大量的热钱都被墨西哥人民群众吃了喝了。于是，以高利率为代价借来的外资，没有多少被投入到经济发展当中去。

一来二去，墨西哥利率政策越稳定，流进来的热钱就越多，经济也就越依赖外资。但是墨西哥本身的经济没有发展上去，所以这些热钱要不被用来高消费，要不就变成了股市和楼市的泡沫。

泡沫越吹越大。

一旦出现个风吹草动，国际炒家对墨西哥经济失去信心，就把这些热钱纷纷撤出墨西哥。

而墨西哥政府为了维持和美元挂钩的汇率（下面马上谈到，为什么不能不维持汇率），就不得不动用外汇贮备，在国际货币市场上用美元外汇购入墨西哥新比索，以维持汇率。

到了 1994 年 12 月 20 日这一天，墨西哥政府发现，自己持有的外汇美元已经不够继续在国际市场上买入新比索的了，只好宣布货币贬值，希望通过货币贬值来增加出口，换来外汇。

但是两天后，墨西哥政府发现，这招根本来不及，货币一贬值，国际市场上抛售墨西哥新比索的炒家越来越多。于是，12 月 22 日墨西哥政府只好宣布放弃与美元挂钩的汇率，让新比索自由浮动。

新比索一贬值，外资更加疯狂地出逃。

（221）

打个比方吧（数字不准确，但是道理就是这个意思）：

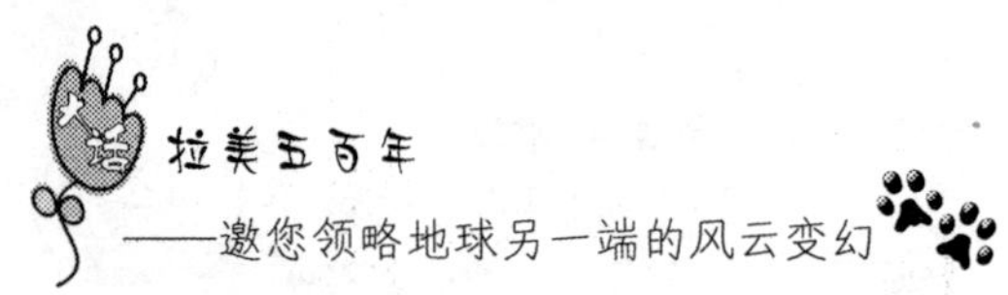

当初美国的张三掏了一万美元，按当时的汇率（1:10）换成了十万新比索，存进了墨西哥的银行，指望靠墨西哥的高利率，赚它几千美元。现在墨西哥新比索贬值百分之四十，汇率变成了1:14，这十万新比索就只能换回七千多美元了。这一贬值，张三就亏了三千来块钱，那还不得赶紧把钱撤回去呀！

可是张三这些钱本来是被人借走，在墨西哥投资股市、炒楼盘，或者开工厂的。现在投资撤走了，股市和楼市都崩盘了，企业也不能运转了，工厂也就关门了，工人也就失业了，产品也就短缺了，通货也就膨胀了，政府也就收不到税钱了，一切都垮了。

这也就是墨西哥必须维持汇率的原因。

墨西哥的经济就是这样垮掉的。

顺便说一句，几年后的亚洲金融危机中，尽管国际炒家用的衍生金融工具不一样——换句话说就是玩法不一样，但性质也是类似的。

墨西哥的垮掉，让美国很着急。

美国人算了一笔账：墨西哥是美国的第三大贸易伙伴，如果墨西哥持续垮下去，美国每年对墨西哥的出口就要减少一百亿美元，这就是让本来赤字就很高的美国外贸形势雪上加霜。

再说了，刚刚签订了北美自由贸易协定，墨西哥就垮了，这让全世界怎么看美国啊？也总得考虑考虑国际影响是不是？

于是，克林顿政府当机立断，从美国三百四十亿美元的外汇稳定基金里拿出二百亿援助墨西哥，让墨西哥政府靠这些外汇，好从国际市场上买入新比索，以挽救新比索对美元的汇率。

美国带了头，国际货币基金组织和其它国际金融机构也随即出手，大家前后援助了墨西哥五百亿美元。十八个月之后，新比索的汇率稳定住了，墨西哥的金融危机结束了。

尽管美国首先是为了自己的利益才出手援助墨西哥的，但必须说句良心话——关键时刻，是美国和北美自由贸易协定挽救了墨西哥。

墨西哥金融危机的教训说明了什么呢?

前面说过，拉动 GDP 的是三驾马车：投资、消费和出口。

事实证明，任何一个国家要想好好地发展经济，像墨西哥这样，只靠“投资”这一项，尤其是只靠外国投资是不管用的。

墨西哥的金融危机之后，拉美新一轮的经济崩溃就又开始了。1999 年，巴西爆发了金融危机；2001 年，阿根廷也爆发了历史上最严重的金融危机。由于拉美这三个最大的国家相继陷入危机，引发了整个拉美地区的经济动荡。

拉丁美洲就是在这样的惶恐不安中，结束了自己曲曲折折的二十世纪。

第七篇

前景模糊新时代

——二十一世纪（2000年至今）

一、拉丁美洲向左转

（222）

1999 年，全世界差不多都在热热闹闹地准备迎接新世纪。为了抢“第一个跨入新千年的地区”，太平洋上的几个岛国还掀起了热热闹闹的口水战。

跟欧亚、北美、大洋洲什么的相比，拉丁美洲在迎接新千年时显得忧心忡忡，那么爱凑热闹的拉美人民也有些无精打采了。

这是因为，拉美的经济又陷入低谷了。

前面说过，1980 年代的拉美经历了“失去的十年”。到了 1990 年之后，随着经济全球化的浪潮，外资再次大量涌入，拉美的经济缓慢复苏，尽管年平均经济增长速度只有大约百分之一点七，远远落后于东亚、西欧和北美，但好说歹说毕竟是个正数。

这一轮的复苏坚持了不到十年。1994 年墨西哥的金融危机，是整个拉美经济滑坡的不祥之兆。到了 1997 年，拉美各国的经济又开始全面下滑了。

这次下滑又是六年，到了 2004 年初，拉美各国欠的外债总额达到前所未有的七千二百三十亿美元。跟这个数字相比，“失去的十年”时欠的四千多亿美元简直不算什么了。

与此同时，差不多百分之四十四的拉美人口，也就是两亿两千一百万人，生活在贫困当中。而按照拉丁美洲的标准，每天收入两美元以下（相当于每月四百块人民币多一点吧！）才算贫困人口，怎么样，这个生活条件不算触目惊心，也算够惨淡的了吧。

按照拉美的标准，每天收入不到一美元的属于赤贫状态。照这个标准，九千七百万拉美老百姓生活在赤贫线以下。

像阿根廷，还算是拉美比较强大和富裕的国家呢，在 2004 年，都有一百五十万名十五岁以下的童工，比 1998 年增长了六倍。

怎么又搞成这样了呢？

唉，说来说去，还是那些老问题：

土地分配不均匀，导致农田开垦不足，农产品价格过高，农业人口失业。详细的数据就不用再多说了。

工业方面缺乏投资，只能依靠外资贷款，结果导致借来的贷款还不够还利息的。比如 2004 年，外国直接投到拉美的资金有五十六亿四千万美元，但同一年，因为还债、还利息和转移利润，九百六十亿美元从拉美流到了北美。

再有一个原因就是新自由主义鼓吹私有化。

其实，私有化本身不是问题，腐败才是问题。国家把公有事业出售给私人，一方面国家能获得收入，缓解财政压力；一方面私人经营这些事业，效率能够比国家经营高得多，是个两全其美的事情。

但是，就像前面介绍“失去的十年”时，拿俄罗斯做比方的那样，如果政治环境不够民主不够清廉，各级官员利用私有化的过程中饱私囊，那私有化就会变成灾难。

以阿根廷为例，政府把布宜诺斯艾利斯给水公司卖给私人了，各级官员抓住机会，本人和亲戚都在新公司里参股，结果把新公司变成了个官商勾结，效率更低，垄断更严的组织。从1993年到2002年，十年间布宜诺斯艾利斯的自来水价格上涨了百分之八十八。

独立了两百年还搞成这样，究竟怎么办呢？

（223）

面对这种情况，拉丁美洲给出了自己的回答：发展民主，严惩腐败，从民生入手，在一定程度上恢复国有化，总而言之一个词：向左转。

向左转的第一个标志，是推翻和惩处那些军人独裁者。

在上一篇介绍马岛战争的时候，我说起过1983年阿根廷军政府因为战争的失败而备被迫下台，两年后，民选政府裁定首先建立起军人统治的豪尔赫·拉斐尔·魏地拉（Jorge Rafaél Videla）将军等五人有罪。

1989年2月，执掌巴拉圭政权长达三十五年的军人独裁者斯特罗埃斯纳（Alfredo Stroessner）被军事政变推翻。

2004年5月，智利最高法院裁定，1987年被推翻的前独裁者皮诺切特的健康状况许可他接受审判，同年12月，皮诺切特遭到了多项起诉。2006年12月10日，九十一岁的皮诺齐特去世。

2006年11月17日，乌拉圭司法机构下令逮捕前独裁者，在1973年到1985年间担任总统的博纳贝里，指控他犯有破坏宪法、谋杀、剥夺自由等罪行。2010年3月24日，八十六岁的博纳贝里被判处三十年监禁。

惩处前独裁者，为民主选举铺平了道路，随着民主选举时代的到来，越来越多承诺改革的左翼政治家走到了拉美各国的前台。

1989年，巴西开始了总统的直接选举。2003年，绰号“卢拉”（Lula）的路易斯·伊纳西奥·达席尔瓦（Luis Inácio da Silva）上台。

2000年，里卡多·拉各斯（Ricardo Lagos）当选智利总统。

2003年，内斯托尔·基什内尔（Ne’stor Kirchner）当选阿根廷总统，他随即打了一个漂亮仗：用一美元换成三十五美分的价格，重组了阿根廷一千亿美元外债中的70%，极大地减轻了阿根廷的外债负担。

2005年，塔巴雷·巴斯克斯（Tavaré Vázquez）当选乌拉圭总统。

同样在2005年，五十一岁的埃沃·莫拉雷斯（Evo Morales）赢得了玻利维亚大选，成为了该国历史上第一个印第安血统的总统。

2006年11月，桑地诺解放阵线总数据何塞·丹尼尔·奥尔特加（José Daniel Ortega Saavedra）当选尼加拉瓜总统，“桑解阵”时隔十六年后再次上台执政。

2009年3月15日，法拉本多·马蒂解放阵线的毛里西奥·富内斯（Mauricio Funes）以百分之五十一点二七的支持率当选萨尔瓦多总统，

而在这一系列的左翼政治家当中，影响力最大的，无疑是1998年当选委内瑞拉总统的查韦斯。

二、叫板美国的委内瑞拉

（224）

乌戈·拉斐尔·查韦斯·弗里亚斯（Hugo Rafael Chávez Frías）1954年7月28日出生在委内瑞拉一个教师的家庭里。他十七岁时考上了委内瑞拉军事学院，在上学期间，他和同伴们构思出了一套政治理想，起名叫“玻利瓦尔主义”（英语，Bolivarianism）。

图7.1　查韦斯

“玻利瓦尔主义”强调的是全民选举，全民参与政治，爱国主义，经济自主反对帝国主义和反对贪污。说穿了，就是在拉丁美洲根深蒂固的民粹主义的一个分支。

1992年，年轻气盛的查韦斯发动了一起未遂政变，被抓住关了两年。

1998年12月6日，在经历了四年的政治生涯之后，查韦斯以百分之五十六的支持率当先委内瑞拉总统。

1999 年 2 月 2 日，查韦斯宣誓就职。

上台伊始，查韦斯就开始了大刀阔斧的改革：他首先主持了宪法改革，改革政治制度；随后，要求军队开展和民间合作以消除贫困的“玻利瓦尔 2000 计划”；他还停止了委内瑞拉的大规模私有化的进程，开始设计福利性的教育、医疗和其它社会保障制度。

2003 年 7 月，他公布了旨在提升委内瑞拉整体教育水平的“鲁滨逊计划”（Misión Robinson），10 月，公布了维护印第安土著人利益和文化的“瓜依凯布洛计划”（Misión Guaicaipuro），11 月和 12 月公布的“雷巴斯计划”（Misión Ribas）和“苏克雷计划”（Misión Sucre）则把重点放在了中等和高等教育上。

2004 年 4 月 11 日，一场反对他的军事政变把查韦斯监禁了四十八小时，但是支持他的另一部分军队很快解救了查韦斯。

经历了这番周折的查韦斯，人气更加高涨。从 2004 年开始，查韦斯相继公布了土地改革的“返回农村计划”（Misión Vuelta al Campo）、医疗卫生改革的“全国健康计划”（Misión Barrio Adentro），建立民兵制度的“米兰达计划”（Misión Miranda）。

2007 年 3 月 30 日，查韦斯宣布实施“集体所有制”，把大型农场收归国有，然后分配给穷人。

查韦斯不仅在委内瑞拉搞改革，还把触角伸向了整个拉美。

2004 年，在把美国倡议的美洲自由贸易协定（英语，America Free Trade Area，AFTA）给搅黄了之后，查韦斯提出了美洲经济一体化的另一个方案：“玻利瓦尔替代计划（西班牙语，Alternativa Bolivariana para América）”。

2005 年，查韦斯成立南方石油公司，巴西和阿根廷的石油企业也参加了进来。同一年，查韦斯还成立了拉丁美洲第一个全地区行的电视机构：南方电视公司（西班牙语，Telesur），来对抗无所不在的美国有线电视新闻网（CNN）。

总而言之，上台十年的查韦斯搞得风生水起。在 2005 年进行的一次民意调查中，拉美老百姓把查韦斯看成本地区仅次于卡斯特罗的第二个领袖。

(225)

查韦斯的成就是明摆着的。

世界银行的报告说，过去十年内，委内瑞拉的贫困人口从百分之四十下降到了百分之三十。委内瑞拉政府自己统计的数字保守一些，说下降了百分之六。

同时，委内瑞拉政府宣布，失业率在十年内下降了百分之六点四，而同期有一百万委内瑞拉人摆脱了文盲的状态。

2007 年 5 月 1 日，由于委内瑞拉已经提前还清了国际货币基金组织和世界银行的三十亿美元的债务，独立特行的查韦斯宣布委内瑞拉退出这两个组织，还要求它们归还委内瑞拉先前缴纳的会费。

不过，跟查韦斯的成就一样，针对他的批评也有很多。

第一个批评是查韦斯搞独裁，压制民主。按照西方的说法，查韦斯上台后的几次选举和全民公决的过程都是不明不白的。

第二个批评是查韦斯政府很腐败。尽管查韦斯一直高喊反腐败的口号，但是雷声大，雨点小，而且据说军队里更腐败。

——照我的猜测，这些很可能是真的。因为如果不让军人贪点拿点，估计查韦斯早就被军队给推翻了。

第三个批评是查韦斯操纵油价。查韦斯不止一次在欧佩克公开扬言，要求各国减少石油生产，以保护和提升油价。

谁都不能否认，查韦斯取得这么多成就，跟作为世界十大石油生产国之一的委内瑞拉在最近几年的油价飙升中占了大便宜是分不开的。

查韦斯还在执政，他的故事也还在继续。究竟查韦斯是能够战胜一个又一个的挑战，成为卡斯特罗第二，甚至是比卡斯特罗成就更大的拉美领导人呢；还是他的一切成就只不过是高油价带来的虚假繁荣，几年之后他只能成为阿连德第二，身败名裂呢，我就和大家一起拭目以待吧！

查韦斯的光环遮盖了其它很多人。其实，拉丁美洲向左转之后，各

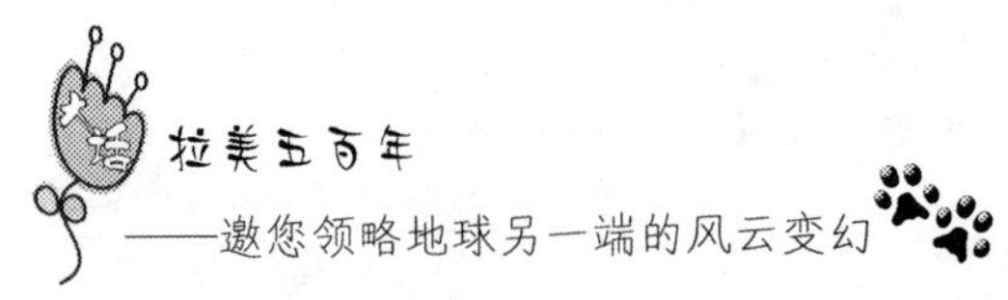

国领导人做的事情都差不多。前面简单提了一句阿根廷的基什内尔，通过跟各国债主讨价还价软磨硬泡，成功地重组了阿根廷外债的事情，下面再简单提几句玻利维亚的印第安总统莫拉雷斯国有化的事情。

2006 年 5 月，上台不到半年的莫拉雷斯宣布实施石油天然气资源的国有化，10 月底，又宣布实施锌、锡、银、金等矿产资源的国有化——但是只涉及那些投资不足的外国公司开采的矿山。在此前后，他还召集了制宪会议修改宪法，并宣布了土改计划。

查韦斯、莫拉雷斯、奥尔特加、基什内尔等人，成为了西班牙拉丁美洲向左转的代表性人物，而在下一章，我还要谈谈巴西向左转的旗帜，卢拉·达席尔瓦。

三、金砖之国和内战之国

（226）

经过独立后将近 200 年的历史沧桑，拉美各国在历史长跑中的速度变得有快有慢。在这里准备谈谈南美洲的两个典型例子：金砖之国和内战之国。

金砖四国是现在一个炒得很火的概念：巴西（Brazil）、俄罗斯（Russia）、印度（India）和中国（China）四个国家的英文字头凑在一起是 bric，很像 brick（英语，砖块）。金砖四国的名头就这样叫开了。而巴西，也就成了拉美的金砖之国。

书读到现在，大家应该都能看得出来，巴西和原属西班牙的拉美各国相比，不仅幅员辽阔得多，资源丰富得多，而且，相对而言和平稳定得多，这也就使得巴西的经济实力和生活水平一直处在拉美领先的地位。

二十世纪前夕的巴西，状况和其它国家也差不多：经历了六七十年代的军人独裁，经历了八十年代的经济衰退，经历了九十年代的经济复苏，又经历了那个失去的六年。

2003 年 1 月 1 日，工人出身的左翼政治家卢拉当选巴西总统。

卢拉上台之后，取消了新自由主义的经济政策。他除了鼓励农产品出口，加强石油储备，加强基础建设，大力吸引外资之外，也实施了很多典型的左翼政策：比如颁布了意图解决贫困人口吃饭问题的“零饥饿计划”，颁布了帮助青年人的“第一次就业计划”，制定了扫盲计划和经济适用房计划等等。

今天的巴西，是拉丁美洲当之无愧的龙头老大。它的 GDP 总额超过一万亿美元，跻身世界前十；按购买力计算的话，则 GDP 总额超过一万八千亿美元。

与此同时，巴西近几年 GDP 增幅都超过了百分之八，呈现出良好的发展态势。

巴西的国民经济体系相当健全：以农业、资源开发、加工业和制造业，以及服务业和旅游业组成的产业结构比较合理，而占据世界飞行器制造业第四把交椅，占据了全世界支线飞机市场百分之四十五的巴西飞机制造公司，则是巴西工业和科技的骄傲。

2003 年 3 月 7 日，国际足联宣布，巴西获得了 2014 年世界杯的举办权，世界杯时隔三十六年后重返南美。

2009 年 10 月 2 日，国际奥委会投票决定，巴西的里约热内卢获得 2016 年夏季奥运会的举办权。巴西也就成了第一个举办奥运会的南美国家。

世界杯和奥运会的举办，一直是一个国家经济腾飞的象征，对于巴西来说，恐怕即将为申办世界博览会而努力了。

当然，现在的巴西还远远不是一个发达的国家，仍然有百分之二十一的巴西居民生活在贫困线以下，政府效率、医疗卫生、贫富差距、治安状况，等等，问题多多。但是，谁又能在一朝一夕之内解决所有的问题呢？

至少我相信，巴西有着光明的未来。

（227）

跟巴西形成鲜明对比的是哥伦比亚，直到今天，这个盛产黄金和咖啡的安第斯山国还处在无休无止的内战之中。

哥伦比亚的内战开始于1964年，也就是整个拉美的革命时代。与众不同的是，哥伦比亚的内战旷日持久，长盛不衰。

1964年，“民族解放军”（西班牙语，Ejército de Liberación National，ELN，简称“哥民”）成立，1967年，“哥伦比亚革命武装力量”（西班牙语，Fuerzas Armadas Revolucionarias de Colombia，FARC，简称“哥武”）成立。这两支游击队由于并不受制于任何外国势力，完全是自己找活路，因此生命力极其顽强。

1980年代中期，“哥武”同意和谈，参加选举，但是却遭到了右翼力量的武力暗算。于是，“哥武”重新拿起了武器。到现在，这个组织大约有一万七千人，控制着全国百分之四十的领土。在它控制的土地上，“哥武”有自己的法庭、学校、医院和其它公共设施，俨然就是一个国中之国。

跟“哥武”相比，“哥民”稍小一些，它曾在七十年代几乎被政府军消灭，不过到了八十年代又卷土重来，到现在有大约四千五百人。

为了生存，两支游击队要赚钱买武器养军队，而最好的赚钱办法就是贩毒了。于是，今天的哥伦比亚年产可卡因五百八十吨，占全世界产量的百分之九十，此外还生产着大量用来制作海洛因的罂粟。

除了贩毒，“哥武”和“哥民”为了赚钱还经常搞绑架勒索，再加上为了跟政府对抗，这两支游击队还经常破坏交通、能源、自来水和卫生基础设施，破坏通讯系统，搞暗杀什么的。一来二去，游击队有些民心丧尽的势头了。

游击队这么凶，政府军又打击不力。从1990年开始，哥伦比亚的大资本家和大农场主开始组织武装力量自保。1997年，各支力量合并组成“哥伦比亚联合自卫军”（西班牙语，Autodefensas Unidas se Colombia，AUC）。

一开始，这个联合自卫军还能配合政府打击游击队，到了现在，随着实力的不断增强，它已经独霸一方，为所欲为了。

于是，今天的哥伦比亚形成了政府军、游击队和联合自卫军三足鼎立的局面。由于内战不断，近年来的哥伦比亚成了拉美最动荡的地方。

从1985年到2000年，五万人死于政治暴力，二百万人逃离家园。2000之后的情况每况愈下：平均下来每年有两万六千人死于暴力冲突，七十万人流离失所。在这个有四千万人的国家里，百分之六十七的人生活在贫困线以下。现在的哥伦比亚，成为了“内战、毒品、贫穷和混乱”的代名词。

1999年，政府军和游击队曾经重开谈判，但没有取得任何进展。9·11之后，美国加大了对哥伦比亚政府军的协助，光2002年就给了哥伦比亚政府两千五百万美元的军事援助。到了2002年8月，乌里韦担任哥伦比亚总统，哥伦比亚大力扩充政府军，加强情报机构，哥伦比亚的内战愈演愈烈，但始终没有终结的势头。

哥伦比亚的内战和贩毒，也给它的几个邻国，秘鲁、厄瓜多尔、委内瑞拉和巴西带来了深深的忧虑。

金砖之国和内战之国，就此成为了拉丁美洲两个极端的缩影。

（228）

聊完了金砖之国巴西和内战之国哥伦比亚，本书也就走到了尾声。最后，说说拉美其它国家近几年的情况吧：

很多事情都还是老样子：

比如兵变：

2000年11月，民主派的让·贝尔朗·阿里斯蒂德当选海地总统。

2004年2月，海地发生兵变，阿里斯蒂德流亡海外。联合国稍后派遣了维持和平部队进驻海地。

2009年6月28日，洪都拉斯发生兵变，民选总统塞拉亚被推翻，随后流亡海外。

比如游击队：

除了哥伦比亚的两股力量之外，萨帕塔民族解放阵线还在墨西哥的恰帕斯州活动着，而失去了古兹曼的光辉道路，也是百足之虫，死而不僵。

再比如地震：

2010年1月12日，海地发生七点三级地震，造成数十万人死亡。

2010年2月27日，智利发生八点八级地震，强度超过海地地震的一百二十倍。

不过，终归还是有些新气象，比如巴拿马运河的扩建：

前面说过，1999年12月31日，巴拿马政府收回了运河，也就捧上了聚宝盆。现在通过运河的全程时间大约十小时，平均每艘船只的通行费大约一万三千四百三十美元，每年大约有一万两千到一万五千艘船只经过巴拿马运河。大家可以自己算算每年这么个小国能从这条运河赚到多少钱。

从2007年开始，巴拿马觉得运河不够宽，开始国际招标。2009年7月15日，巴拿马运河管理局正式宣布，运河拓宽的主体工程——新船闸建设由以西班牙建筑巨头萨西尔集团（Sacyr）为首的国际财团，包括萨西尔集团、意大利因普吉洛公司、比利时JANDENUL公司、巴拿马城市建筑公司和来自美国、荷兰的分包商获得，项目报价三十四亿八千一百万美元，预计2014年完工。

比如智利和玻利维亚的和解。

2008年6月17日，智利外交部副部长范克拉韦伦在玻利维亚首都拉巴斯说，智利已经准备把北部的伊基克港作为可供玻利维亚自由通行的港口，这将是1904年以来第一个可以让玻利维亚人自由通行的智利港口。用范克拉韦伦的话说，智利和玻利维亚的关系“正处在非常好的时刻”，两国在玻利维亚太平洋出海口问题上进行了“严肃的谈判”，并取得了进展。

比如玻利瓦尔替代计划的扩大。

继 2004 年委内瑞拉和古巴共同组成“玻利瓦尔替代计划”的战略联盟之后，玻利维亚、尼加拉瓜、多米尼克和洪都拉斯相继加入。玻利瓦尔替代计划的扩大，标志着拉丁美洲经济合作步伐的加快。

同那些断代史不同，拉丁美洲史是一部活的历史，它还在不断地发展，希望在不远的将来，生活在这片富庶土地上的人民，也能过上富裕的生活。

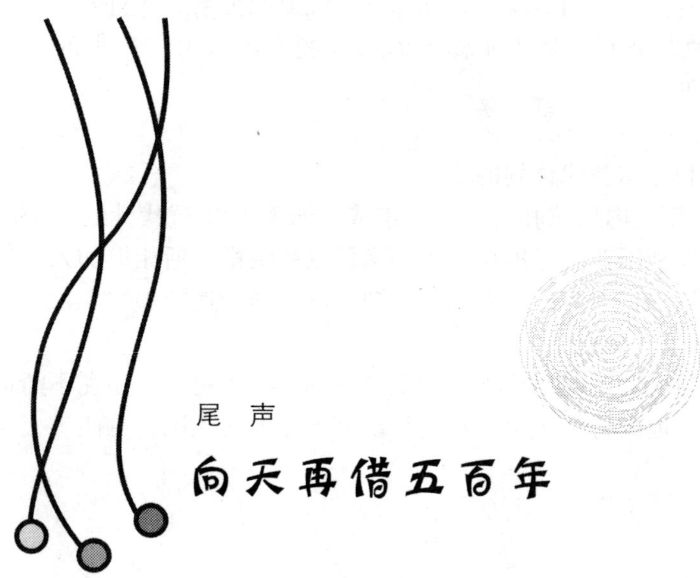

尾　声

向天再借五百年

对于数千年的人类文明史来说，五百年的时间不长；但是，对于任何一个人来说，却足够囊括他本人和家族全部的荣辱兴衰。

假如我们是祖祖辈辈生活在拉丁美洲这块富饶土地上的印第安人，那么在过去的这五百年的时间里，我们将经历欧洲征服者带来的腥风血雨和翻天覆地的变革；我们将经历漫长的殖民时代，见证三大种族的融合和世界文化的撞击；我们将度过拉丁美洲暴风骤雨般的独立时代，再经历将近两百年周而复始的从独裁到民主再到独裁，从萧条到崩溃再到繁荣的一个又一个周而复始的循环。

就像加西亚·马尔克斯在他的那本不朽名作里所说的，拉丁美洲是孤独的。

它拥有着与世界上其它地方绝然不同的历史和文化，它经历了和它的富饶土地所不相称的沧桑和苦难。不断的动荡、不断的变迁，一个希望破灭但是另一个希望再次升起，这就是拉丁美洲的五百年。

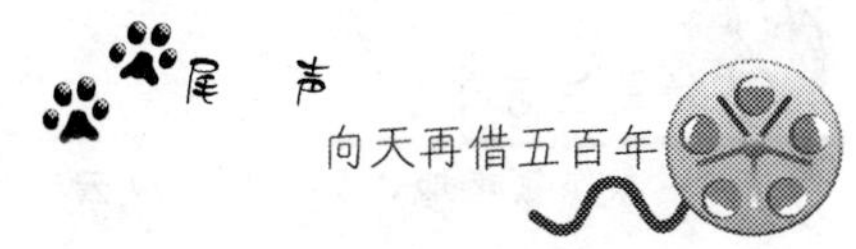

对于任何一个人来说，五百年的时间不短；但对于整个人类的文明史发展来说，五百年只是白驹过隙的一瞬间。

过去这五百年，拉丁美洲经历了欧亚大陆耗费了几千年的时间才经历过的一切。这是一片古老的土地，但它的历史还很年轻。尽管由于各种各样的原因，它被欧亚和北美甩在了身后，甚至在可以预见的将来仍然看不出有什么奋起直追的迹象。但是，又有谁能够断言，拉丁美洲的下一个五百年，还将没有希望地在贫穷和苦难中挣扎呢？

人类的进步，是一场没有尽头的接力赛。

对于拉丁美洲来说，它的未来，还有很长。

（全书完）

附录1：拉丁美洲大事年表

3.5万年~1.2万年前	原始人类自东北亚进入美洲
公元前1200年~公元前400年	奥尔梅克文明
300年前后	玛雅文明进入极盛时期
1179年	葡萄牙王国获得罗马教皇的承认
1200年前后	印加人建立库斯科城
1249年	葡萄牙王国统一
1276年	阿兹特克人进入墨西哥谷地
1325年	阿兹特克人建立特诺奇蒂特兰城
1453年	5月29日，奥斯曼苏丹穆罕默德二世攻陷君士坦丁堡，东罗马帝国灭亡
1479年	西班牙王国建立
1492年	1月2日，收复失地运动结束 8月3日，哥伦布第一次出航 10月12日，哥伦比抵达波多黎各
1494年	6月7日，西班牙葡萄牙签署《托德西里亚斯》条约，瓜分世界
1496年	西班牙人在伊斯帕尼奥拉岛上建立圣多明各城
1500年	佩德罗·卡布拉尔发现巴西
1503年	西班牙女王伊莎贝拉一世颁布法令，认可委托监护制
1510年	马丁·费尔南德斯·德·恩希索建立圣玛利亚·安提瓜
1512年	西班牙王国统一，迭戈·德·奎利亚尔征服古巴
1519年	2月18日，科尔蒂斯出发征服墨西哥 哈瓦那建成
1520年	6月30日，“悲伤之夜”
1521年	5月22日，科尔蒂斯对特诺奇蒂特兰发起

	总攻
	8月13日，科尔蒂斯征服阿兹特克帝国，随后建立墨西哥城
1523年	西班牙国王查理一世提议开凿巴拿马运河
1524年	佩德罗·德·阿尔瓦拉多征服中美洲
1530年	12月27日，皮萨罗出发征服秘鲁
1531年	11月16日，皮萨罗在卡哈马卡擒获印加皇帝阿尔瓦西帕
1532年	11月15日，皮萨罗进入库斯科
1534年	基多建成，西班牙人在塔斯科发现银矿
1535年	1月6日，利马建成
1536年	布宜诺斯艾利斯建成
1537年	亚松森建成
1538年	波哥大建成
1541年	6月26日，皮萨罗被小阿尔马格罗刺杀于利马
	圣地亚哥建成
1542年	秘鲁总督辖区建立
1545年	西班牙人在波托西发现银矿
1546年	西班牙人在萨卡特卡斯发现银矿
1547年	科尔蒂斯去世
1550年	西班牙人在瓜纳华托发现银矿
	汞齐化炼银法开始被推广
1572年	9月24日，西班牙人杀死图帕克·阿马鲁皇帝，印加帝国灭亡
1580年	葡萄牙被西班牙吞并
1600年前后	巴西成为世界蔗糖生产中心
1621年	马拉尼昂国建立
1630年	巴西逃奴在帕尔梅拉斯建立逃奴堡
1640年	葡萄牙恢复独立
1695年	葡萄牙人在米纳斯杰拉斯发现黄金
1697年	最后的玛雅城邦被西班牙人捣毁，帕尔梅拉斯逃奴堡被葡萄牙人捣毁
1700年	波旁王朝开始统治西班牙
1718年	新格拉纳达总督辖区建立，

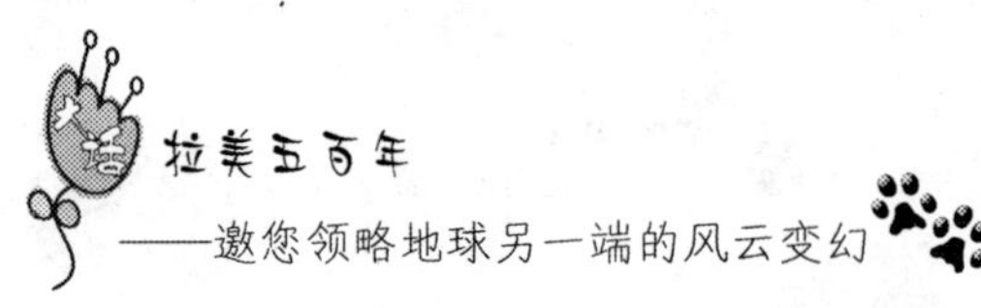

	西班牙国王菲利普五世用“劳役摊派制”取代“委托监护制”
1721 年	葡萄牙人在马托格罗索发现黄金
1726 年	葡萄牙人在戈里亚斯地区发现黄金
1776 年	拉普拉塔总督辖区建立
1778 年	海地黑人志愿军参加法国援美战争
1789 年	7 月 14 日，法国大革命爆发
	11 月 16 日，图帕克·阿马鲁二世起义，次年 4 月被镇压
1790 年	3 月 16 日，索科洛镇起义
1791 年	8 月 22 日，海地黑奴大起义
1792 年	9 月，法国派军队登陆圣多明各
1793 年	2 月 1 日，法国向西班牙宣战
	5 月，西班牙入侵圣多明各，至 1795 年 7 月撤军
	9 月，英国入侵圣多明各，至 1798 年撤军
1794 年	西班牙将伊斯帕尼奥拉岛东半部割让给法国
1799 年	10 月，法军撤离圣多明各
1800 年	7 月 29 日，小刀战争结束，杜桑统一法属圣多明各
1801 年	1 月 29 日，勒克莱尔率法军抵达圣多明各
	6 月 7 日，勒克莱尔逮捕杜桑
	8 月，海地黑奴再次大起义
1803 年	11 月 29 日，圣多明各发表独立宣言
	11 月 30 日，法军撤离圣多明各
1804 年	1 月 1 日，海地共和国独立
1805 年	特拉法加海战，西班牙海军覆灭
1806 年	11 月 30 日，拿破仑占领里斯本
	本年及次年，英国两次入侵拉普拉塔流域，均失败
1807 年	3 月 19 日，西班牙国王卡洛斯三世退位
	5 月 2 日，马德里人民起义
	6 月 23 日，西班牙起义军赢得巴伊仑大捷
	11 月，拿破仑攻陷马德里
	11 月 30 日，拿破仑占领里斯本

1809年	基多的"8月10日革命"
1810年	4月19日，加拉加斯起义
	5月25日，布宜诺斯艾利斯5月革命
	7月20日，波哥大起义
	9月16日，多洛雷斯的呼声
	9月28日，伊达尔戈占领瓜纳华托
	11月7日，主动放弃攻击墨西哥城的伊达尔戈部队被卡耶哈击败
1811年	3月21日，伊达尔戈和阿连德等人被俘
	7月14日，委内瑞拉第一共和国成立
	7月31日，伊达尔戈牺牲
1812年	3月26日，加拉加斯地震
	5月2日，莫雷洛斯从库阿乌特拉撤退
	7月31日，米兰达被捕
	西班牙通过《1812宪法》
1813年	8月7日，委内瑞拉第二共和国成立
	9月14日，墨西哥"美洲最高民族代表大会"在奇尔潘辛戈开幕
1814年	3月，西班牙波旁王朝复辟
	5月4日，西班牙国王费尔南多七世宣布废除《1812宪法》
	11月5日，莫雷洛斯在特拉马斯卡被俘
1815年	12月12日，莫雷洛斯牺牲
	12月16日，"葡萄牙－巴西－阿尔加维联合王国"成立
1816年	3月24日，拉普拉塔国民代表会议召开
	6月，弗朗西亚博士在巴拉圭的考迪罗统治开始
1817年	1月12日，圣马丁率领安第斯军开始翻越安第斯山脉
	2月9日，安第斯军翻过安第斯山脉
	2月11日，查尔布科战役，圣马丁获胜
	3月6日，巴西伯南布哥大起义爆发
1819年	8月7日，波亚卡河战役，玻利瓦尔获胜
	12月17日，大哥伦比亚共和国建立

1820 年	2 月 12 日，智利宣布独立
	5 月 31 日，新西班牙地区恢复《1812 宪法》
	8 月 20 日，圣马丁统帅舰队北上秘鲁
	8 月 24 日，葡萄牙波尔图起义
1821 年	2 月 24 日，伊斯图尔德公布“伊瓜拉计划”
	2 月，巴西各地纷纷起义
	4 月 21 日，佩德罗就任巴西摄政王
	7 月 28 日，圣马丁解放利马
	9 月 15 日，中美洲各国宣布独立
	玻利瓦尔当选大哥伦比亚共和国总统
1822 年	1 月 9 日，巴西的“菲科日”
	1 月 11 日，巴西“一·一一事件”
	5 月 29 日，墨西哥的伊斯图尔德帝国建立
	6 月 16 日，苏克雷和玻利瓦尔解放上秘鲁
	7 月 25 日，瓜亚基尔会晤，（至 27 日）
	8 月 1 日，巴西宣布独立
	9 月 7 日，伊皮兰加呼声
	9 月 22 日，圣马丁宣布辞去秘鲁护国公职务
1823 年	3 月 19 日，伊斯图尔德被迫退位
	7 月 1 日，中美洲各国组成“中美洲联合省”，两年后改名“中美洲合众国”
	12 月 2 日，美国提出“门罗主义”
1824 年	2 月 10 日，玻利瓦尔就任秘鲁独裁官
	4 月 20 日，圣马丁侨居法国
	12 月 8 日，阿亚库乔战役
1825 年	11 月 18 日，墨西哥完全独立
	12 月，第一次乌拉圭战争开始
	波托西银矿枯竭
1826 年	中美洲混战开始，至 1829 年结束
1828 年	智利内战开始，至 1830 年结束
	8 月 27 日，第一次乌拉圭战争结束
1829 年	11 月，委内瑞拉退出大哥伦比亚
1830 年	4 月 6 日，墨西哥颁布对德克萨斯美国移民的一系列限制法令
1831 年	5 月 31 日，基多地区退出大哥伦比亚

	12月17日，玻利瓦尔病逝
1831年	巴西帝国皇帝佩德罗一世退位
1835年	10月2日，德克萨斯同墨西哥之间的战争开始
	巴西爆发“破衫汉战争”，延续到1845年方彻底结束
	德·罗萨斯开始在布宜诺斯艾利斯历时18年的考迪罗统治
1836年	2月23日，阿拉莫战役开始，13天后结束
	4月20日，圣哈辛托战役
	5月14日，美国同墨西哥签署《韦拉斯科条约》
1837年	中美洲混战至1840年
1838年	中美洲合众国解体
1839年	哥伦比亚内战（“最高层战争”）至1842年
	第二次乌拉圭战争开始
1840年	佩德罗二世在巴西亲政
1844年	多米尼加独立
1846年	2月7日，乌拉圭圣安东尼奥之战
	4月24日，美墨战争爆发
1847年	1月13日，美墨战争结束
1848年	2月2日，美国和墨西哥签订《瓜达罗佩.伊达尔戈条约》
1850年	8月17日，圣马丁逝世
1851年	10月，乌拉圭蒙得维的亚解围；
	阿根廷内战，至1861年结束
1852年	2月，第二次乌拉圭战争结束
1854年	加兹登购地
1858年	2月，墨西哥革新战争开始，至1860年1月结束
1859年	委内瑞拉内战（“联邦战争”）至1863年结束
	莫雷诺在厄瓜多尔的考迪罗统治开始
1860年	6月，胡亚雷斯当选墨西哥总统
1861年	英国、法国和西班牙武装干涉墨西哥

1862 年	小洛佩斯当选巴拉圭总统
1864 年	5 月 28 日，马克西米连在墨西哥登陆，即位称帝
	11 月 12 日，巴拉圭战争开始
1865 年	5 月 1 日，巴西、阿根廷和乌拉圭签署针对巴拉圭的密约
	9 月 19 日，巴拉圭陆军在乌鲁瓜亚纳向三国盟军投降，成为战争转折点
1867 年	9 月 16 日，墨西哥皇帝马克西米连被枪决
1868 年	10 月 10 日，古巴起义，“十年战争”开始
1870 年	3 月 1 日，小洛佩斯被杀，巴拉圭战争结束
1872 年	7 月 18 日，墨西哥总统胡亚雷斯病逝
1878 年	2 月 8 日，《桑洪条约》签订，古巴的“十年战争”结束
1879 年	4 月 5 日，硝石战争开始
	8 月 26 日，古巴的“小战争”开始，至次年 10 月结束
1880 年	1 月 1 日，巴拿马运河开工
1881 年	1 月 17 日，智利军队占领利马
1883 年	10 月 20 日，秘鲁和智利签订《安孔条约》，硝石战争结束
1889 年	2 月 4 日，法国人宣布巴拿马工程失败
	佩德罗二世被军队推翻，巴西帝国灭亡
1890 年	智利内战，次年结束
1895 年	2 月 24 日，古巴再次起义
	5 月 19 日，何塞·马蒂阵亡
1898 年	2 月 15 日，“缅因号”事件
	4 月 25 日，美西战争开始
	12 月 19 日，美国和西班牙签订巴黎合约，
1899 年	哥伦比亚内战（“千日战争”），1902 年结束
1902 年	5 月 20 日，美军撤离古巴，古巴独立
1903 年	美国和哥伦比亚政府签署《海－艾尔兰条约》，遭哥伦比亚国会否决
	11 月 3 日，巴拿马自哥伦比亚独立
	11 月 18 日，美国和巴拿马签订《海－布诺

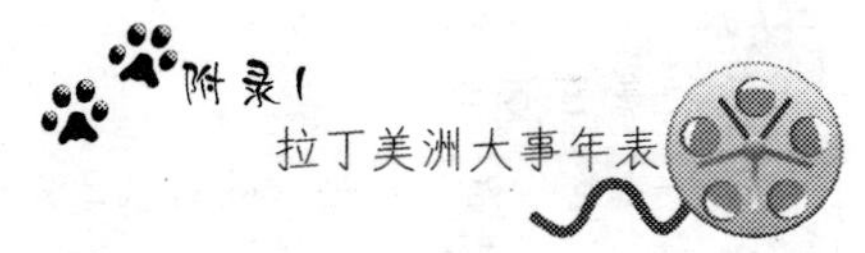

	－瓦利拉条约》
1904 年	美国重新动工建设巴拿马运河
1910 年	11 月 20 日，墨西哥革命爆发
1911 年	5 月 26 日，统治墨西哥 34 年的独裁者迪亚斯下台
1913 年	2 月 20 日，墨西哥革命领袖马德罗遇害
	10 月 10 日，巴拿马运河竣工
1917 年	墨西哥颁布新宪法
1919 年	4 月 10 日，墨西哥农民起义领袖萨帕塔遇害
1920 年	4 月 8 日，奥夫雷贡在墨西哥城发动政变，墨西哥革命进入和平建设阶段
	5 月 21 日，墨西哥前独裁者卡兰萨被刺
1923 年	7 月 20 日，墨西哥农民起义领袖比利亚被刺
1928 年	7 月 17 日，墨西哥总统奥夫雷贡被刺
	12 月 5 日，玻利维亚和巴拉圭在边境发生武装冲突
1929 年	大萧条导致拉丁美洲经济崩溃
1930 年	8 月 16 日，特鲁希略在多米尼加上台
	瓦加斯在巴西上台
1931 年	12 月，马丁内斯在洪都拉斯上台
1932 年	6 月 15 日，格兰查科战争爆发
1935 年	7 月 21 日，玻利维亚和巴拉圭签署《布宜诺斯艾利斯条约》，格兰查科战争结束
1936 年	墨西哥总统卡德纳斯实施石油国有化
	老索莫查在尼加拉瓜上台
1937 年	10 月 2～8 日，特鲁希略发动“荷兰芹大屠杀”
1944 年	12 月，阿雷瓦洛当选危地马拉总统，危地马拉革命开始
1946 年	2 月 24 日，贝隆当选阿根廷总统
1949 年	哥斯达黎加以宪法的形式宣布解散军队
1950 年	阿本斯当选危地马拉总统
1951 年	玻利维亚的“4 月 9 日革命”
	6 月，危地马拉土地改革开始
1953 年	古巴“7. 26 运动”爆发

1954 年	6 月 27 日，阿本斯辞去总统职务，危地马拉革命结束
	8 月 15 日，斯特罗埃斯纳发动政变，夺取巴拉圭政权，拉美军政府时代开始
	8 月 24 日，巴西总统瓦加斯自杀
1955 年	9 月，阿根廷总统贝隆被政变推翻
	胡安·鲁尔福发表《佩德罗·巴拉莫》
1956 年	11 月 25 日，卡斯特罗等人在古巴登陆
1958 年	8 月 12 日，美国宣布成立美洲开发银行
1959 年	1 月 2 日，古巴革命胜利
1960 年	7 月 11 日，美国宣布建立社会信托基金
	12 月 13 日，《中美洲经济一体化条约》签署
	美国宣布建立“争取进步联盟”
1961 年	4 月 17 日，“猪湾事件”
	5 月 30 日，多米尼加独裁者特鲁希略被美国中央情报局刺杀
	5 月，古巴宣布加入苏联阵营
	尼加拉瓜桑地诺民族解放阵线成立
	危地马拉内战爆发
1962 年	7 月，中美洲共同市场成立
	10 月 22 日至 28 日，古巴导弹危机
	卡洛斯·富恩特斯发表《阿尔特米奥·克鲁兹之死》，拉美文学爆炸开始
1963 年	胡利奥·科塔萨尔发表《跳房子》
	巴尔加斯·略萨发表《城市与狗》
1964 年	11 月，危地马拉革命结束
	巴西军政府时代开始
	洪都拉斯军政府时代开始
1965 年	4 月 1 日，格瓦拉从古巴出走
1966 年	10 月 8 日，格瓦拉被击毙于玻利维亚丛林
	阿根廷军政府时代开始
1967 年	加西亚·马尔克斯发表《百年孤独》
1969 年	7 月 14 日至 19 日，洪都拉斯和萨尔瓦多爆发“足球战争”
1970 年	9 月 4 日，阿连德当选智利总统，智利改革

	开始
	萨尔瓦多民族解放军和法拉本多·马蒂人民解放力量先后成立
1973 年	9 月 11 日，皮诺切特发动政变，总统阿连德被杀，智利军政府时代开始
	第一次石油危机爆发，拉美经济泡沫化开始
1975 年	智利统治者皮诺切特发动“秃鹰行动”
1977 年	9 月 7 日，美国总统卡特和巴拿马签订《巴拿马条约》
1979 年	7 月 19 日，桑地诺民族解放阵线占领尼加拉瓜全国
	第二次石油危机爆发，拉美经济泡沫破碎
1980 年	3 月 8 日，萨尔瓦多土地革命开始，以失败告终
	“光辉道路”开始在秘鲁发动武装斗争
1981 年	伯利兹独立
1982 年	4 月 2 日，阿根廷军队在马岛登陆，12 日马岛战争开始
	6 月 19 日，马岛战争结束
	8 月 12 日，墨西哥宣布无力偿还外债
	11 月，巴西宣布无力偿还外债，拉美债务危机全面爆发
	危地马拉民族解放联盟成立
	洪都拉斯军政府时代结束
1985 年	巴西军政府时代结束
1989 年	12 月 20 日，美军生擒巴拿马总统诺列加
1990 年	桑地诺民族解放阵线在尼加拉瓜大选中失败下台
	拉丁美洲经济复苏
1992 年	1 月 16 日，萨尔瓦多停火协议达成
	“光辉道路”领导人古兹曼被捕
1994 年	1 月 1 日，北美自由贸易协定生效，萨帕塔民族解放军宣布起义
	12 月 20 日，墨西哥金融危机爆发
1996 年	危地马拉达成和平协议

1998 年	12 月 6 日，查韦斯当选委内瑞拉总统
1999 年	12 月 30 日，美国将巴拿马运河归还巴拿马政府
2003 年	路易斯·伊纳西奥·达席尔瓦（“卢拉”）当选巴西总统
2009 年	6 月 28 日，洪都拉斯发生兵变
	10 月 2 日，巴西的里约热内卢获得 2016 年夏季奥运会主办权
2010 年	1 月 2 日，海地发生七点三级地震
	2 月 27 日，智利发生八点八级地震

附录2：拉丁美洲政区列表

拉丁美洲政区列表

所在区域	中文简名	英文简名	首都/首府	独立日期	国土面积(万方公里)	人口数量(万人)	GDP总额(汇率，亿美元)	GDP总额(购买力，亿美元)	人均GDP(汇率，美元)	人均GDP(购买力,美元)	人类发展指数
加勒比	海地	Haiti	太子港	1804年1月1日	2.78	1 003.30	42.11	/	478	/	0.537
南美洲	厄瓜多尔	Ecuador	基多	1809年8月10日	28.54	1 322.80	364.89	570.40	2 761	4 316	0.765
南美洲	哥伦比亚	Columbia	波哥大	1810年7月20日	113.89	4 560.00	1 222.69	3 372.86	2 656	7 565	0.790
南美洲	巴拉圭	Paraguay	亚松森	1811年5月14日	40.68	619.14	74.68	283.42	1 288	4 555	0.757
南美洲	委内瑞拉	Vanezuela	加拉加斯	1811年7月14日	91.21	2 674.91	1 479.00	1 635.03	6 736	6 900	0.784
南美洲	阿根廷	Agentina	布宜诺斯艾利斯	1816年7月9日	276.69	3 992.18	1 815.49	5 337.22	4 799	15 000	0.869
南美洲	智利	Chile	圣地亚哥	1818年2月12日	75.70	1 532.85	169.45	/	10 117	/	0.867
南美洲	秘鲁	Peru	利马	1821年7月28日	128.52	2 796.80	793.94	1 672.10	8 641	18 199	0.767

（续表）

所在区域	中文简名	英文简名	首都/首府	独立日期	国土面积(万方公里)	人口数量(万人)	GDP 总额(汇率,亿美元)	GDP 总额(购买力,亿美元)	人均 GDP(汇率,美元)	人均 GDP(购买力,美元)	人类发展指数
北美洲	墨西哥	Mexico	墨西哥城	1821 年 8 月 24 日	197.26	10 744.95	7 684.37	10 725.63	8 066	11 249	0.829
中美洲	哥斯达黎加	Costa Rica	圣何塞	1821 年 9 月 15 日	5.11	432.70	199.85	487.70	4 620	12 000	0.846
中美洲	洪都拉斯	Honduras	特古西加尔巴	1821 年 9 月 15 日	11.21	624.96	114.12	/	1 826	/	0.732
中美洲	尼加拉瓜	Nicaragua	马那瓜	1821 年 9 月 15 日	12.95	548.70	160.50	/	3 636	/	0.699
中美洲	萨尔瓦多	Salvador	萨尔瓦多	1821 年 9 月 15 日	2.10	710.00	41.69	/	5 846	/	0.735
中美洲	危地马拉	Guatemala	危地马拉	1821 年 9 月 15 日	10.89	128.00	273.66	627.80	1 995	4 155	0.673
南美洲	巴西	Brasil	巴西利亚	1822 年 9 月 7 日	851.20	18 695.79	16 650.00	/	8 906	/	0.813
南美洲	乌拉圭	Uraguay	蒙得维的亚	1825 年 8 月 25 日	17.62	332.39	168.78	343.05	6 007	11 646	0.865
南美洲	玻利维亚	Bolivia	苏克雷	1825 年 8 月 6 日	109.86	918.20	93.58	256.84	993	2 817	0.692
加勒比	多米尼加	Dominicana	圣多明各	1844 年 2 月 27 日	4.84	936.58	290.89	761.90	3 411	8 559	0.779

（续表）

所在区域	中文简名	英文简名	首都/首府	独立日期	国土面积(万方公里)	人口数量(万人)	GDP总额(汇率,亿美元)	GDP总额(购买力,亿美元)	人均GDP(汇率,美元)	人均GDP(购买力,美元)	人类发展指数
加勒比	古巴	Cuba	哈瓦那	1902年5月20日	11.09	1 138.28	339.00	/	3 900	/	0.863
中美洲	巴拿马	Banama	巴拿马	1903年11月3日	7.82	284.56	230.49	/	6 779	/	0.812
加勒比	牙买加	Jamaica	金斯敦	1962年6月6日	1.10	273.18	116.00	/	4 300	/	0.766
加勒比	特立尼达和多巴哥	Trinidad and Tobago	西班牙港	1962年8月31日	0.53	130.50	162.52	183.52	12 625	19 700	0.837
加勒比	巴巴多斯	Barbados	布里奇顿	1966年11月3日	0.04	27.93	30.58	48.57	11 088	17 610	0.903
圭亚那	圭亚那	Guyana	乔治敦	1970年2月23日	21.50	69.72	6.45	/	857	/	0.729
加勒比	巴哈马	Bahamas	拿骚	1973年7月10日	1.39	32.30	65.86	/	19 781	/	0.832
加勒比	格林纳达	Grenada	圣乔治	1974年2	0.03	8.93	5.90	/	5 570	/	0.777
圭亚那	苏里南	Suriname	帕拉马	1975年11	16.38	44.99	29.84	44.36	5 598	8 323	0.774
加勒比	多米尼克	Dominica	罗索	1978年11月3日	0.08	7.17	2.83	4.68	3 947	6 520	0.793

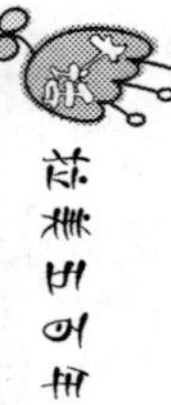

（续表）

所在区域	中文简名	英文简名	首都/首府	独立日期	国土面积(万方公里)	人口数量(万人)	GDP总额(汇率,亿美元)	GDP总额(购买力,亿美元)	人均GDP(汇率,美元)	人均GDP(购买力,美元)	人类发展指数
加勒比	圣卢西亚	Saint Lucia	卡斯特里	1979年2月22日	0.06	16.08	8.18	8.66	4 963	5 950	0.790
加勒比	圣文森特和格林纳丁斯	Saint Vincent and Grenadines	京斯镇	1979年10月27日	0.04	11.90	4.21	7.99	3 950	7 493	0.772
中美洲	伯利兹	Belize	贝尔默邦	1981年9月21日	2.30	31.00	11.11	20.98	4 146	7 832	0.753
加勒比	安提瓜和巴布达	Antiqua and Barbuda	圣约翰	1981年11月1日	0.03	8.45	15.27	/	13 079	/	0.868
加勒比	圣基茨和尼维斯联邦	Saint Kitts and Neivs	巴斯特尔	1983年9月19日	0.03	4.27	4.53	6.09	10 895	14 649	0.821
圭亚那	法属圭亚那	Guyane Francaise	卡宴	法国统治	8.35	22.15	/	/	/	/	/
加勒比	法属圣巴托罗缪	Saint-Bathelemy	古斯塔维亚	法国统治	21.00	0.69	/	/	/	/	/
加勒比	法属圣马丁	Saint-Martin	马里戈特	法国统治	53.20	3.31	/	/	/	/	/
加勒比	瓜德罗普	Guadeloupe	瓜德罗普	法国统治	0.17	43.20	/	/	/	/	/

（续表）

所在区域	中文简名	英文简名	首都/首府	独立日期	国土面积(万方公里)	人口数量(万人)	GDP总额(汇率,亿美元)	GDP总额(购买力,亿美元)	人均GDP(汇率,美元)	人均GDP(购买力,美元)	人类发展指数
加勒比	马提尼克	Martinique	法兰西堡	法国统治	0.11	40.10	/	/	/	/	/
加勒比	圣皮耶与密克隆群岛	Saint Pireer et Miquelon	/	法国统治	0.02	0.63	/	/	/	/	/
加勒比	阿鲁巴	Aruba	奥拉涅斯塔德	荷兰统治	0.02	10.35	/	/	/	/	/
加勒比	荷属安的列斯群岛	Netherlandse Antillen	威廉斯她德	荷兰统治	0.08	18.30	/	/	/	/	/
加勒比	波多黎各	Puerto Rico	圣胡安	美国统治	0.91	395.80	/	/	/	/	/
加勒比	美属维尔京群岛	Unitied States Virgin Island	/	美国统治	0.03	11.80	/	/	/	/	/
加勒比	纳弗沙岛	Navassa Island	/	美国统治	0.01	0.00	/	/	/	/	/
加勒比	安奎拉	Anguilla	山谷市	英国统治	0.01	1.34	/	/	/	/	/
加勒比	百慕大群岛	Bermuda	汉密尔顿	英国统治	71.70	6.54	48.57	/	76 403	/	/
南美洲	福克兰群岛	Falkland Islands	斯坦利港	英国统治	1.22	0.31	/	/	/	/	/

（续表）

所在区域	中文简名	英文简名	首都/首府	独立日期	国土面积(万方公里)	人口数量(万人)	GDP 总额(汇率,亿美元)	GDP 总额(购买力,亿美元)	人均 GDP(汇率,美元)	人均 GDP(购买力,美元)	人类发展指数
加勒比	开曼群岛	Caymen Islands	乔治敦	英国统治	0.03	4.54	/	/	/	/	/
加勒比	蒙特塞拉特	Montseratt	普利茅斯	英国统治	0.01	0.45	/	/	/	/	/
加勒比	特克斯和凯科斯	Turks and Caicos Islands	科伯恩城	英国统治	0.04	1.00	/	/	/	/	/
加勒比	英属维尔京群岛	British Vergins Islands	罗德城	英国统治	0.02	2.20	/	/	/	/	/

* 各数据均采集自 2005 至 2009 年联合国和世界银行的相关资料，恕不一一罗列具体出处。

附录3：主要参考资料

1. ［乌拉圭］爱德华多·加莱亚诺：《拉丁美洲被切开的血管》，王玫等译，人民文学出版社2001年版。
2. ［美］詹姆斯·洛温：《老师的谎言——美国历史教科书中的错误》，马万利译，中央编译出版社2009年版。
3. 郭伟成：《南美“安第斯山的骑士”——圣马丁》，上海人民出版社1981年版。
4. ［美］贾雷德·戴蒙德：《枪炮、病菌和钢铁》，谢延光译，上海世纪出版集团2006年版。
5. 陆国俊、郝名玮主编：《新世界的震荡——拉丁美洲独立运动》，上海社会科学院出版社1991年版。
6. 京虎子：《征服新世界之豪赌》（网络作品），原载天涯社区煮酒论史栏目，2007年。
7. 京虎子：《征服新世界之贪婪》（网络作品），原载天涯社区煮酒论史栏目，2007年。

8. Roberto Barletta Villaran, *Breve Historia de Francisco Pizarro*, Estugraf Impersores S. L., 2007.
9. James Lockhart and Schwartz Stuart, *Early Latin America: A History of Colonial America and Brazil*, Cambridge University Press, 1983.
10. Rafael Varon Gabai, *Francisco Pizarro and His Brothers*, University of Oklahoma Press, 2004.
11. David Rock, *Latin America in the* 1940*s*: *War and Postwar Transitions*, University of California Press, 1994.
12. Thomas Wright, *Latin America in the Era of the Cuban Revolution*, Praeger Press, 2001.
13. Burns. Bradford E, *Latin America: An Interpretive History*, Charlip Julie A., Pearson Education, Inc., 2007.
14. Martin Cheryl E., Wasserman Mark, *Latin America and Its People*, Pearson Education Asia Ltd., 2007.
15. Stuart Voss, *Latin America in the Middle Period*, 1750 ~ 1920, Wilmington, 2002.
16. Rosemary Thorp, *Progress*, *Poverty and Exclusion*: *Economics History of Latin*

America in the 20th century, John Hopkins University, 1998.

17. Thomas Walker and Ariel Armony, *Repression, Resistance and Democratic Transition in Central America*, Scholarly Resources of DE, 2000.
18. Michael Gonzales, *The Mexican Revolution*, 1910 ~ 1940, University of New Mexico Press, 2002.
19. John Lynch, *The Spanish – American Revolutions*, 1808 ~ 1826, 2E, Norton, 1986.
20. Steven Topik and Allen Wells, *The Second Conquest of Latin America: Coffee, Henequen, and Oil During the Export Boom*, 1850 ~ 1930, University of Texas Press, 1998.
21. Louis Perez, *The War of* 1898: *The United States and Cuba in History and Historiography*, University of North Carolina Press, 1998.
22. Cecilia Menjivar and Nestor Rodriguez, *When States Kill: Latin America, the U. S., and Technologies of Terror*, University of Texas Press, 2005.
23. 中文维基百科、英文维基百科，及国际互联网络上的其它版权共享的免费资源。

后 记

本书是我出于业余兴趣，也出于挑战自我的冲动，在2009年深秋开始撰写，并以“钱塘烟雨”的网名，在天涯社区“煮酒论史”栏目贴出的一部通俗的历史读物。

在半年多的时间里，作为一个非专业出身，而且只能利用业余时间写作的历史爱好者而言，这个作品给我带来的挑战和压力都是前所未有的。往往确认某一个稍微生僻的人名或者事件，都要耗费我大量的时间，再加上每天的工作压力很大，这个创作对我来说，的确是一个“痛并快乐着”的过程。

在这里要感谢的是天涯社区“煮酒论史”栏目的各位朋友，没有他们的帮助和激励，很难想象我能坚持到今天。

这些网友中首先要感谢的是黄大耕老兄。大耕兄与我一南一北，经历兴趣迥异，但我的确是因为在“天涯煮酒”上看到了他出书的艰辛历程，受到了他百折不挠的精神的感染，才最终产生了动笔的勇气。

其次要感谢的是这大半年以来，陪着我一路同行的各位新朋旧友。他们是“用户名也太难取了”、“Songjia8876”、“无性大象”、“懒豆花”、“儿行者”、“llhawk2003”、“小猫钓鱼30”、“liw200”、“Liuxinzhiyou2009”、“连汤肉片”、“桥头好大一棵树”、“野山一根草”、“钓鱼城正义感人士”、“山山来未迟”、“没把儿菜刀”、“涩眯眯”、“熔断器”、“DOTAandRommel”、“最爱完颜康”、“Lyman”、“天完王”、“小郑风”、“鲜卑利亚大公”、“Lancer2”和“镭射A”等诸多朋友。

在此也感谢所有在“天涯煮酒”本帖中留过名的朋友。写作的最大痛苦，就是没有人关注，而往往一个“mark”、“3分”，都是是对自己很大的鼓舞。

谢谢大家！

接下来，通过这次经历获得了极大鼓励的我，也许还会再在世界史的范围中找到另一个生僻而有趣的话题，再次展开我们的漫游之旅。

期待着和大家再相会！

孙世龙

2010 年 4 月 6 日，第一稿完成于北京

2010 年 4 月 18 日，第二稿完成于北京

2011 年 7 月 14 日，第三稿完成于上海

图书在版编目（CIP）数据

大话拉美五百年：邀您领略地球另一端的风云变幻 / 孙世龙著.— 北京：中国政法大学出版社，2011.10

ISBN 978-7-5620-4066-8

Ⅰ.大… Ⅱ.孙… Ⅲ.拉丁美洲-历史-通俗读物 Ⅳ.K730.9

中国版本图书馆CIP数据核字(2011)第212739号

书　　名　大话拉美五百年：邀您领略地球另一端的风云变幻

DAHUA LAMEI WUBAINIAN YAONIN LINGLÜE DIQIU LINGYIDUAN DE FENGYUN BIANHUAN

出版发行　中国政法大学出版社(北京市海淀区西土城路 25 号)

北京 100088 信箱 8034 分箱　邮政编码 100088

邮箱 zhengfadch@126.com

http://www.cuplpress.com (网络实名：中国政法大学出版社)

(010) 58908586(编辑室) 58908285(总编室) 58908334(邮购部)

承　　印　固安华明印刷厂

规　　格　650mm × 980mm　16 开本　20.25 印张　390 千字

版　　本　2012 年 1 月第 1 版　2012 年 1 月第 1 次印刷

书　　号　ISBN 978-7-5620-4066-8/K・4026

定　　价　39.00 元